广西乡村振兴

战略与实践·生态卷

贺祖斌　林春逸
汤志华　肖富群
　　张海丰
　　马姜明
　　　　著

广西师范大学出版社

GUANGXI NORMAL UNIVERSITY PRESS

·桂林·

图书在版编目（CIP）数据

广西乡村振兴战略与实践. 生态卷 / 贺祖斌等著. —
桂林：广西师范大学出版社，2019.12
　　ISBN 978-7-5598-2490-5

　　Ⅰ. ①广… Ⅱ. ①贺… Ⅲ. ①农村－社会主义建设－
研究－广西②农村生态环境－生态环境建设－研究－广西
Ⅳ. ①F327.67②X322.267

　　中国版本图书馆 CIP 数据核字（2019）第 295888 号

广西师范大学出版社出版发行

（广西桂林市五里店路 9 号　邮政编码：541004）
　网址：http://www.bbtpress.com
出版人：黄轩庄
全国新华书店经销
广西广大印务有限责任公司印刷
（桂林市临桂区秧塘工业园西城大道北侧广西师范大学出版社
集团有限公司创意产业园内　邮政编码：541199）
开本：787 mm × 1 092 mm　1/16
印张：20.75　　　　　字数：350 千
2019 年 12 月第 1 版　　2019 年 12 月第 1 次印刷
定价：58.00 元

作者简介

贺祖斌，男，教育学博士，二级教授，博士研究生导师，现任广西师范大学校长，享受国务院政府特殊津贴专家，全国文化名家暨"四个一批"人才（理论）。主要从事高等教育评价、高等教育生态、教师教育发展、乡村教育等研究。出版论著 16 部，发表论文 150 余篇，获高等教育教学成果奖国家级二等奖 2 项、省级一等奖 5 项，第四届全国教育科学研究优秀成果奖三等奖 1 项，广西社会科学优秀成果奖一等奖 2 项、二等奖 4 项，广西教育科学优秀成果奖一等奖 4 项。主持完成国家社会科学基金项目、全国教育科学规划课题等 20 多项。

林春逸，男，广西师范大学马克思主义学院教授，博士研究生导师，主要研究方向为思想政治教育发展研究、发展伦理研究、当代中国文化发展研究等。主持完成国家社科基金项目 1 项、教育部课题 2 项、广西重大课题 3 项、其他省部级课题多项，出版著作 3 部，发表论文 50 余篇；获得广西社会科学优秀成果奖二等奖 1 项、三等奖 2 项，广西优秀教学成果奖一等奖 1 项。先后被评为全国优秀教师、全国高校优秀思想政治理论课教师、全国高校思想政治理论课教学能手、广西高校教学名师、广西高校人才小高地创新团队带头人、广西文化名家暨"四个一批"人才等。

肖富群，男，南京大学社会学博士，马克思主义理论博士后，美国犹他大学社会学系访问学者，广西师范大学政治与公共管理学院、马克思主义学院教授、博士研究生导师。兼任中国社会学会理事、中国社会保障学会理事、中国社会工作学会理事、中国社会工作教育协会反贫困社会工作专业委员会副主任。主要从事社会研究方法、流动人口就业与发展、青少年发展与福利、马克思主义中国化等方面的教学与研究。主持国家社会科学基金项目等各类科研项目 19 项，出版学术专著、译著 4 部，发表学术论文 53 篇，独立的科研成果获省部级科研成果奖二等奖 1 项、三等奖 3 项。

汤志华，男，现任广西师范大学马克思主义学院院长，校党委宣传部常务副部长，博士、教授，博士研究生导师，八桂学者，广西高校思想政治教育领军人物，广西教学名师，主要研究领域为马克思主义中国化研究。主持国家社科基金重大项目子课题 1 项、国家社科基金项目 1 项、省部级课题 6 项；获得广西优秀社科成果奖二等奖 1 项、三等奖 3 项，广西高等学校优秀教材一等奖 1 项。

张海丰，男，经济学博士，广西师范大学经济管理学院副教授，硕士研究生导师，主要从事演化与创新经济学和制度经济学领域的研究。担任中国演化经济学会理事、广西壮族自治区旅游发展改革委员会专家库成员等社会职务。在《新华文摘》《社会科学》《当代经济研究》等核心期刊发表论文 20 多篇。主持国家社科基金项目 1 项，省部级项目 2 项，厅级项目 3 项。研究成果获广西社会科学优秀研究成果奖三等奖 2 项，广西教育科学研究优秀成果奖三等奖 1 项，广西自治区级教学改革成果奖二等奖 1 项。

马姜明，男，生态学博士，教授，硕士研究生导师，现任广西师范大学生命科学学院副院长，兼任广西师范大学可持续发展创新研究院常务副院长。广西师范大学第九批拔尖人才。中国林学会森林生态分会理事、广西生态学学会副秘书长、广西植物学会副秘书长、广西贫困村科技特派员。主要从事退化生态系统的恢复与重建、可持续生态学研究。主持和完成国家自然科学基金项目 2 项，广西创新驱动发展专项课题等各类项目 20 余项，发表论文 80 余篇，获专利 14 项、计算机软件著作权 3 套，参与制定林业行业标准 1 项，参编专著 4 部、教材 1 部。获梁希林业科学技术奖一等奖 1 项和自治区级教学成果奖三等奖 1 项。

读懂实践乡村振兴战略的广西视角

何毅亭

中央党校(国家行政学院)分管日常工作的副校(院)长

农业、农村、农民问题是关系党和国家事业全局的重大问题。早在2013年中央农村工作会议上,习近平总书记就指出:"中国要强,农业必须强;中国要美,农村必须美;中国要富,农民必须富。农业基础稳固,农村和谐稳定,农民安居乐业,整个大局就有保障,各项工作都会比较主动。"我们党历来把解决好"三农"问题作为全党工作的重中之重,坚持工业反哺农业、城市支持农村和多予少取放活的方针。特别是党的十八大以来,不断加大强农惠农富农政策力度,始终把"三农"工作放在重要位置来抓并取得历史性成就。党的十九大进一步提出实施乡村振兴战略这一新时代农村发展的重大决策部署,使我国农村迎来前所未有的发展契机。

党的十九大报告中提出的"产业兴旺、生态宜居、乡风文明、治理有效、生活富裕"20字乡村振兴总体要求中,"产业兴旺"排在首位,是实施乡村振兴战略的重点与基础。而在发展乡村产业过程中,如何处理好资本和农民的利益协调问题?如何统筹经济发展与环境保护?在乡村振兴过程中如何留住乡愁、保留淳朴的民风和提升乡村文化?实施乡村振兴战略对乡村基层党组织的治理能力提出了更高要求,如何创新制度、创新治理体系应对这一挑战?知识经济时代人力资本的积累是经济发展的基础动力,而发展教育事业则是人力资本积累的重要手段,后发地区如何通过创新教育体制机制实现跨越式发展? 如此一系列问题,都是摆在理论工作者和实践工作者面前的重大课题。

广西壮族自治区作为欠发达地区,只有实现跨越式发展才能迎头赶上,而乡村振兴战略的实施为广西发挥后发优势、实现赶超式发展提供了难得的机遇。牢牢抓住这个历史机遇,充分发挥高校和智库的创造力,以理论研究指导政策实践,以政策实践促进理论创新,在理论与实践相结合、相统一的过程中将广西的后发优势转变为现实竞争优势,就能够促进广西乡村全面振兴。

广西师范大学作为教育部和广西壮族自治区共建的省属重点大学,教学和科研在全区具有引领示范作用。在广西大力实施乡村振兴战略的大背景下,广西师范大学充分发挥高校服务社会的功能,积极整合跨学科研究力量,成立"新农村发展研究院",致力于乡村振兴战略的理论与实践研究。由广西师范大学校长贺祖斌教授领衔撰写的《广西乡村振兴战略与实践》(六卷本),正是该研究院推出的重要智库成果。各卷的作者都是各自领域具有相当影响力的中青年学者,具备多年的研究积累和扎实的理论功底,他们紧紧围绕"乡村产业振兴、乡村人才振兴、乡村文化振兴、乡村生态振兴、乡村组织振兴",分别从经济、教育、文化、生态、政治、社会六个方面对广西乡村振兴战略进行前瞻性研究,取得了可喜的成果。

《广西乡村振兴战略与实践》紧扣中央提出的乡村振兴战略总体要求和部署,每卷聚焦一个领域的重要问题,六卷互为印证,成为一个完整的体系。《广西乡村振兴战略与实践》对实施乡村振兴战略和制定相关政策具有较高的实践指导价值,既可以作为各级党政干部研究制定乡村振兴相关政策的理论借鉴,也可作为高校和研究机构研究人员研究乡村振兴的必备参考书目,还可以作为当代大学生了解乡村振兴、参与乡村振兴的参考书目。

总　序

实施乡村振兴战略是党的十九大做出的重大决策部署。我国作为世界上最大的发展中国家,自新中国成立以来,发展成就令世界瞩目,但农村发展相对落后,城乡二元经济结构仍然比较突出,发展不平衡、不充分问题仍然存在。这些问题必须得到解决,这也是实现中华民族伟大复兴的必然要求。习近平总书记反复强调:"中国要强,农业必须强;中国要美,农村必须美;中国要富,农民必须富。"农业基础稳固,农村和谐稳定,农民安居乐业,整个大局就有保障,各项工作都会比较主动。乡村振兴战略正是在这一大背景下提出来的。

广西壮族自治区作为欠发达地区,只有实现跨越式发展才能迎头赶上。乡村振兴战略的实施为广西发挥后发优势、实现赶超式发展提供了机遇,但后发优势是潜在的,只有在一定条件下才能实现。根据著名经济史学家亚历山大·格申克龙的观点,落后地区要赶上发达地区,一定要采取一些发达地区未曾实施过的新制度。也即,只有通过制度创新才能激活后发优势。广西应该牢牢抓住我国大力实施乡村振兴战略的历史机遇,发挥广西高校和智库理论工作者的创造力,以理论创新促进制度创新,引领广西乡村振兴研究。以理论研究指导政策实践,以政策实践促进理论创新,通过理论与实践相结合的方式将广西的后发优势转变为现实的竞争优势,从而促进广西乡村全面振兴。广西师范大学研究团队撰写的《广西乡村振兴战略与实践》共六卷,包括教育卷、文化卷、政治卷、经济卷、社会卷、生态卷,紧扣中央提出的乡村振兴战略总体要求和战略部署,每卷聚焦一个问题,六卷互为印证、密切相关,成为一个完整的体系。《广西乡村振兴战略与实践》的价值主要体现在以下三方面。

一、充分发挥高校服务社会功能，积极回应时代发展重大问题

习近平总书记在党的十九大报告中指出："中国特色社会主义进入新时代，意味着近代以来久经磨难的中华民族迎来了从站起来、富起来到强起来的伟大飞跃，迎来了实现中华民族伟大复兴的光明前景；意味着科学社会主义在21世纪的中国焕发出强大生机活力，在世界上高高举起了中国特色社会主义伟大旗帜；意味着中国特色社会主义道路、理论、制度、文化不断发展，拓展了发展中国家走向现代化的途径，给世界上那些既希望加快发展又希望保持自身独立性的国家和民族提供了全新选择，为解决人类问题贡献了中国智慧和中国方案。"新时代呼唤新理论，习近平新时代中国特色社会主义思想就是我们改革的指导思想。随着中国特色社会主义事业不断向前发展，在解决了旧矛盾的同时，也产生了新矛盾，而改革是化解各类矛盾的根本途径。改革的本质是一个持续推进制度创新的动态过程，我们只有不断进行制度创新，才能将中国特色社会主义事业不断推向新的高度。

乡村振兴战略是补齐我国经济发展短板的关键一环，更是我国经济转向高质量发展和实现中华民族伟大复兴的重要战略支撑。我国作为一个发展中国家，在经历改革开放40余年的快速工业化和城市化之后，城乡二元经济结构仍然比较突出。国家统计局发布的《2018年居民收入和消费支出情况》显示，从2016年到2018年，全国居民的人均可支配收入稳步增长，农村居民人均收支增速快于城镇，但城乡之间的绝对收入差距仍在扩大。2016年城镇居民人均可支配收入比农村居民多21 252.8元，2017年多22 963.8元，到2018年则增至24 634元。因此，切实增加农民收入仍然是当前农村工作的重要指向，乡村振兴战略正是我国在这一大背景下做出的重大战略部署。在党的十九大报告提出的"产业兴旺、生态宜居、乡风文明、治理有效、生活富裕"二十字总体要求中，"产业兴旺"排在首位，它是实施乡村振兴战略的重点与基础。而在发展乡村产业过程中如何处理好资本和农民的利益协调问题？如何统筹经济发展与环境保护的关系？在市场经济的春风吹遍乡村的过程中如何记住乡愁、保留淳朴的民风和提升乡村文化？随着乡村振兴战略的推进，对乡村基层党组织的治理能力提出了

更高的要求,如何通过制度创新应对这一挑战?随着乡村经济的发展,利益主体更加多元,如何创新治理体系应对这一变化?知识经济时代经济发展的基础动力是人力资本的积累,教育是人力资本积累的重要手段,后发地区如何通过创新教育体制机制实现跨越式发展?这一系列问题是摆在理论工作者和实践工作者面前的重大课题。

广西师范大学作为教育部和广西壮族自治区共建的省属重点大学,教学和科研方面在全区具有引领示范作用。在自治区积极贯彻中央部署,大力实施乡村振兴战略的大背景下,广西师范大学充分发挥高校服务社会的功能,积极整合跨学科的研究力量,成立了"广西乡村振兴战略研究院",致力于乡村振兴战略的理论与实践研究。呈现在我们面前的《广西乡村振兴战略与实践》,分别从教育、文化、政治、经济、社会、生态六方面,紧紧围绕"乡村产业振兴、乡村人才振兴、乡村文化振兴、乡村生态振兴、乡村组织振兴"五个振兴对广西乡村振兴战略进行了前瞻性的研究,极具理论创新的特征,书中提出的政策建议对广西实施乡村振兴战略具有理论指导和政策实践价值。

二、以理论创新促进制度创新,引领广西乡村振兴研究

(一)完善乡村教育体制机制是乡村人才振兴的制度基础

人才振兴是乡村振兴的重要支撑。《广西乡村振兴战略与实践·教育卷》聚焦广西乡村教育,从不同层面提出了广西乡村教育存在的问题及解决的办法,对乡村教育的基本价值取向进行了深入探讨,形成了"乡村教育为乡村""城乡教育一体化发展""乡村教育的根本任务是培养人"等立场鲜明的观点。在清晰阐述乡村教育与乡村社会关系的基础上,肯定了乡村教育之于乡村建设的基础性作用,承认了乡村社会发展之于乡村教育的基本要求,最后强调了乡村教师之于乡村教育的关键意义、乡村课程与教学之于乡村教育变革的基本功用、教育经费投入之于乡村教育的生命线保障作用。

本卷从五个方面提出广西振兴乡村教育的举措:

第一,加强师德师风建设。师德师风建设是乡村教育的重中之重,必须将全

面从严治党要求落实到每个乡村教师党支部和教师党员,把党的政治建设摆在首位,用习近平新时代中国特色社会主义思想武装头脑,充分发挥教师党支部教育、管理、监督党员和宣传引导、凝聚师生的战斗堡垒作用,充分发挥教师党员的先锋模范作用。

第二,利用互联网、大数据、人工智能技术推进教育精准脱贫。教育精准扶贫是最具有根本性、可持续性的扶贫举措之一,实现均衡分配教育资源,有助于贫困家庭子女都能接受公平、有质量的教育,掌握脱贫致富技能,全面提升劳动者的综合素质。

第三,科学合理规划乡村学校布局。乡村学校布局既要有利于为学生提供公平、有质量的教育,又要尊重未成年人身心发展规律,方便学生就近入学。防止过急过快撤并学校导致学生过于集中,极力避免出现新的"空心校"。

第四,推动乡村学校标准化建设。按照"实用、够用、安全、节俭"的原则,加快推进乡村学校达标建设,全面达到国家规定的基本办学条件"20条底线"要求。升级教学设施设备,配齐相关体育设施,完善两类学校(乡村小规模学校和乡镇寄宿制学校)安全防范设施。

第五,加强乡村师资队伍建设。完善编制岗位核定和教师补充机制。切实提高乡村教师待遇。进一步落实和完善乡村教师工资待遇政策,核定绩效工资总量时向两类学校(乡村小规模学校和乡镇寄宿制学校)适当倾斜。完善教师住房保障,切实落实将符合条件的乡村教师纳入当地政府住房保障体系的政策。加强教师培养培训。深入推进县域内义务教育教师、校长交流轮岗制度,每学年遴选一批两类学校教师到城镇学校交流培训、跟岗锻炼。

笔者提出的这一系列广西振兴乡村教育的举措,都是从广西乡村教育的实际情况出发,具有较强的可操作性。"五位一体"的战略举措系统而全面,既有理论创新,又有实践价值,为广西创新乡村教育体制机制提供了有益借鉴。

(二)"五位一体"是乡村文化振兴的必由之路

乡村文化振兴是乡村振兴的灵魂,文化兴则人心稳,人心稳则事业兴,只有文化振兴了,人们才能记得住乡愁,美丽乡村才有灵魂。《广西乡村振兴战略与实践·文化卷》聚焦乡村文化振兴,从五个方面具体阐述了广西乡村文化的振兴路径。

第一,以产业兴旺为基础推进乡村文化振兴。笔者认为,可以通过建设广西农耕文化产业展示区,打造广西特色文化产业乡镇、广西文化产业特色乡村、广西农村特色文化产业群,实施广西乡村传统工艺振兴计划,开发广西传统节日文化用品和项目,推动广西乡村文化、旅游与其他产业深度融合等。

第二,以生态宜居促进乡村文化振兴。通过改善农村基础设施,全面改变农村居住条件,调动农民建设美丽家乡的积极性,并注重个人品德和职业道德建设,以职业能力提升工程促进农民参与生态宜居建设能力的提升。同时,注重生态道德和公共道德建设,培养农民在生态宜居建设中的团结协作精神和生态管理能力。通过实施"生态厕所革命"、"生态+文化"工程和"生态+产业"工程等,全面提升乡村文化的内涵。

第三,以治理有效助力乡村文化振兴。大力推进农村自治、法治、德治协同共治体系建设。只有政府、市场、乡村共同发力,自治、法治、德治协同推进,才能更好地推动农村生态道德建设、农村家庭美德建设、农民个人品德建设、农村社会公德建设、农民网络道德建设。

第四,以科技发展助推乡村文化建设。充分利用和发挥"互联网+"在农村道德建设和乡风文明建设中的宣传、引导和推动作用。实施"互联网+N"工程,依托政府部门、互联网公司和高校研究机构等力量,实施"互联网+'五风'"工程、"互联网+'六德'"工程、"互联网+'三治'"工程,对传统和现代的优良"五风""六德"及"三治"经验进行宣传和推广,实现农村服务范围和对象全覆盖,营造一种积极向上和社会和谐的发展氛围。

第五,强化农村基层党组织领导核心地位。健全新型农村基层党组织体系,持续整顿软弱涣散的村党支部,提升"星级化"管理水平。实施农村带头人队伍整体优化提升行动,选优配强村党支部书记,全面向贫困村、软弱涣散村和集体经济薄弱村党支部派出第一书记,加大在优秀青年农民中发展党员力度。落实农村党员定期培训制度,稳妥有序开展不合格党员处置工作。全面落实村级组织运转经费保障政策。健全从优秀村党支部书记中选拔乡镇领导干部、考录乡镇机关公务员、招聘乡镇事业编制人员制度。推行村级小微权力清单制度,严厉整治侵害农民利益的不正之风和腐败问题。

乡村文化是乡村社会和谐稳定发展之"锚",也是实施乡村振兴战略的重要支撑和最终归宿。笔者提出的"广西只有紧紧围绕'产业兴旺、生态宜居、乡风文明、治理有效、生活富裕'的乡村振兴战略总要求,在'五位一体'中才能实现广西乡村文化振兴",是对乡村振兴战略的深刻解读,从五个方面入手,提出乡村文化振兴的具体路径,具有较强的理论创新价值和政策参考价值。

(三)基层党建是乡村组织振兴的重要法宝

乡村组织振兴是乡村振兴的组织保障,乡村基层党组织是乡村有效治理的基石。《广西乡村振兴战略与实践·政治卷》聚焦乡村治理,乡村治理现代化是实现国家治理现代化的必然要求,治国安邦重在基层。笔者认为,乡村是国家政权的"神经末梢"和最基本的治理单元,乡村治理是整个国家治理的基石,是国家治理的有机组成部分。没有乡村治理的现代化,就不可能实现国家治理体系和治理能力现代化。推进国家治理体系和治理能力现代化最重要的是实现乡村治理的现代化。实施乡村振兴战略,要求加强农村基层基础工作,健全乡村治理体系,确保广大农民安居乐业,农村社会安定有序,打造共建共治共享的现代社会治理格局,推进国家治理体系和治理能力现代化。

笔者进一步指出,办好中国的事情关键在党。党政军民学,东西南北中,党是领导一切的。中国共产党的领导是中国特色社会主义最本质的特征和最大优势。实施乡村振兴战略,从根本上解决好"三农"问题,必须始终坚持党管一切的原则,加强党的领导是乡村治理的根本保障。如果不注重加强党的领导,乡村治理就有可能出现"跑偏"的现象。加强党的领导,关键在农村基层党组织和广大党员。必须坚持以党建引领乡村治理,促进乡村振兴。在推进乡村治理的过程中,要坚持和加强党对乡村治理的集中统一领导,坚持把夯实基层基础作为固本之策。充分发挥农村基层党组织的战斗堡垒作用和广大党员的先锋模范带头作用,加强党员干部与群众的密切联系,带动群众全面参与国家的乡村振兴战略行动。

笔者最后提出,"三治结合"是实现乡村治理现代化的必由之路,即把农村基层党组织治理与乡村治理、村民自治与乡村治理、乡村治理中的"德治"与"法治"结合起来。既要传承发展我国农耕文明中的优秀传统,形成文明乡风、淳朴民风、良好家风,又要建立健全党委领导、政府负责、社会协同、公众参与、法治保障的现代乡村社会治理体制。要完善党务、村务、财务"三公开"制度,实现公开经常化、制度化和规范化;要在党的坚强领导下,选举好村委会主任,保障农村妇女的政治参与,培育农村后备政治精英,确保村民自治依法有序进行;要坚持"依法治国"与"以德治国"相统一,在运用法律刚性规范乡村社会秩序的同时,注重发挥新乡贤促进乡风文明建设的道德力量,从而实现乡村社会的善治。笔者提出的这些主张和政策思路具有现实意义。

(四)创新农地流转机制是乡村产业振兴的制度杠杆

乡村产业振兴是乡村振兴的物质基础。《广西乡村振兴战略与实践·经济卷》以农地流转机制创新为切入点,提出以农地流转机制创新作为制度杠杆,吸引产业资本和人才下乡,这样才能夯实乡村振兴的经济基础。我国近些年开展农地确权和延长承包经营期限是实施乡村振兴战略的前期工作。笔者认为,改革和完善现行的农地制度,特别是农地流转机制,不仅关乎广大农民的切身利益,而且是经济发展和实施乡村振兴战略的必然要求。农地流转机制创新与乡村振兴战略的实施有着紧密的联系。换句话说,农地流转机制的创新方向和效率直接关乎乡村振兴战略的实施效果,甚至影响整体经济改革的进程。具体到广西的发展实际,笔者认为可以利用国家的少数民族地区优惠政策,大胆先试先行,在新时代积极探索农地制度创新和政策实践,从而走出一条独特的乡村振兴之路,实现跨越式发展。

广西作为欠发达地区,如何突破既有的发展路径,实现跨越式发展,是摆在广西各级政府面前的亟待解决的问题。本卷对各级地方政府如何提高推动制度变迁的能力,在巩固现有农村基本经营制度的前提下如何完善和创新农地流转机制,农地流转机制创新之于乡村振兴有着怎样的重要意义,广西乡村振兴的产业选择应该遵循什么样的逻辑,广西应该走一条什么样的乡村振兴道路等关键问题进行较为深入的探讨,并给出了尝试性的解答,具有较强的政策参考价值。

（五）治理体系创新是乡村全面振兴的根本保障

乡村振兴战略是"五位一体"的全方位战略,归根结底是为了实现乡村社会的全面振兴。《广西乡村振兴战略与实践·社会卷》针对广西目前乡村社会治理过程中出现的一些问题,从五个方面提出了创新性的治理思路。

第一,治理体制创新。首先,结合当前新型城镇化战略的推进,在城乡一体化的框架下,深化乡村社会治理体制改革。其次,实现乡村社会的公共管理与乡村自治的有机结合。最后,创新乡村土地制度与集体产权制度,推进村民自治制度改革。

第二,治理机制创新。创新的基本方向就是从单一化、行政化治理机制迈向综合治理机制。首先,把乡村社会治理与乡村社区建设和社区管理有机统一起来,即让目前的村民自治走向社区建设和社区管理。其次,创建新型多样化的乡村社会自治的实现形式。最后,构建乡村社会治理的联动机制。

第三,治理结构创新。首先,应结合乡村社会治理体制机制的深化改革,在乡村社会治理中广泛引入社会力量,其中包括市场的力量。在乡村社会治理结构创新中,鼓励一些社会力量进入乡村,如让各种社会组织和团体进入乡村,引导一些市场机构参与乡村社会事业发展。这些对增强乡村社会治理的力量,提高乡村社会治理的实效,都会起到积极的作用。其次,建立和完善乡村民众参与乡村社会治理的机制。在乡村社会治理中,如果能让更广泛的民众参与其中,就会使目前的乡村社会治理结构大大改善,社会治理的力量会更加强大,社会治理结构内在关系更为均衡。最后,建立相互协调的多元治理结构。实现乡村社会治理效率质的提高,仅仅依靠政府的力量是不够的,必须充分发挥政府、市场和社会三方面力量组成的协调的多元治理结构的作用。

第四,治理过程创新。乡村社会治理过程是指由治理乡村社会的各项活动构成的一个动态过程,即各种治理措施的实施过程。首先,改革和完善村民自治管理,推进乡村社会生活的民主化。其次,创建自下而上的治理平台。最后,协调推进乡村治理。

第五,治理手段创新。目前,乡村治理手段的缺陷在于法治化程度较低、行政手段与传统手段不协调,这些问题都会影响治理的效率。推进乡村社会治理手段的创新,需要抓住两个关键问题。首先,理顺法理和礼俗的关系。坚持依法治理,并不等于完全不考虑乡村社会中礼俗的作用。其次,通过制度建设和治理实践,解决乡村社会治理中存在的一些制度的模糊空间问题。

笔者指出的选择和创新乡村社会治理手段,应始终坚持互惠原则,认为达成共识是构建乡村社会秩序的重要基础,而达成共识是以互惠为前提的。这实际上指出了制度创新的普惠原则,在广西实施乡村振兴战略过程中,制度创新占有举足轻重的地位,但只有把握好制度创新的基本原则,新的制度才能最大限度地发挥作用。笔者提出的五个方面的乡村社会治理的创新思路具有较强的政策启发意义。

(六)留住绿水青山是乡村生态振兴的必然要求

乡村生态振兴是乡村绿色发展所要达到的最终目的,也是贯彻习近平总书记"绿水青山就是金山银山"重要论断的体现。《广西乡村振兴战略与实践·生态卷》以我国实施乡村振兴战略为背景,紧紧围绕广西乡村振兴"三步走"的战略目标,立足区情农情,充分认识全面实施乡村生态振兴战略,建设"美丽广西"的重大意义。本卷以"问题导向"为切入点,以"历史纵深"为视角,以"前瞻预测力"为目标,以"现实操作性"为导向,对广西在实施乡村振兴过程中如何实现"生态宜居"进行了较深入的研究。笔者认为,广西作为欠发达地区和全国脱贫攻坚主战场之一,产业结构不够合理,农业大而不强、大而不优,农村基础设施和公共服务能力较为薄弱,农民收入整体低于全国平均水平,乡村规划建设、生态文明建设亟待加强。《中共广西壮族自治区委员会关于实施乡村振兴战略的决定》已明确广西乡村生态振兴"三步走"的战略目标:到2020年,"美丽广西"乡村建设四个阶段(清洁乡村、生态乡村、宜居乡村、幸福乡村)目标任务全面完成,农村生活垃圾处理率、无害化卫生厕所普及率、农村生活污水治理率明显提高,村庄规划管理实现全覆盖,农村人居环境明显改善;到2035年,农村生态环境和人居环境质量大幅提升,美丽宜居乡村基本实现;到2050年,乡村全面振兴,与全国同步实现农业强、农村美、农民富。

为了实现上述目标,笔者进一步指出,广西在实施乡村振兴战略过程中必须以"创新、协调、绿色、开放、共享"新发展理念为指导。在全面梳理广西改革开放40余年和自治区成立60余年发展历程中不同阶段乡村生态建设的状况,直面广西乡村振兴生态建设过程中存在的棘手问题,系统分析问题的成因,提出广西乡村振兴生态建设的目标和对策。为广西推进乡村绿色发展、打造人与自然和谐共生发展新格局、实施美丽广西乡村生态建设等提供现实可行的实施方案。最后,笔者从生态宜居发展战略、生态农业发展战略、乡村生态旅游发展战略、生态扶贫发展战略、田园综合体发展战略和山水林田湖草系统治理发展战略六个方面全方位论述了广西乡村振兴生态发展战略体系,为广西各级政府部门制定乡村振兴生态建设的相关政策提供了决策参考。

三、将后发优势转变为竞争优势,促进广西乡村全面振兴

经济发展是一个现代工业部门相对农业部门不断扩张的过程,在这个过程中伴随着劳动力从农业部门向工业部门的转移。根据理论推导,这种劳动力的单向流动将一直持续到城乡一体化劳动力市场出现为止,即随着工业化的推进,城乡之间的发展差距最终会缩小,二元经济将转变为一元经济。但在现实中,这种缩小趋势不但没有出现,反而有不断扩大的趋势。显然,纯粹依靠市场机制,城乡之间的发展差距几乎是不可能缩小的,因此,需要有作为的政府加以推动。从历史的角度看,绝大部分发展中国家快速推进工业化,都在一定发展阶段不同程度地出现城乡发展差距扩大、乡村凋敝等发展不均衡问题,这种现象在一些发展中国家持续存在,甚至出现了不断加剧的趋势。值得注意的是,日本和韩国从工业化中期开始,为了减少城乡之间的发展差距,政府就有意识地转变发展战略,强化乡村发展的制度供给。日本政府在20世纪60年代颁布的《农协法》《市民农园整备促进法》《农村地区引进工业促进法》等相关法律,以及韩国政府在20世纪70年代开展的"新村运动",都是比较典型的例子。这些成功的做法,可以为我国实施乡村振兴战略所借鉴。

我国"三农"问题长期得不到根本解决的主要原因在于,快速工业化和城市化形成了一种"虹吸效应",使得资本和人才等高端生产要素长期向城市单向流

动,农村发展的基础越发薄弱,而城市和乡村公共服务配置的不均等又加剧了这一趋势。广西作为欠发达地区,经济发展相对落后,农村的发展已经出现了不同程度的锁定效应,突破"路径依赖"创造新的发展路径已迫在眉睫。而乡村振兴战略的提出为广西实现跨越式发展和内涵式发展提供了难得的机遇。广西以乡村振兴为战略支点,坚定推进制度创新,将潜在的后发优势转变为现实的竞争优势,运用制度杠杆效应实现路径创新和跨越式发展是可期的。

在我国大力实施乡村振兴战略以及广西积极推进乡村振兴和实现跨越式发展的大背景下,广西师范大学乡村振兴战略研究团队撰写的《广西乡村振兴战略与实践》正当其时。《广西乡村振兴战略与实践》引领了广西乡村振兴领域理论与实践研究,对广西实施乡村振兴战略和制定相关政策具有较高的实践指导价值,不仅可以作为广西各级政府制定乡村振兴相关政策的理论借鉴,而且可以作为高校研究机构的研究人员研究乡村振兴的参考书,更是当代大学生了解乡村振兴、参与乡村振兴很好的参考书。

贺祖斌

2019 年 10 月 20 日

目　录

第一章

广西生态环境建设的历史与现状

第一节　广西环境保护孕育期

广西的生态环境保护工作是在全国生态环境保护的相关政策文件指引下开展的。我国早在1972年之前就出现了环境污染的现象，但在当时的历史背景和观念下，环境污染问题一直被忽视。1972年6月，联合国人类环境会议在瑞典举行，这次会议使我国政府参会人员对环境污染的观念产生了深刻变化。1973年8月，全国第一次环境保护会议在北京召开，会议通过了"全面规划，合理布局，综合利用，化害为利，依靠群众，大家动手，保护环境，造福人民"的环境保护工作32字方针和我国第一个环境保护文件——《关于保护和改善环境的若干规定(试行草案)》。中国环境保护事业的序幕从此拉开，推动了农业环境相关保护工作的开展，为保护乡村生态环境奠定了良好的基础。1974年10月，国务院环境保护领导小组正式成立。1977年，在第一次全国农业环境保护工作座谈会上，国家相关部门要求，在利用工业废水、污泥和废渣作为水肥资源时，要持积极慎重的态度，不能盲目利用，要经过处理，在确保不危害农作物生长，不污染土壤、地下水和农畜产品的前提下，逐步扩大利用范围。[①] 为推进我国环境保护立法，1978年修订的宪法首次提出了保护环境和自然资源，防止污染和其他公害的内容。

生态环境建设是广西新农村建设工作中的一项重要内容，更是实现广西农业和农村经济可持续发展的必要前提。1949—1978年间，20世纪70年代提出的"环境

---

① 城乡建设环境保护部环境保护局综合处等.中国环境政策资料选编[M].内部资料,1977:38.

保护"逐渐替代了 20 世纪 50 年代和 60 年代分别提出的"综合利用"及"三废处理""回收利用"的概念。这对于广西乡村生态环境建设来说是良好开端,具有重要的借鉴意义。与此同时,广西相关的生态环境建设工作,如环境监测、污染治理、自然保护建设,处在刚刚起步的阶段。1959 年,广西着手自然保护区的规划工作。1961年,经广西壮族自治区人民委员会批准,广西建立了第一个自然保护区——花坪自然保护区。1978 年经国务院批准花坪自然保护区晋升为国家级自然保护区。[1] 广西乡村存在的现实或潜在环境问题能否顺利解决、农业是否得到保障及乡村经济能否可持续发展都与乡村生态环境建设是否有成效有很大关系。

第二节　广西环境保护发展期

1978 年十一届三中全会召开后,改革开放的序幕正式拉开。2018 年是改革开放 40 周年,也是广西壮族自治区成立 60 周年。1978—2018 年,广西经济快速发展,八桂大地发生了翻天覆地的变化。在经济快速发展的同时,广西环境保护的步伐也从未停歇。广西对各时期出现的问题制定相关政策和应对措施,不断改革与发展,不断探索与创新。广西环境保护发展期大体经历了以下五个阶段。

一、起步阶段（1979—1985 年）

1979 年颁布的环境保护法(试行),是我国为应对环境问题而制定的第一部生态环境保护法律,具有开创性的历史意义。第二次全国环境保护会议于 1983 年召开,会议把保护环境确定为我国的一项基本国策,确定了"经济建设、城乡建设、环境建设同步规划、同步实施、同步发展,实现经济效益、社会效益、环境效益相统一"的指导方针,建立了以"预防为主,防治结合""污染者负担""强化环境管理"等为核心的政策体系。[2] 截至 1983 年底,在改革开放短短 5 年内,广西自然保护区数量迅速增加到 53 处,猛增 51 处。[3] 为实现党的十二大提出的全面促进社会主义经济建设

---

① 广西壮族自治区生态环境厅.广西花坪自然保护区简介[EB/OL].(2012-09-28)[2019-11-23].http://sthjt.gxzf.gov.cn/xxgkml/ztfl/sthj/201309/t20130930_16738.html.

② 曹凤中.我国环境问题与可持续发展[J].经济研究参考,1999(72):35.

③ 谭伟福,陈瑚.广西自然保护区建设三十年[J].广西林业科学,2008(4):216.

的目标,国务院于1984年发布《关于环境保护工作的决定》(国发〔1984〕64号),使环境保护和经济建设协调发展得到保障,使环境状况同国民经济发展及人民物质文化生活水平的提高相适应。1985年,中共中央、国务院颁发《中共中央、国务院关于进一步活跃农村经济的十项政策》,标志着我国农村开始实施保护生态环境的措施。

在此期间,广西的保护生态环境工作取得了新进展,其中包括重点污染调查,对重点河流、港口及工矿企业的"三废"污染实行治理,加强规划和计划管理,对自然保护区进行整体规划、科学编制和实施管理计划。对于广西乡村可持续发展而言,自然保护区的建立可以将自然生态系统的真实原貌更好地保留、展现,也有利于生物种质资源的保存,维持生态平衡。总之,这一时期不论是环境保护理论与政策,还是环境管理发展与实践,均处于探索阶段,广西乡村生态环境建设工作正处于起步阶段。

二、"七五"到"八五"期间(1986—1995年)

1986年,广西壮族自治区第六届人民代表大会第四次会议制定了环境保护第一个五年计划——"七五"环境保护计划(1986—1990年)。1988年,为了大力促进国家环境保护管理趋向专业化,党中央、国务院结合环保工作实际需要设置了相应的职业岗位,并从全国各地以公开招考的形式吸引大批人才,并将他们培养成为环保干部。同年,广西把第一次全国环境保护会议确定的"全面规划,合理布局,综合利用,化害为利,依靠群众,大家动手,保护环境,造福人民"环境保护工作方针列入《广西壮族自治区环境保护暂行条例》。1989年12月,环境保护法经修订正式出台,20世纪90年代又修订了大气污染防治法、水污染防治法,制定出台了固体废物污染环境防治法、环境噪声污染防治法等,初步构建了我国生态环境保护的法律体系。1991年4月,广西制定"八五"环境保护计划(1991—1995年),提出制定乡镇环境保护规划。1992年完成《广西坡耕地治理规划》。在水土流失规划方面,截至1990年末,制定了《广西水土流失严重地区水土规划》《广西国土规划水土保护篇》《31条小流域综合治理规划》《珠江流域桂东南重点水土流失区治理规划》《桂西片水土保护"八五"治理规划》等一批规划。

在此阶段,广西环境保护建设工作重点仍是污染源的末端治理,努力减少工业建设等领域对环境保护的影响。同时,在其他领域如环境管理、自然生态保护与建设、环境法制建设等方面也做了许多工作,取得了良好成效。例如,在自然生态保护与建设方面,进行生态农业试点,1995 年,全区生态农业试点有 330 个,生态农业试点总面积 3.89 万公顷。[①]

三、"九五"到"十五"期间(1996—2005 年)

1996 年到 2005 年是实施西部大开发战略,进行经济结构战略性调整,推进工业化、城镇化进程的重要时期,也是控制环境污染和生态破坏,进行环境综合整治的重要时期。

1997 年 3 月,广西壮族自治区人民政府批准了《广西环境保护"九五"计划和 2010 年远景规划》,并将其纳入自治区经济和社会发展规划,对环境保护工作做出了详细的规划。1997 年,广西环境保护工作取得较大突破,在治理污染和保护生态并重的方针下,广西以乡村城镇企业和自然资源开发项目的环境管理工作为重点,大力开展相应的环境整治工作,全区乡镇工业污染源调查任务圆满完成,重点抓了矿山开发生态破坏的恢复和生态示范区建设工作。[②] 在土地保护方面,1997 年,广西复垦废弃地 1 154 公顷,整治滩涂 43 公顷,在一定程度上减缓了耕地面积减少速度。

1998 年,在广西耕地面积仍在减少的情况下,为遏制耕地面积的减少,全区各地开展了土地利用总体规划的编制,对基本农业保护区进行重新调整划定,全区耕地保护量为 85% 以上。

1999 年,广西把第二次全国环境保护会议确立的环境保护战略方针列入《广西壮族自治区环境保护条例》。该条例的第四条规定:各级人民政府应当将环境保护规划纳入国民经济和社会发展计划,坚持经济社会建设和环境建设同步规划、同步实施、同步发展的方针,建立健全环境保护投入保障机制,实现经济效益、社会效益、环境效益的统一。第十七条规定:各级环境保护主管部门应当会同有关部门制定本辖区的环境保护规划,根据国家和地方环境质量标准及自治区环境保护规划的要

---

① 谢之雄.广西年鉴 1995[M].南宁:广西年鉴社,1995:230.

② 广西壮族自治区生态环境厅.1997 年广西壮族自治区环境保护公报[EB/OL].(2001-09-03)[2019-09-13].http://sthjt.gxzf.gov.cn/xxgkml/ztfl/hjzljc/hjzkgb/200109/t20010903_912300.html.

求,分类划定环境功能区,报同级人民政府批准后公布实施。① 同年,广西有效遏制耕地面积减少,耕地总量增加了 207.42 公顷,但水田面积在耕地中的比例下降。全区将新的土地管理法贯彻到耕地保护工作中去,落实"十分珍惜、合理利用土地和切实保护耕地"这一基本国策,对于建设占地的情况严格实施"占一补一"制度。全区在土地利用总体规划上下功夫,加强对土地利用的管理工作,全力确保基本农田保护区耕地面积不减少。各地对于土地检查的力度加强,对违法占用耕地的行为进行严肃处理,总体保证全区耕地面积维持动态平衡。

在水土流失治理方面,1999 年广西水土流失面积为 3.06 万平方千米,占全区陆地面积的 12.9%,水土流失面积呈扩大趋势。1999 年广西采取水土流失治理措施,开展了东兰县九曲河、灌阳县顺溪等 34 项小流域水土保持综合治理,至 1999 年末,全区累计治理水土流失面积 1.13 万平方千米。②

在耕地管理整治方面,广西以西部大开发为契机,积极申报红水河流域的乐业、天峨等 6 个县列入全国退耕还林试点县,获国务院同意列入的试点县有乐业县和大化县。③

2001 年 9 月,经广西壮族自治区人民政府批准,广西壮族自治区发展计划委员会印发了《广西壮族自治区国民经济和社会发展第十个五年计划环境保护重点专项规划》。该规划中指出,检验环境保护工作的根本标准为是否有利于经济社会可持续发展、是否有利于改善环境质量和促进生态的良性循环、是否有利于保护人民健康。

在第四次全国环境保护大会提出的"污染防治与生态保护并重"的环境保护新工作思路和"预防为主、保护优先、防治结合""在保护中开发,在开发中保护"的生态保护方针指引下,广西加大了生态环境保护的工作力度,将生态环境保护纳入重要议事日程,编制了《广西生态环境保护规划》《广西林业生态环境建设规划》《广西水土保持生态环境建设规划》《广西水资源生态环境建设规划》《广西农业生态环境建设规划》《广西海洋生态环境建设规划》《广西矿山生态环境建设规划》《长江流域

---

① 广西日报.广西壮族自治区环境保护条例[EB/OL].(2016-07-07)[2019-08-17].http://www.gxzf.gov.cn/zwgk/flfg/dfxfg/20160707-634640.shtml.

② 广西壮族自治区生态环境厅.1999 年广西壮族自治区环境状况公报[EB/OL].(2001-09-03)[2019-10-23].http://sthjt.gxzf.gov.cn/xxgkml/ztfl/hjzljc/hjzkgb/200109/t20010903_912302.html.

③ 广西壮族自治区生态环境厅.2000 年广西壮族自治区环境状况公报[EB/OL].(2001-09-04)[2019-11-10].http://sthjt.gxzf.gov.cn/xxgkml/ztfl/hjzljc/hjzkgb/200109/t20010904_912303.html.

（广西段）水污染防治和生态保护规划》《广西生态环境保护"十五"计划》和《广西自然保护区发展规划》（1998—2010年）（1999年3月19日经自治区人民政府批准实施）等多个生态专项规划，为指导广西生态环境保护和建设提供了依据。2001年是"十五"计划实施的第一年，全区持续落实环境保护基本国策。在工业废气处理方面，全区10个县级市平均烟尘控制区覆盖率达到95.9%。在耕地面积保护方面，2001年全区耕地面积保有量比2000年增加了0.96万公顷，达439.43万公顷。[①]

2003年前后，国家环保总局组织完成了《国家环境安全战略报告》，报告指出我国经济发展付出的环境代价，在很多地方已经抵消了经济增长的收益，并从安全的角度去理解生态环境保护在国家发展中的重要性。越来越多的人意识到，环境问题就是经济问题，生态环境保护需要经济发展方式转型与综合决策。[②]

2004年，广西水土流失不仅引发了山洪、泥石流等灾害，而且对其他方面造成了极大危害。一是使土地资源遭受破坏，造成耕地面积减少。二是水土流失产生的泥沙大量淤积在江河、湖、水库，减弱了水利设施的调蓄功能，加剧了洪旱灾害。三是水土流失导致土壤养分流失，土地肥力降低，一方面使生态失调，另一方面使生产及生活环境恶化，加重了农村地区的贫困。[③] 据此，政府采取了以下一系列措施与行动。

（一）小流域综合治理

全区累计治理水土流失总面积达1 477平方千米，治理措施主要为：进行坡改梯累计达41平方千米，营造水土保持林442平方千米、经济林211平方千米，为恢复森林植被进行封育治理710平方千米，种草11平方千米，其他措施62平方千米。

（二）生态修复

全年实施水土保持生态修复面积共计1 210平方千米。

---

① 广西壮族自治区生态环境厅.2001年广西壮族自治区环境状况公报[EB/OL].（2002-06-05）[2019-11-23].http://sthjt.gxzf.gov.cn/xxgkml/ztfl/hjzljc/hjzkgb/200206/t20020605_912305.html.

② 解振华.中国改革开放40年生态环境保护的历史变革——从"三废"治理走向生态文明建设[J].中国环境管理,2019(4):8.

③ 广西壮族自治区生态环境厅.2004年广西壮族自治区环境状况公报[EB/OL].（2005-06-03）[2019-09-14].http://sthjt.gxzf.gov.cn/xxgkml/ztfl/hjzljc/hjzkgb/200506/t20050603_912314.html.

（三）加强监督管理

2005年，广西持续深入重点落实水土保持"三同时"制度，对交通、铁路、电力、水利、矿山等开发建设项目，加大水土流失防治的监督管理力度，督促开发建设单位积极主动履行防治义务。全区共审批了868个开发建设项目水土保持方案，开发建设项目水土保持工程的投入资金共计42.93亿元，防治责任范围126平方千米，查办水土保持违法案件58起。根据建设项目水土保持方案，全年共投入2.1亿元资金进行治理，防治面积、水土流失治理面积完成量分别为1 236公顷、1 603.32平方千米。资源县、鹿寨县、兴安县、阳朔县、隆林县5个全国水土保持生态修复试点县生态修复面积共计158.13平方千米。2005年，全区开展整治违法排污企业、保障群众健康环保专项行动，共挂牌督办环境问题270个，其中自治区级21个，市级79个，县级170个。

（四）实施生态建设工程

根据广西退耕还林工程建设总体规划，2004年的建设任务为15.3万公顷。2004年，广西继续实施重点公益林生态补偿工程，中央安排投资1.75亿元，补偿面积233.3万公顷。重点防护林投资3 125万元，造林9 526.7公顷。农村沼气池国债工程投资8 200.4万元，建成新沼气池6.56万座。重点森林火险区治理工程投资3 208万元。林业种苗工程投资1 343万元。国家级自然保护区建设工程投资825万元。

在这一时期，广西的生态环境建设工作可以概括如下：在环境管理思想认识上，实现了初步的转变，逐渐认识到生态环境问题的解决要在坚持环境保护战略等方针的指引下，坚持治理污染和保护生态并重的理念，综合运用法律、经济、技术、行政和教育等手段和方法，建立健全生态环境保护的法律、法规和标准；在生态专项规划上，为促进林业、农业等建设规划设置相关专项规划，加大了生态环境保护的力度；在生态建设工程上，以重点公益林生态补偿为主要工作内容，对改善人们生存环境、提高人民生活质量、实现经济社会的可持续发展具有重要意义。此外，为解决一些局部的水土流失和重点污染问题，建立农业保护区和进行生态农业试点，推进退耕还林与推广农村能源沼气。

四、"十一五"期间（2006—2010年）

"十一五"是全面建设小康社会承前启后的关键时期。2006年3月，第十届全国人民代表大会第四次会议审议通过了《中华人民共和国国民经济和社会发展第十一个五年规划纲要》。该纲要对环境保护工作提出了更高的要求：到2010年，在国内生产总值（GDP）年均增长7.5%的同时，单位GDP能源消耗降低20%左右，主要污染物排放总量减少10%。全面建设小康社会目标提出后，"十一五"环境保护计划紧跟其后。这一时期，党中央、国务院高度重视农村环境问题，要求把农村环境保护纳入国家总体战略，统筹加以推进。2007年11月13日，国务院办公厅发布《国务院办公厅转发环保总局等部门关于加强农村环境保护工作意见的通知》（国办发〔2007〕63号）。"十一五"期间，为落实国务院关于抓紧编制重点流域水污染防治"十一五"规划的批示精神，广西制定了《广西壮族自治区农村饮水安全工程"十一五"规划》。

2006年，广西下达各地耕地保护面积4 247 117.7公顷的任务，经考核实际保护耕地面积为4 214 171.29公顷，可调整耕地面积为74 840.03公顷。① 2007年，广西壮族自治区人民政府颁布实施《生态广西建设规划纲要》后，部分市县启动生态市、生态县规划编制工作。2007年，广西在水土流失地区实施的应防措施主要有大面积的封禁治理和以小流域为单元综合治理水土流失，并在全区10个市的26个县实施了封山禁牧政策，在局部地区进行封禁治理。2007年，新增实施水土保持生态修复面积为2.67万公顷，累计实施生态修复面积达到62.46万公顷。②

2007年7月，广西首个利用欧盟赠款开展的生物多样性保护项目正式启动。该项目预计投入367万美元，其中利用欧盟赠款151万美元。该项目为了提高桂西南喀斯特地貌特殊生态系统的生物多样性保护水平，在百色市的那坡、德保、靖西和崇左市的天等、大新、扶绥、江州、龙州8个项目示范区县实施了包括自然保护区建设、封山育林、沼气池建设、生态农业倡导、公众参与等多种措施。东黑冠长臂猿、白头叶猴、德保苏铁等珍稀动植物得到了有效的保护。

---

① 广西壮族自治区生态环境厅.2006年广西壮族自治区环境状况公报［EB/OL］.（2007-06-05）［2019-11-18］.http://sthjt.gxzf.gov.cn/xxgkml/ztfl/hjzljc/hjzkgb/200706/t20070605_919482.html.

② 广西壮族自治区生态环境厅.2007年广西壮族自治区环境状况公报［EB/OL］.（2008-06-05）［2019-09-13］.http://sthjt.gxzf.gov.cn/xxgkml/ztfl/hjzljc/hjzkgb/200806/t20080605_920819.html.

2008 年 7 月,首次全国农村环境保护工作会议召开,明确了新时期农村环境保护工作目标和措施。为贯彻落实中央关于加强农村环境保护的战略部署,同年 11 月,广西壮族自治区环境保护局、广西壮族自治区财政厅在广西壮族自治区人民政府的领导下组织编制了《广西村庄环境综合整治规划(2009—2015 年)》。[①] 该规划主要包括:

(一)保持耕地动态平衡

2008 年,自治区下达各地耕地保护面积共有 424.73 万公顷的任务,其中基本农田保护面积达 362.07 万公顷。到 2008 年末,全区实际保护耕地面积达429.61万公顷,比自治区下达的任务多了 4.88 万公顷。基本农田保护面积 362.44 万公顷,比自治区下达的任务多了 0.37 万公顷。

(二)落实耕地"占一补一"制度

2008 年,全区批准用地面积共 3 694.71 公顷,其中农用地 3 353.55 公顷、耕地 1 682.38公顷。下达包括土地开发新增耕地 2 600 公顷、土地整理新增耕地5 000公顷在内的补充耕地计划,总量为 7 600 公顷。2008 年底,全区顺利完成并通过竣工验收的土地开发项目新增耕地面积 9 729.81 公顷,土地整理项目新增耕地6 328.74公顷。

(三)治理水土流失

通过大面积的封禁治理和以小流域为单元综合治理等主要措施解决水土流失问题。2008 年,全区水土流失治理面积增加 10.20 万公顷,全年共治理水土流失面积达 179.55 万公顷。同年,重点小流域综合治理新增面积 2.12 万公顷,累计综合治理面积 29.59 万公顷。2008 年,实施水土保持生态修复面积增加 4.25 万公顷,累计实施生态修复面积 66.15 万公顷。

(四)调查与修复土壤污染状况

2006 年,广西根据国家环保总局《关于开展全国土壤污染状况调查的通知》精

---

① 广西壮族自治区生态环境厅.2008 年广西壮族自治区环境状况公报[EB/OL].(2009-06-03)[2019-11-24].http://sthjt.gxzf.gov.cn/xxgkml/ztfl/hjzljc/hjzkgb/200907/t20090709_926170.html.

神,启动了土壤污染状况调查工作,并且顺利在环江毛南族自治县、大新县和南丹县开展农田污染土壤修复研究与综合治理试点工作。在此期间,广西农村环境问题越发突出,环境保护发展劲头不足。农村社会经济可持续发展因乡村环境基础设施欠缺,点源污染与面源污染共存,生活污染和工业污染叠加,村庄环境脏乱,城市工矿企业污染向农村转移,部分地方群众饮水安全保障不足等因素而受到严重制约。针对以上问题,广西采取了相关的措施与行动。

(1)开展农村环境综合整治。"十一五"期间,广西启动农村环境综合整治工作。工作范围涵盖重点保护农村饮用水源地,加紧治理生活污水、垃圾污染,大力防治畜禽养殖业污染等。2008年,《广西村庄环境综合整治规划(2009—2015年)》编制完成,该规划提出了一批农村环境综合整治试点项目。

(2)实施农村改水改厕工程。自2005年中央启动农村饮水安全解困工程建设以来,农村饮水安全解困工程连续4年被广西政府列为民办实事工程。农村改水工作总体成果显著。在资金投入上,农村人饮工程投入资金共计19.95亿元;在人口覆盖面上,每年的改水人口均过百万人,2008年累计达到239万人。同时,广西利用中央财政下拨的用于补助广西农村改厕的2 057万元,高效建设了6.85万户无害化卫生厕所示范户,2008年全区卫生厕所普及覆盖率达49.17%。

(3)防治畜禽养殖污染。一直困扰广西农村的面源污染主要是畜禽养殖污染。因此,广西农村环境保护工作以畜禽养殖污染防治为核心,坚持"综合利用优先,资源化、无害化和减量化"的原则,严格规划畜禽养殖禁养区域,将环境影响评价制度和"三同时"制度严格落实到集约化畜禽类养殖建设项目。另外,大力推动生态农业建设及无公害农产品、绿色食品和有机食品的发展融合,积极促进畜禽粪便及污水的综合治理,不断提高畜禽养殖管理和污染防治水平。

(4)综合利用农作物秸秆。广西每年农作物秸秆产生量(风干物)为2 500多万吨。近年来,广西在保持还田、燃料、牲畜越冬饲草等传统处理方式的基础上,大力宣传推广秸秆氨化养牛、秸秆种植蘑菇、秸秆堆肥,以及秸秆原料沼气技术,秸秆的综合利用率显著提高。截至2008年,广西完成推广秸秆还田面积达233.3万公顷。

(5)推进环境优美乡镇、生态村创建。各地为不断加大生态示范区的创建力度,将环境优美乡镇、生态村创建试点作为着力点开展工作。截至2008年,全区生态村、环境优美乡镇创建试点单位分别为22个村、11个乡镇。2009年,4个环境优美乡镇和16个生态村建设完成并经自治区成功验收。

（6）调查与修复土壤污染状况。根据《关于开展全国土壤污染状况调查的通知》精神，2006 年至 2009 年末，广西启动并基本完成了全区土壤污染状况调查工作。全区共采集 1 966 个点位，获得土壤监测数据 141 122 个，编写了《广西土壤污染状况调查报告》，组织"土壤污染修复院士专家广西行"活动，对环江毛南族自治县土壤修复基地、大新县铅锌矿区和南丹县土壤修复试点现场进行实地考察。同时，和中国科学院地理科学与资源研究所及广西大学合作开展土壤修复试点研究工作，申请中央环保专项资金，开展南丹县刁江环境综合治理工程。

（7）沼气池建设。投入资金 5.32 亿元用于农村沼气池建设，新增沼气池 16 万座，增加大中型沼气工程 489 处。

（8）全面加强农村环境保护管理。以加快农村主要环境问题的解决为工作重点，贯穿"以奖促治、以奖代补"政策，落实和强化监管的主线，工作围绕农村饮用水源地的保护和监督管理、生活垃圾和生活污水处理、畜禽养殖污染防治、土壤污染治理开展，进而加快村镇环境综合整治的进程。此外，加大力度解决影响群众身体健康、城乡居民食品安全、农村可持续发展的突出环境问题。

（9）开展城乡风貌改造工程。在自治区城乡风貌改造领导小组的统一部署下，认真抓好自治区城乡风貌改造二期工程 14 个村屯生活污水处理试点项目。

（10）编制广西农村环境连片集中整治规划。通过总体规划，确定生态文明示范区的建设总目标，以"城乡风貌改造"工程为起点，以"以奖促治"的国家政策为契机，按照"突出重点、注重实效"的原则，选择几个重点地区，通过不断完善的方式开展农村环境治理示范，集中资金治理农村环境，努力推进农村环境综合整治。制定了广西农村环境持续、集中整治的规划和《广西农村环境连片整治示范工作方案》。自治区人民政府向环保部和财政部申请将广西列为国家农村环境连片集中整治示范省（区）。

（11）加强生态文明建设，维护生态安全。2010 年，广西壮族自治区党委、政府高度重视生态文明建设，发布了《中共广西壮族自治区委员会、广西壮族自治区人民政府关于推进生态文明示范区建设的决定》，出台了《全面推进生态文明示范区建设总体实施方案》。深化和拓展生态文明示范区的建设，全区分别有 14 个设区市和 73 个县完成生态市、生态县建设规划的编制论证，其中大多数已经被同级人大审核批准，紧接着由政府印发实施。《自治区级生态乡镇和生态村考核验收办法（试行）》出台，大概有 100 个乡镇和村庄编制完成生态乡镇和生态村建设规划，同时开展生态乡镇和生态村的创建。

（12）生态广西建设，加大生态建设资金投入。2010年，自治区财政建立了广西生态建设引导基金，资助了31个生态农业项目、1个生态县建设规划编制和2个生态文明村建设示范工程，获得国家重点生态功能区转移支付资金，用于26个市县的水土保持、生物多样性保护等重要生态功能区建设。根据《生态广西建设规划纲要（2006—2025年）》的总体要求，广西完善了生态省（区）建设工作的组织管理体制和工作机制，组织了市、县开展生态市、生态县建设规划，安排生态广西建设引导资金，开展多项生态产业发展试点示范项目，开展生态补偿试点研究工作。

（13）大力推进生态示范区、环境优美乡镇、生态村建设试点工作。2008年，环保部将北海市、合浦县、临桂县、荔浦县、平乐县、昭平县、大新县、崇左市江州区、横县、宾阳县、蒙山县11个试点市、县（区）命名为全国生态示范区，阳朔县阳朔镇、大新县硕龙镇被命名为全国环境优美乡镇，武鸣县城厢镇濑琶村被命名为国家级生态村。

截至2009年底，广西已建立各类自然保护区78个，自然保护区总面积达145.89万公顷，约占全区陆地面积的6.17%。其中，国家级自然保护区16个，自治区级自然保护区50个，市级自然保护区3个，县级自然保护区9个。

为贯彻落实《国务院关于开展第一次全国污染源普查的通知》精神，2007年至2009年，广西在污染源普查工作方面取得有效成果。全区污染源普查工作已全部完成并顺利通过国家验收，基本查清了工业源、农业源、生活源和集中式污染治理设施主要污染物产生、处理和排放情况，建立了污染源信息数据库，并在此基础上，进行污染源普查动态更新调查工作。

2010年是"十一五"收官之年。"十一五"时期是广西经济运行质量和效益快速发展和迅猛提高的5年，也是广西环保事业发展最快、取得成绩最显著、环保工作发挥作用最明显、环保地位快速提升的5年，"山清水秀生态美"已成为广西发展的优势和名片。广西较好地应对和解决了经济快速发展与艰巨繁重的污染减排任务、人民群众对环境质量提高的要求和资源加工型经济结构的矛盾，全面完成了"十一五"规划要求的环境保护工作目标与任务，全区环境质量在保持稳定之余得到提升。

总之，在"十一五"期间，广西以村庄为基本单位，在结合实际发展的基础上，以污染防治为重点，集中实施一系列环境污染治理项目而展开村庄环境综合整治。耕地面积保护、居民饮水安全保障、生态修复等工作的开展，增加了生物多样性，真真切切地解决了对人民健康有害的突出环境问题，着重加强了农村环境保护。

五、全面建设和加快发展阶段（2011 年以后）

在中国特色社会主义进入新时代后，广西生态环境建设开始进入全面建设和加快发展的阶段，但农村环境保护形势总体依旧不容乐观。随着农村经济的发展和人口的增加，农村环保基础设施缺乏和环境管理薄弱，农村生活污染、畜禽养殖污染、农业面源污染等问题日益突出，不仅影响了农民的生产生活环境，而且影响到部分地方群众的饮水安全。① 因此，政府采取了一系列积极有效的措施与行动，改善乡村生态环境，推动生态建设发展。

（一）全面开展农村环境连片整治工作

2011 年，财政部、环保部将广西列为第二批"全国农村环境连片整治示范省区"。2011—2013 年，广西在漓江流域、桂东南西江流域、桂中红水河流域、北部湾沿海地区 4 个重点区域内，对 9 个市的 18 个县（市、区）的 500 个村屯，开展了农村环境连片整治示范实施工作，主要针对生活污水问题解决、垃圾治理，集中布点、连片整治、整镇（乡）推进，并将其列为自治区人民政府为民办实事重点任务之一。此外，为了大力解决区域性农村环境问题，广西对重点流域区域的农村地区进行连片整治，不断摸索农村环境保护和管理长效机制，推广环境友好型农村生产生活方式，给农村生态文明建设提供良好示范。

（二）编制年度实施方案并组织实施

广西组织编制了《2011 年广西农村环境连片整治示范实施方案》。2011 年广西投入农村环境连片整治示范项目的资金，重点分布在漓江流域、桂东南西江流域及自治区级特色名镇名村建设点和自治区"城乡风貌改造"工程项目布局的村屯。除此之外，在各个村庄建设生活污水处理设施及垃圾转运站，使所有村庄均配套垃圾收运设施。

---

① 广西壮族自治区生态环境厅.2011 年广西壮族自治区环境状况公报[EB/OL].(2012-06-04)[2019-11-01].http://sthjt.gxzf.gov.cn/xxgkml/ztfl/hjzljc/hjzkgb/201206/t20120604_11042.html.

(三)建立规章制度,规范项目管理

制定并发布了《广西农村环境连片整治项目管理办法》《广西农村环境连片整治项目资金管理办法》《广西农村环境综合整治技术指南》等,明确了项目申报和审批、工程建设、项目竣工验收、项目监督管理和长效机制建立、绩效考核评估等方面的要求,加强项目实施及管理的检查、指导。

(四)开展农村环境成效评估

根据原环保部的部署,组织实施了"以奖促治"项目,全面改善了全区农村环境,并成功开展了成效评估工作。总体来看,项目实施顺利并取得一定的成效,项目所在地各级政府及相关部门可以根据国家和自治区的有关要求,结合当地实际制定治理方案,采取有效措施加以推广。通过该项目的实施,有效整治了乡村环境,取得了良好的社会效益、经济效益和环境效益。

(五)抓好农村土壤环境保护基础工作,修复试点取得阶段性成效

在全区土壤污染状况调查成果基础上,编制了《广西土壤环境保护"十二五"规划》和《广西环江典型区域土壤污染综合治理项目实施方案》,建立了项目数据库。例如,环江毛南族自治县大环江流域重金属污染土壤治理修复示范项目,2011年计划治理的60.67公顷农田已种上了甘蔗、桑树、玉米、水稻等作物,并开展了修复农田土壤监测工作,治理修复项目取得了阶段性成效。[①]

(六)造林绿化

2011年,广西村屯绿化完成714个。2012年,造林绿化工作以"绿满八桂"造林绿化工程和重点林业工程项目为载体顺利开展,全区村屯绿化共计1 044个。

(七)加大污染治理力度,积极推进农业和农村污染减排

2012年,规模化畜禽养殖减排工程项目建设已完成432项,60个畜禽养殖标准化示范场(国家级30个)建设完成,354个生猪标准化规模养殖场(小区)得到创建。农村环境连片整治示范工作继续深入推进,集中式污水处理设施483套、配套管网

---

① 广西壮族自治区生态环境厅.2011年广西壮族自治区环境状况公报[EB/OL].(2012-06-04)[2019-09-18].http://sthjt.gxzf.gov.cn/xxgkml/ztfl/hjzljc/hjzkgb/201206/t20120604_11042.html.

707.75 千米,分散式(户用型)污水处理设施 2 432 套已经建设完成,分布在 500 个村庄。全区 89 个县级评价单元的生态环境状况指数范围为 58.1—85.5,生态环境质量均为优良级。其中,有 25 个县市(2010 年为 29 个县)的生态环境质量达到优的水平,占比 28%。

(八)示范区域农村环境管理长效机制初步建立

在示范镇设立环境保护行政管理机构,配备专(兼)职环境保护工作人员,建立环境保护设施运行管理规章制度,组建环境保护设施运行维护队伍;建立示范村(屯)村规民约等规章制度,设置行政村环保监督员、自然村(屯)环境卫生保洁员,确保环境保护设施的正常运行和规范排放。通过提高农民的环保意识和环境保护的自觉参与性,大力开展镇村环保工作人员的业务培训及农民群众的环保宣传教育工作。

(九)开展县域生活垃圾“村收镇运县处理”试点建设

2012 年,为建设环境友好型省区,广西将“村收镇运县处理”试点项目覆盖全区各县,生活垃圾处理水平显著提高,环境污染得到有效遏制。截至 2012 年底,2011年度下达的 25 个试点县项目竣工率为 74%。2012 年,广西生态环境质量总体保持良好,环境保护优化经济发展的作用不断显现,“山清水秀生态美”的品牌优势得到增强。[①]

环境保护工作的开展离不开环境监管能力的支撑和保障。环保形势虽日益严峻,但广西为了全面深入贯彻落实科学发展观,不断加强农村环境保护基础设施建设,大力开展环境管理监管工作,进行农村环境连片整治,完善规章制度建设和评价工作,加强重点流域区域的污染防治工作。总而言之,生态文明和“美丽中国”的建设离不开环境监管水平的提升,其对广西的环境保护事业全面发展具有极大的促进作用。

---

① 广西壮族自治区生态环境厅.2012 年广西壮族自治区环境状况公报[EB/OL].(2013-06-04)[2019-12-01].http://sthjt.gxzf.gov.cn/xxgkml/ztfl/hjzljc/hjzkgb/201306/t20130605_15684.html.

第三节　中国特色社会主义进入新时代以来

我国农村环境问题日益凸显,农村环境保护因工矿污染、生活污染、畜禽养殖污染,以及农村饮用水水源和地表水受到不同程度污染等诸多影响,形势依然严峻。中国共产党第十八次全国代表大会把生态文明建设纳入中国特色社会主义事业"五位一体"的总体布局,提出推进生态文明建设,建设美丽中国,我国农村环境综合整治步入新的阶段。[①] 环保部、财政部等部门制定实施了《全国农村环境综合整治"十二五"规划》,支持各地开展农村环境综合整治,农村突出综合环境问题得到解决。同时,为了进一步改善农村生产生活环境,农村大气、水质监测,农村耕地保护,河道综合整治,农村厕所改造等方面的工作力度也加大了。示范区域农村环境管理长效机制初步建立,对农村环境保护状况进行监督。

一、"美丽广西"乡村建设

2013 年,根据《"美丽广西"乡村建设重大活动规划纲要(2013—2020 年)》总体安排,2019 年至 2020 年,全区在巩固提升清洁乡村、生态乡村、宜居乡村活动成果基础上,集中开展"美丽广西·幸福乡村"活动,重点实施"环境秀美""生活甜美""乡村和美"3 个专项活动,努力推动农业发展、农民富裕、农村繁荣,为实施乡村振兴战略、建设壮美广西、谱写新时代广西发展新篇章提供坚强保障。[②]

(一)第一阶段——"美丽广西·清洁乡村"

2013 年,"美丽广西"乡村建设第一阶段以"美丽广西·清洁乡村"活动展开,并于 2013 年 4 月至 2014 年 12 月集中开展,扎实推进清洁家园、清洁水源、清洁田园 3 个专项活动,掀起了一场纵向到底、横向到边的乡村大扫除、沟渠大清理、田间大清捡、污染大排除、堆放大整理乡村环境卫生综合整治全民大行动,改善人居环境,提高水源质量,改良田园生态。

"美丽广西·清洁乡村"活动的开展,以清洁环境、美化乡村、培育新风、造福群

---

① 大力推进生态文明建设——胡锦涛在中国共产党第十八次全国代表大会上的报告摘选[J].人民黄河,2012(12):2.

② "美丽广西·幸福乡村"活动指导意见[N].广西日报,2019-01-21(006).

众、改善农村的生产生活环境为目标,使村民生活得更舒适、更安全、更开心。"美丽广西·清洁乡村"活动主要内容有以下几个方面:

(1)开展清洁家园活动。将清扫垃圾、清除杂物、清洁房屋的工作落实到每家每户,为整顿治理农村环境卫生,改善村庄面貌,做好农村垃圾分类、收集、转运和处理工作,并进行集中整治。选择部分基础条件较好的村庄开展生活污水处理、循环利用和垃圾综合处理示范村建设,使农村生活环境更清洁、更整齐、更干净。

(2)开展清洁水源活动。生活垃圾要进行全面、彻底清理,统一收运处理,特别是乡村小河流、小溪流、池塘、水井、沟渠中堆积、漂浮的生活垃圾。对乡镇、村庄内污染严重的池塘、沟渠的沉积污泥开展清淤治理,疏通排水。防止化肥、农药、畜禽和水产养殖污水及农村生活污水进入饮用水水源,使农村的水更清澈、更干净、更安全。

(3)开展清洁田园活动。对田间地头的农药瓶、化肥包装袋、废弃农用薄膜等农业生产垃圾进行全面清理。建设田间生产垃圾收集池,定点收集、定期清运田间生产垃圾。农业清洁生产实用技术的积极推广可以控制农药、化肥等过量使用,使农村田野更整洁、更环保。

(4)开展农村垃圾收集、运输、处理设施建设。广西垃圾"村收镇运县处理"的试点工作已涉及 75 个县(市)。2013 年底,75 个县(市)"村收镇运县处理"试点区域内乡镇中转站建设基本完成,在 1 000 个村屯开展垃圾综合处理示范村建设试点,农村垃圾收集处理逐步实现全覆盖,解决了农村垃圾没有地方集中存放、运走困难、无设施处理的问题,使农村垃圾有地方集中存放,有途径运走,有设施处理。

(5)开展乡村设施和美化建设。把新农村建设和农村工作结合起来,大力推进村庄建设,规划和建设乡村道路、饮水等基础设施,开展植树造林、改善村屯风貌以及田园村落绿化、美化、亮化等工作,建成一批特色名镇名村,充分展现新农村的美景。

(6)开展培育乡村新行为、新习惯、新风尚活动。广泛开展文明和教育宣传工作、群众评议活动,引导群众移风易俗、改变生活习惯,营造文明、整洁、卫生的良好乡村环境。建立乡村环境卫生管理的村规民约,建立村屯保洁员与"门前三包"相结合的全面保洁制度。

在此阶段,减排型种植制度和保护性耕作、优化施肥、合理施用农药等农业生产技术在广西大力推行。生态拦截沟的修建减少了农田氮磷流失;农村沼气池的建设推动了农村废物的回收循环利用;生态畜禽、生态水产养殖技术和模式的推广,优化了养殖生产结构,减少了养殖污染物排放量。同时,加强和抓好重点工程项目建设,建立健全长效机制,使相关政策配套支持体系得到进一步完善,强化重点区域整治和分类指导工作,促进农村产业发展,密切关注驻村工作团队管理,不断推进,争取实效,确保各项任务顺利完成。

(二)第二阶段——"美丽广西·生态乡村"

2014 年 7 月启动"美丽广西"乡村建设第二阶段"美丽广西·生态乡村"活动,并于 2015 年 1 月至 2016 年 12 月集中开展。在持续推进前一阶段活动的基础上,以开展村屯绿化、饮水净化、道路硬化 3 个专项活动为主要任务,绿化美化农村生活环境,确保农村饮用水安全,改善农村基础设施条件,实现天常蓝、树常绿、水常清、地常净。"美丽广西·生态乡村"活动主要内容有以下几个方面:

(1)村屯绿化。村屯绿化美化,规划设计是关键,同时加快村屯绿化步伐,重点抓好村屯周围、道路两侧、房前屋后绿化,建设村庄防护林、道路防护林、居民点防护林、风景林、水源林。村屯绿化覆盖率提高了,村屯绿化美化水平自然能够得到相应提升。

(2)饮水净化。饮水净化工作以农村饮水安全工程、沟渠清淤联通工程的实施为重点。同时,为提高农村自来水入户普及率,加大力度发展城乡供水网络的互联互通和规模连片集中供水,进一步完善农村饮水安全水质检测体系。此外,为使农村环境卫生条件得到有效改善,农村居民用水安全问题得到全面解决,必须严格控制养殖污染,整治村屯周边水体,保障乡村水流通畅。

(3)道路硬化。实施千村公路通畅工程,加快建制村通水泥(沥青)路建设,实现全区所有建制村通水泥(沥青)路,加快自然村(屯)通村(屯)道路和村(屯)内部道路硬化建设,配套建设排水(排污)沟。建立健全城乡客运管理体制,进一步提高农村客车通达率,改善农村群众出行条件。[①]

在此阶段,通过土地整治、农业综合开发、中低产田改造、小型农田水利工程建设、耕地培肥工程建设、优质高产高糖糖料蔗基地建设和鼓励自觉性改善耕地等工作,加大高标准基本农田建设力度,贯彻落实耕地占用补偿平衡。大力推广"小块并大块"土地整治新模式,推进耕地耕作层土壤剥离利用试点工作。2015 年,自治区政府印发了《广西现代生态养殖"十三五"规划》《2016 年广西推进稻田综合种养

---

① 解晓峰.以美丽的姿态走向小康——解读"美丽广西"乡村建设大活动[J].广西城镇建设,2014(4):10-17.

业发展实施方案》等规划方案,大力推广节水农业,在节水节肥、增产增收方面取得了良好效果。

(三)第三阶段——"美丽广西·宜居乡村"

"美丽广西"乡村建设第三阶段"美丽广西·宜居乡村"活动于2016年7月启动,并于2017年1月至2018年12月集中开展。在持续推进前两个阶段活动的基础上,以产业富民、服务惠民、基础便民3个专项活动为主要任务,进一步促进农民增收,提高服务保障水平,改善村容村貌,使农村人居环境得到极大改善。"美丽广西·宜居乡村"活动主要内容有以下几个方面:

(1)产业富民。深入实施农民收入翻倍计划,实现生产发展、农民富裕,必须紧密结合农村综合改革,推动农村产权制度改革,发展壮大农村集体经济,赋予农民财产权利自由。大力推进标准化、规模化、产业化经营,向农业经营体系和产业体系注入新的活力。加快发展农村生态经济,积极培育农村新型业态,大力发展乡村服务业和休闲生态旅游业。

(2)服务惠民。为提高农村居民生活水平,一方面,加强农村社会事业和公共服务基础设施建设,建设村级公共服务活动中心,完善服务功能,实现全面覆盖农村的基本公共服务,推进城乡基本公共服务均等化,农村公共服务和社会事业管理水平不断提高;另一方面,改革完善农村社会保障和救助制度,推进农村新型社会保障体系的构建,促进社会和谐发展、发展成果共享。

(3)基础便民。对于村屯的整治规划,在村屯原有风貌的基础上进行科学编制和实施。在保留村屯原有风貌的基础上,进行村屯布局的优化、村容村貌的整治、农村危房的改造、历史文化特色名村的建设,从而改善农民生活条件,全面提升农村交通、水利、环境、信息、卫生、文化等基础设施水平,实现农村住宅安全,地方民族特色鲜明,村容村貌整洁美观,基础设施配套齐全,农村人居环境优美,环境质量明显提高。

在此阶段,广西环境保护工作围绕提高环境质量,以中央环境保护督查为契机,努力推进大气、水、土壤污染防治"三个十条"的贯彻落实,进一步加大生态保护力度,加强环境监管执法。广西将近岸海域和九洲江、西江、南流江、钦江、盘阳河列为污染防治重点,印发实施《广西近岸海域污染防治"十三五"专项规划》《南流江—廉州湾陆海统筹水环境综合整治规划(2016—2030年)》等规划,投入用于开展工业、生活、畜禽等污染治理的资金约10.6亿元。此外,加强工作督查,严格水污染防治目标考核等。

广西大力推广节水农业。对覆盖栽培、深耕深松与聚土垄作、水稻浅湿控制灌溉等技术进行大力宣传推广。2016 年，广西节水农业推广面积累计达 111.59 万公顷，实现节水 5.02 亿立方米，节肥 2.72 万吨，作物增产 51 万吨，农民增收 8.03 亿元。完成新建县级以上污水处理项目 2 个，提标改造项目 1 个。新建县级以上城市污水管网工程 26 个，新增污水管网 162 千米。全区开工建设乡镇污水处理设施 313 个，消除黑臭水体 19 条，总长 45 千米。划定 768 个重点流域为禁养区，总面积为 5 217.4 平方千米。关闭或搬迁生猪养殖场 3 153 个，关闭其他畜禽养殖场 62 个，相当于 7.72 万头猪当量。共拆除饮用水水源地保护区内畜禽养殖场 104 家，清拆面积 11.07 万平方米。推进 320 家"高架床+微生物益生菌"生态养殖场的建设，创建自治区级畜禽养殖基地，现有标准化养殖示范场 49 家。继续实施农村环境综合整治，投入农村环保专项资金 2.18 亿元，在 11 个县（市、区）开展农村环境综合整治项目 143 个。

落实国家《土壤污染防治行动计划》，印发《广西壮族自治区土壤污染防治工作方案》《河池市土壤污染综合防治先行区建设方案（2016—2020 年）》。2016 年，广西完成 243 个土壤环境质量风险点的年度监测。获得中央土壤污染治理专项资金 5.11 亿元，支持土壤和重金属污染防治、监管能力建设和河池市土壤污染防治首批治理区建设工程等 37 个，完成土壤污染防治项目建设 13 个。

2016 年，国家启动特色小镇建设，特色小镇的规范推进使一批乡村的生态环境得到整治。开展"美丽广西·生态乡村"村屯绿化专项行动，完成 5 000 个自治区级绿化示范村（屯）和 6.92 万个面上村屯绿化任务。积极推进生态试点示范建设，推进各类生态建设示范区建设。南宁市武鸣区锣圩镇等 104 个乡镇被评为自治区级生态乡镇，南宁市良庆区那陈镇坛留村等 538 个行政村被命名为自治区级生态村。截至 2016 年底，全区共创建 222 个自治区级生态乡镇、2007 个自治区级生态村。

2017 年，随着经济社会的快速发展，广西的环境质量保持良好。全区县域生态环境状况指数范围在 53.7—92.1 之间。其中，46 个县（市、区）为优，60 个县（市、区）为良，只有 3 个县（市、区）为一般。

广西大力推行河长制，先后颁布了 6 项制度，印发实施了自治区、市、县、乡四级工作方案，贯彻落实各级党政主要领导双总河长制，实现河长制全覆盖，清理并整治 29 个违法及设置不合理排污口，完成 36 个自治区级以上工业园区污水集中处理设施建设，新建 318 个乡镇污水处理厂，饮用水水源地环境保护和监管得到加强。

广西组织实施了涉重金属污染防治项目,如对污染严重的农田进行分类管理和控制,帮助产粮大县组织编制土壤环境保护方案,投入资金 2.49 亿元开展 13 个土壤污染治理与修复试点示范项目。广西土壤环境质量监测点位布设方案全部完成,土壤污染详查工作也全面启动。安排专项资金 5 310 万元支持广西创新驱动发展,用于开展土壤污染防治领域的技术研究和应用示范;稳步推进化肥、农药用量零增长行动,推广、普及相关技术并开展试点示范,完成土壤检测和配方施肥面积 420 万公顷,完成秸秆还田面积 231.4 万公顷,约有 750 万吨的秸秆还田;开展废弃农资及包装材料回收处理行动,使田间生产垃圾清除率超过 95%。

2017 年,在全区 14 个设区市 47 个县(市、区)的 162 个村庄开展了环境空气质量监测。其中,空气质量未超标村庄 157 个,占 96.9%,空气质量超标村庄 5 个,占 3.1%,主要超标项目为二氧化氮(NO_2)、一氧化碳(CO)、可吸入颗粒物(PM_{10})和细颗粒物($PM_{2.5}$)。

(四)第四阶段——"美丽广西·幸福乡村"

2018 年 7 月,广西启动"美丽广西"乡村建设第四阶段"美丽广西·幸福乡村"活动,并在 2019 年 1 月至 2020 年 12 月集中开展。在持续推进前三个阶段活动的基础上,以开展环境秀美、生活甜美、乡村和美 3 个专项活动为主要任务,全面提升农村物质、精神、生态文明水平,促进与全国同步全面建成小康社会、人民生活幸福和谐目标的实现。

村屯整治不仅要依靠乡村原有的自然风光,而且要让乡村与新型城镇化接轨,同时健全乡村公用设施建设和运营的长效机制,保证人民群众永远享有优美的环境。

"美丽广西"乡村建设活动 4 个阶段实现了自治区 18 万多个自然村全覆盖,涵盖了乡村建设的各个方面,对乡村生态环境、精神文化水平、物质生活条件产生了巨大影响,使乡村居住环境发生了翻天覆地的变化。

二、乡村振兴

《中共广西壮族自治区委员会关于实施乡村振兴战略的决定》(桂发〔2018〕7号)、《广西乡村振兴战略规划(2018—2022 年)》这两个纲领性文件为今后一段时期广西乡村振兴指明了方向。作为乡村振兴战略的着力点，今天的广西乡村景观风貌焕然一新，建设规划航线准确，村屯特色明显。大形势之下，广西需要准确研判经济社会发展趋势和乡村演变态势，下好乡村振兴"玲珑棋局"，立足基础条件，抢抓历史机遇。

乡村振兴，重在保护。作为我国的生态资源大户之一，广西在处理开发和保护之间的关系时做得十分正确，能运用现代科技和管理手段，把绿水青山变成资产、资本、资金，唱响"广西三棵树"致富经。最大限度地满足生态修复、民生改善和经济发展需求。坚持把节约优先、保护优先、自然恢复作为基本方针，把人与自然和谐相处作为基本目标，使八桂大地青山常在、清水长流、空气常新。建立从桂西北到北部湾的生态安全主心骨，同时以多个功能区进行支撑，形成广西生态安全新屏障；退耕还林，绿化乡村，加大了国土绿化力度，织起沿海、沿江、沿线、沿边、沿湖（库）的国土绿化网；水净化与石漠化也不容忽视，合理开发利用土地资源和水资源，增加生态用水，扩大灌溉面积，提高土地产出率，遏制水土流失，提高水源涵养和生态环境承载能力，维护岩溶地区生态安全。资源生态安全，乡村振兴也"安全"。

乡村振兴，重在管理。广西在区内各村屯开展农田土壤重金属污染治理与生态修复工作，保护未受干扰的农用地；合理利用牲畜粪便，禁止秸秆焚烧，治理矿产开发，消除环境隐患，重点整治乡村环境问题。建立以自然生态保护为主体的农村生态环境保护制度体系，全面落实生态环境保护责任制，为农村生态建设提供强大保障。同时，将环境生态内容与领导政绩挂钩，加大领导干部对环境的重视程度；将资源消耗、生态破坏、生态效益纳入经济社会发展目标管理的新型绿色考核评价体系，量化生态环境保护治理成果；实行重大环境污染事件一票否决制，开展领导干部自然资源资产离任审计。只有管理"硬"起来，乡村才会美起来。

作为乡村振兴重要目标，以及国富民强重要基础和保障的生态宜居家园建设，从环境保护孕育期、环境保护发展期到中国特色社会主义新时代时期这三个阶段，广西乡村生态环境建设努力解决限制农村生产生活的重点突出问题，积极开展生态环境建设，因地制宜地推进农村人居环境整治，在思想理念、行为方式、法规政策和物质生产等方面效果显著，层次水平都有了极大提高，农村环境全面改善，大力推动了广西乡村的绿色发展、高质量发展，在新时代号召下奋力开创了广西生态环境保护的新局面。

第二章

生态学理论及其在乡村振兴中的应用

第一节　生态学理论

一、生态位理论

生态系统中各种生态因子都有明显的变化梯度,这种变化梯度中能被某种生物占据利用或适应的部分称为生态位,它是生物种群所占据的基本生活单位。① 生态位是生态学中的一个重要概念,概念抽象、内涵丰富。对生态位的诠释,最具代表性的是以下 3 个:①空间生态位(Grinnell,1917)。空间生态位是指恰好被一个种或一个亚种所占据的最后分布单位,强调物种的空间分布的意义。②功能生态位(Elton,1927)。一个动物的生态位表明它在生物环境中的地位及与食物和天敌的关系。Elton 把一个动物的个体大小和取食习性作为其生态位的主要成分,强调生物对其存在的生态环境的影响,强调生态位的营养概念。③多维超体积生态位(Hutchinson,1957、1978)。Hutchinson 把生态位描述为一个生物单位生存条件的总集合体,认为一个动物的潜在生态位在某一特定时刻是很难完全占有的。该定义侧重生物对环境资源的需求。相对而言,多维超体积生态位比空间生态位、功能生态位更能反映生态位的本质含义。每个物种在生态系统中都有其各自的生态位。生态位是每个物种生存和发展的资源基础与环境基础。

为了研究系统中物种(个体)之间的关系及其对环境资源的利用情况,通常用生

---

① 白晓慧,施春红.生态工程——原理及应用(第 2 版)[M].北京:高等教育出版社,2017:18.

态位宽度和生态位重叠这两个概念来定量描述。生态位宽度是指某个物种(个体)所利用的各种资源量的总和。占有资源量比较多的物种生态位较宽,称为泛化种;反之,称为特化种。在资源量缺乏时,泛化种作为竞争者具有生存优势。两个物种(个体)共同利用的那部分资源称为生态位重叠。生态位重叠涉及不同物种(个体)的生态学特性可以相似到什么程度仍然允许共生的问题。生态位重叠并不一定导致竞争,但它是引发竞争的一个原因。

二、食物链与食物网原理

生态系统的生物成员间通过取食与被取食的关系而联系起来的链状结构称为食物链。食物链主要有 3 种类型:①捕食食物链,是指从活的绿色植物开始的食物链,如青草—野兔—狐狸—狼;②腐食食物链,是指从死亡的有机体或腐屑开始的食物链,如植物碎屑—虾—鱼—食鱼的鸟类;③寄生食物链,是指从活的生物体开始的食物链,如大豆—菟丝子。食物链上的每一个食性环节称为营养级。食物链是生态系统营养结构的基本单元,是生态系统中物质循环、能量流动及信息传递的主要渠道。

食物网是指一种生物以多种生物为食,同时被多种生物取食,食物链相互交错形成复杂的网状结构,它能直观地表达生态系统的营养结构。[1] 食物网能维持生态系统的相对平衡,提高生态系统的稳定性和能量利用效率。生态系统的营养结构是以营养为纽带,把生物和环境、生物和生物紧密联系起来的结构。

三、演替理论

演替是指在生物群落发展变化过程中,由低级到高级、由简单到复杂、一个群落代替另一个群落的过程,是朝着一个方向连续变化的过程。生态系统的外貌、内部结构和系统的功能伴随着演替的进行而发生变化。每一演替系列都是由先锋阶段开始,经过不同的演替阶段,到达中生状态的最终演替阶段。演替具有不可逆性、方向性、阶段性、可预测性等特点。生态系统的演替本质上是生态系统的自组织过程。

---

① 骆世明.农业生态学(第 2 版)[M].北京:中国农业出版社,2009:54.

正常情况下,生态系统的演替是一个不可逆的过程。演替的趋向一般是系统组成成分从低等生物逐渐发展到高等生物,从小型动物发展到大型动物,生活史从短到长;群落空间层次由少到多,空间结构由简单到复杂;生态系统的营养级从低到高,复杂性增加;种类竞争从无到有,由弱到强,再发展到很激烈,最后趋向于动态稳定。①

存在外界干扰的生态系统,当干扰力小于系统本身的抵抗力时,去除干扰后生态系统很快就会恢复或接近恢复到干扰前的状态;当干扰力大于系统本身的抵抗力时,生态系统朝着与正常相反的方向演替,其演替的性质为逆行演替,导致生态系统结构简单化,生态系统服务功能退化,持续超阈值的干扰会导致生态系统彻底崩溃。轻度和中度干扰对于生态系统演替具有促进作用,往往能提高系统结构的多样性和增强生态系统的功能。演替的阶段性可以对系统发展的每个阶段的特征进行识别,掌握系统演化的规律,从而对系统发展的态势进行预测。因此,要充分认识系统的演替特点,根据实际需要,在遵循生态学规律的前提下,充分发挥人的主观能动性,提出加速系统演替进程的对策和方法。

四、共生理论

共生是指两种或两种以上物种生活在一起时,其中某个物种或多或少可以从共生关系中获得一定利益的现象。在生态学中,共生关系的表现形式主要有以下几种:①仅表现在行为上的互利共生;②种植和饲养的互利共生;③有花植物和传粉动物的互利共生;④动物消化道中的互利共生;⑤高等植物与真菌的互利共生;⑥生活在动物组织或细胞内的共生体等。根瘤是细菌和豆科植物的共生体,地衣是藻和菌的共生体,草地和森林优势植物的根多与真菌共生形成菌根等现象均是自然界共生的例子。桑基鱼塘、猪—沼—果、稻田养鱼(蛙)等模式则是人工生态系统共生的例子。

人类与自然的关系,从原始文明到农业文明,是一种相互适应和共同进化的关系,这时人与自然的关系主要是共生关系。工业文明时代,无论是工业系统还是农业系统都是以征服自然和改造自然为己任,这时人与自然的关系变成一种对抗关

---

① 骆世明.农业生态学(第2版)[M].北京:中国农业出版社,2009:48.

系。进入生态文明时期，人类重新审视人与自然的关系，提出人类必须尊重自然、顺应自然、保护自然，人与自然是生命共同体。人类只有遵循自然规律才能有效防止在开发利用自然上走弯路。人类对大自然的伤害最终会伤及人类自身。《中共中央、国务院关于实施乡村振兴战略的意见》（中发〔2018〕1号）提出要坚持人与自然和谐共生。习近平总书记在十八届中共中央政治局第二十七次集体学习时提出了打造人类命运共同体的主张。所有这些都是共生思想的具体体现。

在实际应用中进行生态工程设计时，我们要挖掘不同组分共生的可能组合，建造共生组合，扬长避短、趋利避害、优势互补、互利共赢，用共生思想转化矛盾，形成既节约又有效的共生共赢模式。在农业上，典型的共生关系的例子就是农、林、牧共生关系。这种共生关系将农林争地、农牧争地的局面转化为以牧养农、以农促牧、以牧兴林的局面。

五、正负反馈调节原理

系统内互相联系的组成部分之间具有因果关系，为了解系统的部分与整体之间及部分与部分之间的关系，可将复杂的整体通过因果关系进行分解，这是解决复杂系统问题的一种方法。原因变量与结果变量的变化方向一致，为正因果关系，反之则为负因果关系。所谓反馈，就是系统的输出反过来影响系统的输入的机制。反馈是原因和结果的逆向联系。原因影响结果，结果又影响原因。原因与结果通过信息流组成一个闭合的反馈系统，称为因果反馈环。所谓正反馈环就是当因果反馈环中的一个变量发生变化，导致环中各组分间依次发生连锁反应，使得变量的变化增强，最终使系统远离初始状态。正反馈环具有自我强化的作用，是一种自我激励机制。所谓负反馈环就是当因果反馈环中的一个变量发生变化，导致环中各组分间依次发生连锁反应，使得变量的变化减弱，最终引起变化趋于稳定，系统保持初始状态，不使其变动过大，具有自我调节作用。正反馈环将系统中的涨落因素放大，给系统提供前进的动力；负反馈环将系统中的涨落因素缩小，通过系统内部自我调节，达到系统的动态平衡。

系统自组织中同时存在正反馈和负反馈两种机制。这两种机制本身也存在相互作用。正反馈环的自我增强作用和负反馈环的自我调节作用并不总是相等，虽然它们之间有相互抵消的趋势，但就系统来说，必然是在稳定与变动、增长与衰减间相互变化,系统状态的走向最终取决于自我增强作用和自我调节作用的强度。当正反馈环的自我增强作用大于负反馈环的自我调节作用时,系统就出现无限增长或急剧衰减的行为;反之,系统就出现趋于稳定的行为。

正是利用正负反馈环的这种耦合关系,在实际应用中可根据系统的问题和解决问题要达到的目标,通过正反馈环的自我增强作用和负反馈环的自我调节作用的加强和减弱,控制系统的变动方向和发展趋势,从而达到反馈调节。[①]

六、自组织原理

生命系统是一个开放的系统,处于自组织的低熵状态,为了维持这一状态,它必须不断与外界交换物质和能量,以不断建造和调整自身的结构。薛定谔提出,生命这种自组织系统能够吸收负熵,不断强化组织程度。自组织系统就是自我形成、自我调整、自我演化和自我消亡的系统。

生态系统是自组织系统。生态系统通过与外界进行物质和能量交换,自发调整生物与环境、生物与生物的关系,建立起相互联系、相互依赖并能完成特定功能的有序结构,且具有不断向前发展和进化的自然过程和行为。自然界通过自我组织,在一定时间段内形成一部天然精致无比的"机器",即自然生态系统。

生态系统具有一般自组织系统的共同特征:①开放性;②宏观性和复杂性;③结构和过程的数学描述是非线性的;④系统不断演化,演化的方式是自组织升级;⑤跨层次整体效应的自我涌现,实现系统的自我超越,即系统演化过程本身的演化。自组织系统不断发生着涨落,这是系统自组织演化的动力,从而影响着系统自组织演化的结构方式和演化形态,推动系统的演化。

自然生态系统自组织的结果,是在具体的生态环境,在光、热、水、气等因素作用下,生物个体和种群抢占和适应各种生态位,组成了生物群落和食物链网络,是一个叠加在周围环境之上适应环境的生态系统,这也就是自然生态系统的自我设计。当我们进行生态设计时,必须认识自然界已有的自然生态系统,效仿自然原型进行设计,保证生物与自然环境的相互适应,结合经济要求,才能最终设计出一个理想的既符合自然界自组织原则,又能为社会生产更多的物质财富的生态工程建设方案。[②]

---

① 盛连喜,许嘉巍,刘惠清.实用生态工程学[M].北京:高等教育出版社,2005:15-18.
② 盛连喜,许嘉巍,刘惠清.实用生态工程学[M].北京:高等教育出版社,2005:12-13.

七、协同进化原理

协同进化被定义为：一个物种的某一特性由于回应另一物种的某一特性而进化，而后者的该特性也由于回应前者的特性而进化。[①] 生态系统作为生物与环境的统一体，既要求生物适应其生存环境，又伴有生物对生存环境的改造作用，这就是所谓的协同进化原理，即环境与有机体的统一过程。协同进化原理认为生物与环境应看作相互依存的整体。生物不只是被动地受环境作用和限制，在生物的生命活动过程中，生物通过排泄物、死体、残体等释放能量、物质作用于环境，使环境得到物质补偿，从而保证生物的延续。协同进化过程通常经历各自独立阶段、互相干扰阶段、共摊阶段和协同进化阶段。

八、等级理论

等级理论是20世纪60年代以来逐渐发展形成的，是关于复杂系统的结构、功能和动态的系统理论。根据等级理论，复杂系统具有离散性等级层次。一般来说，处于等级系统中高层次行为或动态常表现出尺度大、频率低、速度慢的特征；而低层次行为或动态常表现出尺度小、频率高、速度快的特征。

等级系统是一个由若干单元组成的有序系统。一个复杂的系统由相互关联的亚系统组成，各亚系统又由各自的亚系统组成，往下类推直到最低层次。等级系统中的每一级组成单元对于低层次表现出整体特性，而对于高层次则表现出从属性或受制约性。

一个生态系统可大可小，小到一个鱼缸生态系统，大到整个生物圈。整个生物圈是一个多级层次系统的有序整体，每一个高级层次系统都是由具有自己特征的低级层次系统所组成。如细胞组成有机体，有机体组成种群，不同种群组成生物群落，生物群落与周围环境一起组成生态系统，生态系统又与景观生态系统一起组成总人类生态系统。荷兰景观生态学家Z.纳维认为，总人类生态系统是通过地理圈对技术圈和生物圈生态区的整化，是全球景观和最大的系统。

在实施乡村振兴生态建设时，应用等级理论可以将许多复杂系统包括景观系统

---

① 白晓慧,施春红.生态工程——原理及应用(第2版)[M].北京:高等教育出版社,2017:18.

视为等级系统,可将其中繁杂的相互作用的组分按照某一标准进行组合,并分为不同层次。

第二节　生态工程学原理

一、生态工程的产生背景

以工业化为重要标志,机械化大生产占主导地位的工业文明,社会生产力极大提高,规模化生产使人类商品迅速丰富,但与此相伴的是地球资源的快速消耗与环境急剧恶化,人与自然的关系日趋恶化。如 20 世纪世界八大环境公害事件:比利时马斯河谷烟雾事件、美国多诺拉烟雾事件、英国伦敦烟雾事件、美国洛杉矶光化学烟雾事件、日本水俣病事件、日本四日市气喘病事件、日本富山骨痛病事件、日本米糠油事件。20 世纪世界最著名的六大环境污染事故:意大利塞维索化学污染事故、美国三里岛事故、墨西哥液化气爆炸事件、印度博帕尔异氰酸甲酯毒气泄漏事故、苏联切尔诺贝利事故、德国莱茵河污染事故。为了治理事故造成的环境污染,这些国家都付出了巨大的代价。

持续恶化的生态环境危机唤醒了人们的环保意识。对于以牺牲自然环境为代价的发展,一些专家学者开始了反思与研究。美国海洋生物学家蕾切尔·卡逊于 1962 年出版了《寂静的春天》一书,引发了美国甚至全世界对环境保护事业的关注。书中描述人类可能将面临一个没有鸟、蜜蜂和蝴蝶的世界。这本书的出版在世界范围内引起人们对野生动物的关注,唤起了人们的环保意识。这本书也引起了公众对环境问题的重视,促使环境保护问题提到了各国政府面前,各种环境保护组织纷纷成立,从而促使联合国于 1972 年 6 月 5—16 日在瑞典斯德哥尔摩召开了人类环境会议,这是世界各国政府共同讨论当代环境问题,探讨保护全球环境战略的第一次国际会议。会议通过了《联合国人类环境会议宣言》,呼吁各国政府和人民为维护和改善人类环境,造福全体人民,造福子孙后代而共同努力。会议将每年的 6 月 5 日定为世界环境日。联合国还成立了世界环境与发展委员会、联合国环境规划署(UNEP)。各国相继成立了环境部和环境保护局等,开始了环境保护事业。此次会议的基调报告——《只有一个地球》指出,不进行环境保护,人们将从摇篮直接到坟墓。该报告从全球发展前景出发,从社会、经济和政治等角度评述了经济发展和环境污染对不同国家产生的影响,呼吁各国重视保护人类赖以生存的地球。同样是在1972 年,罗马俱乐部发表研究报告——《增长的极限》。该报告认为地球上的资源是有限的,人类必须自觉地抑制增长,否则随之而来的将是人类社会的崩溃。该报告呼吁人类要理性地发展,并指出"没有环境保护的繁荣是推迟执行的灾难"。

1987 年,在挪威首相布伦特兰夫人的领导下,世界环境与发展委员会发表了《我们共同的未来》的报告。该报告把环境与发展两个密切相关的问题作为一个整体来看待,秉持既强调部分又重视整体的系统论观点。它与工业化带来的第二次浪潮的思维不同,不是只要发展而忽视环境,将环境与发展对立起来。该报告首次提出可持续发展的概念,指出可持续发展是既满足当代人的需求又不危及后代满足其需求的发展。这是人类对环境与发展认识的重大飞跃。[①] 1992 年,联合国环境与发展会议在巴西里约热内卢召开。这次大会把环境问题与经济、社会发展结合起来,通过了《里约环境与发展宣言》(又名《地球宪章》)、《21 世纪议程》、《联合国气候变化框架公约》、《生物多样性公约》和《关于森林问题的原则声明》等重要文件和公约。这次会议被认为是人类迈入 21 世纪的意义最为深远的一次世界性会议,标志着人类对环境问题的认识上升到了一个新的高度,是环境管理思想的又一次革命,是环境管理发展史上的第二座里程碑,标志着可持续发展的思想已成为世界各国的共识。至此,人类对生态环境的认识思想就是可持续发展的思想,对生态环境的利用最终目标就是走可持续发展道路。

可持续发展一方面是要发展,另一方面是要保证这一代人的发展不能危及后代的利益。这就要解决经济社会发展与生态环境保护的矛盾,探求既能使经济社会得到发展,又使生态环境得以改善的新途径和新技术。生态工程就是为解决这类矛盾而生,这也推动和促进了生态学由理论研究向实际应用的方向发展。生态工程是关于应用生态学原理在协调生物与环境关系的基础上,结合生态学、经济学和工程学的理论而进行的各种工程,是生态学学科的一个分支,具有技术性强、涉及面广、实用价值高的特点。

1962 年,美国著名生态学家奥德姆(H.T.Odum)首先使用"生态工程"一词,提出了生态学应用的新领域——生态工程学,并把它定义为"为了控制生态系统,人类应用主要来自自然的能源作为辅助实现对环境的控制"。20 世纪 80 年代后,生态

---

① 骆世明.农业生态学(第 2 版)[M].北京:中国农业出版社,2009:4-5.

工程在欧洲及美国逐渐发展起来,并产生了相应的生态工程技术。[①]在我国,生态工程的概念首先是由马世骏在1979年倡导的。他将生态工程定义为"应用生态系统中物种共生与物质循环再生原理,结构与功能协调原则,结合系统分析的最优化方法,设计的促进分层多级利用物质的生产工艺系统"。[②]运用生态控制理论原理去促进资源的综合利用、环境的综合整治及人的综合发展是生态工程的核心。

有关生态工程的其他定义主要有以下几个方面:①在环境管理方面,根据对生态学的深入了解,采用花最小的代价的措施、对环境的损害又是最小的一些技术;②生态工程就是人类社会利用自然环境所进行的有益于二者的设计;③生态工程是可持续经营的生态系统设计。我国生态学家颜京松、王如松认为,生态工程的定义可修订为"为了人类社会和自然双双受益,着眼于生态系统,特别是社会—经济—自然复合生态系统的可持续发展能力的综合工程技术"。[③]我国强调生态工程设计的对象是社会—经济—自然复合生态系统,区别于西方过去以自然生态系统为主。

我国的生态工程实践具有悠久的历史,很早就出现的典型生态工程模式有"桑基鱼塘""蔗基鱼塘""果基鱼塘"等。生态工程有以下特点:①实现可再生资源的持续利用;②因时、因地制宜采取多种技术措施;③自然调节与人工调节相结合;④专业化与多种经营相结合;⑤产品无污染、安全性好、效益高。

二、整体、协调、循环、再生

目前,国内外普遍接受的生态工程设计原则为:整体、协调、循环、再生。

(一)整体

一个生态系统具有整体性。作为一个系统,它由各部分组成。生态系统的结构,是生态系统各组成部分的组织形态及各组成部分之间的相互联系、相互作用方式。生态系统是具有特定功能的整体,其基本特性就是集合性,表现在系统各组成部分间相互联系、依赖、作用、制约,不可分割。以往组成整体的各组成部分所代表的结构被纯粹地理解为静态的结构。比如我们通常将一个地方描述为"七山一水二

---

①② 白晓慧,施春红.生态工程——原理及应用(第2版)[M].北京:高等教育出版社,2017:3.
③ 白晓慧,施春红.生态工程——原理及应用(第2版)[M].北京:高等教育出版社,2017:4.

分田",这实际上是该地域的土地结构,是一种静态的结构。而更重要的是动态的结构,也即山、水、田相互作用和相互关联的关系。这种关系往往是通过某种数学表达式或函数关系来描述。因此,只有从结构上认识事物才能掌握各部分之间相互作用的方式,才能既了解部分又掌握整体。生态系统的结构包括:水平结构、垂直结构、时间结构、信息反馈结构。生态系统的结构决定生态系统的功能。有序的生态系统结构形成高效的生态系统功能。整体和部分是相对的。在生物圈的等级组织中,不存在绝对的部分和绝对的整体。任何一个等级,对于比它低的等级来说,它是完整的整体,但对于比它高的等级来说,它是从属的部分。

《中共中央 国务院关于实施乡村振兴战略的意见》中提出,统筹山水林田湖草系统治理,把山水林田湖草作为一个生命共同体,进行统一保护、统一修复。山水林田湖草生命共同体体现了整体性思想。在应用生态工程原理时,我们可以把一个村、一个镇或一个县看作一个整体、一个系统,分析这个系统中的各个组成部分及其相互之间的关联。因此,在实践中既要看整体,从整体把握,也要善于从各组成部分入手。

(二)协调

组成系统各部分之间是否存在联系,联系是否紧密,其相互作用方式是否协调,这种联系和作用,即输入机制转化为输出机制,是系统的全部或大部分组成部分与强制函数综合的效应。如果组成部分之间协调发展,其整体效应往往大于该系统各组成部分的效应的简单相加之和。反之,如果一个系统的结构间、功能间、结构与功能间不协调,则其整体效应往往小于该系统各组成部分的效应的简单相加之和。当生态系统的水平结构或垂直结构、时间结构、信息反馈结构出现失稳时,将会导致各组成部分之间的相互联系不畅通、相互作用不协调,从而导致整体的作用和效应要比各组成部分的作用和效应之和小的后果。

比如,农业是个多部门组成的产业,是由农业生物、环境资源及社会经济要素构成的社会—经济—自然复合系统。农业生态工程与技术的建设要达到能量流动的转化率高,物流循环规模大,信息流畅,价值流动增加显著,即整体效应最好,就要合理调配农业的各个生产部门,使整个系统的总体生产力提高。整体效应取决于系统的结构,结构决定功能。因此,我国生态农业及农业生态工程强调在不同层次上,根据自然资源、社会经济条件按比例有机组装和调节,以整体协调优化求高产、高效、持续发展。① 在进行乡村振兴生态建设时,应用协调的理念,统筹各部分之间的联系,理顺各部分之间的关联,会获得高效益。

(三)循环

这里的循环指的是生态系统中的物质循环,即"生态系统内的各种化学元素及其化合物在生态系统内部各组成要素之间及地球表层生物圈、水圈、大气圈和岩石圈(包括土壤圈)等各圈层之间,沿着特定的途径从环境到生物体,再从生物体到环境,不断地进行着反复循环变化的过程"。物质循环具有以下几个特点:①物质不灭,循环往复;②物质循环与能量流动不可分割,相辅相成;③生物富集性;④生态系统对物质循环有一定的调节能力;⑤物质循环中生物的作用;⑥各物质循环过程相互联系,不可分割。

物质循环包括生物小循环和地质大循环。环境中物质或元素经生物吸收,在生态系统中被相继利用,然后经过分解者的作用再为生产者吸收、利用,是一种开放式生物小循环。物质或元素经生物体的吸收作用,从环境进入生物有机体内,然后生物体以死体、残体或排泄物形式将物质或元素返回环境,进入五大自然圈(大气圈、水圈、岩石圈、土壤圈、生物圈)的循环过程,是一种闭合式地质大循环。

在乡村振兴生态建设中,循环的理念在农村生活垃圾、生活污水、畜禽粪便等治理方面具有重要的指导意义,可以使得上一级的垃圾成为下一级的资源,使得垃圾资源化、减量化。

(四)再生

生物体的整体或器官受外力作用发生创伤而部分丢失,在剩余部分的基础上又生长出与丢失部分在形态与功能上相同的结构,这一修复过程称为再生。在生态工程中,再生主要是指资源的再生或将在生产和消费过程中产生的废物作为资源加以回收利用。使用再生资源可以节约大量能源、水资源和生产辅料,降低生产成本,减少环境污染。生态工程建设的目标就是使人工控制的生态系统具有强大的自然再生产和社会再生产的能力。

王如松等对上述整体、协调、循环、再生的原则进行了扩展,提出开拓适应、竞争

---

① 白晓慧,施春红.生态工程——原理及应用(第2版)[M].北京:高等教育出版社,2017:30.

共生、连锁反应、系统乘补、循环再生、多样性主导性、结构功能、最小风险 8 个设计原则,这些基本原则成为指导生态工程建设的基本原理。

三、社会—经济—自然复合生态系统理论

我国著名生态学家和环境科学家马世骏院士于 1981 年提出了社会—经济—自然复合生态系统的理论。[1] 他指出,当今我们人类赖以生存的社会、经济、自然是一个复合大系统的整体。社会是经济的上层建筑;经济是社会的基础,又是社会联系自然的中介;自然则是整个社会、经济的基础,是整个复合生态系统的基础。马世骏院士于 1984 年在《生态学报》杂志上发表《社会—经济—自然复合生态系统》,指出:当代若干重大社会问题都直接或间接关系到社会体制、经济发展状况及人类赖以生存的自然环境。社会、经济和自然是 3 个不同性质的系统,但其各自的生存和发展都受其他系统结构、功能的制约,必须将它们当成一个复合系统来考虑。他还分析了该复合系统的生态特征,提出了衡量该复合系统的 3 个指标:①自然系统的合理性;②经济系统的利润;③社会系统的效益。他指出复合生态系统的研究是一个多目标决策过程,应在经济生态学原则的指导下拟定具体的社会目标、经济目标和生态目标,使系统的综合效益最高、风险最小、存活机会最大。复合生态系统中人是最活跃的因素,但也受自然生态规律制约。[2]

著名生态学家王如松院士进一步对社会—经济—自然复合生态系统进行阐述。他认为,自然子系统是由水、土、气、生、矿及其间的相互关系来构成的人类赖以生存、繁衍的生存环境;经济子系统是指人类主动地为自身生存和发展组织有目的的生产、流通、消费、还原和调控活动;社会子系统由人的观念、体制及文化构成。这 3 个子系统是相生相克、相辅相成的。3 个子系统之间的生态耦合关系和相互作用机制决定了复合生态系统的发展与演替方向。复合生态系统发展与演替的动力学机制来源于自然和社会两种作用力。复合生态系统理论的核心是生态整合,通过结构整合和功能整合,协调 3 个子系统及其内部组分的关系,使 3 个子系统的耦合关系

---

① 马世骏.生态规律在环境管理中的作用——略论现代环境管理的发展趋势[J].环境科学学报,1981,1(1):95-100.

② 马世骏,王如松.社会—经济—自然复合生态系统[J].生态学报,1984,4(1):1-9.

和谐有序,实现人类社会、经济与环境间复合生态关系的可持续发展。[①]

第三节　相关原理应用

美国著名生态学家奥德姆指出,对于一个高度复杂的问题需要一种整体性方法与途径来解决。中国著名的生态学家李文华院士认为,生态学恰恰提供了这样的方法与途径。生态工程是生态学的分支,生态工程是一种理念,是一种方法论,更是社会经济与生态环境可持续发展的重要工具。生态工程倡导输入系统中的能量为太阳能或其他绿色可再生能源,输出的是我们需要的产品,整个过程没有废料的产生,这里没有"垃圾"的概念。生态工程强调人解决生态问题的主动性,但这种主动性不是随心所欲的,而是在尊重自然、保护自然和顺应自然的前提下,运用生态学、经济学、工程学等相关理论和原理,因地制宜,针对各种生态、环境和资源问题设计出切实可行的符合生态效益、经济效益和社会效益三赢的治理方案,体现生态工程理念的原则性和灵活性相结合。

在乡村振兴生态建设实践过程中,应充分理解和灵活运用上述生态学理论和生态工程原理。例如,家鱼共生混养的生态养殖模式,是生态位理论应用的典型案例。四大家鱼(鲢鱼、鳙鱼、草鱼和青鱼)分别栖居在水体的上层、中上层、中下层和下层,分别以浮游植物、浮游动物、水草和软体动物为食,它们之间不但不会发生资源的竞争,而且上层的鲢鱼、鳙鱼剩余的饲料及排泄物又可以被草鱼利用。[②] 这种模式既充分利用空间生态位,又衍生出共生带来的效益。

在进行生态宜居乡村规划时,要正确处理整体与部分的关系,防止对整体和部分认识的绝对化,协调还原论和整体论的矛盾,把绝对化的双方合二为一,做到既局部控制又全局调节。另外,在生态宜居乡村规划中对系统中各组成部分的规划目标均蕴含了演替的思想,通过掌握乡村发展的现状,也就是通过掌握系统中的某一个演替阶段的基本情况,对未来的发展阶段进行预测和规划。

乡村生活垃圾如果不能很好地处理就会污染环境。根据食物链与食物网原理,通过物质和能量转化及多层分级利用,把垃圾作为生态系统的组成部分,某一组分

---

① 欧阳志云.开创复合生态系统生态学,奠基生态文明建设——纪念著名生态学家王如松院士七十周年诞辰[J].生态学报,2017,37(17):5579-5583.

② 白晓慧,施春红.生态工程——原理及应用(第2版)[M].北京:高等教育出版社,2017:22.

正是下一个组分的原料,这样物质在系统中往复循环,垃圾被充分利用,变废为宝。因此,在进行乡村生活垃圾治理时,先把生活垃圾中的有机物分离出来,用于制作有机肥料,或者用于人工养殖蚯蚓,将蚯蚓作为动物性蛋白质,变成饲料添加剂,发展饲料工业,蚯蚓粪便制成有机-无机复合颗粒肥料,用于粮食生产。这样就可以化害为利,把矛盾的事物转化为共生的事物,从而达到处理乡村生活垃圾的目的。同样的,食物链与食物网原理也可运用在乡村的畜禽粪污处理、农作物秸秆综合利用、病虫害绿色防控等方面。

在农业生态系统中,由于其属于人工或半人工的生态系统,往往物种单一,从而较多的生态位未被利用。因此,在进行农业生态工程设计及技术应用时,合理运用生态位原理,引入一些既具有经济价值又能适应该生态环境的物种,填充空白生态位,从而阻止一些有害杂草、病虫害等的入侵,这样就形成一个物种多样性高且稳定的生态系统。这种模式通过合理构建和利用系统中各组成部分的生态位,各种生物之间及其与环境因子之间巧妙配合,使得有限的自然资源和社会资源能够得到最大限度的利用,从而使得系统获得较高的效益。

在进行流域水土保持治理或山水林田湖草综合治理时,运用等级理论,正确理解局地等级和区域等级的关系。要正确识别生态元(一个相对同质的生物群落)、生态段(不同生态元的有规律组合,常有明显的天然界线,如河谷)、生态链(在地域分布上和发生上有生态联系的生态段的有规律组合),并理清它们之间的隶属关系。局地等级上的生态元尺度物质、能量和信息流通过向上一等级的生态段、生态链的逐级连锁反应,就可以使整个局地等级受到影响。例如,对于丘陵地带,在构建生态农业模式时,针对不同的生态元(山顶、山腰、山下),山顶温度偏低,环境较为恶劣,长期受到雨水的冲刷,水土流失严重,养分瘠薄,可以在山顶种植抗旱、抗瘠薄、深根的乔灌木保持水土,建成保护型生态系统;山腰水土条件相对较好,可以种植经济林树种,在保持水土、发挥生态效益的同时带来经济收益;山下水肥条件较好,可以种植周期短、见效快、经济效益好的农作物,可以在沟谷建坝蓄水,进行生态养殖。形成山顶绿树戴帽、山腰果树缠腰、山下花花草草、沟谷塘坝千条的新格局。山顶、山腰及山下既相对独立又相互联系、相互影响,组成一个整体(生态链)。在区域等级这样大的尺度上,需要统筹山脉的分水岭、斜坡、河谷、湖泊和流域的上中下游,将整个区域作为一个整体来综合治理,只有协调好整体与部分的关系,才能达到整体的治理效果。

总之,在乡村振兴生态建设过程中,以生态学原理及生态工程原理为指导,将生态学原理与经济建设和生产实际结合起来,实现生态学、经济学原理和现代工程技术的系统配套。在人工辅助物质、能量参与下,实现生产过程中的物流、能流的良性循环,充分发挥资源的生产潜力,减少环境污染,达到生态再生、经济再生和社会效益提升的同步发展。

第三章

改善乡村生态宜居环境

习近平总书记指出,良好的生态环境是最公平的公共产品,是最普惠的民生福祉。良好的生态环境是乡村最大优势和宝贵财富。生态宜居是乡村振兴战略的内在要求,是广大农村居民生态福祉的重要组成部分。要实现乡村振兴,就要把乡村的生态资源优势充分挖掘并发挥出来。只有把乡村的生态资源保护好,让乡村变得山清水秀、环境宜居,美丽乡村才有不竭动力,乡村振兴才会有坚实的基础。为此,要补齐乡村宜居环境的短板,扎实推进美丽宜居乡村建设。

第一节　乡村生态宜居概述

一、人居环境的发展轨迹

人居环境是人类生存和发展的基础,是指人类工作劳动、生活居住、休息游乐和社会交往的空间场所[①],由自然系统、人类系统、社会系统、居住系统、支撑系统5个子系统组成。

在社会生产力发展的过程中,人类的生存方式不断改变,人类对大自然的态度经历了从被动的依赖到逐步利用,再到主动改造的转变。最初,原始社会的人类以采集、打猎等简单劳动为生。渐渐的,人类开始逐水草而居,选择这种不固定的居住地点来保证天然食物的不断供应。后来,人类选择栖身于天然洞穴、树上窠巢等极

---

① 陈鹏.旅游导向下的乡村人居环境提升策略研究——以红河州为例[J].安徽农业科学,2018,46(17):122-124

简单的居处以利于随时迁徙,这些居处散布在一起,形成了最原始的居民点。[①] 随着生产力的发展,人类开始有能力在相对固定的土地上获得生活资料,出现了农耕、饲养等生产方式,形成了诸如农民、牧民、猎人和渔民等不同人群的劳动分工,这些人群聚集在一起形成了村落。人类对生产工具和劳动技能的精益求精加速了手工业的形成和产生了剩余劳动产品。剩余劳动产品被作为商品进行交换,形成了商业的雏形。从事不同专门劳动的人群为方便商品的交换便寻找合适的地点集中居住,大约在5 500年前从事非农业经济活动的城镇开始出现。[②] 例如,尼罗河下游的底比斯、孟菲斯,黄河流域的亳、殷、镐京等,就是世界上的早期城镇。

人居环境经历了从原始环境到人工环境的演变,逐渐形成了层次分明的结构体系,表现为散居—乡村—城镇—城市—城市群—城市带。人居环境规模演化在不同阶段表现为不同的人口规模,其演化过程大致经历了3个阶段[③]:①在工业革命前的很长一段时间内,农业和手工业发展缓慢,不需要大规模的人口聚集,各种人居环境的规模基本上处于缓慢增长的状态;②从工业革命到20世纪60年代,世界各国相继进入城镇化时期,城镇规模急剧扩大,乡村规模相对稳定甚至有所缩小,城镇第三产业的发展增加了就业机会,乡村人口向城镇、城市集聚的趋势明显;③20世纪60年代以后,人居环境规模的演变进入第三阶段,由于人口的高度密集、城市环境质量的下降、土地短缺问题的日益突出,逆城市化现象时有发生,表现为大城市人口减少、小城镇人口增加,市中心人口减少、郊区人口增加。

此外,人居环境也会受到大规模的人类活动、气候与环境变化及各种社会因素的影响[④],呈现出一种动态的演变,形成不同的聚居状态。未来,人居环境监测技术的快速发展及评价体系的日益完善将更有利于人类掌握人居环境形成、发展和演变的客观规律,随着可持续发展理念的深入人心,人居环境将朝着更理想的方向发展。

二、生态宜居产生的背景

马斯洛需求层次理论指出,人类需求可以从低到高分为七个层次,即生理需求、

---

① 王发曾.论聚落演化规律与成长机制[J].学术论坛,1991,86(5):40-44,64.
② 同①.
③ 同①.
④ 张文忠,谌丽,杨翌朝.人居环境演变研究进展[J].地理科学进展,2013,32(5):710-721.

安全需求、归属与爱的需求、尊重需求、认知需求、美的需求和自我实现需求。① 随着社会经济的快速发展,居民收入及生活水平不断提高,人类的需求不仅仅局限于满足最低层次的生理需求,人类迫切需要通过提高居住环境的品质等措施来满足更高层次的需求。因此,一种可持续的居住形态——生态宜居应运而生。

受社会工业化、城镇化进程的影响,我国农村地区粗放式的发展模式打破了生态平衡,致使污染加剧,严重破坏了村庄的生产生活环境。农村作为我国经济和社会发展的重要区域,其环境的恶化不仅对农村居民生活质量和幸福指数的提高造成了强烈的负面影响,而且严重影响了农村的和谐稳定,阻碍了新农村建设的步伐②,农村迫切地需要改变当前脏、乱、臭的状态。

党的十六届五中全会提出了建设社会主义新农村,党的十八大以来,党中央、国务院高度重视农村环境综合整治工作,社会主义新农村建设作为长期目标被持续推进。2017 年 10 月,习近平总书记在党的十九大报告中提出了乡村振兴战略。生态宜居在乡村振兴战略总要求中排第二位,突出体现了其重要性。2018 年中央一号文件强调:乡村振兴,生态宜居是关键。同年 4 月,习近平总书记在对“千村示范、万村整治”工程的重要指示中强调,建设好生态宜居的美丽乡村,让广大农民有更多获得感、幸福感。③

三、生态宜居的概念

生态宜居理念最早是城市建设与发展的目标。20 世纪 60 年代之后,联合国相继提出了以绿色低碳为目标的生态城市及以适宜人类生产生活为目标的宜居城市的概念,生态宜居城市则融合了“生态城市”和“宜居城市”的内涵,着眼于居民福祉的提高及城市的可持续发展,以人为本,按照生态学原理进行城市设计,形成生态环境良好、坚持绿色低碳循环发展、较好地满足人类的各种需求、适宜人类生产生活居住的城市。④

基于生态宜居城市的概念,生态宜居乡村应是在生态文明发展观及可持续发展

---

① 高桂梅.马斯洛“需要层次理论”视角下“美好生活需要”刍议[J].大理大学学报,2019,4(3):61-66.
② 李萍.开展农村环境综合整治 打造生态宜居乡村[J].新西部,2018(11):13-14.
③ 屈凌燕,王俊禄,方列,等.建设好生态宜居的美丽乡村[N].光明日报,2018-04-26(01).
④ 刘亚文.浅谈生态宜居城市的内涵和发展规律[J].经济研究导刊,2016(8):114-115.

理念的指引下,以农村社区居民为本,以宜居、宜业、宜游为导向①,因地制宜地建设乡村,形成生态景观优美、人工环境自然、设施舒适齐备、经济繁荣发展、治安条件良好、社会和谐美好、乡俗人情浓郁的人居环境②,让居民在充满归属感、幸福感的农村聚居环境中安居乐业。

四、生态宜居的内涵

生态宜居的基本内涵就是:尊重自然规律,坚持以人为本,实现人与自然、人与人、人与社会和谐相处、协调发展的目标。③ 我国经过多年的生态宜居理论与实践的探索,初步形成了生态宜居理论指导体系、生态宜居模式、生态宜居保障体系及生态宜居评价指标,极大地丰富了生态宜居的内涵。

(一)生态宜居理论指导体系

以创新、协调、绿色、开放、共享五大新发展理念打造生态宜居乡村,持续改善乡村生态环境,为村民营造优美舒适的人居环境和文化环境。

1.创新发展是生态宜居建设的引擎

科技创新是驱动乡村振兴发展的第一动力。生态宜居乡村建设需要引进科技创新人才,为乡村发展贡献自己的力量。先进的科技手段可以用来监测和治理河流、土壤和空气污染。互联网科技能够帮助改善农民的生活现状,提高农民生活质量。

2.协调发展是生态宜居建设的内在要求

在乡村振兴背景下,乡村规划布局、乡村区域经济等都要体现协调发展的思想。乡村的整体规划与空间布局要以尊重乡村发展规律为前提,在满足农民长期居住习惯和需求的基础上,积极探索出适合乡村发展的、规范协调的布局结构。乡村区域经济应进一步发挥政策引导作用,以农村产业为核心,优化农村经济产业结构;以农

---

① 曹辉,林施琦,林慧,等.生态宜居乡村的实现路径思考——基于晋江"最美乡村"活动的建设实践[J].云南农业大学学报(社会科学),2019,13(4):1-6.

② 赵明草,刘欣欣.乡村振兴如何走宜居化道路——美丽乡村建设体系的框架与重点[J].城市住宅,2018,25(6):10-13.

③ 屈凌燕,王俊禄,方列,等.建设好生态宜居的美丽乡村[N].光明日报,2018-04-26(01).

业建设为基础,提高农村建设发展水平;以农村科技为焦点,加快农村发展模式转型来实现协调发展。[①]

3.绿色发展是生态宜居建设的主旋律

党的十九大报告指出,人与自然是生命共同体,人类必须尊重自然、顺应自然、保护自然。乡村振兴决不能走先污染后治理的老路,要将绿色发展理念摆在首位,注重挖掘乡村可持续发展潜力,充分利用自身特色来探索生态农业的发展[②],同时应在乡村间推广科学绿色的发展方式和生活方式,让绿色发展理念深入人心,以此形成改善村容村貌、提高乡村环境质量的长效机制。

4.开放发展是生态宜居建设的姿态

生态宜居建设秉持开放发展的理念,充分开发本土特色,坚持对外开放,学习和运用先进的科学技术成果,让乡村在发展中走出去,扩大乡村的知名度。这种开放发展模式,既惠及广大农民,又惠及城市居民。乡村美好的自然生态环境及日益优化的居住条件吸引了越来越多游客,城市居民到乡村旅游、体验田园生活,释放了日常的工作压力,商人和企业到乡村投资,进一步推动了乡村的整体发展。此外,乡村在走出去的同时也能够引进有益于乡村建设的管理经验。

5.共享发展是生态宜居建设的目标

共享发展包括全民、全面、共建、渐进四个方面。就覆盖面而言,共享发展的本质是人人享有、各得其所。在生态宜居乡村建设过程中,共享发展体现在村民们的共建共享,共建的过程就是不断共享的过程,通过发扬民主权益、汇聚民众智慧、激发民众热情来实现共建共享。用共享发展理念来引导建设生态宜居乡村,需要在农业发展、人居环境和文化环境中体现公平正义理念,让广大农民在乡村发展中受益,真切地感受到生态宜居乡村建设的成果,激发他们建设乡村的积极性和主动性。[③]

(二)建设生态宜居的模式

生态宜居构建模式是生态宜居环境中相对稳定的系统结构,在生态宜居建设实践中经常被用到。根据生态系统结构与功能的关系,生态宜居构建模式实际上起到调整生态环境系统功能的作用。近年来,我国各地积极开展乡村人居环境整治工

---

① 陈芳.乡村振兴背景下农村区域经济的协调发展研究[J].纳税,2019,13(33):222.
② 杨苹苹.乡村振兴视域下生态宜居乡村的实现路径[J].贵阳市委党校学报,2017(6):59-62.
③ 同②.

作,在生态保护、常态保洁、垃圾处理、厕所革命、危房改造等方面取得了一定成效,在建设生态宜居乡村方面积累了丰富经验,并创新发展了生态宜居美丽乡村建设模式。[①]

1.非农产业带动型

乡村毗邻大型非农企业,依托于企业,连片带动,企村共建。村集体以土地入股,发展非农产业,企业注资改善乡村自然生态环境、居住环境,合力共建生态宜居乡村。

2.农产品加工业带动型

依托种植业,打造特色农产品品牌,培育一批农产品深加工企业,带动村集体增收,为生态宜居乡村建设提供资金保障。

3.农业旅游业融合带动型

依托乡村特色自然资源禀赋发展特色休闲农业、观光旅游及餐饮住宿等服务业,壮大集体经济,为生态宜居乡村建设提供资金支持。城市居民随着生活水平的提高,到乡村观光、度假、旅游的热情日益高涨。

4.一二三产业融合带动型

在发展特色休闲农业、观光旅游及相关的餐饮、住宿等服务业的同时,形成了一批农产品深加工企业,带动村集体增收,为生态宜居乡村建设提供资金保障。

5.种植结构优化带动型

处于城市近郊区的乡村,转变农业种植结构,发展蔬菜、瓜果种植业,促进农民增收,壮大集体经济,为生态宜居乡村建设提供资金保障。

(三)生态宜居的保障体系

建立生态宜居保障体系是提高广大农村居民生态福祉的重要基础[②],其离不开体制机制和政策体系的建设与发展。一方面,要建立和完善生态宜居保障体系相关的体制机制,应该综合考虑生态、经济、社会和文化等方面。如建立多元化生态保护补偿机制,打好生态基础[③];深化乡村集体产权制度改革,推动经济发展[④];完善乡村

① 孔祥智,卢洋啸.建设生态宜居美丽乡村的五大模式及对策建设——来自5省20村调研的启示[J].经济纵横,2019(1):19-28.

② 胥爱贵.生态宜居应在"宜"上下功夫[J].群众,2019,602(4):25-27.

③ 滕云梅,郭辰,付洁.对建立广西生态补偿机制的探讨[J].中国环境管理,2014,6(1):44-46.

④ 高顺峰.探析农村产权制度改革的成效和改革措施[J].农家参谋,2019(23):38.

社会保障体系,促进社会和谐①;弘扬民族优秀传统文化,突出文化特色②。这些体制机制的建立完善对于生态宜居的建设起到"筑起血肉"的作用。另一方面,生态宜居保障体系应得到政策体系的支持与引导。党的十八大以来,党中央着力于建章、立制、问责,建立最严格的生态环境保护制度。自然资源资产产权制度、生态环境损害赔偿制度、国家环保督察制度等制度的陆续出台有效遏制了对生态环境的破坏,持续促进了对生态环境的保护。③ 2018 年 1 月发布的《中共中央 国务院关于实施乡村振兴战略的意见》(中发〔2018〕1 号)明确提到,乡村振兴,生态宜居是关键。同年 8 月,由中共中央、国务院印发的《乡村振兴战略规划(2018-2022 年)》中用大篇幅阐述生态宜居的必要性与建设方法。广西与时俱进,在《中共广西壮族自治区委员会关于实施乡村振兴战略的决定》(桂发〔2018〕7 号)文件中也提出,实施生态环境优化工程,建设美丽宜居乡村。《广西乡村振兴战略规划(2018—2022 年)》中更是综合考虑广西现状,将如何建设生态宜居乡村阐述得十分详细。这些政策体系的出台对于生态宜居的建设起到"凝聚精神"的作用。

总的来说,生态宜居美丽乡村的建设得益于体制机制及政策体系的双重保障,只有逐渐完善体制机制,并从制度源头拉紧生态建设和生态保护的红线,让制度成为"带电的高压线",才能实现生产空间集约高效、生活空间宜居适度、生态空间山清水秀的目标。④

(四)生态宜居的评价指标

以提升乡村生态宜居水平为目标,结合实地考察研究结果,将生态宜居评价指标总体分为四大项,具体为生态环境、美学价值、经济社会及基础设施建设。在生态环境方面,乡村生态环境质量是否得到改善,绿化面积是否得到扩大,污染物排放是否得到有效控制⑤,资源是否节约、是否实现循环利用都应纳入评价指标。在美学价值方面,乡村特色是否突出,自然景观是否和谐,建筑布局是否合理以及文化遗产是

① 林淑周.乡村振兴视角下农村社会保障体系的完善[J].劳动保障世界,2018(35):24-25.
② 王敦.乡村振兴背景下壮民族优秀传统文化传承创新的审美人类学视域[J].广西民族研究,2018(6):131-139.
③ 胡恒松.用制度保障生态文明建设[N].台州日报,2018-04-04(05).
④ 陈重.建设生态宜居的美丽乡村[N].人民日报,2018-11-08(07).
⑤ 赵明霞.我国农村生态文明建设的制度建构研究[D].天津:河北工业大学,2016.

否得到传承都应重点关注。① 在经济社会方面,经济系数和旅游发展水平是否得到提高,乡村产业是否得到振兴,农民增收模式是否得到转变,各产业融合发展是否得到促进,农民的实际生活质量,以及农民生产积极性是否切实提高等都应该综合考量。② 在基础设施建设方面,农民居住条件是否得到改善,生活便利程度是否提高,交通生命线是否建设完好,配套设施是否完整等都是评价重点。

总的来说,良好的生态环境是生态宜居建设的基础,应遵循人与自然和谐发展的规律,从生态环境建设入手,以优美环境带动乡村其他领域共同发展,进而实现农业农村现代化,让农民真切地感受到宜居。③

第二节 广西乡村生态宜居环境发展现状

一、推进"美丽广西"乡村建设

广西属于西部边疆少数民族地区,经济发展相对落后于东部地区,城乡发展不充分、不平衡,乡村建设初期"垃圾靠风刮,污水靠蒸发"的现象普遍存在。为了清洁环境、美化乡村、培育新风、造福群众,2013 年初,根据党的十八大、十八届三中全会和广西壮族自治区党委十届四次全会精神,自治区党委、政府在八桂乡间开展了为期 8 年的"美丽广西"乡村建设活动,活动要求在注重生态环境保护的基础上,保留乡村风貌,彰显民族特色,突出改革创新,体现群众主体,形成长效机制,有条不紊地解决制约农村生态宜居和基础建设的突出问题,持续推进美丽乡村建设。(详见表 3-1)④

---

① 李松睿,曹迎."乡村振兴"视角下生态宜居评价及其对农村经济转型发展的启发——以川西林盘四川都江堰精华灌区为例[J].农村经济,2019(6):66-74.
② 谭明交.农村一二三产业融合发展:理论与实证研究[D].武汉:华中农业大学,2016.
③ 胥青贵.生态宜居应在"宜"上下功夫[J].群众,2019,602(4):25-27.
④ 广西壮族自治区党委."美丽广西"乡村建设重大活动规划纲要(2013—2020)[EB/OL].(2014-02-02)[2019-11-12].http://politics.people.com.cn/n/2014/0202/c1001-24275628.html.

表3-1　"美丽广西"乡村建设重大活动表

阶段	活动	主要任务	目标	时间
第一阶段	美丽广西·清洁乡村	清洁家园、清洁水源、清洁田园	改善人居环境,提高水源质量,改良田园生态。	2013年4月启动,2013年4月至2014年12月集中开展
第二阶段	美丽广西·生态乡村	村屯绿化、饮水净化、道路硬化	绿化美化农村生活环境,确保农村饮用水安全,改善农村基础设施条件,实现天常蓝、树常绿、水常清、地常净	2014年7月启动,2015年1月至2016年12月集中开展
第三阶段	美丽广西·宜居乡村	产业富民、服务惠民、基础便民	进一步促进农民增收,提高服务保障水平,改善村容村貌,使农村人居环境得到极大改善	2016年7月启动,2017年1月至2018年12月集中开展
第四阶段	美丽广西·幸福乡村	环境秀美、生活甜美、乡村和美	全面提升农村物质、精神、生态文明水平,促进与全国同步全面建成小康社会、人民生活幸福和谐目标的实现	2018年7月启动,2019年1月至2020年12月集中开展

在"美丽广西·清洁乡村"活动阶段,政府动员村民组成包村工作队,分片包干,对村庄的主要道路、河流、农贸市场、卫生死角进行卫生专项大整治。① 活动开展的前四个月完成了第一轮的集中治理,全区各地共组织开展环境卫生集中整治活动达18万多次,参加人员近1 200万人(次),共清理各类垃圾200多万吨,清洁水源9万多处,新建垃圾处理设施近14万处,农村环境点、线、面均得到全面提升,日益完善的清洁文明村规民约促进了广大农民群众良好生产方式和生活习惯的养成,乡风日益文明向上,乡容村貌大为改观。②

在"美丽广西·生态乡村"活动阶段,统筹推进村屯绿化、饮水净化、道路硬化目标,并在三方面都取得了积极成效。③ 至2016年下半年,累计投入资金5.12亿元使生态绿色村屯广覆盖,推进村屯绿化专项活动区级项目4 836个,开工率达96.7%,竣工率达90.9%;2014—2015年,中央和自治区配套投入资金8 600多万元,全面解决了340.34万农村人口饮水安全问题,使农村饮水发生了历史性转变。至2016年底,广西完成3 625个村屯、合计8 683.3千米通屯道路硬化任务,提高了村民安居乐

---

① 易文恒,黄海峰,赵崧汝.新公共管理视觉下政府在"美丽广西·清洁乡村"活动中的职能定位[J].科技视界,2014(26):186,200.

② 莫艳萍."美丽广西·清洁乡村"活动有六大成果[EB/OL].(2013-08-03)[2019-11-12].http://cpc.people.com.cn/BIG5/n/2013/0803/c87228-22430087.html.

③ 李德英.基于绿色发展理念推进广西生态宜居乡村建设对策研究[J].市场论坛,2018(3):28-3253.

业的幸福指数。

在"美丽广西·宜居乡村"活动阶段,农村产业得到了蓬勃发展,达到了助力农民增收的效果,同时在农村公共服务水平的提升、农村人居环境的改善方面也取得了显著成效。[①] 至 2017 年底,"五个一"目标任务已有两项按期全部完成,三项完成率达 80% 以上。2017 年,全区休闲农业与乡村旅游接待游客突破 6 300 多万人次,产业总收入超过 230 亿元,同比增长 20%。以南宁"美丽南方"、玉林"五彩田园"等为代表的农旅融合产业呈强劲发展态势。

在"美丽广西·幸福乡村"活动阶段,稳步推进环境秀美、生活甜美、乡村和美 3 个专项活动,并初见成效。[②] 全区重点推进农村垃圾治理、农村污水治理、乡村风貌治理的"三治理"行动来实现"环境秀美"。2017 年底,广西成为当时通过国家十部委组织验收的 8 个省区之一。至 2019 年 5 月底,全区已经基本实现了城乡生活垃圾处理体系的全覆盖,对生活垃圾进行处理的行政村比例达到 95% 以上。"生活甜美"专项活动清产核资工作取得了新突破,至 2019 年 3 月底,全区累计完成清产核资单位达 20 余万个。全区重点通过开展文明村镇创建、公共文化创建、平安乡村创建"三创建"活动来助力"乡村和美"的实现,专门安排资金对全区 20 个深度贫困县实施政府购买农村留守儿童关爱保护和困境儿童保障工作,并出台《关于加强农村留守老年人关爱服务工作的实施意见》,从根本上解决农村留守老年人日常生活照护等难题。

二、因地制宜发展乡村

根据《广西壮族自治区农村人居环境整治三年行动实施方案(2018—2020年)》,广西推进实施"清洁乡村"巩固行动、"厕所革命"推进行动、污水治理推进行动、乡村风貌提升行动、规划管控提升行动、长效机制提升行动"六大行动",以助力全面完成"美丽广西"乡村建设目标任务。[③] 由于各地区地域环境、乡土风情及在乡村建设中所处的发展阶段不同,农村人居环境整治也应强调因地制宜,对各地区进

---

① 袁琳."宜居乡村"三大专项活动成效显著[N].广西日报,2017-12-27(007)
② 甘慧琴.广西幸福乡村活动开局良好 三个专项活动初显成效[EB/OL].(2019-05-27)[2019-11-12].http://www.gxnews.com.cn/staticpages/20190527/newgx5cebfae4-18356554.shtml.
③ 骆万丽.广西"六大行动"整治农村人居环境[N].广西日报,2018-08-02(002).

行科学规划、分类指导、有序推进,探索出一条绿色引领、生态优先、融合共生的新路径,为乡村振兴的创新发展贡献经验。[①]

2018年9月,习近平总书记在中央政治局第八次集体学习乡村振兴战略专题中指出,编制村庄规划不能简单照搬城镇规划,更不能搞一个模子套到底,要科学把握乡村的差异性,因村制宜,精准施策,打造各具特色的现代版"富春山居图"。《乡村振兴战略规划(2018-2022年)》要求顺应村庄发展规律,因地制宜,按照集聚提升、城郊融合、特色保护、搬迁撤并的思路,将乡村分为四类[②],因村施策,分类推进乡村振兴。

(一)集聚提升类村庄

集聚提升类村庄是乡村振兴的重点,占乡村类型的大多数,是指现有规模较大的中心村和其他仍将存续的一般村庄。在现有规模基础上进行改造提升,优化环境,激活产业,强化主导产业支撑,发挥自身比较优势,建设宜居宜业的美丽村庄。如以贺州现有的主导产业——碳酸钙产业为基础,加快碳酸钙产业专业化分工,促进产业链延伸和附加值提升,以现代服务业引领碳酸钙产业转型升级,全力打造"中国贺州·重钙之都",同时发挥贺州"世界长寿市"的品牌优势,推进健康养生产业的发展,加快集聚旅游文化要素的康养服务体系的构建,培育康养产业集群,以发展健康养生产业创建世界长寿养生之都。[③]

(二)城郊融合类村庄

城郊融合类村庄是指市县中心城区(含开发区、工矿区)建成区以外、城镇开发边界以内的村庄。此类村庄在土地、劳动力、产业机构等方面具有较强优势,能够承接城镇人口疏解和功能外溢,具有成为城市后花园的优势,依托与城镇基础设施的互联互通、公共服务的共建共享加快乡村建设的步伐,富有向城市转型的潜力。这类村庄应在尊重、保护、利用原有的发展格局和形态的基础上,以特色产业、技术创

---

① 李慧. 因地制宜 开展农村人居环境整治[N]. 光明日报, 2019-03-14(08).

② 中共中央、国务院. 乡村振兴战略规划(2018-2022年)[EB/OL]. (2018-09-27)[2019-11-12]. http://china.cnr.cn/news/20180927/t20180927_524371021.shtml.

③ 广西壮族自治区人民政府. 广西壮族自治区人民政府办公厅关于加快推进贺州市国家服务业综合改革试点工作的意见(桂政办发[2017]127号)[EB/OL]. (2017-09-27)[2019-11-12]. http://www.gxzf.gov.cn/zwgk/zfwj/20170927-658145.shtml.

新带动村庄发展,以此来吸引城镇资金技术、人才资源等要素的流入,加快促进城乡统筹发展。如位于桂林市西北部桃花江畔的"芦笛三村",是桂林典型的城郊田园乡村,通过发展休闲农业观光旅游,壮大了集体经济,其一年一度的"壮族三月三"民族歌圩节,每次都能吸引上万市民和游客的参与,成为桂林人情有独钟的"都市里的世外桃源"。[①]

(三)特色保护类村庄

历史文化名村、传统村落、少数民族特色村寨、特色景观旅游名村等自然历史文化特色资源丰富的村落都属于特色保护类村庄。此类村落旨在对保护、利用、发展三者的关系进行协调,以对特色景观、特色文化的保护为首要条件,在保护文物古迹、自然风貌、传统文化的基础上适度发展特色旅游业以助力村民增收,使村民的生产生活条件得以改善。如桂林市阳朔县兴坪镇把古镇和古村、文物分为镇区和镇域两个保护层次,区别对待,重点投入,全方位保护古镇、古村的原始风貌,并紧紧围绕旅游富镇与文化兴镇战略发展目标,依托漓江的自然风景,以古镇、古村为载体,大力发掘和发展传统文化,在实现非物质文化遗产保护的同时又起到了促进镇域经济发展的作用。[②]

(四)搬迁撤并类村庄

由生存条件恶劣、生态环境脆弱、自然灾害频发而导致的完全不适于居住和发展的村庄,或因重大项目建设需要搬迁的村庄,以及人口流失特别严重的村庄,可通过易地扶贫搬迁、生态宜居搬迁、农村集聚发展搬迁等方式,实施村庄搬迁撤并,从整体上解决生态保护等问题。此类村庄应解决好易地搬迁群众的就业问题,对于搬迁撤并后的村庄原址进行复垦或还绿,增加乡村生产生态空间,增加农业生态产品和服务供给。如被大山一分为二的百色田阳县新立村,自 2014 年起,实施了生态移民搬迁,分散在土地石漠化严重,生产生活条件十分恶劣的大石山区的村民集体搬迁到了生产生活条件相对优越的右江河谷丘陵地带。近年来,新立村大规模调整农

① 王战飞. 桂林芦笛三村:都市里的"世外桃源"[EB/OL].(2019-06-21)[2019-11-12]. http://txy.gxnews. com.cn/staticpages/20190621/newgx5d0c4726-18437333-4.shtml.

② 容作帆,龙燕秀. 兴坪镇获"全国特色旅游名镇名村"[EB/OL].(2011-08-16)[2019-11-12]. http:// www.gxzf.gov.cn/mlgx/gxgkzl/lygx/lyzx/20110816-341771.shtml

业产业结构,引进6家农业公司流转全村70%的耕地建现代化农业基地,大力改善村民的生产生活条件,实现全村脱贫致富。[①]

三、改善乡村公共基础设施

近年来,广西新农村建设取得了很大的成就,尤其在农村交通、电力、通信、文化教育、环境卫生等基础设施建设方面。新农村建设极大地改善了农村生产生活条件,对广西农村经济社会发展起到了推动作用,但广西经济实力还比较薄弱,与发达省区相比,农村基础设施建设仍然落后。

2018年1月召开的广西全区农村工作会议,为全面实施乡村振兴战略、开创"三农"工作新局面做出了具体部署,决定实施《乡村振兴产业发展基础设施公共服务能力提升三年行动计划(2018—2020年)》,计划从2018年起,广西实施乡村振兴产业发展基础设施公共服务能力提升三年行动计划,计划建设项目27 285个,总投资3 941.46亿元。其中,在产业发展专项行动方面,提出实施乡村一二三产业融合,工业、旅游、健康、生态经济等产业发展项目1 016个,总投资1 768.76亿元。在基础设施能力提升专项行动方面,提出实施农村路、水、电、气、网、园等基础设施建设项目4 483个,总投资1 600.66亿元。在公共服务能力提升专项行动方面,提出实施农村教育、卫生、文化、体育、就业、服务等公共服务设施建设项目21 786个,总投资570.04亿元。其目的是改善广西农村地区的生产生活环境,使每个人都能生活得更舒适、更安全、更幸福。[②]

第三节 典型案例

一、除旧立新换新颜的桂林鲁家村

鲁家村位于广西桂林市两江四湖景区的桃花江畔。它既是桂林市城郊新农村

---

① 莫有合. 田阳县那满镇新立村生态移民搬迁见闻[EB/OL]. (2019-03-15)[2019-11-12]. http://www.gxnews.com.cn/staticpages/20190315/newgx5c8afbcb-18128562.shtml

② 高飞.走出广西特色的乡村振兴之路——专访广西壮族自治区党委书记鹿心社[J].当代广西,2018(16):10-11.

建设的样板工程,又是桃花江旅游区建设的重点组成部分。作为桃花江畔的休闲观光示范区域①,鲁家村新农村建设是形势所需。鲁家村位于桃花江中段,作为两江四湖水系的重要节点,具有得天独厚的地理位置优势和旅游资源。

鲁家村的建筑很有特色,其把桂北民居的传统建筑元素——坡屋顶、小青瓦、花格窗、白粉墙、青石板和谐地聚集在一起,而且民居张弛聚合,被绿化带环绕的街道曲直相连,招牌颇具艺术性的铺面遥相呼应,小桥流水、戏台楼阁、景观雕像更是让人流连忘返。

2010 年春,桂林市"整村风貌改造"在鲁家村启动。秀峰区投入 3 000 多万元对鲁家村旧村进行改造,拆除了原本千篇一律的 65 户村舍,用颇具桂北民间特色的白墙青瓦改建成错落有致的排屋,并沿江边修建亲水平台和步道,种植水生植物。此外,鲁家村还设计了水车、豆腐坊、石磨广场等景观和绿化带。清澈见底的溪流、生机勃勃的草被、四通八达的路、焕然一新的桥等重构了鲁家村的面貌。

鲁家村村民经营着各种各样的餐馆,其特色美食风靡桂林城。鲁家村已经成为桂林附近居民休闲的一个好去处。改造后,鲁家村建成 98 栋连排独栋桂北民居,村民按照人均 60 平方米分配,每平方米只需 860 元,超出的部分每平方米 1 800 多元。新村建成后,家家户户都从事餐饮业,主要经营农家菜。如今的鲁家村变成了农家乐的集中地。

通过将改造与发展观光农业和旅游服务业结合起来,原来的鲁家村摇身一变,转型为一座宜商宜居的生态旅游文化村,成为城郊的世外桃源、人间仙境。这既是广西旅游产业转型升级的生动案例,也是城乡风貌改造、推进城乡统筹发展的典范。

二、中国魅力乡村——恭城红岩村

红岩村位于广西桂林恭城瑶族自治县莲花镇,距桂林市大约 140 千米,共 103户 407 人,是一个集山水风光游览、田园农耕体验、住宿、餐饮、休闲和会议商务观光等于一体的生态特色新村。

2014 年以来,红岩村以创建"十星级文明户"为主线,以培训新型农民、培育新乡贤文化、探索社区化管理为出发点,将农业、旅游、精神文明结合起来,确立了生态

---

① 赵忠洪.鲁家新村昨日开村[N].桂林日报,2012-03-25(01).

富村、文明建村、旅游强村、民主理村的科学发展道路,村容村貌发生了巨大变化,村民收入大幅度提高,社会和谐稳定,群众安居乐业,全面提高了村庄的文明程度。2015 年 2 月,红岩村被中央文明委授予"全国文明村"称号,并先后被评为"全国特色景观旅游名村""中国农业旅游示范点""2006 年全国十大魅力乡村"。

红岩村按照"五化十改"的标准,统一规划、统一建设、统一装修。建立了专门的卫生管护制度,要求每家每户实行"门前三包",并遵循"村收镇运县处理"原则,聘请专门的清运公司运送垃圾。[①] 通过采取农村环境综合整治资金和县财政补助与村民自筹相结合的方式筹措资金,采用了曝气生物滤池+强化人工湿地处理工艺,建设广西第一批自然村屯集中式农村污水处理设施——2 套总处理规模为 80 立方米的生活污水处理设施及 4 600 米的管网。红岩村经过环境整治后,先后荣获自治区"生态富民示范村""全区农业系统十佳生态富民样板村"等荣誉称号,被喻为"广西第一村"。[②]

红岩村在建设"十星级文明户"的过程中,不断推进"美丽广西"乡村建设,大力推动"清洁卫生星"的创建,积极创建生态宜居乡村,鼓励村民参与创建生态宜居乡村活动,全面开展"三清洁"(清洁家园、清洁田园、清洁水源)、"三化"(村屯绿化、饮水净化、道路硬化)等专项行动,重点整治村庄脏、乱、差的现象。积极推进环境生态化改造,充分发挥沼气池在农村垃圾有机化改造利用中的效能,对垃圾进行分类减量处理和有效利用,通过生态治理手段来解决农村垃圾污水处理难题。[③] 同时,引导村民建立健全村庄环境卫生管理制度,制定和完善村规民约,促进农村日常清洁卫生的正常管理。通过开展环境整治活动,全面推进农村人居环境建设。2015 年 11月,红岩村成为第二次全国改善农村人居环境工作现场会现场参观点。

红岩村不断完善乡村旅游体制机制,通过推进改革创新和改善环境质量的举措来推动乡村旅游业的发展。如今红岩村早已成为桂林生态旅游休闲度假村中的一块金字招牌,每年吸引数以万计的国内外游客前来休闲观光。红岩村村民也靠着发展旅游业持续增收,真正实现了乡村旅游富民惠民。

以上案例运用了生态学最基本的控制论原理"整",即整合。生态环境系统遵循

---

① 朱和春,计思佳.广西破解"垃圾围村堵河"难题[EB/OL].(2017-07-12)[2019-11-15].https://society.huanqiu.com/article/9CaKrnK3ZJS.

② 秦衫.恭城县红岩生态新村[EB/OL].(2008-12-09)[2019-09-28].http://www.cnr.cn/2008zt/gxhh50n/hhcj/200812/t20081209_505172005.Html.

③ 许丹婷.自治区人大就乡村清洁条例开展立法调研[N].广西日报,2015-09-05(002).

特有的整合机制和进化规律,具有自组织、自适应、自调节的协同进化功能,可以扭转传统发展中的还原论趋势如条块分割、学科分离、技术单干、特色单一,实现景观整合性、反馈灵敏性、技术交叉性、体制综合性和时空连续性,构建多样性高、适应性强、生命力强、自我调节能力强的生态关系。

三、马山的天然氧吧——马山县弄拉屯

位于广西南宁市马山县古零镇的弄拉屯此前靠山吃山,乱砍滥伐,长期以来面临着旱涝灾害、水土流失、粮食短缺等问题。从20世纪80年代开始,弄拉屯村民认清形势,痛定思痛,增强生态保护意识,封山育林,保护植被,修建沼气池,逐渐形成山顶林、山腰竹、山脚种药果、洼地种粮桑的立体生态发展模式。石头山变成树木覆盖的"绿洲",全屯森林覆盖率达79.6%,空气负氧离子含量比一般城市高10多倍,成为休闲避暑胜地。① 2008年,弄拉屯村民自发成立了弄拉旅游专业合作社,共同发展特色生态旅游,把卖木材变成卖风景,实现生态治理和脱贫致富共赢,塑造了民族贫困山区生态宜居"弄拉样本"。

弄拉屯可用耕地面积少,素有"地无三尺平,山无三寸泥"之说。弄拉屯村民凭着一股人穷志不穷的"弄拉精神",解放思想,学习科学技术,并依托其生态发展模式走上了致富之路,为探索石山地区农村经济、社会与生态环境协调发展积累了宝贵经验。

以上案例主要运用了生态学最基本的控制论原理"适",即适应。弄拉屯具有较强的适应环境变化的生存发展机制和应变能力,及时抓住一切发展机遇,高效利用一切可以利用的资源,通过多样化和灵活的结构调整,以及功能转型调整其生态位,以适应环境变化,从而创造有利于其发展的生存环境。

四、生态宜居中心城——北流市民乐镇

民乐镇位于广西玉林市北流市内。它超前谋划,主动对接高起点、高规划,建设

① 孙璐.马山:弄拉模式让绿意重归 生态搬迁为全国首创[EB/OL].(2014-08-25)[2019-09-21].http://epmap.zjol.com.cn/system/2014/08/25/020219204.shtml.

鑫山工业园区和民北工业园区,并与玉林市"玉—北"同城一体化进程和北流市"西连东移、南拓北扩"的城市发展战略紧密结合。[①] 华盛玩具、万晖运动袋、宏润食品、精通财富岛和大容山粮油等一大批项目相继建成投产,初步形成了健康食品、生物科技、机械制造、电子玩具四大支柱产业。它以自治区级农业产业化企业宏润食品有限公司为龙头,发展特色农业,建立无公害果蔬基地约400公顷,有规模经营农业产业基地5个,农民专业合作社12家。

民乐镇按"村收镇运县处理"的环卫模式,建成9个村级污水处理站和1座镇级垃圾中转站,管理逐步精细化、人性化,环境卫生明显改善,打造了清洁美丽的环境。为万平、民乐、罗政、南庆等村的国家农业综合开发农田改造投资1.2亿元;[②]为佛子湾水库人饮工程、民乐河1 500米防洪堤工程和景观长廊的道路网络投资3 000万元。

民乐镇历史文化底蕴深厚,辖区内生态旅游资源丰富,有大容山国家森林公园、罗政村生态农业旅游景区、广西历史文化名村萝村古村落旅游景区及龙门水库景区、佛子湾水库景区、望君山景区、元常农家乐风景区等一大批人文自然、田园风光、山水探险旅游景观,以及罗政公园、雷冲度假山庄、萝村风情休闲村庄等一批休闲景观。

以上案例运用了生态学最基本的控制论原理"拓",即开拓。每一个生命有机体都有其内禀生长率,通过扩大生态位,为其生存、发展、繁衍和安全服务,可以获得更多的资源和更适宜的环境。目前,民乐镇已建成罗政、石塘、南庆、会众等一批生态家园示范村,进一步推动了地方经济转型升级,不仅使民乐镇的生态旅游业发展呈现出巨大潜力,而且对其社会经济发展有明显的带动作用。

五、环境污染整治稳步推进——流域革命

"十二五"期间,广西全力推进大气污染防治,实施工业烟粉尘和挥发性有机物治理,加强机动车污染防治,严格控制城市建筑工地和道路扬尘污染,开展秸秆禁烧,实施秸秆综合利用。城镇生活垃圾无害化处置设施建设发展迅速,生活垃圾清

---

① 李坤.北流民乐镇高标准推进小城镇建设[EB/OL].(2009-09-13)[2019-10-26].http://www.yldt.com/details/6041.aspx.

② 北流市民乐镇——桂东南璀璨明珠 生态宜居中心城镇[J].广西城镇建设,2015(3):151.

运量达 2.03 万吨/日,城镇垃圾处理设施无害化处理能力达 1.54 万吨/日,城镇生活垃圾无害化处理率为 85%,比 2010 年增加了 17.8 个百分点。建成了南宁市餐厨垃圾处理厂,餐厨垃圾年处理量达 70.06 万吨/年。完成了 1 279 个建制村的农村环境综合整治,受益人口约 426 万人,新增户用沼气池 34.6 万座,完成旧沼气池改造 8 万座,全区累计建成农村户用沼气池 405.6 万座,沼气入户率达 50.45%,农村人居环境得到了显著改善,①也为广西北部湾近岸海域等重点流域的生态环境保护创造了更加有利的条件。

2014 年,粤桂两地开始对九洲江进行联手治理,通过河长制治水管水,并采用治理养殖污染的新技术,已经取得了初步成效。九洲江治理的首要难题是养殖污染。治理养殖污染的第一项措施就是生猪禁养。玉林市将九洲江干流和重要支流沿岸 200 米范围内划定为禁养区,清理拆除生猪养殖场。上游治污,下游补偿,粤桂两地签署生态补偿协议,总投资超过 14 亿元。禁养生猪的同时,玉林市沿江乡镇全面建设污水处理厂,还打造"微生物+"的养猪新模式,实现粪污资源化利用,变废为宝。② 广西玉林市这种创新畜禽养殖污染治理模式,有助于解决跨省(区)流域环境治理难题。

广西北部湾近岸海域和九洲江、南流江、环江、刁江、漓江等重点流域开展了以重金属、危险废物等为重点的重金属污染治理和危险废物污染风险控制工作,并取得初步成效。河池市金城江区、南丹县、环江毛南族自治县 3 个国家重点防控区域的废气、废水中重金属污染物铅、镉、砷的排放量均比 2007 年减少 15% 以上。非重点防控区的铅、汞、镉、铬、砷 5 种重金属污染物排放量分别比 2007 年减少了 29%、50%、33%、98%、28%,危险废物处置能力进一步提高。全区危险废物经营许可证持证企业达 33 家,危险废物利用处置量达 87.34 万吨/年,危险废物处置量为 30.48 万吨/年,全区危险废物规范化管理合格率逐年提升。加强了辐射源监管,闲置废弃放射源全部得到安全存放。扎实开展环境执法检查和专项行动,有力震慑了违法企业。组织开展全区林地管理专项检查和非法侵占林地清理排查专项行动,严厉打击

---

① 余锋.《广西环境保护和生态建设"十三五"规划》印发实施[EB/OL]. (2016-12-21)[2019-11-02]. http://www.gxzf.gov.cn/sytt/20161221-556065.shtml.

② 朱传戈、杨虞波罗.养殖污染之"痛"如何治:生猪禁养、建污水处理厂[EB/OL]. (2017-07-30)[2019-11-02].http://env.people.com.cn/n1/2017/0730/c1010-29437299.html.

非法侵占林地行为。[①]

以上案例应用了生态学最基本的控制论原理"馈",即反馈,包括物质循环和信息反馈,物质通过生产者、消费者和分解者最终回归大自然,保持相对稳定的资源承载力,使一切资源都能得以利用。任何生物的行为通过生态链网形成信息链,通过层级传递,最后反馈给自身,进一步促进或者抑制其行为,实现一种螺旋式的系统演化。

六、桂中三市共建"美丽柳来河"——共享一体化成果

在推进"柳来河"区域一体化中,无论是新型工业化道路,还是生态宜居的城镇化道路,生态环境联保同治都贯穿其中。按照《柳州、来宾、河池市区域一体化发展规划》(以下简称《柳来河规划》)要求,柳州、来宾和河池三市将共同建立生态环境和水源保护共管区,共同管理各类自然保护区,共同建设生态绿地,合力打造区域生态屏障。此外,还将强化节能减排,发展循环经济,加强环境保护,建设宜业宜居的生态文明示范区。只有保护好生态,经济发展才有吸引力。河池市将建立大型产业园,集中分散的企业,集中处理废水。同时,将多家重金属企业合并重组,淘汰落后产能。在推进"柳来河"区域一体化进程中,还推进基本公共服务共建共享、推进社会管理齐抓共管。按照《柳来河规划》要求,通过统筹推进区域内教育、文化、医疗卫生、就业和社会保障等基本公共服务一体化,努力推进三市在人口联动管理、社会治安综合治理、防灾减灾和应急处置等方面的合作,从而使区域一体化发展的效益更公平地惠及越来越多的人。[②]

以上案例主要运用物种共生和物质循环再生等生态学原理,结合系统工程方法所设计的多层次利用和工程技术,从源头与过程控制入手,在消灭污染过程中实现社会、经济和环境的和谐发展。运用清洁生产理论可以有效地控制农业对环境的污染和破坏,提高资源的利用率,生产充足的无污染、安全的农产品,满足人们的日常需要。

---

① 余锋.《广西环境保护和生态建设"十三五"规划》印发实施[EB/OL].(2016-12-21)[2019-11-02].
http://www.gxzf.gov.cn/sytt/20161221-556065.shtml.
② 范立强,钟振.桂中三市共建"美丽柳来河"[J].当代广西,2013(4):46.

七、那山、那水、那人

南宁始终坚持人与自然和谐共生,积极开展生态文明建设,努力建设具有浓郁壮乡特色和亚热带风情的生态宜居城市,从而实现城乡环境质量的不断提高,促进人与自然和谐发展。一组数字可以生动反映南宁生态环境的变化。南宁空气质量优良率从2014年的80%提高到现在的92%以上,"南宁蓝"成为常态。全市主要河流水质总体持续优良,城市集中式饮用水水源的水质达标率保持100%,黑臭水体治理效果日益凸显。全市森林覆盖率为47.66%,建成区绿化覆盖率为43.40%,人均公园绿地面积为12.02平方米。农村环境质量显著改善,乡风文明程度和生态宜居水平大大提高。

南宁形成了青山环城、碧水绕城、绿树融城的城市风貌。绿色成为这座城市的主色调,"绿城"成为这座城市最好听的昵称。告别了现代化城市千城一面的平庸和乏味,南宁成为与自然最亲近的城市,欣欣向荣,与其景观和谐地融为一体。

人与自然唇齿相依,息息相关,广西壮语有个"那"字,意思是"田",也代表着山、水、人的共融共生,从"那文化"的传承弘扬到"绿城"建设,到持续推进绿城品质升级,让那山、那水、那人共融共生是南宁城市建设管理者多年来的不渝坚守。[1]

以上案例主要运用了生态学的系统整体功能最优原理。山、水、人各个子系统功能的发挥影响着整体功能的发挥。各子系统功能的状态也影响着整体功能的状态。山、水、人各个子系统都具有各自的目标与发展趋势,作为一个个体,它们都有无限制地满足自身发展的需要。系统各组成部分之间的关系并非一直协调一致的,而是处于相生相克的状态。因此,理顺乡村生态系统结构,改善系统运行状态,要以提高整个系统的整体功能和综合效益为目标,局部功能与效率应当服从整个系统的功能和综合效益。

八、让生态文明思想在兴业落地生根

广西兴业县是传统养殖大县,治理养殖污染是打赢污染防治攻坚战的关键。要

---

① 陈露露,庞冠华.广西文化交流"那山、那水、那人"迷醉羊城观众[EB/OL].(2016-02-21)[2019-07-23].http://gx.people.com.cn/n2/2016/0221/c179430-27776149.html.

坚持疏堵结合,一手抓养殖场整治,一手抓生态养殖模式推广,同步、有序地治理养殖污染。一方面,按照"科学治理、有序推进、不搞一刀切"的原则,采用"一宣、二堵、三停、四拆、五改、六罚"工作法,抓好违规养殖场(户)清拆工作。另一方面,大力发展绿色生态健康养殖,针对规模养殖场和小散养殖户,分类推广"网床+益生菌+异位发酵床"和"小型发酵床"的生态养殖模式。目前,全县共清拆养殖场 5 854家,有 321 家规模养猪场实现"网床+益生菌+异位发酵床"的生态养殖模式,1 145户小散养户完成"小型发酵床"改造,在全区率先实现生态养殖示范点镇镇全覆盖。

坚持发展绿色农业,利用国家现代农业示范区优势,推进"三区四园联创",形成种植养殖一体化、生态循环、环境优美的田园生态系统。近年来,兴业县共建成 17个自治区级现代特色农业(核心)示范区。深入实施"10+3"现代特色农业产业高质量发展三年提升行动,全面推进现代特色农业产业高质量发展,全面打响"八桂金榜"优质米、"金大叔"土鸡、山心毛尖茶等一批广西名牌绿色产品。强化农业生产与市场需求对接,加快农产品生产、加工、物流等产业链建设,用好全国电子商务进农村综合示范县牌子,推动"山货"变"网货"。[1] 兴业县把脱贫攻坚与美丽乡村建设结合起来,大力发展生态种养,推动扶贫产业转型升级,不仅有效解决了农村环境污染问题,走上生态绿色养殖道路,而且进一步推动了社会主义新农村建设。

总的来说,近年广西在各个乡村开展的生态环境建设,实施可持续发展战略,真正做到了边发展、边治理,在发展中保护,有效地促进了人与自然和谐发展。

以上案例主要运用了社会—经济—自然复合生态系统原理,高效利用物质、能量和信息,努力实现自然、社会与经济协调可持续发展。在一个生态系统中,任何一个物种的发展过程都受到某种或某些限制因子或负反馈机制的制约,也得到某种或某些利导因子或正反馈机制的促进。对于过程稳定的生态系统,这种正负反馈机制是相互平衡的。健全的生态系统就靠这种反馈机制实现自我调节以适应环境条件的变化。所以,要做到可持续发展,不能破坏生态系统这种自我调节机制,要充分利用这种机制,因势利导地进行人类的经济活动。人类在生产实践过程中不应破坏生态系统的自我调节机制,不能随意开发。在进行社会发展战略规划时,特别是对区域发展进行规划时,应遵循生态系统的自我调节原理,以保证区域发展的可持续性,进而促进整体发展的可持续性。

---

① 陆金学.让生态文明思想在兴业落地生根[N].玉林日报,2018-12-28(131).

第四节　存在的问题与对策

一、存在的问题

（一）生态学诊断

1.农业环保技术推广应用乏力

部分农村缺乏专业的农业技术推广人员进行测土配方检验,缓控释肥推广效果不明显,过量的农药及化学肥料在浇灌和降雨等淋溶作用下由农田迁移至自然水体中,造成了地表水和地下水的农药污染和水体富营养化。[①] 部分农村对地膜和秸秆仍采用粗放式处理,秸秆、粪便、垃圾和污水等生产、生活废弃物无害化处理和资源化利用推进缓慢,对土壤和河流及空气造成了一定程度的污染。

2.农村水环境治理缺乏系统性

农村水环境治理是一项复杂而系统的工程,必须讲究综合性和实用性。农村水环境仅仅考虑水是不行的,要从综合治理角度考虑农村水环境,包括所涉及的垃圾、卫生、畜禽养殖、农业、面源等,做到污染控制和资源化并举。部分农村管控和治理水环境的标准没有做到因地制宜,水源与供水水质没能得到协同改善,畜禽养殖污染的治理与农业面源污染的治理被割裂开来,没有从系统性、综合性的角度去统筹。

3.乡村绿化不注重生态环境效益

大多数乡村村民的村庄绿化意识有待提高,在没有科学合理的方案设计作为指导的情况下,或照搬城市绿化的形式,或盲目绿化,缺乏新意,没有充分结合当地的水源涵养、水土保持、防风固沙和气候调节等多方面因素对植被进行科学的种植,当地自然优势得不到充分的利用,绿化形式同质化现象严重,不能保证种植生态效益。在绿化过程中,可以通过绿化工程与生物工程相结合的技术来提高生态环境效益,并采用沟道和坡面治理工程相结合的方法有效实现乡村生态环境的改善,避免水土流失现象的发生。[②]

（二）农村环境整治缺乏持续资金保障

农村受财力限制不能有效解决污水、垃圾处理设施的日常管理及运行维护的资

---

①　黄宝泉.农村水环境存在的问题及其保护治理对策[J].资源节约与环保,2019(10):35.
②　刘刚.乡村绿化建设存在的问题及对策[J].现代园艺,2019(9):119-120.

金问题,从而无法保障设施的长期正常运行或低水平运行和维护。如一些地方虽然建立户收集、村(社区)集中、镇运输、县处理模式,但由于资金不到位,垃圾清运、处理不及时,垃圾包村现象仍没有根治。上级财政往往将主要资金放在基础设施比较好的、投入之后见效快的乡村,这样势必造成各个乡村竞争激烈,基础好的乡村得到了资金项目支持会越来越好,基础差的乡村实施乡村振兴战略则会越来越困难,两者的差距越来越大,失衡现象越来越明显。①

(三)农村人居环境系统形势依然严峻

农村生活污水处理水平较低,随意排放现象严重。农村生活垃圾来源多样,成分复杂,产生量大,处理率不高。2017年发布的《全国农村环境综合整治"十三五"规划》显示,我国仍有40%的建制村缺乏垃圾处理设施,78%的建制村未建设污水处理设施,40%的畜禽养殖废弃物未得到资源化利用或无害化处理,生活污染、农业污染与工业污染并存,点源污染与面源污染交织,工业污染及城市污染向农村转移,脏、乱、差问题依旧突出。农村"厕所革命"中存在施工质量低劣、无害化处理不全面等问题。在农村改厕的规划设计阶段缺乏对运行维护和粪污资源化利用等问题的统筹考虑,规划的实施阶段又缺少制度管护、资金维护、人员看护,没有形成可持续运行的管护机制。此外,农村人居环境整治机制亟待完善,基础设施缺乏有效的运行机制,系统的评估监督机制还没建立,农民作为农村人居环境整治的主体,其广泛参与是设施正常运行的保证。但在实际整治过程中,农村居民对人居环境整治的必要性认识不足以及责任意识、参与意识严重不足导致农民参与机制严重缺失。②

二、对策

(一)生态学对策

1.加快推广农业环保技术

为了促进农作物的高效生产并有效改善农药使用过量、农业环境污染的现象,在生态农业的发展过程中,广泛应用合理的农业环保技术,如种子磁化处理技术、防

---

① 窦清华.生态宜居乡村建设值得关注的几个问题[N].宜宾日报,2019-07-05(003).
② 于法稳.乡村振兴战略下农村人居环境整治[J].中国特色社会主义研究,2019(2):80-85.

病促生技术、电子杀虫技术等,可以有效降低生产成本,实现生产高品质农作物的目标,有效提升生态农业和社会经济效益。① 此外,在农业生产和加工中产生的大量有机废弃物,既是一种影响清洁生产的污染物,又可能是一种可供综合利用的资源。在技术攻关和政策保证的情况下,开发和推广有机资源循环利用,从而减少化学品对农业生态的影响,使农业环保技术能稳步实施。②

2.着力促进水生态净化

治理农村水环境要有综合性思路,需要综合考虑农村水环境,包括所涉及的垃圾、卫生、畜禽养殖、农业、面源等。水、土、气的污染和固体废弃物应该协同治理,其涉及的排放、中间处置、转化,各种来源也应该多过程和多来源循环调控。做到污染控制和资源化并举,完善秸秆还田技术和地膜回收、尾菜处理、畜禽粪便综合利用制度,严格控制农业污染源,健全垃圾回收及雨污分流系统,严格控制工业污染向农村转移。③ 此外,根据农村经济、地理、环境等实际条件,因地制宜地开展乡村生活污水的收集处理,可采用生活污水收集和景观改造相结合的模式,如"A/O 生化处理-人工湿地""无动力净化装置-人工湿地""EV 生化生态复合塘-生态系统组合净化湿地""生活污水受纳河塘阿尔蔓生态基原位强化处理"和"塔式蚯蚓生态滤池"等多种模式。④

3.持续推进乡村绿化建设

为了做好乡村绿化工作,改进对绿化树种的选择,树种应根据场所功能的差异性呈现出实用性或观赏性的特征选择。这不仅需要加快落实林业发展质量提升行动,调整优化树种结构,广泛种植乡土树种,而且需要注重乡村绿化的独特性,要使地域特点、文化特色在乡村绿化过程中充分展示出来,不要搞"千村一面"的形象工程。同时,绿化项目的后期管理对于乡村绿化的长效发展也是必不可少的。根据所栽种植物种类选择最适宜的时节施肥和除草,并做好病虫害防治工作,对于中途死亡的植物,应该及时进行查缺补种,不断提高绿化植物的成活率,并做好后期的养护管理工作。⑤

---

① 刘秀花.生态农业发展下的农业环保技术探究[J].南方农机,2017,48(15):78 ,81.
② 周子杨.环保技术在农业领域的应用与建议[J].现代农业科技,2012(7):284-285.
③ 黄宝泉.农村水环境存在的问题及其保护治理对策[J].资源节约与环保,2019(10):35.
④ 李石林,侯庆丰.乡村振兴背景下兰州市生态宜居型农村建设问题及对策[J].农村经济与科技,2019(5):241-242.
⑤ 刘刚.乡村绿化建设存在的问题及对策[J].现代园艺,2019(9):119-120.

（二）缩小资金缺口，夯实生态宜居建设基础

生态宜居建设离不开稳定的资金支持，同时，宜居的生态环境可以为乡村创造更多的经济效益，二者是相辅相成、互为支撑的关系。乡村生态宜居建设的资金投入可以分为两个部分：内部创造和外部支持。[①] 内部创造离不开农民主体的参与。内部创造需要调动村民参与乡村人居环境整治的积极性，需要乡村青年发挥模范带头作用，引领乡村增收，吸引更多的当地居民参与进来，共同挖掘乡村的发展潜力，共同打造美丽的生态宜居乡村。外部支持是指依靠党和政府的财政补贴及社会企业的投资。政府应该加大财政资金倾斜力度，联合农业、科技、环保等部门，整合多方面资金，或设立专项资金为生态宜居建设提供稳定的经费保障。有发展潜力或发展良好的特色乡村可以通过吸引社会企业投资，在促进自身生态宜居建设的同时，带动周边村落提高经济效益。

（三）整治突出问题，加快生态宜居建设步伐

1.整治环境污染问题，建立健全体制机制

制定实施农业面源污染综合防治方案，深入实施土壤污染防治行动计划，推进重金属污染耕地修复，强化规模化畜禽养殖场污染防治和环境管理，推进散养密集区畜禽粪便污水综合治理和利用，严控甘蔗等农作物秸秆及生活垃圾露天焚烧。[②] 通过污水治理技术来解决水环境污染是大势所趋，乡村污水治理技术必须遵循经济、高效、节能和实用的原则，要求在能保证净化效果的前提下，使处理工艺和运行维护简单易行。相关责任部门应该根据乡村污水排放的特点，对现有的乡村污水治理技术，如人工湿地技术、小型污水处理装置、生活污水净化沼气池等，进行改进并引入合适的技术。此外，在农村人居环境系统健康水平的提升和美丽宜居乡村建设过程中离不开体制机制的完善和创新。建立环保设施监管运营机制，推广使用政府参与的 PPP（Public-Private Partrership，政府和社会资本合作）模式；建立绩效评价机制，对农村人居环境整治的方案实施、过程监督、结果反馈进行科学评估；建立农民参与机制，增强农民的环保意识，鼓励农民参与保护环境。[③]

①　吴佳倩.乡村振兴战略背景下生态宜居建设的问题及对策研究[J].农村实用技术,2019(6):3-4.
②　中共广西壮族自治区委员会.关于实施乡村振兴战略的决定[N].广西日报,2018-05-17(006).
③　屈雪,杨旭.全面建成小康社会要求下农村人居环境整治路径研究[J].广西质量监督导报,2019(11):7.

2.增强农民的主体参与意识,建立健全农民主体机制

在生态宜居建设的过程中,农村环境问题的解决难度与群众的思想认识程度密切相关。但是,农民的主体参与意识绝非一朝一夕就能增强的,需要循序渐进地增强他们的垃圾分类意识和污水处理意识。农民若形成将生产与生活垃圾严格按照标准进行分类处理的习惯,能有效提高垃圾处理的效率和垃圾的再利用价值。所以,需要通过多种渠道大力开展宣传教育和舆论引导,增强农民的主人翁意识,改变农民根深蒂固的落后观念,使整治环境的目的和意义深入人心,激发农民参与环境整治的热情,营造"人人关注环境卫生,人人参与环境保护"的良好氛围和工作机制。①

---

① 李萍.开展农村环境综合整治 打造生态宜居乡村[J].新西部,2018(11):13-14.

第四章

————

发展乡村生态农业

第一节 生态农业概述

一、农业发展的轨迹

农业具有 1 万年的发展历史,经历了从原始农业(如游耕农业、游牧农业等)、传统农业到现代农业的发展。

原始农业基本特征为刀耕火种、转移农业、轮作耕作和撂荒制。原始农业的主要问题是只取不给。土地营养平衡完全靠自然的自我修复,掠夺性经营使水土流失和土壤退化。

传统农业持续了大约 4 000 年。中国封建社会中小农经济下的农业是典型的传统农业。传统农业基本特征为:①人力、畜力是主要动力,投入低;②利用人粪尿、动物粪便、绿肥等有机肥为作物提供养分;③间作、轮作和套作等是充分利用土地资源进行农业生产的方式,注重保持地力常新;④利用天时地利来进行农业生产,尊重自然规律。① 传统农业存在的主要问题是劳动生产效率低,对自然的依赖状态不能得到有效的改变,自然资源难以较大规模地合理充分利用,生态合理,经济不合理。

现代农业基本特征为机械化、水利化、化学化和电气化,直接或间接依赖石化能源,农业劳动生产率、土地生产率和农产品商品率显著提高。② 现代农业是资金和能源(尤其是石化能源)的集约使用,而不是传统的对土地和劳力的集约利用。大量的

————

① 冯建国.创意农业的定义与观光休闲农业的关系及其他[J].农产品加工(创新版),2010(1):40-42.
② 高永强.内蒙古自治区新型城镇化与农业现代化协调发展研究[D].杨凌:西北农林科技大学,2017.

辅助商品投入到农业中,如农业机械、燃油、农药、灌溉设备等。现代农业带来的主要问题为高投入、高能耗,加剧了世界能源危机。机械化耕作、过度垦荒、乱砍滥伐和不合理的种植加重了水土流失。水资源的过量开发,形成地下水"漏斗"。大规模施用化肥、农药、除草药剂和发展规模化养殖业,以及乡镇企业和村办企业导致的污染,引起了严重的生态环境问题。单一品种种植造成生态失衡,导致大规模病虫害发生。人类创造的高产品种取代了原有的农畜品种,导致后者的基因迅速灭绝。从农业发展的轨迹看,从原始农业、传统农业发展到现代农业,人与自然的关系由从自然界索取到从自然界夺取,再到从自然界疯狂掠夺转变。

二、生态农业产生的背景

进入现代农业后,资源破坏、环境污染、人口膨胀、粮食紧张、能源短缺等问题构成了全球性的生态危机,使农业的发展陷入新的困境。[①] 20世纪60年代以来,美国出现了有机农业、可再生农业和可持续农业,日本出现了自然农业,西欧出现了生物农业、生物动力农业,泰国和菲律宾出现了立体农业等多种替代农业模式。这些替代农业均注重资源和环境保护,减少或拒绝石化能源的投入,降低了产出和效益,发展非常缓慢。[②]

20世纪60年代是现代农业发展的鼎盛时期,随着科技的进步和发展,现代食品生产出现了区别于以往在自然形态下生产的重要特征。许多农产品采用了工业化生产,极大地提高了劳动生产率。[③] 但是,工业化生产却违背了农业生产的生物学规律。食品供应的链条越来越长,环节越来越多。在如此长的产业链条中,每一个环节都有被污染的可能性。农药、化肥、除草剂的大量使用,引起湖泊、水库的水体富营养化和地下水污染,生态环境受到严重破坏,农产品的安全问题凸显。在此背景下,一种可持续的农业形态——生态农业应运而生。

---

① 翁伯琦,刘用场,王义祥.立足循环经济新起点的现代生态农业发展对策思考[J].福建农林大学学报(哲学社会科学版),2008(5):1-5,10.

② 孙晓丽.核桃园生态循环模式的调查与分析[D].保定:河北农业大学,2014.

③ 林祥金.世界生态农业的发展趋势[J].中国农村经济,2003(7):76-80.

三、生态农业的概念

"生态农业"一词最早由美国土壤学家 W.Albreche 于 1970 年提出。1981 年,英国农学家 M.Wortyington 将其定义为:生态上能自我维持、低投入,经济上有生命力,在环境、伦理和审美方面可接受的小型农业。不同国家对生态农业有不同的理解[①],例如,美国农业部把生态农业定义为"一种完全不用或者基本不用人工合成的化肥、农药、动植物生长调节剂和饲料添加剂的生产体系"。在可行范围内,生态农业尽量依靠作物轮作、秸秆、牲畜粪肥、豆科作物、绿肥、场外有机废料、含有矿物养分的矿石补充养分,采用生物和人工技术来防治病虫草害。[②] 德国提出生态农业的条件如下:①不使用化学合成的杀虫剂、除草剂,使用有益天敌或机械除草方法;②不使用易溶的化学肥料,使用有机肥或长效肥;③使用腐殖质保持土壤肥力;④采用轮作或间作等种植方式;⑤不使用化学合成的植物生长调节剂;⑥控制牧场载畜量;⑦动物饲养采用天然饲料;⑧不使用抗生素;⑨不使用转基因技术。

上述对生态农业的定义主张充分发挥农业生态系统中自我调节能力、生物种间关系等生物学过程的作用。在一定程度上这些定义可以很好地帮助理解生态农业的含义,但它们都强调纯粹"自然性"、纯粹"原生态"的属性,反映了对生态农业认识的片面性或狭义性,甚至出现遏制化学物质投入的极端做法。[③]

我国古代哲学蕴含着丰富的生态学思想,对指导农业生产具有非常重要的意义。在明清时期形成的典型初级生态农业模式——"桑基鱼塘"、庭院生态系统,是基于生态工程原理的生态农业模式的雏形。真正较完整的生态农业理论与技术起源于中国而非西方国家。正如美国著名生态学家 Banntllous(1990)在评论美国出版的国际性专著《生态工程》中提道:"该书中唯一能证明已成功地运用生态工程原理的研究是中国学者所提出的。"

与国外的生态农业系统相比,我国的生态农业系统具有较单一的设计原理和技术路线。一般情况下,我国的生态农业系统研究与处理的对象为自然生态系统。我国的生态农业系统立足于我国的基本国情,强调社会—经济—自然复合生态系统的高综合效益。因此,我国的生态农业不仅要保护环境与资源,而且要以有限的资源

---

① 贺晓燕.山西晋中发展"四位一体"生态农业模式研究[D].杨凌:西北农林科技大学,2005.
② 文娜.循环经济在中国西部中小城市发展过程中的模式研究[D].长春:吉林大学,2007.
③ 胡人荣,余长义.我国生态农业发展现状与展望[J].中国生态农业学报,2000(3):97—100.

为基础,促进包括废弃物在内的物质良性循环,生产更多的产品以满足社会发展的需要,努力实现生态环境效益、经济效益和社会效益的协调统一。基于此,我国对生态农业的定义为:运用生态学、生态经济学原理和系统科学的方法,把现代科学技术成就与传统农业技术的精华有机结合,把农业生产、农村经济发展和生态环境治理与保护、资源的培育与高效利用融为一体的具有生态合理、功能良性循环的新型农业体系。[①]

我国生态农业汲取了传统农业和现代农业的精华,也不拒绝化肥、农药的适度投入,做到高产出、高效益、少污染,同时不断提高生产率、保障生物与环境的协调发展,是一种人与自然协调发展的新型农业模式,具有强大的生命力和广阔的发展前景。

四、生态农业的内涵

与原始农业和现代农业相比,在生态农业中,人类与自然的关系是协调的。人类行为特点是理智利用,人类为了共同的未来而协调行动,人类的目标是理性提出并实现各种需求。我国生态农业经过发展,初步形成了生态农业理论指导体系、生态农业模式与技术体系、生态农业保障体系,极大地丰富了生态农业的内涵。

(一)生态农业理论指导体系

生态农业系统是以生态学和生态经济学原理为理论基础建立起来的社会—经济—自然复合系统。生态农业系统各组分之间相互作用、相互协调,具有最大的稳定性和以最少的投入取得最大的经济效益、生态效益和社会效益。在整体—协调—循环—再生的指导下,生态农业系统遵循整体性原则、因地制宜原则、层次性原则、科技先导原则、可持续发展原则和市场协调原则。合理组织和协调农、林、牧、副、渔等产业,以获得较高的综合效益;紧紧围绕当地自然、社会和经济条件进行生态农业系统的构建;理顺各子系统的层次关系,分析它们相互之间的能量流、物质流、信息流和价值流的途径和规律,确定各层次之间的结构,分析各组分在时间和空间上的位置,以及环境结构和经济结构的配置状况;提高科技创新对生态农业生产力和生

---

① 刘长海,骆有庆,廉振民,等.陕北黄土高原生态农业可持续发展探讨[J].安徽农业科学,2006(17):4463-4464,4473.

产效益的贡献率;体现环境有效保护、资源合理有效利用和经济稳步增长的可持续发展原则;充分考虑生态农业系统产品的市场需求与潜在的市场前景,实现产品数量、质量与市场需求协调统一。

1.生物与环境的协同进化原理

在农业生态系统中,生物与生物之间、生物与环境之间相互影响、相互作用、协同进化。遵循这一原理,因时、因地制宜,合理布局,立体间套,种养结合,互利共生,使生态农业系统获得较高的综合效益。

2.食物链加环和解链原理

按照物质循环和能量转化的一般规律,通过引入新的链环到原有食物链中,延长或完善食物链组合,可使有机废弃物循环利用,光合产物再生、增值,发挥减污、补肥、增效的作用,实现能量多级利用和物质循环再生。食物链加环的类型主要有生产环、增益环、减耗环、复合环、加工环。延长食物链的方式主要有增加生产环(绿色植物)、引入转化环(动物或微生物)、引入抑制环(生物防治)。将捕食性昆虫或动物之类的营养级引入食物链结构简单的农业生态系统中,可以抑制虫害的发生,大大降低病虫害造成的经济损失,从而提高农业生态系统的稳定性。在农业生态系统中加入新的食物链环节,使加入的动物或菌类能充分利用占大部分比例的农副产品,为人类提供更多的食物,从而提高农副产品的利用率和经济效益。适当增加新的生物组分,增加食物链未被利用的有机物质和能量。当有毒物质进入农业生态系统时,被植物吸收,并沿着食物链各营养级方向传递,在生物体内的残留浓度越来越高。为了减少有毒物质通过食物链进入畜禽和人体,危害动物和人类的健康,可采用食物链解链的方法,使其与到达人类的食物链中断联系。[①]

(二)生态农业模式与技术体系

生态农业模式是指在生态农业实践中经常使用的相对稳定的农业生态系统结构的形式。根据生态系统结构与功能的关系,生态农业模式实际上是对农业生态系统的功能进行调整而形成的模式。在生态农业建设的实践中,提出了生态农业模式设计方法,即依源设模、以模定环、以环促流、以流增效。生态农业模式的确定分为两个步骤:第一个步骤是定性安排。根据各地的自然条件和社会经济条件,以及当

① 骆世明. 农业生态学(第2版)[M]. 北京:中国农业出版社,2009:88-91.

地农民或者农业企业的基础,安排农业生态系统中的组分和相互关系。这个阶段需要回答种植什么、养殖什么、输入什么、输出什么,它们之间需要建立什么关系,避免出现什么关系,从而搭建起何种系统框架的问题。第二个步骤是定量安排。需要参考有关产量水平、养分含量、能量含量、污染物含量、市场价格、税收补贴等各种技术和经济参数,并按照系统能流、物流和资金流途径,逐一加以计算、分析和优化,综合调节其平衡关系和比例关系,安排农业生态系统中各个组分及其相互关系的比例。这个阶段需要回答种植多少、养殖多少、输入多少、输出多少,它们之间的能流、物流和资金流是否达到预期的出入平衡、累积恢复或者逐步衰减的问题。[1]

生态农业模式设计通常有三种类型:时空结构型、食物链结构型和时空—食物链结构型。时空结构型包括山体生态梯度开发型、林果立体间套型、农田立体间套型、水域水体种养型和庭院立体种养型。食物链结构型模拟生态系统中的食物链结构,在农业生态系统中实现物质和能量的良性循环与多级利用,如粮—猪—沼—鱼模式等。时空—食物链结构型是时空结构型和食物链结构型的有机结合,它使生态系统中的物质高效生产和有效利用相结合。[2]

生态农业技术体系是指促进生态农业模式运行、相互关联的多个技术的集成。其最大的特点是认识到农业生态系统各个组分是一个相互联系的整体,一个部分的技术会影响到另外一个部分的结构和功能,从而影响到其最适用的技术。生态农业的典型模式和配套技术主要有:南方猪—沼—果生态模式及配套技术、生态种植模式及配套技术、生态畜牧业生产模式及配套技术、生态渔业模式及配套技术、丘陵山区小流域综合治理模式及配套技术、设施生态农业模式及配套技术、观光生态农业模式及配套技术、草地生态恢复与持续利用模式及配套技术、平原农林牧复合生态模式及配套技术等。[3]

针对环境、资源和生态问题,提出缓解干旱的模式与技术体系,如集水农业模式、节水农业技术;缓解水土流失的模式与技术体系,如水土保持模式、小流域模式、退耕还林还草模式、生态恢复模式;缓解台风危害的模式与技术体系,如防风林模式。

针对物质循环利用的模式与技术体系,提出农田内的循环模式,如秸秆利用(南

① 骆世明. 农业生态学(第 2 版)[M]. 北京:中国农业出版社,2009:269.
② 白晓慧,施春红.生态工程——原理及应用[M]. 北京:高等教育出版社,2017:112.
③ 骆世明. 农业生态学(第 2 版)[M]. 北京:中国农业出版社,2009:270.

方稻田秸秆还田模式）、间套轮种、田内养殖（稻田养鱼）；种养之间形成的循环模式，如畜禽粪便综合利用、秸秆综合利用；农业与企业间形成的循环模式；城乡间的循环模式。

针对减少对化肥和农药的依赖，提出养分供应模式与技术体系，包括与养分平衡有关的生态农业模式，如粮—豆轮作模式、作物—食用菌—禽畜循环模式、以沼气为纽带的复合系统模式；与养分平衡有关的技术体系，如扩大养分来源、科学改进肥料、改进适用方法、提高利用效率。减少对农药依赖的有害生物控制技术体系，包括控制有害生物的生态农业模式，如间混套作种植模式、引进减耗环模式；控制有害生物的技术体系，建立生物多样性农业模式、抗性育种、栽培措施、有害生物的综合管理，如生物、物理、化学防治技术。

针对畜禽对激素和兽药的依赖性，提出畜禽生态养殖模式，如草—牛—鱼循环养殖模式、牛—鸡—猪—鱼循环养殖模式、兔—沼—草—果绿色食品生产模式；减少对激素和兽药依赖的技术体系，如畜禽良种选育与繁殖技术、饲料的生产与加工技术、畜禽健康养殖与管理技术、科学使用激素和兽药技术。

（三）生态农业保障体系

为了建设生态农业，促进广西农业可持续发展，实现社会稳定和谐发展的目标，需要从法律、政策、技术、资金、人力资源等方面建立保障体系，全面落实规划提出的各项目标和任务。

1.技术保障

加强生态农业关键技术、典型工程模式的攻关研究，逐步建立和完善生态农业技术体系和技术服务体系，为生态农业建设和科学管理提供全方位的技术支持[①]，形成从中央到地方的生态农业建设的高效有序的管理和技术服务网络。各县农业技术推广部门要把生态农业的推广和技术培训作为日常工作的重要组成部分。为了适应全面建设生态农业的需要，应把生态农业建设纳入中长期国民经济与社会发展计划，制定生态农业发展纲要和生态农业发展的总体目标。

生态农业汲取了传统农业的精华，借鉴了现代农业的生产经营方式，根据可持续发展的基本指导思想，实现了农业经济系统、农村社会系统、自然生态系统的同步

---

① 周应华.中国新时期农业可持续发展战略与对策研究[D].北京：中国农业科学院，2002.

优化,促进了生态保护和农业资源的可持续利用。随着广西发展的加速,生态农业的发展空间将得到进一步拓展。

2.法治保障

法治保障的落实需要相关法律法规、标准的制定和落实。针对广西不同地区存在的问题,研究并修订耕地保护、农药管理、肥料管理、农业环境监测、农田废旧地膜综合治理、农产品产地管理、农业野生植物保护等方面的法规。强化领导组织和农村基层干部的法治观念,加强基层执法队伍建设。加强农村法治建设,深入开展农村法治宣传教育,提高农民法治意识。[①] 从组织与群众两方面紧抓,逐步使我区生态农业建设步入规范化、法治化轨道。

3.人才保障

人才是强桂之基、竞争之本、转型之要。人才保障的重点是建设人才支撑保障体系,完善集聚人才体制机制。广西应深化与中央和国家机关、部属高校的人才战略合作,聚焦广西特色优势农业领域,多渠道多形式引进急需的专业人才和海外高层次人才;[②]推广自治区党委决策咨询制度,促进八桂学者与特聘专家选聘规模和质量双提升。在有条件的高等、中等院校,根据需要兴办资源与环境保护专业、生态农业专业,培养初级技术人才,利用多种渠道积极培养在职的生态农业建设人才。[③] 深化人才发展体制改革,完善人才评价、培养、使用、流动、激励机制和服务保障体系,以更宽的视野、更大的力度广纳天下英才。

4.资金保障

坚持以市场为主、政府引导、多元筹措和重点支持的原则,落实支出、激励和补偿政策。在支农方面,要发挥市场配置资源的决定性作用,加强农业信贷担保体系建设,形成多元化投入机制。[④] 同时,加强财政支农资金使用效果评价和运用,建立健全财政支农资金绩效评价机制、定期检查机制和问责机制。探索建立农业绿色发展政策引导和生态保护负面清单相结合的财政补助机制,形成区域项目补助、物化

---

① 吴文良.论我国生态农业的技术创新与保障体系建设[J].中国农业科技导报,2001,3(5):13-29.
② 中共广西壮族自治区委员会:关于制定国民经济和社会发展第十三个五年规划的建议[N].广西日报,2015-12-07(001).
③ 吴文良.中国生态农业建设成就与展望[J].产业与环境,2003(A1):103-107.
④ 财政部 农业部 银监会联合印发关于财政支持建立农业信贷担保体系的指导意见[J].农村工作通讯,2015(17):10-12.

技术补贴、农业生态补偿相结合的农业生态建设财政支持政策。[①] 对从事生态产业获得有机、绿色、生态认证的农林业产业化龙头企业、农民专业合作组织、家庭农场等农业经营主体，给予资金激励和扶持。

第二节　广西生态农业的发展历程

一、新中国成立至改革开放前夕的广西生态农业（1949—1978年）

新中国成立后，广西的经济和社会发展经历了国民经济恢复和"一五"计划、"大跃进"和国民经济调整、"文化大革命"和"两年徘徊"时期等几个时期。1950—1952年，土地改革解放了生产力，农民免除了沉重的地租负担，国家高度重视农业生产。经过3年的国民经济恢复期，广西的经济已达到新中国成立前的最高水平。"一五"期间（1953—1957年），以发展农业为重点。在此基础上，发挥广西亚热带经济作物的资源优势，发展以农副产品加工为主的轻工业和相应的能源工业。[②] "一五"计划和社会主义改造的完成，使工农业生产得到较快的发展。1958—1965年，在生产上，由于农村人民公社低效经营，同时为达到"大跃进"的错误要求，广西采取深耕和密植的方式进行农业生产，严重违反了自然规律和经济规律，加上碰到三年困难时期，农业发展遭受挫折。1961—1965年，通过贯彻中共中央制定的"八字"方针及时调整生产关系，广西经济逐步得到恢复和发展，困难的局面得到扭转，人民生活安定了下来。不幸的是，"文化大革命"在接下来的10年使刚摆脱困难的广西农业经济又遭到巨大破坏。1977—1978年，由于"左"倾错误思想，广西继续搞"支农工业体系"，突出发展重工业，造成农业、轻工业和重工业比例严重失调，广西农业发展缓慢。[③] 这一时期，生态农业的概念尚未提出。广西农业生产的主要特征是资源充分利用、废物循环再生、地力改善提升等。原始型的生态农业模式和技术均广泛存在广西各地的生产实践中。[④]

---

① 仙居发布.党代会解读 全面实施乡村振兴战略 打造绿色生态农业高地［EB/OL］.（2018-01-16）
［2019-07-16］.http://mp.163.com/v2/article/detail/D87KGPGL0514BUAD.html.
② 广西壮族自治区地方志编纂委员会.广西通志·经济总志［M］.南宁:广西人民出版社,1998:2.
③ 广西壮族自治区地方志编纂委员会.广西通志·总述［M］.南宁:广西人民出版社,2010:3-5.
④ 黄国勤,王淑彬,赵其国.广西生态农业:历程、成效、问题及对策［J］.生态学报,2014,34（18）:5153-5163.

二、改革开放以来广西生态农业（1978年至今）

自1978年十一届三中全会召开后，改革开放拉开了序幕。广西经济社会发展紧跟国家步伐，八桂大地发生了翻天覆地的变化。改革开放40多年是广西农业农村经济迅速发展的40多年。广西农业在不断改革、发展、创新和优化的道路上前进，总体经历了以下重要过程：

1980年，生态农业建设工作开始。1981年，自治区环保局召开生态学习讨论会，对自治区人民政府提出关于广西生态建设的八大建议，还在全区农业环保工作会议上提出建设良性循环生态系统问题。[①] 1982年，广西农村普遍推行两种责任制，即"包产到户"和"包干到户"。1983年，广西提出以生态学原理指导农业生产，开展生态农业试点，并安排了全州县、贺县（今贺州市）、梧州市和来宾县（今来宾市）开展生态农业试点与优良农业生态系统调查。1984年至1985年初，进行人民公社管理体制改革。调整农村产业结构，改种具有优势的经济作物；利用自然资源发展林业、牧业和渔业；建立乡镇企业，发展农村第二、第三产业。至此，农业经济整体上有了较温和的发展。1985年，全区农村由单一的集体统一经营体制改为统一经营和家庭承包相结合的双层经营体制，形成多种经济成分、多种经营方式、多种责任制形式并存的新格局，废除了人民公社体制。1988年12月，为解决因放松粮食生产、灾害频繁和粮食连续减产出现的供需矛盾，做出加强农业发展、重视粮食生产的决定。对此，围绕粮食增产，积极推行以冬种绿肥为主的"绿色革命"、以地膜覆盖为主的"白色革命"和以"双杂"良种为主的"种子革命"（简称"三大革命"）。"三大革命"的实施，促进了粮食等农作物增产。1989年，全区粮食总产量连续5年回升。[②] 1978—1991年，广西生态农业模式取得高产高效的创新。1991年，广西生态农业试点累计有23个，总面积约4 000公顷，主要模式有农林牧副渔并举、山地分层次利用、旱地合理间套种、物质多级循环利用、立体种养、生态果园等。1991年，北流县（今北流市）山围乡被列为自治区生态农业示范工程，贺县莲塘镇美仪村生态农业试点建设成果通过自治区技术鉴定。[③]

---

① 广西壮族自治区地方志编纂委员会.广西通志·环境保护志[M].南宁:广西人民出版社,2006:55.
② 广西壮族自治区地方志编纂委员会.广西通志·农业志(1978—2008年)[M].南宁:广西人民出版社,2011:243.
③ 刘效中,刘启扬.生态农业试点[Z].广西年鉴,1992:77.

1994 年，粮食生产再次出现波动。1995 年，为了确保粮食稳定持续发展，广西全面实施粮食增产"五项工程"，即实施水稻旱育稀植栽培技术工程、晚稻赶早稻综合增产工程、旱粮增产工程、粮食种子产业化工程和抗灾农业工程。项目实施后，全区粮食又连续 5 年丰收，1999 年总产量达到 1 722 万吨，再创历史新高。1998 年 8 月，广西壮族自治区人民政府印发《广西生态农业"152 示范工程"实施方案》（桂政发〔1998〕49 号）。方案明确在 2002 年以前建立以沼气建设为重点的生态农业示范村 100 个、示范乡 50 个、示范县 20 个，要求有关部门和各地、市、县采取措施贯彻落实。1998 年 11 月，自治区党委七届六次全会提出了"三大战略、六大突破"决策和"1234610"农业农村工作思路，大力推进农业科技进步，实现两个"根本转变"，即由传统农业向现代农业转变，由粗放经营向集约经营转变，开创农村改革与发展的新局面。[1] 对此，提出大规模实施"三田"建设方案，即大力开展"吨粮田"建设，以保持粮食总量稳步增长；实现"吨糖田"建设，大面积提高甘蔗单产和出糖率；创建"万元田"，发展市场适销对路的亩产值万元的经济作物，从而构建"两高一优"农业产业新体系，提高农业整体效益。此后，将近十年"吨粮田""吨糖田"和"万元田"创建面积逐年增加，"三田"建设对发展粮食、经济作物和增加农民收入起到了很大的推动作用。1992—2001 年，由于政府的大力推动，生态农业全面推广。2001 年底，广西生态农业试点达到 400 个，生态农业试点县 8 个，生态农业试点总面积达到 10 万公顷。[2]

进入 21 世纪，随着中国加入世界贸易组织和中国—东盟自由贸易区的建立，广西农业面临国内市场和国际市场的影响。针对粮食增产难、农民增收难和农产品加工销售难等诸多问题，2002 年 5 月，广西提出"以生态农业为基础，以信息农业为手段，以品牌农业为重点"的"三大农业"发展新思路。"三大农业"的创新在于整体建设，把农业与科技、环保、信息、市场、安全、质量紧密连接在一起。[3] "三大农业"的理论与实践被普遍接受后，开始按照"大生态、大产业、大循环、大发展、快致富"的思路发展。重点打造生态优势种植业，示范推广养殖、沼气、种植三位一体以及猪—沼—果—灯—鱼等生态农业模式及配套技术，发展无公害产品、绿色食品和有机农

① 李平.农业综述[Z].广西年鉴,1999:85.
② 张旭辉.广西:谋定而后动,以规划保证生态建设长效开展的地位[J].环境保护,2008(23):19.
③ 广西壮族自治区地方志编纂委员会.广西通志·农业志(1978—2008)[M].南宁:广西人民出版社,2011:215-216.

业,同时将生态化延伸到农产品加工、储运、销售等环节,形成生态农业产业集群。①从2003年开始,广西生态农业发展进入模式优化、提质增效阶段。2003年,广西启动生态富民小康建设示范"十百千万"工程。2003—2005年,已在全区39个县(市)示范推广猪—沼—果—灯—鱼—蛙等生态农业模式及配套技术,创建了国家级和自治区级生态农业示范县11个,创立和示范推广猪—沼—果—灯—鱼等优良生态农业模式近20种。通过推广生态农业模式增建生态养殖池3.5万多个。全区生态富民小康建设生态农业实施面积占农作物总面积的40%左右,创立了生态粮食、甘蔗、水果、蔬菜、桑蚕、食用菌等生态优势产业,年产值均超过100亿元,生态富民小康建设示范户人均年收入成倍增加,涌现出一批生态富民小康新村。广西百色市田阳县头塘村以生态富民小康建设示范"十百千万"工程为载体,增加生态环,拉长产业链,共建设生态养殖池近900个,仅此一项,该村年收入就增加200多万元。② 2005年,广西生态农业试点发展到400余个,包含7个生态农业试点县,10个生态农业奔小康示范村,100个生态农业经济明星示范户。③

2006年,中共中央下发《中共中央、国务院关于推进社会主义新农村建设的若干意见》(中发〔2006〕1号),要求各级党委和人民政府始终把"三农"工作放在重中之重的位置,切实落实社会主义新农村建设的各项任务,加快农村全面小康和现代化建设步伐。"十二五"规划后,广西全面启动现代特色农业产业品种、品质与品牌"10+3"提升行动。以粮食、糖料蔗、水果、蔬菜、茶叶、桑蚕、食用菌、罗非鱼、肉牛肉羊、生猪10大种养产业,以及富硒农业、有机循环农业、休闲农业3个新兴产业,打造现代农业产业发展龙头集群,逐步实现由产品数量竞争向质量竞争转变。④ 广西优势特色产业带基本形成,建成7个国家级现代农业示范区和30个自治区级现代特色农业(核心)示范区;推进创建"双高"糖料基地86.67万公顷,蔬菜产量2 560万吨,成为重要的"南菜北运"蔬菜基地和全国最大的秋冬菜基地;农业科技水平持续提高,建立高效种养科技示范基地325个,农业标准化生产技术示范基地200个,现代农业产业科技示范县75个;农产品安全质量水平不断提升,建成自治区级以上

① 开流刚.发展广西生态农业促进农民可持续增收[J].广西社会科学,2003(2):42-44.
② 广西壮族自治区地方志编纂委员会.广西通志·综合卷(1979—2005)[M].北京:方志出版社,2016:457-458.
③ 杨天锦,刘学军.生态农业建设[Z].广西年鉴,2006:264-265.
④ 覃泽林,李耀忠,秦媛媛,等."十三五"广西现代农业面临的挑战与发展思路[J].南方农业学报,2015,46(5):943-950.

园艺作物标准园 150 个;"美丽广西"乡村建设成果丰硕,"绿满八桂"造林绿化工程成为全国知名品牌。[1]

进入"十三五"时期,广西居民消费结构不断升级,交通基础设施日益完善,特别是服务业正迎来一个加速发展的黄金时期,全面进入高铁时代。中央提出创新、协调、绿色、开放、共享五大发展理念,赋予广西国际通道、战略支点、重要门户"三大定位"。国家推进"一带一路"建设,有利于广西发挥与东盟国家陆海相邻的独特优势。2016 年至今,全区创建了 18 个中国美丽休闲乡村、163 家自治区级休闲农业与乡村旅游示范点、2 家国家级巾帼示范农家乐和 155 家金绣球农家乐,重点培育了 16 家田园综合体、35 家森林人家等标志性旅游融合品牌。[2] 到 2018 年,评定了 50 家广西休闲农业与乡村旅游示范点、24 家金绣球农家乐,开发了 23 个旅游型特色小镇,乡村旅游与一二三产业融合发展不断深入。[3] 启动创建现代特色农业示范区 7 539 个,完成了 245 个自治区级核心示范区的认定。目前,广西已被列为 2018 年全国整省推进信息进村入户工程 8 个示范省区之一,建成运营益农的信息社 1 077 个,服务农民 38 万人次,农产品电子商务交易额 1.2 亿元。[4] 品牌农业建设取得很大进展,至 2018 年,遴选出 20 个农业区域公用品牌、60 个农业企业品牌和 100 个农业产品品牌。推进"三品一标"认证,全区种植业有效期内"三品一标"产品总数达 1 243 个,其中无公害产品 889 个、绿色食品 184 个、有机农产品 107 个、农产品地理标志 63 个。[5] "野香优莉丝"稻米、横县茉芯花茶、梧州六堡茶、钦州荔枝等一批农产品获全国金奖。

生态农业已经成为世界农业发展的重要模式和方向。新中国成立后广西农业的发展历程表明,广西生态农业的建设通过打造良性循环、可持续发展的生产系统,已在经济发展、生态保护、社会稳定等方面取得了巨大进步,推动农业步入生态合理的轨道,符合 21 世纪农业现代化的发展方向。[6]

---

[1] 广西南宁市发展和改革委员会规划科.广西壮族自治区人民政府办公厅关于印发广西农业和农村经济发展"十三五"规划的通知[EB/OL].(2017-10-30)[2019-11-08].http://fgw.nanning.gov.cn/fggz/fzgh/t109962.html.

[2] 吴丽萍,李志雄,梁艺.助力乡村振兴 广西乡村旅游火起来[N].广西日报,2019-02-22(012).

[3] 吴丽萍,李志雄.扛起产业责任 决胜脱贫攻坚[N].广西日报,2019-04-19(009).

[4] 陈婧,李胜福.广西被列为 2018 年全国整省推进示范省区[N].广西日报,2018-05-11.

[5] 阮晓莹,罗小夏.上半年广西引进农业项目投资超 227 亿[EB/OL].(2018-07-25)[2019-11-02].http://www.nanning.china.com.cn/2018-07/25/content_40433967.htm.

[6] 丁玉治.搞好农业生态建设 促进生态农业发展——浅谈广西生态农业发展的思路及措施[J].广西社会主义学院学报,2006(4):57-59.

第三节　典型案例

按土地生态型和农业利用现状,广西的生态农业建设大体上可归纳为城郊型生态农业、水域型生态农业、丘陵山地型生态农业、庭院型生态农业、平原型生态农业、旅游型生态农业六大类。[①] 广大农民群众对这些生态模式进行了长期的探索,积累了丰富的经验,形成了独具广西地方特色的典型生态农业经营模式。

一、城郊型生态农业

金光农场始建于 1985 年,位于南宁市郊,农场总部距离南宁市中心 44 千米,总面积 116 平方千米。1985 年,工农业总产值 2 387 万元,盈利 107 万元,纳税 294 万元,职工人均分配收入 733 元。1985 年 8 月,广西环境保护科学研究所与国家环境保护局签订环境保护科技项目专项合同书,设立"广西金光农场工—农生态系统研究"课题,并将该课题作为国家环境保护局全国生态农业重点研究项目之一。1986 年起开展课题研究,课题主要内容为:①调整工农业结构,提高土地利用率和经济效益;②进行制糖厂污水灌溉田间试验;③甘蔗渣+滤泥+煤灰渣+猪粪尿+塘泥等混合堆沤作农家肥;④连续 3 年对糖厂排放的污水进行检测与跟踪观察;⑤利用甘蔗渣栽培食用菌,甘蔗渣与猪粪配合饲养蚯蚓,建造家庭用沼气池试验;⑥突出抓好糖厂废水废渣的处理和利用;⑦抓好林业建设。通过努力,金光农场取得了经济效益、生态效益和社会效益同步迅速、稳步、协调发展。在经济效益方面:1986—1989 年,农业总产值突破亿元大关,并且连续多年稳定、持续地增长,工农业总产值和盈利额逐年提高。在生态效益方面:森林覆盖率提高到 1989 年的 17.2%,改善了生态环境;增施有机肥与合理配施化肥,改善农田生态环境。在社会效益方面:为社会提供大量农副产品,为近千人提供就业机会。积极投资公益事业,改善职工工作、学习和生活条件。[②]

城郊型生态农业的特点是:依托城市,充分利用光能、时空进行立体种养,提高生物的生产力;采用良种良法配套,推广以沼气为纽带的种养+生态模式,以减少农

---

① 刘云云.广西生态农业现状及效益分析——以三江县为例[D].南宁:广西大学,2018.

② 广西壮族自治区地方志编纂委员会.广西通志·环境保护志[M].南宁:广西人民出版社,2006:55.

药对农业环境和农产品的污染,生产满足城镇居民所需的放心产品。[①] 金光农场属于城郊型生态农业,与其他类型的农业相比,具有较好的区位优势和农副产品市场。金光农场地处城乡接合部,依托城市,交通方便,市场广阔。2002 年,金光农场拥有固定资产 1.2 亿元,工农业总产值 1.01 亿元,全员劳动生产率 2.68 万元,职工人均纯收入 6 929 元。

金光农场已发展成为一个以蔗糖为主,农、林、牧、副、渔五业并举,工、农、商、运、建综合经营的国家大型(二类)国有企业。近几年来,金光农场在农业上以种植甘蔗为主,积极开展红江橙、柑橙、台湾番木瓜、网纹甜瓜及澳洲坚果等名优水果种植。金光农场以南宁为依托,提出"2155"工程项目,2 个"1"即发展 1 万头奶、肉牛,1 万吨变性淀粉,5 个"5"即 1 个 5 000 亩[②]番木瓜,1 个 5 000 亩红江橙,1 个 5 000 亩澳洲坚果,1 个 5 000 亩香蕉,1 个 5 000 头种猪。[③] 金光农场实施科教兴场战略,创造名牌产品,建设成为广西农垦现代农业和农业现代化示范基地,全面建设小康社会样板。

以上案例主要运用了整体效益原理、循环再生原理及食物链原理。在食物链中,每一种生物资源都有两种特性:既利用上一营养级作为原料,又排放出成为下一营养级原料的废物。人们仅直接使用了植物产量的 20%—30%。金光农场以农作物种植、猪鸭饲养及加工为主,有大量的副产品如秸秆、甘蔗渣、饼粕和粪尿等没有被利用。运用生态学的食物链原理,对物质多层次循环利用,用糖厂污水灌溉蔗田,形成甘蔗渣+滤泥+煤灰渣+猪粪尿+塘泥等混合堆沤作农家肥模式,甘蔗渣与猪粪配合饲养蚯蚓,建造家庭用沼气池,提高农场大量废弃渣料的转化率,做到循环再生,提高了土地产出率和全员劳动生产率。根据整体效益原理,即整体功能大于各部分功能之和,金光农场通过调整工农业结构,扩大甘蔗、柑橙种植面积,营建良种菠萝场,扩大生猪、鸭养殖量。种养生物及整个环境组成了复杂的网络系统,各系统间通过物质循环、能量转换、价值转移和信息传递进行联系,合理的结构调整有助于提高系统的整体功能和效率。同时,养殖中建立的新的食物链环节,使单一饲养结构转变为复合养殖结构,实现农业生物群落的综合化,建立以持续高效生产农产品为目的的综合农业生态系统。

---

① 刘云云.广西生态农业现状及效益分析——以三江县为例[D].南宁:广西大学,2018.
② 5000 亩 = 333.33 公顷。
③ 陈强.肥沃蔗海 璀璨金光——广西农垦国有金光农场建场 60 周年纪略[J].中国农垦,2015(8):56-58.

二、水域型生态农业

三江侗族自治县位于桂北高寒山区,县内有74条大小河流纵横交错,"三江"得名于县内的三条大江,即榕江、浔江与苗江。一季稻+再生稻+水产品是水产畜牧部门探索创立、适合高寒山区发展的稻田综合种养新模式,特别适宜在阳光和热量不足以种植两季稻、仅种植一季稻的时间又有富余的地区。[①] 2014年以来,三江开始实施稻田养鱼"3721"工程,即用3年时间,建设养鱼稻田7万亩(4 666.67公顷),打造"高山稻鱼"和"高山鱼稻"2个绿色生态品牌,使种稻养鱼户年人均增收1 000元。一季稻+再生稻+鱼模式的技术流程如下:[②]

(一)稻田改造

硬化加高田基的要求一般是:用水泥砂浆硬化,从水田表土下基脚硬化20厘米,再高出表土40厘米,下底宽12厘米,上底宽10厘米。同时,在田间开挖鱼沟、鱼池,增加养殖水体,水体面积超过田块面积的10%。鱼沟在稻田中央开挖,深度、宽度均为30—50厘米;鱼池可在稻田中间或边角开挖,形状多样,池边用水泥硬化,池深0.8—1米。鱼池上方可搭建棚架并加盖遮阳布,或在鱼池周边种植瓜果,让鱼可以遮阴降温、躲避敌害(如鸟类)。

(二)水稻种植

5月中下旬完成水稻种植,品种为野香优3号和中浙优1号等优良品种。

(三)鱼苗放养

插秧苗1周后,当禾苗返青,根系较为完善后投放鱼苗,品种为禾花鲤、鲤鱼或泥鳅等,每亩投放5—6厘米规格鱼苗300—500尾,或者3厘米左右泥鳅2 000尾,配养草鱼20尾。

---

① 王林秀,黄启健.三条"鱼"搅活广西水产业[J].农家之友,2017(2):30-31.
② 谢彩文,黄启健.稻田养殖勃兴 鱼米之乡复兴——我区稻田综合种养规模首破百万亩见闻[N].广西日报,2016-11-23(027).

(四)管护喂养

前期每天投喂配合饲料,鱼稍大后,农户家中自有的米糠、花生麸、剩饭菜,煮熟的红薯、芋头、南瓜等均是喂鱼的好饲料,每天投喂一次。稻田不应使用化肥农药,可随机施放农家肥。

(五)收割补苗

稻谷将在8月中旬收割完毕。在收割前降低水位,把鱼引入池塘,按捕大留小、捕大补小的原则,捕捞成鱼并补充鱼苗。收割后保留40厘米左右的禾兜,其后长出的再生稻约在10月中下旬成熟,按捕大留小原则捕捞成鱼,让小鱼在鱼池中越冬(鱼池中堆一些稻草保暖)。次年5月种植一季稻后,再将越冬鱼放回稻田,并补充新鱼苗至标准密度即可。

人们对有机食品或绿色食品的认识逐步加深。一季稻+再生稻+鱼模式在生产过程中施用农家肥和农副产品养鱼,少用或不用化肥、农药和除草剂,产品无农药残留,因而产出的稻米或鱼受到人们的青睐。同时,在不降低水稻产量的前提下收获鱼,显著地增加了农民的收益,大大促进了农户种植水稻的热情。创建品牌是产品得到关注、被消费者接受、卖出较好的价格的关键,也是促进稻—鱼系统稳步发展的关键。三江通过打造"高山稻鱼"和"高山鱼稻"2个绿色生态品牌,明显提高了产品的价格和经营者的积极性。同时,因时制宜地把稻田养鱼产业与旅游产业有机结合。旅游优势和丰富多彩的民族风情,结合"稻鱼节""多耶节"等众多节日,让游客参与钓鱼、下田捉鱼、烧烤田鱼和品鱼等活动,体验侗乡稻鱼农耕文化的乐趣。[①] 这不仅丰富了旅游内涵,而且拉长了稻鱼产业链,增加了稻鱼产业的附加值,促进了产业增值和农民收入增加。

以上案例主要运用了共生理论、循环再生原理、食物链及生态位原理。水域型生态农业适宜在陆地渔业水面较多的地方发展,利用鱼塘、库汊开展立体养鱼或鱼鸭套养,或者利用冬闲田养鱼,在稻田开沟养鱼,利用水面资源促进种养业良性循环和物质的综合利用。[②] 三江的一季稻+再生稻+鱼模式,是利用一季稻收获后培植再生稻,稻田中继续放养鱼类的一种生产方式。在实际劳作中再生稻是在一季稻熟后,大约只割下稻株的上2/3的部位,收取稻穗,留下底部1/3植株和根系,经施肥

---

① 吴志强.广西海洋与渔业厅:三江创新稻渔综合种养模式 助推渔业精准扶贫[J].中国水产,2018(8):17.
② 李新政.山区冬闲田鱼鸭立体养殖技术探讨[J].广西畜牧兽医,2009(3):148-149.

和培育后,让其再长出第二季稻子。水稻品种为再生力强、品质好的野香优3号和中浙优1号;放养以三江稻田鲤鱼为主,在一部分田里试验罗非鱼、长丰鲫、泥鳅、田螺等混养,使稻田形成水上有稻、水中有鱼,水底有螺、泥中有鳅的立体开发模式,稻田养鱼,把鱼引进稻田,占据水稻行间的空白生态位,既可以除草又可以除螟虫,稻谷增产的同时还能收获鱼。此外,新建立的食物链使得该生态系统的多样性增加,抗逆性更强。稻田工程模式上主推坑沟式,对田基进行硬化加固加高,在田间开挖鱼坑、鱼沟的同时,改善了稻田基础设施,起到保水保肥、抗旱减灾的作用;开挖鱼坑、鱼沟后,增大了养鱼水体,有利于提高鱼产量[1],更重要的是解决了水稻需要浅层灌溉而养鱼需要水深的矛盾。稻田中养有鱼类,鱼儿游动促进了稻床通风透气,加上鱼不断翻动泥土,使得稻田水不断充氧。田中有很多闲置的生物资源(昆虫、杂草、水稻基部叶片、藻类、浮游动植物等),这些闲置的生物资源都成了田鱼的美味饵料。同时,鱼的排泄物为禾苗提供了有机肥料,促进了禾苗的生根分蘖和扬花抽穗,升级后的稻田综合种养显现了稻好鱼肯定多、鱼多稻肯定好的互利共生、循环再生的良性效应。[2]

三、丘陵山地型生态农业

灵山县妙庄村位于灵山县西北部,距县城40千米,属低山丘陵地区。1984年,全村共有12个村民小组,8个自然村,495户2 526人,其中劳动力1 034人。土地总面积666.67公顷,耕地116.67公顷(其中水田101.60公顷,旱坡地15.07公顷),山地446.67公顷。该村素来人均耕地少,山地利用不充分,生产结构不合理,交通不便,信息闭塞,农副产品商品率低。[3]

1985年7月,自治区环保局、自治区农牧渔业厅、钦州地区能源环保站共同在该村进行丘陵地区农业生态系统建设和研究,开展生态农业试点工作。具体内容如下:①利用不同层次的山地建设山地生态经济系统。在山顶营造水源混交林,山腰种经济林,山下是果园、农田。②建设高产稳产的农田生态系统。恢复水稻-绿肥耕

---

① 袁琳,杨晓佼.一水两用 一田多收广西稻渔生态综合种养立体效益凸显[N].广西日报,2017−08−25(011).

② 广西三江推广稻田综合种养[J].农村科学实验,2017(11):23.

③ 广西壮族自治区地方志编纂委员会.广西通志·环境保护志[M].南宁:广西人民出版社,2006:55.

作制度,利用天敌治虫,试验稻鱼共生。③发展养殖业,提高物质的转化率。在缓坡上间作套种,开辟饲料地。引进新品种和推广科学养殖技术。④对农产品多级利用,提高物质利用率。推广食用菌生产,为农田提供大量优质肥料。⑤开辟多种农村能源途径,促进农业生态良性循环。

灵山县妙庄村属于丘陵山地型生态农业,立足地势,重视挖掘丘陵山地资源潜力,进行垂直的多层次立体利用。经过3年的努力,该村取得了显著的经济效益、环境效益和社会效益。1987年,全村农业总产值和山地经济收入较1984年翻了一番,生产结构逐步趋于合理。森林覆盖率提高了3.4%,农田保水面积达92%,农药使用量减少1/3,农田抗旱性增强了。通过开发资源,发展生产,安置了一批剩余劳力,培养了一批生态农业技术骨干,由技术输入转向技术输出。

目前,妙庄村以产业发展为抓手,以种养大户为引领,建设了一大批产业基地,包括大平峒百香果基地和果苗基地、大平村肉猪养殖基地、石基峒蔬菜基地、牛栏山肉牛养殖和淡水鱼基地等。然而在"十三五"期间,妙庄村却是灵山县贫困村,追其根源:交通不便、信息闭塞是阻碍该村发展的最大障碍。2016年,驻村工作队为妙庄村争取到了5千米国债路项目和村公共服务中心等一批项目,总投资200多万元,经过一年的努力,妙庄村交通条件有了很大的改善。① 现在,妙庄村的百香果畅销县内外,果苗亩产值万元以上,蔬菜基地亩产值也达到万元。

立足地势、因地制宜发展生态农业,是当前发展农村农业最有效的措施。产品的销售和流通也非常重要。妙庄村作为早期的生态农业试点,应该说比其他村有更多的发展优势,但是交通运输不方便,在一定程度上影响了该村的发展,这给了我们很大的启示:要致富先修路!

以上案例主要运用了生态学中的生态位原理、山地垂直气候分带概念和等级理论。农业生态系统多为人工或半人工的生态系统,往往物种单一,导致较多的生态位未被利用。分层次合理利用山地,在山顶营造水源混交林,山腰种植经济林,山下是果园、农田,运用模拟群落学相居而安的原理来配置生物群落,使其可以更充分利用光照温度等资源,在单位面积上生产更多产品。依据等级理论,可以根据不同的生态元(山顶、山腰、山下),因地制宜地种植,山顶、山腰及山下相对独立、相互联系、相互影响,形成一个整体(生态链)。只有将生态农业作为一个整体,协调整体与部

---

① 烟墩妙庄村基础设施实现整体大改善[EB/OL].(2017-01-09)[2019-07-26].https://www.gxls.gov.cn/zwgk/jcxxgk/xwdt/201701/t20170109_343224.html.

分之间的关系,才能达到全面治理的效果。利用天敌来控制昆虫,实现稻鱼共生,在缓坡上间套种和引进新品种等。为了填充空白生态位并阻止一些有害杂草、病虫害等的入侵,可以通过引入既有经济价值又能适应该生境的物种。这样就能建立一个物种多样性高且稳定的生态系统。

四、庭院型生态农业

九洲江发源于陆川县,流经陆川、博白、广东湛江和廉江后流入北部湾,全长168千米。处于九洲江中游的鹤地水库是湛江市最重要的饮用水水源地,其水环境质量直接影响到该市400万人的饮水安全。[①] 陆川县文官村官海屯地处九洲江畔,距离鹤地水库仅10多千米。过去,这个村庄主要靠养猪为生,在致富的同时污染了环境——冲洗猪舍的粪污排入九洲江后,直接导致水中氨氮含量等指标严重超标。自开展"美丽广西·生态乡村"活动以来,该村结合九洲江生态治理,从过去的养殖污染村"破茧"成为一个宜居、宜业、宜游的美丽乡村。[②]

为了配合九洲江水环境治理,文官村调整产业结构,数十家猪场被关停。引导群众开展橘红种植和加工,发展庭院经济和农家旅游项目,大力推广特色种养,发展橘红产业。同时,文官村还积极引导群众进行产业调整,建设旅游景点和农家乐饭店,家家户户养蜜蜂,屋前种油菜,屋后种橘红,打造"橘红村"和"蜜蜂村"旅游专业村。经过近几年的努力,文官村生态乡村建设取得了显著成效,已发展成为远近闻名的"橘红村",既美化了村庄又增加了村民收入。目前,文官村大力发展橘红经济,全村现在种植橘红66.67公顷,其中官海屯种植10公顷。同时发展橘红加工产业,成立家庭加工橘红作坊3家,年加工橘红10吨,农民人均增收1 800元。[③] 文官村有蜜蜂养殖户201户、白鸽养殖户90户、庭院经济户205户,在20公顷流转土地种植中草药和蔬菜,通过以养改种增加农民收入。

庭院型生态农业的特征是:利用农户房前屋后闲置的土地及空间,通过发展沼气,建立立体种养结构的生态系统,使废弃物得以充分利用,既净化美化住宅环境,

---

① 余锋,梁玉桥.广西整治重点流域 增添发展活力[N].广西日报,2019-04-12(004).
② 余锋,昌苗苗.重现人与自然和谐——九洲江流域综合治理见闻[N].广西日报,2017-07-17(010).
③ 陆川官海屯:村屯美如画,宜居又宜游[EB/OL].(2018-11-13)[2019-08-09].http://www.gxylnews.com/html/news/2018/11/167970.html.

又增加家庭经济收入。① 文官村发展庭院生态农业有利于提高庭院资源综合利用率、增加农民收入和改善居住环境,是社会主义新农村建设的典型。文官村在大力发展橘红经济的同时,成立家庭加工橘红作坊,发展橘红加工产业,充分协调种植、加工、服务的关系。加工业能使庭院农产品增值,同时要重视农产品流通和农业技术传播等。品牌是优质农产品质量和特色的标志,是连接商品和消费者的媒介,也是庭院型生态农业产品面向市场的一面"旗帜"。② 文官村根据当地的资源优势,选择具有地方特色的橘红进行重点种植,整合优势品牌,凸显地区品牌优势,成为远近闻名的"橘红村"。这不仅产生产值效益,而且带动二、三产业的发展。

庭院型生态农业以单个农户为经营单位,具有生产规模小、经营分散的特点,难以与市场进行有效对接。长久之计应以组织化、规模化为方向,向"农户+企业""农户+合作组织"或"农户+企业+合作组织"的模式发展,将市场和农户连为一体。从农资购买、技术推广、产品销售等方面促进龙头企业壮大与农民增收相协调,避免企业与民争利,实现农企互动、产销对接,形成带动规范生产、促进农户增收的组织机制。③

以上案例主要运用了共生理论,即自然生态系统中,经过长期的相互作用,在生物与生物、生物与环境之间建立了相对稳定的结构,具有相应的功能。发挥生物共生优势,家家户户养殖蜜蜂,利用蜜蜂采蜜和传授花粉的优势,把油菜种植、果树栽培与养蜂结合起来,在生产上和经济上起到互补作用。④ 只有生态与经济效益相互协调,才能发挥生态农业的整体综合效益。

五、平原型生态农业

贺州美仪村位于贺州莲塘镇西南,距市区 10 千米。1990 年,美仪村有 4 个自然村,845 户 4 415 人,其中劳动力 1 900 人,有水田 211.67 公顷,旱地 116.67 公顷,山林 200 公顷,果园 20 公顷,鱼塘 20 公顷。1988 年开始进行生态农业试点。⑤ 美仪村

① 党移山,臧延生,陶国树.庭院生态经济模式及配置应用[J].农业环境与发展,2006(2):38.
② 侯婷,翟印礼,肖雪.发展庭院生态农业与社会主义新农村建设[J].经济研究导刊,2007(3):157-158.
③ 李伯钧.生态农业模式及其实现途径的策略研究[J].安徽农学通报(下半月刊),2009,15(8):9-10,15.
④ 苏松坤,陈盛禄.养蜂业与生态业[J].蜜蜂杂志,2009,29(1):8-10.
⑤ 广西壮族自治区地方志编纂委员会.广西通志·环境保护志[M].南宁:广西人民出版社,2006:55.

结合当地实际情况,因地制宜,从以下六个方面开展试点工作:①封山育林,植树造林。在宜林荒山上种植湿地松,全面提高森林植被的质量。②复种多熟、冬种绿肥,主要是冬季种植红花草、薯菜等蔬菜及放养细绿萍。③推广高效的杂优水稻,搞好品种搭配。④合理使用农药,减少农业环境污染。主要通过开展生物能两段育秧、积极推广配方施肥技术,采取水旱轮作、选用抗病虫品种等。⑤发展养猪、沼气和食用菌养殖。利用稻秆、沼渣和猪牛粪作肥料,种植蘑菇,并加工成罐头,提高初级生产力。⑥治理并改良被污染的农田。

美仪村的农业属于平原型生态农业。这种类型的生态农业的特点是:因地制宜调整耕作制度,推广合理的套种和间种技术,实施立体种植。积极推广使用沼气,以沼气建设为纽带,结合生态农业模式进行种植养殖。[①] 通过 3 年的努力,1990 年美仪村粮食总产量比 1987 年增产 370 吨,人均粮食约 590 千克,人均收入 1 020 元。全村超过 60%的农户购置了电视机,13%的农户盖起了水泥结构楼房。1991 年,以沼气建设为纽带,农、林、牧、渔全面发展的贺州莲塘镇美仪村生态农业试点建设成果通过了自治区技术鉴定。[②]

2002 年 6 月,贺州地区撤地设市,美仪村改属广西贺州市八步区莲塘镇。近年来,美仪村坚持以经济建设为中心,以党建和精神文明建设为两翼,促进经济社会和谐发展,成为全镇工业发展的重点村、招商引资工作的先进村、生猪养殖的专业村。美仪村立足时代趋势,建设新农村,走上了"村富带民富,共同富裕"的道路。美仪村把农业增效、农民增收与生态环境改善结合起来,美仪村的现代生态农业之路将越走越宽。

以上案例主要运用了生态学中的循环再生原理和种群演替原理。封山育林是培育森林资源的一种重要途径,美仪村封育起来的林分,植被种类丰富,大大增强了其涵养、改良、保持水土的功能,对改善工农业生产条件具有重要作用。在自然生态系统或生物群落中,某一生物群落总是不断地造成对其自身不利的生境而最终被另一类生物群落所代替,这种一种群落被另一种群落所代替的现象叫演替。一个群落在自身的发展过程中,其创造的生境有利于其他物种的生存,形成利他效应,如封山育林后水源条件得到了有效改善,利于复种多熟。美仪村因地制宜改革耕作制度,采取复种多熟、冬种绿肥和水旱轮作等人工演替的常见途径。这不仅可以改良土

①　刘云云.广西生态农业现状及效益分析——以三江县为例[D].南宁:广西大学,2018.
②　广西壮族自治区地方志编纂委员会.广西通志·环境保护志[M].南宁:广西人民出版社,2006:55.

壤,培肥地力,而且可以提高作物产量,改善农产品品质。发展养猪、沼气和食用菌养殖,通过农业生态系统的良性循环与物质能量的多层次综合利用,提高初级生产力和综合效益。例如,秸秆还田是保持土壤有机质的有效措施。未经处理的秸秆直接还田必须经过长时间的发酵分解,才能起到施肥作用。在一定条件下,秸秆经糖化处理用于喂养家畜,收集家畜粪便和残渣用于食用菌的培养。

六、旅游型生态农业

40 多年前,巴马瑶族自治县县城只有一条约 4 米宽的街道,大多数房子都是用茅草盖的,也有一些是用泥砖盖的。城区面积只有 0.3 平方千米。乡村路不通,货物运输靠的是背扛肩挑,村民依靠小农经济艰难地维持温饱,是非常不起眼的贫穷落后的小县。近年来,健康养生旅游产业的蓬勃发展,给巴马打赢脱贫攻坚战带来了契机。巴马积极推进全域旅游,将全县贫困人口全部纳入全域旅游发展范围。巴马坚持低碳发展、绿色发展,突出生态型工业,以长寿健康产业为主导,以天然饮用水、山茶油、香猪加工、火麻等长寿食品加工产业为重点,发展绿色经济,推动工业逐渐转型升级。这期间,为加快推进巴马长寿养生国际旅游核心区建设,巴马投入 1.5 亿元实施河道整治工程和石漠化综合治理工程等,之后,紧抓盘阳河流域环境整治,排查两岸直排入河污水口 530 个;投入 2.1 亿元实施乡镇污水处理工程、垃圾收集运转处理工程和农村环境综合治理工程,建成甲篆、坡纳等村屯污水处理厂。[①] 巴马大力实施植树造林、退耕还林、封山育林、石漠化治理等工程建设,逐步把村屯绿化建设作为重点工作来抓。此外,巴马还大力整治赐福湖,实现了还湖于景和还景于民。通过实施河道景观、基础设施、城乡风貌、亮化绿化、旅游新村等生态乡村工程项目,建成坡纳、达勒、达西、巴优等一批各具民族特色风情风貌的旅游扶贫新村,"山清水秀生态美"的品牌优势进一步凸显。在国际旅游区建设方面,巴马将加快巴马长寿健康国际旅游核心区建设,积极创建国家园林城市、国家卫生城市和国家文明城市;不断提高公路等级和公路网络化水平,构建顺畅、快捷、安全、高效的区域交通网络;

---

① 蒋宽,黄开均,凌吉荣.呵护生态六十年 铸就绿色"金饭碗"——巴马瑶族自治县 60 周年县庆系列报道之生态保护篇[N].河池日报,2016-11-10(01).

加快景区景点重大项目建设。[①]

2018年1月至9月,巴马长寿食品加工业产值7 667.27万元,饮用水产值1.65亿元。此外,巴马以生态有机农业示范园为依托,大力发展休闲农业与乡村旅游业。2017年,休闲农业接待游客突破120万人次,同比增长9.7%以上,实现总产值10亿元以上。巴马已成为世界长寿之乡、中国长寿之乡、中国香猪之乡、中国书法之乡。巴马先后荣获中国王牌旅游目的地、全国县域旅游之星、中国王牌旅游景区、全国旅游标准化省(区)级示范县、全国休闲农业和乡村旅游示范县等称号。经济社会步入可持续发展轨道,为全面建成小康社会、建设宜居的巴马奠定了坚实的基础。

充分利用山川秀丽、民族众多、民风民俗特色鲜明的自然和人文生态优势,将生态农业建设与旅游结合起来,把发展生态农业游作为发展农村经济的抓手,全面拓展农业功能是旅游型生态农业的特点。[②]独特的地理位置,造就了巴马的特殊旅游资源。在旅游资源分布上,以自然旅游资源和人文旅游资源为主,其中,自然旅游资源包括原始森林、田园风光、天坑群、水晶宫等;人文旅游资源主要包括革命史教育基地、民族风情、长寿探秘等,并且巴马寿乡探秘成功被列入广西十大旅游精品之一。[③]巴马辖区范围内分布的瑶、壮、汉等12个民族,创造了独具特色的历史和文化,形成了独特的民族风情,有壮族"三月三"歌节、番瑶祝著节、半画眉、相思烟、蓝靛瑶抛绣球、打陀螺、土瑶射弩等古朴的风俗。[④]我国有不少环境优美的乡村,巴马能从这些乡村中脱颖而出,吸引如此多的养生游客,与其打造"长寿之乡"的品牌是分不开的。[⑤]巴马在不脱离过去长寿文化宣传的基础上,加入更多的地区独特民族文化宣传,丰富旅游品牌内涵,实现传统旅游资源与现代旅游资源的互补发展,共同发挥特色旅游品牌的作用。

然而,除了整体发展规划需要依靠政府的公共财政投入,旅游标识系统的建设和旅游形象的宣传(如围绕巴马祭水节、"九·九"美食节、乐寿节等重大节会活动开展一系列公共营销活动),以及乡村景观、农房改造和特色农业产业化基地建设

① 梁绍恩.汇聚改革活力 缔造幸福寿乡——巴马瑶族自治县改革开放40周年回眸[N].河池日报,2018-10-18(05).
② 刘云云.广西生态农业现状及效益分析——以三江县为例[D].南宁:广西大学,2018.
③ 梁珣.广西河池市巴马县旅游精准扶贫路径研究[J].经贸实践,2018(23):69,71.
④ 曾宏华,罗起联,谢姿媚.地方高校依托少数民族文化资源培养艺术专业应用型人才的研究与实践——以河池学院为例[J].河池学院学报,2013,33(3):101-106.
⑤ 黄力远,徐红罡.巴马养生旅游——基于康复性景观理论视角[J].思想战线,2018,44(4):146-155.

等,也需要政府公共财政的支持。① 此外,巴马正在推进交通网络建设,特别重视与周边城市交通网络建设项目的衔接,促进区域一体化发展。同时,巴马将民俗文化、乡村旅游和生态农业有机结合,使之相互融合、相互促进,形成一个比较完整的体系。②

生态农业的发展离不开生态环境的健康发展和各种生态农业模式的实践与创新。这些模式不仅具有生态环境保护的功能,而且可以促进当地农业向标准化、产业化、节能的方向发展,提高农业效率,改善农业生态环境。目前,仍需以可持续发展为目标,坚持结合广西地域特色推动生态农业的进一步发展,发展友好型农业、绿色农业,使各地区的生态农业模式都化作推进当地农业生产生态化改造的动力。

以上案例主要体现了整体效应原理、协同进化原理及等级理论。整体效应原理是指生态系统的功能的正常运转不取决于各种组分功能的相加关系,而是通过相互协调关系使功能优化与扩大化。农业生态系统是一个能量流、物质流、信息流和价值流相互迁移、连接、交换和补偿的复杂系统工程。农业生态系统的设计应立足于当地的资源条件、气候背景、文化习俗等,从时间和空间的角度逐步形成和完善。人类的活动对生态系统的影响可以大致划分为两大类:一是有利于生态平衡和生态系统生产力的提高。例如:绿化荒山、改良土壤、兴修水利,或由系统外部输入辅助能源、物质、资金、技术、劳力、管理。二是不利于生态平衡的,会导致生态系统生产力的下降。例如:毁林开荒,围湖、围海造地,造成局部地区水土流失、土壤沙化、碳素氮素循环受阻或中断,使有害物质在食物链上浓缩等。可见,农业生态系统中存在着复杂的物质、能量交换关系。因此,构建高产、优质、高效的生态农业新体系,必须遵循生物与环境协同进化的原理。在进行旅游景点开发时,应用等级理论将许多复杂系统包括景观系统视为等级结构,将繁杂的相互作用的组分按照某一标准进行组合,设置层次结构,实现整体与部分最大限度的协调发展。

① 梁珣.广西河池市巴马县旅游精准扶贫路径研究[J].经贸实践,2018(23):69,71.
② 秦岭.如何推动民俗文化与乡村旅游、生态农业并驾健康发展[N].咸阳日报,2018-04-09(A03).

第四节 存在的问题与对策

一、存在的问题

(一)生态学诊断

以上典型案例阐述的城郊型生态农业、水域型生态农业、丘陵山地型生态农业、庭院型生态农业、平原型生态农业、旅游型生态农业六大类型生态农业在特定的历史条件下凸显了其应有的优势。但随着经济的发展、社会的进步,农业生产由散户型向规模化方向发展,规模化必须与专业化同步。规模化农业种养经营模式在缺乏生态学相关理论指导的情况下,在种植技术、管理等环节仍存在诸多问题,一些生态学问题逐步积累放大。如规模化果树种植,物种单一、结构简单,生态系统中物质循环及能量流动受阻,有毒有害物质越积越多,生态系统的自净能力和调节能力超出了其阈值,从而表现出生态系统第一性生产不稳定、生态脆弱,最终病虫害爆发,生产力下降等严重的生态和经济后果。这种传统的生态农业模式已不能适应新时期生态文明建设背景下农业可持续发展的需要。

由于广西自身基础薄弱,在实际农业生产过程中,化肥、农药过量施用,残留膜废料回收利用率不高,畜禽粪便排放不合理,秸秆焚烧,农村污水处理能力严重不足。此外,水土流失、荒漠化等生态问题的影响加剧,再加上重金属污染遗留问题尚未得到根本解决,导致区域工业发展和城市建设对农业的污染加剧,镉、汞、砷等重金属对土壤的污染加剧。广西地处中、南亚热带季风气候区,气候复杂多变,自然灾害频繁。资源开发与生态保护的矛盾突出,如石漠化片区、重要生态功能区、水电矿产等资源开发区相互重叠。区域发展与生态保护矛盾突出,退耕还林产生的利益纠纷仍然存在。更重要的是农民生态环保意识不强。整体上来看,农业环境问题突出,造成的耕地土壤污染、水资源污染在一定程度上威胁着以粮食为主的农产品质量安全,减缓了生态农业发展的进程。

尽管生态学原理已融入农业生产实践当中,形成了典型的生态农业模式,并取得了显著成效,但仍存在许多问题。问题主要有:①生态农业理论研究不够深入,生态农业专用技术应用不够,高新技术的引进和应用不够。②对于自然生态系统和人工农业生态系统之间的协调没有专业指导,未形成技术手段与理论基础相统一的生态农业工程。③忽视生态资产的流失和生态服务功能。④整体的综合利用、循环、协调和更新尚未实现。广西各地应用的生态模式比较单一,大多是对生态理念的机械复制,生态农业的分布和发展没有从广西整体上进行规划。

(二)生态农业发展存在局限性

1.基础支撑薄弱

农田水利建设中存在防洪减灾体系尚未完善、供水保障能力有待提高、农田排灌设施差等问题。农业信息化建设滞后,影响了农业生态系统内部之间及整个社会各单元之间的信息交流,制约着生态农业的发展。此外,能源传输、农产品流通重点设施等基础设施长期短缺。

2.缺乏农业生产主力

近年来,随着城市化进程的推进,青壮年劳动力纷纷离开农村到城市工作,留在农村的多是老年人。因此,农村劳动力老龄化现象严重,不能承担农业生产的重任,导致农村劳动力短缺。此外,有限的劳动力不仅年龄偏大,而且缺乏对先进的农业生产技术的了解,对新知识的学习效率低,新型职业农民比例低,影响了农业生产的进一步发展。

3.资金投入不足

生态农业建设,依靠科技创新驱动。科技创新投入不足,且资金管理条块分割,资金使用效益低下。资金不到位,在一定程度上导致了领军人才匮乏,高校和科研院所综合实力不强,创新内生动力不足,未能带动全局的科技先导产业。生态农业技术和设备普及率低,以现代农业技术装备为支撑的生态农业格局尚未在全区形成。长期城乡二元结构和小规模分散家庭经营管理,难以继续有效吸引社会资本加大对农业生产的投资。

4.农村一二三产业融合程度低

农业功能仍处于初级农产品供应链的最底层,农业在文化传承、生态科普、医疗养老等方面的功能尚未得到充分发挥。生态农业生产与农产品加工、流通、服务业有机结合,与工业加工企业组成"产包销"一条龙的农产品加工企业,与金融行业组成农业生产互助银行,与旅游业融合创办乡村旅游公司等新兴业态还在摸索中。以家庭农户为基本生产单位的其他经营主体很难进入农村开展产业化经营。在建立新型产业模式如新型合作社、新型农业园区、新型农业服务平台(网站)等方面存在资金、技术、政策等方面的障碍。农村一二三产业融合程度低,生态农业难以规模化生产,延缓了生态农业在全区范围内的推广应用。

(三)部分农产品结构性失衡

优质、高效、安全农产品的生产相对滞后,难以满足消费者对质量和品质的要求。饲料用粮供需缺口进一步扩大,香蕉、西瓜、荔枝等特色农产品时常面临滞销的问题,糖料蔗面临种植面积持续下降与进一步提升综合产能的挑战,维持供给总量与结构平衡难度大。此外,许多农民往往只重视经济利益和眼前利益,大量的农产品集中上市,导致产品季节性滞销。同时,缺乏市场导向引导和品牌推广,难以取得显著的经济效益。大而不强的产业、大而不优的产业与消费升级的矛盾更加突出。农业的主要矛盾由总量不足转变为结构性矛盾,并与本地区存在的短板形成叠加效应,给生态农业的发展带来新的挑战。

(四)体制机制建设有待完善

政府与市场的关系还没有理顺,使市场在农业资源配置中起决定性作用和更好发挥政府作用的农业资源市场化配置机制尚未建立,特别是与水资源稀缺程度对应的价格机制没有形成;传统的农业经营模式面临着经营规模小,经营方式粗放,劳动力老龄化高、组织化程度低,服务体系不完善等诸多问题,农村生产经营体制机制缺乏创新;农业生态补偿制度不够完善,生态保护效果与资金分配衔接机制没有真正建立,生态农业发展的绩效监管机制不完善,整体生态管理制度机制不完善。除此之外,农业循环清洁生产的激励机制尚不完善。农业体制机制的不健全,严重制约了农业资源的合理利用,未能为生态农业保驾护航。

二、对策

(一)生态学对策

马世骏先生认为,运用生态工程的整体、协调、循环、再生原理建立起来的农业才是生态农业。将生态工程原理应用于农业建设,即形成农业生态工程。农业生态工程就是有效地运用生态系统中各生物物种充分利用空间和资源的生物群落共生原理,多种成分相互协调和促进的功能原理,以及物质和能量多层次多途径利用和转化的原理,建立能合理利用自然资源,保持生态稳定和持续高效功能的农业生态系统,①这就是实现农业生态化的生态农业。

发展生态农业并不意味着盲目否定过去,而是应该吸取传统农业和现代农业的合理部分,克服其弊端,运用现代系统理论和现代新技术,合理利用各种资源,更有效地进行生产,为社会的可持续发展打下坚实的基础。广西生态农业试点成效显著。目前,发展生态农业旅游已成为国家宏观经济调整中社会资金寻找新的投资领域的必然选择,也将成为新的经济增长点。生态农业的发展不再局限于生产生态农产品,而是更多地立足于生态理念,以生态工程为载体,构建集休闲、旅游、教育、农产品于一体的具有广西特色的生态农业。

21世纪是我国实现农业现代化的关键历史阶段。现代化农业应该是高效的生态农业。生态工程在农业中的应用,形成了农业生态工程,即实现农业生态化、高效化的生态农业。农业生态工程融合系统原理、生态学原理、经济原理与工程原理,以整体、循环、协调和再生为核心。在设计过程中,要遵从所处生态系统的要求,保持该系统原有的活力;分析和评价系统各要素的特征、变化规律和相互作用,了解系统的阈值、反馈、滞后等历史演替机制;反映生态系统的潜在价值和服务。在发展生态系统时,首先要考虑当地居民的生活、生产、就业、培训等方面的需求,在此基础上发展生态农业,使自然生态系统与人工生态系统共同演化。生态农业的发展离不开生态环境的健康发展,也离不开各种生态农业模式的实践与创新。仍然需要以可持续发展为目标,坚持与地方特色相结合,进一步发展广西生态农业,建立友好型农业、绿色农业,打造生态村、生态工业园、循环经济示范区生态县(市),使区域生态农业模式成为促进当地农业生产生态化的动力。

农业生态系统是一个复合的社会—经济—自然生态系统。生态农业是生态文明建设背景下农业的发展方向。生态农业的发展目标就是要实现农业的可持续发展。我们要有系统思维,将系统性、整体性、协同性和共生性等生态学观点贯穿在整个生态农业发展过程中。生态农业的发展涉及农产品的生产、加工、运输、消费等诸多环节,这些环节是相互联系的。生态农业的产品生产,要求所生产的产品是绿色无污染的,这就要求在农业生产过程中避免大量使用化肥、除草剂、农药。取而代之的是构建农业生态系统中生物与生物以及生物与环境之间和谐共生的关系。因此,

---

① 马世骏,李松华.中国的农业生态工程[M].北京:科学出版社,1987:1-3.

有必要调节种间关系,增加系统的生物多样性、生境多样性,畅通系统内部的物质循环和能量、信息流动,改善土壤理化性质,从而提高系统内部的自肥能力。通过生物防治、绿色农药代替化学农药、除草剂。生态农业中的加工、运输及消费环节属于社会经济活动范畴。因此,生态农业应该纳入社会—经济—自然复合生态系统之中。

(二)稳步提升生态农业支撑力

1.推进基础支撑建设步伐

(1)加强农田基础设施建设,构建水利基础设施网络。支持大中型灌区和节水改造,巩固和推进"五小"水利工程建设,加强灌区渠底工程和农田工程的支护,加强西江干流骨干工程建设,整合农田建设资金,加快高标准农田建设,完善水文站网系统;完善防汛抗旱应急管理和应急预案,加大节水供水、防洪减灾和应急能力建设。

(2)夯实信息建设基础,深化电信普遍服务。实施数字乡村战略,加快互联网、地理信息、智能设备等现代信息技术服务于农业,构建农产品市场信息传递通道,帮助农户了解农业市场需求,提高农业生产智能化水平。

(3)以现代物流、连锁配送、电子商务等现代市场流通方式为先导,以批发市场为中心,以集贸市场和超市为基础,突出重点,合理布局,建立统一、开放、竞争、有序的农产品物流体系。

(4)构建现代能源体系,因地制宜开发利用风能和水能。大力发展"互联网+"智慧能源,探索建立农村能源革命示范区。

2.增加农业生产主力

营造良好的乡村建设氛围,让越来越多的人在农业劳作中感受到创造的价值,让收入高、生活幸福、发展空间大和发展机会多的农民成为令人羡慕的职业。精准实施"八个一批"脱贫攻坚工程,推进脱贫攻坚"十大行动",增强贫困人口稳定脱贫增收致富能力。大力培养本土人才,培养新型职业农民和新型农业经营主体。在资金、政策与指导方面激发进城务工农民返乡创业热情,加强与大众创业、万众创新的对接,加快构建多层次多样化的返乡创业格局。

3.加大金融支农力度

健全适合农业农村特点的农村金融体系,把更多金融资源配置到农村经济社会发展的重点领域和薄弱环节。完善金融支农激励政策,继续通过奖励、补贴、税收优惠等方式支持"三农"金融服务。加大财政对创新的支持力度,加大财政支持和税收优惠力度,保持科研经费稳定增长。建立健全农业科技领域分配政策,落实科研成果转化及农业科技创新激励相关政策。建设农业高新技术产业示范区和农业科技园区,搭建农业科技推广平台,引导科研教学人员、企业和社会力量参与农技推广服务,提高生态农业技术与设备普及率。

4.促进农村一二三产业融合发展

促进农村一二三产业融合发展,必须延伸农业产业链。

(1)以循环为导向,优化农产品加工业结构,提高农产品加工转化率和附加值,增强主动力,培育农产品加工龙头企业。

(2)发展多功能农业,推动农业与多产业深度融合。根据当地资源特点,进一步挖掘农业非农价值,推动农业与旅游、教育、文化、健康养生等产业深度融合。引导金融资金和社会资本支持农产品加工业发展,利用信贷担保等农业融资担保平台扶持农业产业链的延伸和农业功能的拓宽。

(3)使信息技术的应用贯穿于农业生产、经营、管理和服务的各个环节,规划农产品市场流通体系的建设。建设现代化农产品冷链仓储物流体系,搭建农产品销售公共服务平台,完善农产品产销稳定衔接机制。

(4)完善和落实用地、税收、财政、金融等各种扶持政策,培育新型农业经营主体和新型职业农民,健全农民与企业利益联结机制,强化现代特色农业示范区的示范性与带头作用,使政策、人才、资金和示范平台形成合力,为延伸农业产业链提供保障。

(5)坚持家庭经营在农业中的基础性地位,构建家庭经营、集体经营、合作经营、企业经营等共同发展的新型农业经营体系,培养壮大新型农业经营主体,发展与规模相适应的多种形式的规模经营,以社会化服务带动小农户发展。

(三)深化农业供给侧结构性改革

1.优化农产品供给结构和区域布局

基于各地的自然资源条件、资源禀赋、生态条件和产业基础,顺应多元化消费需求,划分适种区、最佳区和特色区,做到规划主栽品种,因地制宜种植;划定粮食生产功能区和重要农产品保护区;重点发展热作农业、旱作农业、优质特色杂粮、特色养殖、特色经济林、特色园艺等特色产业。促进主体产业转型升级,提高市场意识、商品意识和名牌意识。

2.着力培育农产品品牌

从关注数量走向数量与质量并重,重视品牌发展,深入推进粮食绿色高效生产,稳步提高粮食产量和品质。

(1)加快打造广西特色农产品品牌。以市场为导向与政府推动相结合,以企业为主体,深度挖掘农产品价值内涵,塑造广西农产品品牌,突出广西富硒资源优势,大力发展富硒农产品,打造国内外知名"桂"字号富硒农产品品牌。提高广西农业品牌总体形象标识"广西好嘢"的品牌影响力,强化农产品"老字号"品牌保护。主打"绿色生态、长寿壮乡"牌,精心打造一批"桂"字号农产品,在争创名牌、品牌上下功夫。

(2)全面推进品牌建设。立足高品质发展,全产业链实施品牌战略,建立绿色生产体系;立足跨界融合,培养新型农业品牌经营主体,壮大品牌农业经营主体;立足市场,建立高效品牌农产品营销体系;立足农业品牌文化,讲好每一个"桂"字号农业品牌故事。

(四)全面提升生态环境质量

贯彻落实绿色发展理念,构筑生态安全屏障,建立健全农产品质量安全检验检测体系,努力构建资源节约型和环境友好型农业。

1.加强农业面源污染防控

实施化肥、农药"零增长"计划,推进水肥一体化,鼓励使用有机、生物、绿色肥料。推动秸秆收储运输市场化运作和秸秆肥料化、饲料化、基料化、燃料化、原料化应用。严格落实《广西畜禽现代生态养殖技术规范》,通过合理规划养殖布局,依托高科技研究开发生态养殖新技术与新模式,从源头上控制有机废弃物产生,大力推广"微生物+高架网床""微生物+饲草料""微生物+养殖粪污""微生物+养殖水体"等现代生产养殖模式,完善生态养殖的激励机制。推广"三免"技术、"三避"技术,推进农膜农药包装回收,让农民充分认识回收残膜碎片的重要性,建立奖惩机制,并将其纳入地方性法规。完善城市污水收集管网系统,为工业园区污水处理提供配套设施,实现县乡污水处理设施全覆盖。

2.开展水、土壤污染防治行动

实行污染物排放控制许可制度,确保企业事业单位承担固定污染源环境保护责任。按照"一江一策"的策略,对流域水环境进行精细化防治和系统化管理。禁止新建排污企业和设置排污口,拆除排污口,取消网箱养殖。加快地下水环境监测网络系统规划建设。加强农用地合理使用,实施分类保护,划定农用地土壤环境质量类别。建立土壤污染重点监管企业管理信息系统,确定土壤环境重点监管企业名单。针对重金属污染问题,确定重点修复区域,建立示范工程,开展环境风险调查。加强工业固体废物综合利用,继续实行危险废物环境管理责任制,提高政府绩效指标。

3.加强石漠化治理和自然灾害防范

加强生态空间利用管控;合理划分禁垦区、禁耕区,坚持森林、草原、水面、湿地保护与耕地保护并重;重点建设和保护原始森林、重要水源涵养林、生态脆弱林区等生态公益林;落实生态补偿政策,协调退耕还林利益纠纷。协调现有的林带建设、退耕还林、水土保持等方面的投资,采取措施吸引民间资本多方筹措资金,积极控制石漠化蔓延。完善农业气象服务体系、农村气象灾害防御体系,发展"互联网+"智慧农业气象服务。

4.加强民众环保意识

加强宣传引导,各地要高度重视大气污染综合治理攻坚行动宣传工作,制定宣传工作方案,加强宣传报道,抓好落实。通过精英群体的示范和领导,培养农民的环境情感,增强农民的环保积极性,增强农民参与农村环境保护的意愿。通过电视、广播、微博、微信等媒介及时向人民群众发布相关信息,积极回应公众关心的热点问题,形成全社会关心、支持环保行动的良好氛围。建立吸引社会资本投入生态环境保护的市场化机制。

(五)全面推进农业机制体制改革

制定出台环保产业相关优惠和扶持政策,鼓励各级政府和市场主体有效配置环境资源,推进农业水价改革,研究实施精准补贴等措施,建立合理的农业水价形成机制。建立多元经营主体合作机制,全力推进农业经营方式创新,全面发展家庭经营、集体经营、合作经营及企业经营方式,全力发展新型多元经营体系。发展生态循环农业,构建农业废弃物资源化利用奖励机制,转换财政资金投入方式,加大农业支持力度,完善农业循环清洁生产激励机制。按照"谁污染、谁治理""谁受益、谁付费"的要求,建立环境污染损害鉴定评估机制。健全农业标准化生产制度,建立规范透明的管理制度,切实提高生态补偿资金的高效性,实现生态化有偿服务。

第五章

发展乡村生态旅游

第一节　乡村生态旅游概述

一、乡村旅游发展轨迹

乡村旅游始于处在工业革命时期的西方发达国家。20 世纪 80 年代,高度城市化和工业化的都市生活使得人们患上了"自然缺失症",人们渴望与自然接触,向往安宁舒适的乡村生活,在此背景下乡村旅游应运而生。政府把乡村旅游作为增长GDP、提高就业率、避免城市人口过度密集的重要手段,给予乡村旅游政策上的支持和保护。爱尔兰、法国、西班牙、美国等多个国家在乡村旅游发展的生态保护、文化申遗、产品推广、管理系统等方面走出了一条康庄大道,其开展的乡村旅游已经有一定的规模,并进入了行业规范管理的深海区。而我国唐朝民间正月拜年、元宵观灯、清明踏春等传统习俗是我国乡村旅游的起源。虽然目前"农家乐"一词的来源还没有统一的说法,但是最早的"农家乐"一词出自 800 多年前的著名诗人陆游的作品《岳池农家》。[①]

乡村旅游这一产业在 20 世纪 90 年代后迅速发展,呈现出旅游景点功能增多并拓宽、规模扩大、分布更加广泛等良好的发展态势。2001—2005 年,在国家发布的第十个五年计划中,不仅强调经济建设,而且重视人们的文化生活及生活质量,为之后的乡村旅游逐步扩大埋下伏笔。在此期间,国家为了农业结构的战略性调整和新经

----

① 杨艳芬.广西马山县古零镇乡村旅游开发研究[D].南宁:广西大学,2015.

济增长点的开发,开始大力支持乡村旅游发展。但在党的十八大以后我国乡村旅游才真正开始大规模发展。

十一届三中全会以来,我国的 GDP 以高歌勇进之势一路增长,人民的生活质量大大提高。随着科技革命的步步推进,国民经济中农业的比例不断下降,服务业开始蓬勃发展,在国民经济中的比例已超过农业和工业,成为国民经济的主导产业,经济增长方式较过去也发生了相应的变化。① 党的十八大之后,国家对产业政策的调整,乡村旅游的发展使得农村劳动力不需要背井离乡,也不需要大量的投资,就能够做到就地就业和就地创业。因此,发展乡村旅游很快受到农民的青睐,许多农民离开城市回到农村,利用自家的闲置房屋、承包山地、承包土地等开发各种形式的乡村观光旅游产品。

据不完全统计,2015 年全国休闲农业和乡村旅游接待游客超过 20 亿人次,营业收入超过 4 400 亿元,从业人员 790 万人,其中农民 630 万人,使 550 万户农民受益。② 中国乡村旅游从过去的小旅游、中旅游进入大旅游时代。这个"大",主要体现在三个方面:规模大、投资大、影响大。另外,大旅游时代还表现为消费者、企业、地方和中央的广泛关切。乡村旅游已经成为旅游业、扶贫事业和新型城镇化建设的主题,成为人们的新娱乐方式。

2016 年,国务院再次强调"大力发展乡村旅游,坚持个性化、特色化、市场化发展方向,加大乡村旅游规划指导、市场推广和人才培养力度"。此后,我国旅游业进入黄金发展期、结构调整期和矛盾凸显期,面临不少挑战,产业体系的现代化成为旅游业发展的必然趋势。③ 数据显示,2018 年全国休闲农业和乡村旅游接待人次达 30 亿,营业收入达 8 000 亿元,较 2015 年收益增加将近一倍。同年,《中共中央、国务院关于实施乡村振兴战略的意见》关于旅游的成段论述有 4 处,300 余字,这是历年中央一号文件中提及旅游次数最多、内容最广的一次,可见国家对旅游业促进乡村振兴的重视达到了前所未有的高度。④

2020 年是中国实现全面脱贫的关键时期。旅游业作为新型产业备受期待。中国的贫困主要在农村,而农村有着丰富的旅游资源,这使得发展乡村旅游成为脱贫

---

① 周培,周颖.乡村旅游企业服务质量理论与实践[M].成都:西南交通大学出版社,2016:216.

② 王明星,方俊清.广州市休闲农业旅游发展现状、瓶颈与对策研究[J].南方农村,2016,32(6):45-48.

③ 荣浩.港中旅嵩山少林文化旅游有限公司商铺经营模式优化研究[D].石河子:石河子大学,2018.

④ 刘爽,王镜涵.多元化旅游模式推动乡村振兴的路径研究[J].管理观察,2018(23):59-61.

攻坚的重要抓手和主要载体,推动着乡村旅游快速发展。① 党在十九大作出实施乡村振兴战略的部署,依托乡村地区丰富的人文景观、自然生态、民俗风情等旅游资源,大力发展乡村旅游。作为乡村振兴战略的重要组成部分,乡村旅游的重要性十分突出,表现出强大的牵引力和造血功能。从以高质量的农业发展驱动乡村旅游提质升级、《乡村振兴战略规划(2018—2022年)》中加快打造乡村旅游精品工程,到《促进乡村旅游发展提质升级行动方案(2018—2020年)》中补足我国乡村地区建设短板的系统性建议与措施全面指引,无不反映出政府层面对乡村旅游在激发农村发展活力、助力乡村振兴实现、落实高质量发展等作用的高度肯定与深切期望。因此,如何顺应时代发展趋势、响应相关政策扶持,探索乡村旅游高质量发展的机制与路径,更好地发挥旅游业在促进乡村经济发展、生态文明、资源整合、文化传承等方面的作用,是当前及未来亟待解决的问题。②

中国乡村旅游的快速发展,与政府政策有紧密联系。特别是近几年来,乡村旅游在中国有很大的发展潜力,这与政府的乡村旅游发展的政策扶持密不可分。

二、乡村生态旅游产生的背景

党的十八大之后,我国国民经济从高速增长转为高质量增长。在过去,旅游业因为投资大、见效慢而不被看好。但由于它的发展质量高,并且近两年有了政策的支持,很快受到大家的关注。

在农村土地面积占全国面积比重较大的情况下,建设美丽乡村是建设美丽中国的重要一步。乡村生态旅游与传统的乡村旅游相比更加强调生态的和谐。乡村生态旅游是为了解决旅游发展过程中乡村生态环境与居民的现实生活需求的矛盾而出现的。它提高了实现乡村旅游可持续发展的可能性,也让村民对自然环境保护更加关注,更加深刻地思考如何在发展乡村旅游的同时,达到人与自然的和谐相处。我国的民风民俗、古村古镇、田园风光、青山绿水、名山大川等优良的乡村旅游资源基本集中在农村,因此农村发展乡村旅游有着良好的资源基础。农村土地资源丰富,旅游商品建设的用地需求可以得到较好满足,同时农村人力资源充足,剩余劳动

---

① 孙辉.龙胜龙脊景区乡村旅游扶贫中农民创业问题调查研究[D].桂林:广西师范大学,2017.

② 罗文斌,雷洁琼,徐飞雄.乡村旅游高质量发展的背景、内涵及路径[N].中国旅游报,2019-05-14(03).

力较多,可以满足乡村旅游发展对人力资源的需求。同时,乡村旅游就地取"材",对环境影响不大,在发展农村经济的同时可以改变农村面貌,促进脱贫致富。2005年,习近平总书记提出了"绿水青山就是金山银山"的重要理念,这一重要理念成为乡村旅游大发展的指引。乡村旅游既能维护绿水青山,又能给农村、农民带来金山银山,是"绿水青山就是金山银山"重要理念的转化路径。党的十八大之后,党中央把保护生态环境提到很高的位置,把生态文明建设作为"五位一体"总体布局的重要内容①,乡村生态旅游由于注重对资源和环境的保护,注重当地农民的参与,成为发展乡村旅游的必然之路。

乡村旅游具有规模小、建设周期短、能快速产生效益的特点。只需要少量投资就能打造一个乡村旅游产品。乡村旅游做的是农民熟悉的活儿,用的是农民熟悉的场地和资源,只要稍加培训和规范就能营业。这种低门槛、贴民心的产业自然会受到农民的欢迎。实践证明,乡村生态旅游在促进农村生态建设和绿色发展的同时,还可以开发利用农村自然资源,促进农村经济发展。发展乡村生态旅游,必须结合农村生态绿化、污染治理和环境保护。采用乡村生态旅游模式进行农业布局和生产,把环境保护、农业活动、自然风光、休闲娱乐、科技发展示范统一起来,把社会效益、经济效益和生态效益统一起来,达到人与自然和谐共处,推动乡村振兴与美丽乡村建设。

我国是旅游大国,又是生态相对脆弱的国家,旅游产业促进了我国经济繁荣和社会发展,为人民享受美好生活提供了优质服务。在旅游产品包装设计方面凸显绿色生态理念,坚持人与自然和谐相处,以绿色生态理念推动我国旅游业升级,实现我国社会经济可持续发展势在必行。② 这不仅有助于推进广西的农业供给侧结构性改革,培育乡村发展新动能,而且有利于改善农村居住环境,促进村民就业增收。

三、乡村生态旅游的概念

最典型的乡村生态旅游概念是由英国学者 Gannon、Bramwell 和 Lane 分别提出的,Gannon 认为乡村生态旅游是指农民为了实现经济效益,从而吸引游客到乡村,

---

① 谢佳桐.公共服务 PPP 模式与政府采购法律制度比较研究[D].上海:华东政法大学,2015.
② 王娜.旅游产品包装的绿色生态设计[J].包装工程,2014(4):114-117.

并为之提供广泛的活动、服务和乐趣的统称。① 而 Bramwell 和 Lane 指出，乡村生态旅游不只是农业旅游活动，还是一个多层面的旅游活动。既包含农业的乡村度假旅游，也包含特殊兴趣的自然旅游或生态旅游，比如果园采摘、钓鱼、打猎或攀岩等，是具有特色的乡村文化与民俗旅游活动。② 乡村生态旅游的特征主要有生态性、地域性、季节性和经济性。生态性是乡村生态旅游的重点，绿植环绕的村庄、清新的空气、淳朴的民风和优美的田园生活是乡村生态旅游的具体体现。

根据乡村地域的差异，乡村生态旅游可以分为城市与景区依附型、交通依附型和资源依附型等多种模式。季节对乡村生态旅游同样存在影响，不同季节有不一样的自然景观与人文景观。通过政府主导与社区共建，以"旅游+"打造特色乡村生态旅游，为农民脱贫致富起到很好的示范带动作用，体现其经济性。③ 旅游业是带动性强、拉动内需明显的新兴产业，发展乡村旅游是贯彻党和国家战略决策的重要任务，充分依托和利用"三农"资源发展乡村生态旅游，是旅游行业积极贯彻落实党和国家重大决策部署的必然要求。④

乡村生态旅游是目前针对中国旅游业对环境的影响而产生的一种全新旅游方式。它既迎合了越来越多的旅游者追求返璞归真、文化休闲的体验需求，又可以通过打造青山绿水的美丽宜居新农村，促进乡村发展，保障与改善民生，实现有效精准扶贫。

从乡村旅游和乡村生态旅游的内涵解释中，我们可以认识到，乡村旅游和乡村生态旅游既有联系也有区别。两者联系之处都是为了适应现代人追求自然的需求而产生的一种休闲旅游活动。但是，与乡村旅游相比，乡村生态旅游更注重生态环境的保护，尤其注重生态环境与经济的可持续发展。由此我们就可以进一步总结出乡村生态旅游的概念：乡村生态旅游是一种以农业和农村为载体的新型生态旅游产业，它以生态旅游理念为指导，以良好的农村生态环境为旅游吸引物，以田园风光观赏、农事参与、民俗体验为主要形式，融观光、体验、认知等旅游活动为一体，通过旅游发展使农村生态环境得到优化，使当地社区和农户普遍在经济上得到收益。⑤

① 杨艳芬.广西马山县古零镇乡村旅游开发研究[D].南宁：广西大学，2015.
② 王琼英，冯学钢.乡村旅游研究综述[J].北京第二外国语学院学报，2006(1)：115-120.
③ 周文.试论农村休闲体育的特性和功能[J].中南林业科技大学学报（社会科学版），2010,4(3)：106-108.
④ 梁歆梧.论我国生态旅游的可持续发展[J].农场经济管理，2006,17(4)：30-32.
⑤ 刘奇.在宁波能源综合管理服务平台上线运行仪式暨全市节能与淘汰落后产能工作推进会上的讲话[J].宁波节能，2012(1)：1-3.

乡村生态旅游的内涵和外延不同于乡村旅游、生态旅游、农业旅游、民俗旅游和农业生态旅游，不能把乡村生态旅游与这些概念等同或者混淆使用。[①] 目前，我国乡村生态旅游发展还处于起步阶段，但人民群众已经广泛接受和积极参与。乡村生态旅游是 20 世纪 90 年代发展起来的具有教育、旅游、休闲、示范、求知功能的生态文化旅游产业。随着可持续发展理念日益渗透到人们的生活中，乡村旅游向生态化方向不断发展。乡村生态旅游是以乡村为背景，具有生态旅游内涵的一种综合性旅游。它是乡村旅游发展的一种新模式。与传统的乡村旅游相比，它除了能满足游客的休闲娱乐、观光游览和农事学习等需求外，还具有生态体验和生态教育功能，注重保护资源和环境，促进乡村地区经济社会和环境协调发展。从乡村生态旅游资源角度来看，它所体现的景观是人文景观与自然景观的复合体，以乡村粗放的土地利用结构、特有的田园文化与生活充分展现人与自然和谐共处的景观特征。从乡村生态旅游业角度看，它强调当地居民的利益。[②] 因此，乡村生态旅游是指以乡村原汁原味的自然生态环境、朴素的乡土文化与人情、优美的田园风情为基础，充分展现乡村旅游的景观美学价值、乡村生态的教育价值，并最终实现乡村自然环境、社会经济的可持续发展。

四、乡村生态旅游的内涵

乡村经济发展较为缓慢，保留了较多原生的自然和人文环境，可开发的旅游资源比城市更加丰富。加上农村地广人稀，旅游开发的用地条件优良，因此，乡村往往是旅游开发的主要承载区。[③] 乡村旅游推动发展新动能和绿色产业，是乡村振兴和脱贫攻坚的重要产业。乡村旅游业的发展对乡村振兴有非常大的推动作用，特别是在改善乡村面貌、提升村民素质、提高就业率等方面效果显著。通过美丽乡村建设，乡村旅游发展也为城市人休闲提供了去处，丰富了他们的生活体验。[④] 搞活、壮大、做强乡村集体经济势在必行，而发展乡村生态旅游不仅可以更好地促进乡村经济的发展，而且有利于实现乡村生态旅游的可持续发展。[⑤] 在增强当地生态文明影响力

---

① 曹水群.乡村生态旅游概念辨析[J].生产力研究,2009(17):25-27.
② 杨晗.乡村旅游发展中利益相关主体行为博弈分析与政策建议[J].商业经济研究,2016(23):188-190.
③ 黄郁成.乡村旅游[M].北京:中国大百科全书出版社,2006:365.
④ 邵展.美丽乡村建设中乡村旅游景观设计的研究[J].建材与装饰,2018,531(22):78-79.
⑤ 麻新华,李松穗.阳朔乡村生态旅游开发探讨[J].文教资料,2016(1):45-46.

的同时,大力弘扬国家建设生态文明的理念,进一步加深人民群众对生态文明的认识,在实施生态保护的同时,增强了人民群众生态保护的意识。

乡村生态旅游以保护生态环境为前提,以可持续发展理念约束着人的行为,追求同步发展、和谐发展。[①] 发展生态旅游与实施乡村振兴战略的目标要求高度契合,习近平总书记视察广西时强调"广西生态优势金不换"。[②] 生态文明建设是我国乡村旅游产业落实科学发展观的内在要求,也是解决当前旅游产业快速发展过程中关于资源环境、人与自然和谐发展,实现旅游产业可持续发展的战略选择。[③] 随着社会经济的发展和国民生活水平的提高,回归自然和享受自然成为一种新型的大众休闲方式。乡村生态旅游作为一种新兴的休闲方式引领了乡村产业的发展。

发展乡村生态旅游,需要充分利用现有的生态资源,运用系统科学、环境美学、生态学等方法,通过规划、设计、建设基础设施,使得当地的旅游资源和资源的项目开发协调发展,改善当地生态环境,有利于实现乡村生态旅游区的可持续发展。发展乡村生态旅游可以使农民增强环保意识,自发传承和保护乡土文化特色。特别是在政府的领导下开展生态工作,制定科学合理的规划,促进旅游区环境的改善,促进乡村可持续发展。

乡村生态旅游涵盖面较广,主要包括乡村旅游、休闲旅游、观光农业旅游等不同概念。具体来说,它是指以旅游为主题进行规划、设计和施工,将农业建设、科学管理、农艺展示、农业产品加工与旅游者的广泛参与融为一体,充分利用现有的农村空间、农业自然资源和农村人文资源打造旅游产品。乡村生态旅游是促进城乡一体化发展的突破口,能实现经济发展与生态保护的有机结合,有利于社会效益、经济效益和环境效益的统一。只有既注重经济发展又注重生态保护,才能切实做到科学发展,从而促进乡村可持续发展的实现。[④] 为了确保乡村生态旅游可持续发展,除了提供必需条件,还必须遵循以下原则:

(一)坚持规划引领的原则

把乡村生态旅游发展列入大旅游发展规划,列入乡村振兴规划,列入土地利用、

---

① 陈薇.浅谈我国生态旅游的发展[J].中国集体经济,2018(11):127-128.

② 郭晓鸣,张克俊,虞洪,等.实施乡村振兴战略的系统认识与道路选择[J].农村经济,2018(1):11-20.

③ 陈文斌,覃元理,刘经纬.论新时期高等学校在我国生态文明建设中的使命[J].中国科教创新导刊,2010(5):6-7.

④ 向倩.保护生态环境促进经济健康发展[J].科技与生活,2009(21):174-175.

林业发展、环境保护等相关专项规划。县以下各级政府制定乡村生态旅游发展总体规划，认真摸清自身资源家底，确定乡村生态旅游的发展方向，合理确定开发和发展原则，以及产品的建设布局和发展定位。对资源禀赋较好、知名度较高、体量较大的乡村生态旅游产品，做产品规划和设计，确保产品品质。[①]

（二）坚持融合发展的原则

乡村生态旅游与乡村振兴战略结合。党的十九大提出了乡村振兴的伟大战略，之后国家制定相应的规划，出台相应的政策予以推进，这给乡村生态旅游的大发展带来了千载难逢的机会。各级政府抓住这一机遇，把发展乡村生态旅游与乡村振兴有机结合，把发展乡村生态旅游作为乡村振兴的重要内容，纳入乡村振兴规划，同步推进，共同发展。"十三五"期间，国家层面将加强对乡村旅游重点扶贫村的政策支持。[②] 结合扶贫攻坚，政策将在项目选择、入股意愿、劳动力选择、技术培训等方面向贫困户、贫困村倾斜，为2020年实现全面脱贫而努力。乡村生态旅游与相关产业结合，布局农村资源特色空间，安排产业发展，把发展乡村生态旅游与林业发展、观光农业、水利建设、乡村企业、秀美乡村等产业和工程结合起来，拓宽乡村生态旅游的发展空间。

（三）坚持集约发展的原则

每一种资源、每一寸土地，都不浪费。利用掌握的资源开发合适的旅游产品，要有计划、有步骤地进行开发，明确开发的规模和方式，科学高效利用资源。

（四）坚持因地制宜的原则

发展乡村生态旅游要因地制宜。要基于当地的产业基础、资源属性和地理位置决定乡村生态旅游的发展路径。在资源稀缺、资源质量不高的地方，不能强行发展乡村生态旅游；有资源，但地理位置太偏远的地方，强行开发也达不到理想的效果。因此，要在交通便利的前提下发展乡村生态旅游。在开发前要进行一个开发适宜性的评估。因此，科学发展、因地制宜是非常重要的。

---

① 赵爱明.在全市科技奖励大会暨科学技术和知识产权工作会议上的讲话[J].攀枝花科技与信息,2011,36(1):1-7.

② 骆高远.休闲农业与乡村旅游[M].杭州:浙江大学出版社,2016:2.

(五)坚持质量第一的原则

乡村生态旅游大部分从业者是农民,他们刚刚从事此行业不久,质量意识并不够强。为此,要加强对他们的教育培训,帮助他们树立精品意识,不管产品的体量、种类,都要做一件像一件,成为精品;树立卫生意识,以干净整洁、生态环保的形象示人,把保证游客的食品安全放在重要位置;树立服务意识,在展示农村原生态生活的同时,要认认真真把服务质量提上去,充实服务内容,规范服务程序,提高服务技能,以良好的服务赢得信誉,增强乡村生态旅游的生命力,确保乡村生态旅游可持续发展。

乡村生态旅游具有满足城市群居民日益增长的周边短途休闲度假消费需求的独特优势,从而呈现出超过一般旅游业的蓬勃活力,在提高城乡居民生活质量、促进贫困地区脱贫攻坚等方面发挥了重要的作用。[①]

第二节 广西乡村生态旅游发展现状

广西壮族自治区属于经济欠发达地区,但其生态资源丰富独特,发展前景广阔。近年来,旅游扶贫和乡村生态旅游逐渐成为广西旅游产业发展的一大特色,旅游从"配菜"升级为"主菜"。广西因地制宜,多措并举发展乡村生态旅游。由于乡村生态旅游的带动,直接或间接参与旅游业的人员大幅度增加,许多从事旅游业的群众走上了致富路,打响了乡村生态旅游脱贫攻坚战,取得了显著成效。[②] 截至 2015 年底,全区国家 A 级旅游景区比"十一五"期间增长 131%。桂林、环江喀斯特地貌景观成功入选世界自然遗产名录。乡村生态旅游显然已成为破解"三农"难题的有效途径之一。

近年来,广西着力打响乡村生态旅游品牌,通过开展星级乡村旅游区、农家乐、旅游名村名屯等乡村生态旅游品牌创建。2017 年,全区全年新创建四星级以上乡村生态旅游区(农家乐)122 家,全区推出了 15 条乡村生态旅游精品线路。另外,广

---

① 赵爱明.在全市科技奖励大会暨科学技术和知识产权工作会议上的讲话[J].攀枝花科技与信息,2011,36(1):1-7.

② 朱翠兰,王伯奎,王河山.因地制宜 多措并举 加快乡村旅游发展——江苏省大丰市发展乡村旅游的路径启示[J].中国乡镇企业,2014(5):14-17.

西历来重视旅游业基础设施的完善,截至 2018 年,广西农村公路里程已突破 10 万千米,基本实现所有具备条件建制村通硬化路。到 2020 年底,全区将要实现建制村 100% 通客车的目标,这些基础设施的完善为加快发展乡村生态旅游奠定了良好的基础。

经过多年的探索实践,广西乡村生态旅游已逐渐形成农民自主经营、农民与投资商合作经营、农民股份集资等多种模式。乡村生态旅游正在由传统的分散经营模式逐步向产业化、规模化、集约化、市场化方向发展。广西乡村生态旅游的前景是光明的,但发展总是伴随着问题与挑战,并且这些问题与挑战已经逐渐显现。例如:广西几乎没有高端品牌,产品结构不完整等;一些新的旅游产品开发不足,旅游供给不能满足游客多样化的观光需求;旅游基础设施和公共服务还处在发展过程中,交通不够便利,旅游服务设施建设不足,资金不充裕。另外,乡村生态旅游市场的全球化面临着挑战,上市旅游企业和实力雄厚的旅游企业不多,旅游投资模式和融资渠道还有待进一步优化,且在职能组织、资源开发与产业管理等方面的体制机制也存在问题。随着市场竞争的加剧,广西旅游业发展水平与旅游业发达的国家和地区相比还存在一定距离,还要面对与云南、广东、贵州等周边地区和东盟各国的激烈竞争。但是,我们不能为了提高经济效益而越过生态和法规的红线。乡村生态旅游是绿水青山转变为金山银山的有效发展路径,必须严抓生态保护,以山水为根基的广西更应如此。

第三节　典型案例

一、农旅融合振兴乡村——钦州市钦南区

钦州市钦南区是农业大区。近年来,钦南区利用近郊现代特色农业资源,把发展乡村生态旅游作为推动乡村振兴的重要举措,以国家级台湾农民创业园为龙头辐射带动,打造了花卉世界、现代特色农业示范区、森林公园等农家乐、渔家乐和特色农业观光旅游景点,建成一批乡村生态旅游集聚区或旅游带①,形成以点带面、点面连线的乡村生态旅游发展格局,带动了周边群众脱贫致富和村容村貌的改善。钦南

---

① 鲁小波.乡村旅游在乡村振兴中的作用与模式研究[J].决策咨询,2019(2):91-96.

区结合特色农业,开发了银湖山庄休闲园、那雾山森林公园等一批集休闲、旅游、娱乐为一体的乡村农业休闲生态旅游基地,这些乡村游基地成了该区旅游经济的强劲增长点。

在发展乡村旅游过程中,该区坚持"社会满意、群众受益"的原则,把旅游产业与观光农业、新农村建设紧密结合,优化扶贫村的农业种植结构,规模化种植花卉、苗木、水果、蔬菜及特色经济作物[1],开发特色农业观光园、休闲农场、乡村休闲度假基地、养生部落等体验旅游产品,打造以农耕文化为魂、以美丽田园为韵、以生态农业为基、以村落民居为形的休闲农业与乡村旅游标志品牌,促进农林牧副渔业与旅游产业的深度融合发展,带动乡村振兴。此外,钦南区通过生态观光农业+乡村旅游+新农村的模式,发展休闲观光农业、农家乐、乡村生态游,促进旅游发展与脱贫工作相融相促,推动贫困村可持续发展。钦南区以"一个长廊、三个平台、五大基地、八条示范村"为乡村旅游发展工作思路,以大力发展乡村旅游精准扶贫为核心,以融合发展旅游业和特色优势产业、改善村屯风貌和生产生活条件、增加乡村旅游收入、提高村镇发展能力为重点开发乡村生态旅游的景区。景区的开发为贫困户提供就业机会。贫困户通过就业或自主开办经营农家乐,参与发展乡村旅游,找到脱贫致富的门路,推动贫困村可持续发展。[2]

2017年,钦州市深入调查研究,重点对生态旅游、健康养生、海洋文化、古城古村落文化等资源优势较为突出的乡镇或区域进行调研,明确了重点培育的乡镇并着力加快申报工作,取得阶段性成效。[3] 如今,钦南区已拥有全国工农业旅游示范点2个、广西工农业旅游示范点5家、四星级乡村旅游区5家、五星级农家乐1家,乡村生态旅游在乡村振兴战略中发挥越来越突出的综合带动作用。依托乡村特色旅游资源,钦南区成功创建广西特色旅游名县,并入选第二批"国家全域旅游示范区"创建单位。

---

① 和玉嫒.丽江纳西族旅游纪念品开发设计研究[D].无锡:江南大学,2009.

② 张洪昌,舒伯阳.乡村振兴中的旅游开发模式演进机制研究——以郎德苗寨为例[J].西北民族大学学报(哲学社会科学版),2018(6):69-75.

③ 钦州市住建委.钦州市住房和城乡建设委员会对政协钦州市第五届委员会第三次会议第27号提案的答复[EB/OL].(2018-08-13)[2019-07-23].http://www.qzjgw.gov.cn/zwgk_12788/wjtz/201808/t20180813_1217892.html.

二、乡村生态旅游处处开花——大新县推动全域旅游

崇左市大新县堪圩乡民宿产业依托明仕田园景区的开发,形成了主要以农家乐一条街为龙头的民宿产业集群。农家乐一条街位于明仕田园景区的核心地区,现有50家农家乐旅馆,客房561间,从业人员263人。各具特色的民宿建筑物集聚在一起,形成了以吃农家饭、住农家屋、游农家景、享农家乐为主要内容,集观赏受田园风光风貌、体验农耕文明于一体的新型乡村生态旅游产业。[①] 大新县先后荣获"全国生态文明进步县""全国十佳生态休闲旅游城市""全国珍贵树种培育示范县"称号。大新县始终秉承因地制宜、突出特色、保持乡村风格的原则,高起点、高标准抓好生态乡村整体规划设计。风貌改造遵循乡土化,坚持一村一景、一村一韵,不搞千村一面,充分保护好古树、古井、古宅。对一些富有壮族特色的干栏房、青砖房、泥砖房,最大限度保留其原貌。对一些确需改造的建筑,充分尊重群众意愿,采取线条勾勒、墙体粉刷、坡顶改造等体现当地的民族特色、地域特色和民族文化的方法,保持原汁原味的乡土韵味。大新县将生态优势、农业优势和旅游优势有效融合,推动休闲农业、农居民宿、养生乡村、欢乐亲水等多业态融合发展,打造"大新大美产业"。[②] 擦亮金字招牌,突出特色旅游。大新县被授予"中国侬垌文化之乡""中国土司文化之乡"称号,其中大新县恩城乡新胜屯荣获"国家少数民族特色村寨"荣誉称号,这是该县继"中国最具原生态景区""全国十佳生态休闲旅游城市""中国长寿之乡"之后,又增添的几项旅游金字招牌。

近年来,该县十分注重打好文化旅游品牌,做好"旅游+"文章,促进"旅游+农业""旅游+文化"融合发展。同时开展文明旅游公益实践活动,全力增强公民文明旅游意识,《中国影像志》《走遍中国》等央视栏目曾先后到该县拍摄。该县对乡村生态旅游项目进行规范化管理,完善基础设施建设以推动乡村生态旅游业发展。截至目前,全县休闲农业与乡村旅游点基本做到通路、通水、通电、通网络,主要园(景)区有路标、有指示牌、有停车场,餐饮、住宿、娱乐等基础设施建设规范,并达到安全卫生标准。该县在加强硬件建设的同时,还注重软件的投入。他们通过新型农民培训和各种形式的农业生产栽培技术、农业标准化技术培训,共培训休闲旅游农业从

---

① 李兆睿,陆军,温文雅.乡村旅游扶贫中民宿产业发展调查研究——以大新县堪圩乡民宿旅游为例[J].市场论坛,2018(4):66-71.

② 龙志锋.大新生态乡村"蝶变"促旅游发展[J].广西经济,2016(11):68-69.

业人员 3 万多人。倡导以宜居乡村活动为契机,打好生态游品牌,为全域旅游发展搭建良好平台。目前为止,各村以特色农产品、农业生产基地和农村田园景观为依托,田园生态型休闲农业和乡村生态旅游的发展卓有成效。该县共整合资金 1 800 多万元投入生态乡村建设,打造自治区级生态乡镇 5 个、生态村 14 个,市级生态村 89 个,成功打造了一条村在林中、院在绿中、人在景中的生态乡村旅游示范带。

三、生态农业打造魅力红岩村

广西桂林恭城瑶族自治县以红岩村为休闲农业与乡村旅游发展轴心,通过美丽宜居生态乡村建设和城乡风貌改造,改善农村人居环境和基础设施建设,按照交通便利化、村屯绿化美化、道路硬化、住宅舒适化、厕所卫生化、生活用能低碳化、养殖良种化、种植高效化等"十化"标准建设红岩村。[①] 恭城瑶族自治县红岩村是国家民委 2014 年公布的第一批次"中国少数民族特色村寨"之一,位于恭城瑶族自治县莲花镇,共 103 户 407 人,是集山水风光游览、田园农耕体验、住宿、餐饮、休闲和会议商务观光等为一体的生态特色旅游新村。[②] 近年来,红岩村围绕新农村建设"二十字"方针,大力发展休闲生态农业旅游,成效显著,从 2003 年 10 月至今,已接待了中外游客百万人次,成为开展乡村生态旅游致富的典范。红岩村共投资 1 100 多万元,建起了 60 多幢农家别墅,拥有客房 300 多间,餐馆近 50 家。

在政府的引导下,红岩村以种植恭城月柿为主导产业并从中获得显著经济效益。与此同时,红岩村响应政府建设富裕生态家园新村的号召,将原有村庄按照高起点、高标准、高质量、高要求的思路统一规划建设现在展现的 80 多栋整齐漂亮、别具特色的独立红岩新小别墅村。2003 年恭城月柿获农业部(现农业农村部)"无公害农产品"认证,2006 年"茶江牌"恭城月柿(柿饼)被评为广西名牌产品并获农产品地理标志登记保护。2008 年莲花镇成为全国绿色食品原料标准化生产基地。在基地的推广普及下,莲花镇月柿的主产区——红岩村逐渐走上了以养殖为基础,以沼气为纽带,以种植月柿为重点的养殖、沼气、种植三位一体的生态农业发展之路。红

---

① 李剑锋,屈学书.乡村振兴视阈下乡村旅游发展路径及实例研究——基于袁家村深度剖析[J].未来与发展,2019,43(6):72-77.

② 陶虹佼.乡村振兴战略背景下发展民宿业的路径研究——以江西省为例[J].企业经济,2018,37(10):158-162.

岩村也成为恭城瑶族自治县的绿色食品(月柿)标准化生产示范基地。以红岩村月柿为主的"恭城月柿"于2015年12月成功获得国家地理标志产品保护。[①]

恭城的柿子树是在明代万历年间从福建邵安引进,至今已有400余年历史。红岩村种植的月柿饼大、糯、香、甜,利于储存,抵御自然灾害的能力强。红岩村依托当地农业种植形成的特色景观,以及当地良好的生态环境资源优势,利用月柿种植农业+乡村旅游,打造了颇具特色的农业休闲旅游、乡村生态旅游,成功打造了"月柿节"这一旅游节庆。通过月柿农业景观欣赏、瑶族民俗文化表演、月柿采摘等活动吸引游客,实现农业资源与旅游融合发展,形成特色农业旅游产业经济。月柿种植农业+乡村旅游带动红岩村旅游住宿、餐饮、娱乐项目开发,以及农产品就地销售、旅游纪念品销售等周边活动,形成了民族村寨农旅产业融合发展模式。[②] 十多年来,红岩村成功打造品瑶乡柿、赏柿园风光、喝恭城油茶、住生态家园的特色生态文化旅游品牌,先后荣获"全国十大魅力乡村""全国农业旅游示范点""全国特色景观旅游名村""全国文明村""中国少数民族特色村寨"等荣誉称号。如今的红岩村成为集山水风光游览、田园农耕体验、餐饮住宿休闲、会议商务观光等多功能为一体的乡村特色旅游品牌。

四、自然观光马山县

马山县弄拉村是石漠化治理示范村,并建立了马山弄拉自然保护区。前来观光旅游的游客不仅可以感受到大自然被重塑的奇迹,而且能感受到马山人在马山经济发展中的活力。马山打造中国弄拉石漠化地质公园,小都百村成"美丽广西"乡村建设典范,走过弄拉的巍峨险峻,再来品味小都百村的小桥流水。作为"马上大"(马山—上林—大明山)旅游线路的重要景点,小都百村浓郁的文化氛围、优美的田园风光,都让人难以忘怀。当地人坐在树荫下,一边聆听山谷的欢歌,一边喝着新鲜的百香果汁,农家之乐令人向往。自"美丽广西"乡村建设活动开展以来,小都百村以生态建设为主线,将小都百村划分为观光农业园、风情百家园、水车园、江亭园、百乐

---

① 朱勇.乡村旅游市场营销的创新路径及模式研究[C].//江苏省旅游学会.江苏省旅游发展30年学术论坛暨江苏省旅游学会2008年年会论文集.2008.

② 邓敏.产业融合视阈下民族村寨特色产业经济发展研究——以恭城瑶族自治县红岩村为例[J].中共桂林市委党校学报,2017,17(2):22-25.

园、百香园六部分,在河岸设计亲水平台,休闲健康步栈道和环河等,打造小都百村"水车之乡"特色品牌,现已成为南宁市的知名乡村旅游品牌。

近年来,马山县大力发展旅游业,全县旅游景点"各处开花",迎来了全县发展全域旅游的"黄金时代"。2013年8月,马山县首次提出构建环弄拉生态旅游区,以此牵引、辐射全县农业特色化和旅游产业化发展。2015年,马山县入围"创特"(广西特色旅游名县创建县)备选县。为加快推进旅游业的发展,马山县依托优良的山地户外资源和成熟的地方特色节庆,以环广西公路自行车世界巡回赛等一系列体育赛事为契机,连续成功举办12届文化旅游美食节等品牌活动,将国家加快发展体育、文化、旅游产业的决策部署与脱贫攻坚战结合起来,逐步形成了"体育+文旅+扶贫+县域发展"的"马山模式",激发了县域一二三产业融合发展活力,助推脱贫攻坚取得阶段性成果。仅2018年"三赛一节"期间,全县就成功引进7个项目,意向总投资额达13.64亿元,有效推动了脱贫攻坚和县域发展。2018年年底,马山县成功创建广西特色旅游名县,力争实现2019年全县旅游产业井喷式发展。据统计,2019年春节假日期间,全县共接待游客84.32万人次,同比增长7.81%,旅游总收入1 097.16万元,同比增长6.31%。① 马山县依托优质的生态环境资源,致力于旅游规划发展,将绿水青山打造成"金山银山",使群众脱贫致富。

五、"三位一体"发展龙胜生态旅游

桂林市龙胜各族自治县获评2017年度广西科学发展先进县(重点生态功能区)。该县围绕"生态立县·绿色崛起"的发展战略,坚持"生态、旅游、扶贫"的发展思路,聚焦脱贫攻坚、聚力乡村振兴,特别是依托良好的生态环境,推动全县旅游从景点旅游向全域旅游转变,推动旅游业从门票经济向消费经济转变,形成了融红色文化游、农耕文化游、休闲度假游、康寿养生游等为一体的立体化旅游格局。2017年,该县以第一名的成绩通过广西特色旅游名县复核验收,全年共接待游客777.36万人次,比上一年增长20.08%;实现旅游消费83.38亿元,比上一年增长24.10%。在主抓旅游这一支柱、核心产业的同时,该县在工业、特色农业方面齐发力,实现了县域经济的多元发展。2017年,该县完成地区生产总值完成66.63亿元,同比增长

---

① 李诗象."马山模式"下活"旅游+扶贫"一盘棋[J].当代广西,2019(7):45.

6.43%。其中,第一产业增加值12.09亿元,同比增长5.0%;第二产业增加值34.93亿元,同比增长5.7%;第三产业增加值19.61亿元,同比增长8.8%。如今,龙胜旅游形成吃、住、行、游、购、娱一条龙旅游服务体系,并不断拓展和丰富休闲度假游、农耕文化游、民族风情游、生态养生游等旅游模式,为实现旅游业由景区旅游向全域旅游发展模式转变而继续探索。[①]

龙胜生态环境优美,旅游资源丰富,民俗风情浓郁,有"九山半水半分田"之称,有得天独厚的旅游发展优势。近年来,龙胜把旅游业作为战略性支柱产业来发展,先后荣获全球重要农业文化遗产地、广西特色旅游名县、国家全域旅游示范区创建单位、全国生态旅游示范县等荣誉称号。经过努力,该县成功通过生态、旅游、扶贫三位一体的发展路子,带动群众吃上了"旅游饭""生态饭",逐渐形成全县发展旅游、全民参与旅游的全域旅游发展新格局。2018年,全县接待国内外游客860.03万人次,同比增长10.6%,实现旅游总消费105.08亿元,同比增长26.0%。几年来,龙胜已经形成政府主导、群众自觉参与保护生态环境、保护"金山银山"的共识,自然生态环境得到了有效保护,为旅游发展打下了坚实的基础。2017年,全县旅游直接从业人员达2.5万人,间接使45.29%的贫困人口享受到旅游发展带来的红利。龙胜依托生态优势,大力发展森林康养旅游,建成第一批"全国森林养生基地"试点单位和第一批"全国森林康养基地"试点单位,龙脊梯田被遴选为国家重点生态旅游目的地。同时,还开发了一批饮食养生、中药养生、温泉养生的旅游项目。此外,凭借绿色优势,龙胜大力开发具有唯一性和地域性的绿色食品,生产具有龙胜地理特色的有机果、有机菜、有机茶等。目前,该县所特有的龙胜凤鸡、龙胜翠鸭、龙脊辣椒、龙脊茶等8个国家地理标志产品已经获得了有机认证。为了充分满足游客需求,该县大力实施精品旅游+精品农业,全力推进有机食品大园区的建设,不断软硬兼抓,推动龙胜旅游全面提升以及完善旅游公共服务设施,充分利用大数据提升全县旅游管理和旅游信息服务能力,带动全县人民脱贫致富。

六、旅游脱贫致富——三江侗族自治县

柳州市三江侗族自治县被誉为"世界楼桥之乡,侗族风情殿堂"。它像一颗璀璨

---

① 谭熙.龙胜:依托生态资源和民族文化实现"景区旅游"向"全域旅游"转变[N].桂林晚报,2018-08-01(06).

的明珠镶嵌在湘、黔、桂三省（区）交界处，东连世界名城桂林，西壤黔东南民俗旅游胜地，南邻工业城市柳州，北接湖南省通道县、贵州省黎平县。它凭借博大精深的楼桥建筑文化和浓郁的侗族风情，被盛赞为"侗族的香格里拉"。

近年来，三江县认真贯彻落实上级关于精准扶贫工作的安排部署，结合乡村生态旅游产业发展实际，大力发展乡村旅游扶贫富民工程，依托民族文化和民俗旅游品牌优势，将旅游发展与精准扶贫有机结合，大力推进旅游扶贫取得新成效，以打响"千年侗寨·梦萦三江"的品牌。

布央村是三江茶业的发源地，全村现有茶园 240 多公顷，素有"千亩茶园好风光，浓郁茶香飘四方"的美称。近年来，该村以茶强村、以茶富民、以茶兴旅，着力写好茶文章，开发茶园观日出、采制茶体验、百家宴等旅游项目，倾力打响茶旅融合"金名片"。布央仙人山乡村旅游区成立了布央茶叶生态旅游合作社，动员当地贫困户以茶叶入股的方式，通过旅游合作社+农户的模式带动贫困户发展生态茶园观光旅游。目前，该村有旅馆 10 家，旅游饭店 9 家，解决贫困人口 186 人就业，景区基础设施不断完善，知名度不断提高，游客不断增多，自景区创建以来共接待游客 10 余万人次。贵广高铁的开通，拉开了三江县高铁时代的帷幕。布央村茶叶销量激增、游客数量不断攀升。布央村采取旅游景点+合作社+贫困户的模式，引导、鼓励懂经营、善管理的企业、能人进行景点开发建设和经营，以旅游资源入股、投工投劳等运作模式带动当地农民增收脱贫。

布央村的旅游资源丰富，民风淳朴，仍旧保留着旧时民俗，民居多为木质吊脚楼，民族风情浓郁。它是一个展现侗族文化活动的重点景区。冠洞村先后被评为全国美德在农村示范点、全国民族团结示范点、柳州市新农村建设示范点及三江县"十佳生态文化寨"。随着夜幕降临，来自四面八方的游客坐在"百家宴"的长桌旁，共同体验这已有数百年历史的饮食习俗，过足嘴瘾，侗族祝酒歌更是让宴席高潮迭起。2008 年，三江"侗族百家宴"被列入广西壮族自治区非物质文化遗产保护项目，并以其独有的民族特色与风情吸引了大量游客，一大批贫困群众也吃上了"旅游饭"，脱掉了"贫困帽"，三江县的人民群众正走在旅游致富的康庄大道上。

发展生态旅游，可以激发当地的经济活力，推动贫困地区实现脱贫致富目标。回顾广西各地开展的生态旅游典例，不难看出，生态旅游作为连接城市和乡村的纽带，所推出的旅游产品不再局限于绿水青山、乡野风味、土特产品等常规类型，而是向民俗体验、乡村研学、农旅融合等深层次延伸，具有形式多样、特色鲜明的特点，这已成为农村经济发展新的增长点。既带动周边餐饮、住宿、商贸、农家小作坊、农产品加工业、农家乐等行业的发展,也带动了当地农民发家致富。乡村生态旅游极大地促进了社会资源和文明成果在城乡之间的共享以及财富重新分配的实现,并为地区间经济发展差异和城乡差别的逐步缩小、产业结构优化等作出很大贡献,推动欠发达、开发不足的乡村地区经济、社会、环境和文化的可持续发展,使社会主义新农村建设及城乡统筹发展进一步加快实现。

第四节　存在的问题与对策

一、存在的问题

(一)生态学诊断

1.超出生态阈限,生态平衡遭破坏

生态平衡是指在某一特定条件下,适应环境的生物群体相互制约,生物群体之间,以及生物与环境之间维持着的某种恒定状态。[①] 生态系统虽有一定的自我调节能力,但只能在一定条件下、一定范围内起作用。如果干扰过大,超出了生态系统本身的调节能力,就会破坏生态平衡,这个临界限度叫生态阈限。人类的介入,不仅会影响旅游区内物质循环、能量流动的方向和规模,同时有可能造成有害物质的富集,使环境中熵增加。在广西乡村生态旅游领域,仍有部分旅游者和开发管理者的行为没有得到很好的约束,他们忽视了人类与环境资源的协同进化,导致部分乡村生态系统受到外界的压力或冲击而超过其阈限,破坏当地生态系统的平衡,出现生态系统的逆行演替,增加生态系统崩溃的风险。

2.农业景观特质性遭破坏,生物多样性锐减

农业景观的特质性是农耕活动千百年演变积累下来的人地关系,表现为所在地域自然环境特征与人文地理特征叠加的土地形态,是具有生产、生活、生态"三生"功能的景观系统。在乡村生态旅游开发过程中,若缺乏对农业景观特质性全面、深入的认识,盲目采用城市景观建设方法来指导农业景观的建设,将导致农业景观特质

---

① 赵军凯,郭志富,冷传明.生态旅游的生态学原理[J].平顶山师专学报,2004(2):54-56.

性核心价值的消失与乡土特色的丧失。[①] 乡村生态环境是乡村生态旅游产业可持续发展的根本,但一些地方在进行农家乐的开发建设时大兴土木、脱离本源,这不仅与乡村生态旅游自然、朴素的文化内涵相冲突,而且在一定程度上破坏了乡村生态环境。[②] 为了迎合乡村旅游所谓的"主题",许多自然景观被破坏转而变成现代化的设施,农业景观特质性遭到破坏。许多不符合当地环境气候条件的动物、植物被引进,使得乡村的生物多样性锐减,给乡村的生态造成不可逆转的破坏。同时,乡村中不可替代的人文文化被忽视。这种破坏农业景观特质性的建设大大降低了乡村生态旅游资源的价值,影响着农村的建设和发展。

(二)科学规划不到位,缺乏当地特色

乡村生态旅游规划是旅游规划的一种。从资源的角度而言,乡村生态旅游规划是以村落、郊野、田园等环境为依托,通过对资源的分析、对比,形成一种具有特色的发展方向。乡村生态旅游规划既有区域性宏观规划的指导作用,又有策划设计的重点版块的微观落地意义,特别是对于环境的改善、村落风貌设计改造等方面都有很强的指导意义。然而,作为旅游开发与管理的重要环节,目前广西乡村生态旅游规划,缺乏规划的原理与方法的创新,生态旅游的设计理念没有得到有效贯彻,一味效仿已经率先发展起来的其他乡村旅游点,未能凸显因地制宜的生态旅游特色。同时,当地居民利益考虑不充分、规划可操作性差等,这在一定程度上也影响了生态旅游的可持续发展。例如,在旅游项目的建设上,一些景区不顾当地乡村的实际环境,将乡村生态旅游当作一张"白纸",进行所谓的标准化建设,又因为资金不足而草草收场,缺乏科学的规划,对乡村生态旅游建设造成严重影响。

(三)专业人才缺乏,从业人员服务水平低

由于城乡二元化差距越来越大,大量的人才流入城市。而乡村生态旅游景区大都位于城市的郊区和经济发展水平相对较低的农村,或处在边远山区,交通不便,基础设施落后,难以吸引、留住人才,造成景区管理人才和专业服务人员极为缺乏。因此,乡村生态旅游多是由当地农民自己经营,村民受教育水平低,在经营、管理上就

---

① 冯娴慧,戴光全.乡村旅游开发中农业景观特质性的保护研究[J].旅游学刊,2012,27(8):104-111.
② 周杰,吴亚平,盖媛瑾.乡村旅游发展对农村生态环境的负面影响及对策研究[J].新农业,2017(21):4-9.

会出现许许多多的问题。比如:(1)用人机制不规范,多是家族管理体系,没有专业的管理人员,个人素质不高,甚至会出现拉客宰客、强买强卖的现象。(2)许多从业人员文化水平不高,在长期的生产生活过程中形成了散漫和不服约束的习惯,缺乏服务意识,未能给游客提供规范、热情、主动的服务,漠视游客的合理需求,严重影响乡村生态旅游产业的持续、健康发展。(3)乡村中即使有能人大户及具有企业家素质的领头人,但还是普遍缺乏懂经营、善管理的行业带头人以及专业人才。到了旅游旺季,旅行社、景区景点人手不足,不得不降低用人标准,一大批没有从业资格证的"导游"和"速成导游"走上导游岗位。总而言之,乡村生态旅游人才要素市场还不健全,从业人员总体素质不高,行业带头人及专业人才缺乏,这极大地影响了乡村生态旅游业的发展。

(四)旅游产品设计模式化,吸引力不足

乡村的生态发展是一种动态的、多元的发展,乡村生态旅游产品的开发也应该是有变化的、体现特色的开发。山水观光游、高端滨海度假游、长寿养生游、边关游、红色游等旅游品牌仍缺乏竞争力,综合配套和旅游特色是广西旅游发展的两大瓶颈。目前,广西多数乡村发展的是传统的体验型乡村生态旅游,该旅游模式只有在大型集会或者大型活动的吸引下才有理想的游客参观数量,而过于模式化的旅游方式使游客感觉乐趣少、不新颖,造成回头客极少的现象。且由于大部分旅游区规模较小,造成大部分乡村旅游产品在开发前均没有规划设计,因此出现盲目开发、重复建设、低质量建设的现象。例如,观光型景点设计单调,观光形式单纯以田园自然风光为主,无法满足游客对更高品位、更具有文化内涵活动的需求。古村落举办的旅游活动大同小异,民族村寨节庆活动开展的流程缺乏创新元素,农家乐菜品的设计与经营方式过于雷同,对旅游者的吸引力不足。因此,当乡村生态旅游建设的模式没有太多的花样,基本脱离了农业这一主体,没有利用好当地农村特有的原始风貌和资源,缺乏当地特色时,就会脱离实际,进而缺乏长久的吸引力。所以,乡村生态旅游建设要避免出现建设完成之后农民无法参与,其他产业很难融合,最终只能孤零零地成为公园或景点景区的现象。因为这样背离了乡村生态旅游建设的实质和初衷。

(五)乡村民宿、农家乐等产品和服务标准不完善

标准体系尚未建立,一是缺少标准,许多乡村旅游产品无标准可依,往往是某一农户、某一投资商随便开发一片农田、一片山林、一家餐馆就开门纳客。二是不成体系,由于乡村旅游资源由多部门掌握,乡村旅游产品由各部门自行开发,缺乏统一的产品标准,难成体系。三是缺乏层次,不管是旅游部门还是其他部门,建设旅游产品大都采用国家层面的标准,很少根据实际情况制定相关标准。而国家层面的标准大部分都针对层次比较高的产品。我国农村地域广阔,实际情况千差万别,旅游产品小而多样,只执行一个标准是不合理的。[①]

(六)农村基础设施不完善,环境卫生水平低下

为营造美丽乡村,旅游设施和环境卫生应当达到一定的水平,但由于我国对大部分农村生态景区资金投入力度不大,导致景区设施不完善,环境卫生不达标,严重影响了乡村生态旅游业的发展。一方面,部分地区乡村旅游的外部基础设施建设滞后,此外,还存在旅游配套设施用地困难、投资不足的问题。另一方面,乡村生态旅游从业人员法律意识淡薄,不重视环境保护,严重破坏了农村的淳朴民风。一些农家旅馆设施简陋,很多厨房设备落后,没有基本消毒设施,生活用水随意排放,并且从业人员大多是当地农民,没有接受必要的基础培训,缺乏必要的健康保证。可见,乡村生态旅游从业人员角色转换不到位,没有从商业的角度、游客的角度、安全的角度考虑卫生问题。乡村生态旅游景区的环境卫生、餐饮卫生、住宿卫生都有很大的提升空间。这在很大程度上制约了乡村生态旅游的发展。

(七)经营管理、体制模式落后

目前,政府部门对乡村生态景区的监管力度不够,不能有效推动乡村生态经济的发展,对乡村生态旅游的企业、项目无法有效监督。再加上乡村生态景区的管理者多为当地农民,没有系统的管理经验,使得景区管理模式落后,严重影响了景区旅游项目的发展。[②] 乡村生态旅游被广泛地开发和运用,但是乡村生态旅游部门常常凭经验办事,缺乏乡村生态旅游方面的理论知识,在实践过程中研究不足,对乡村生态旅游产业管理人员的培训工作不到位,导致在乡村生态旅游发展过程中存在着明

---

① 吴健.生态旅游小城镇建设用地集约利用评价体系研究[D].南昌:江西财经大学,2010.
② 沈中付.浅谈景区收费系统管理模式[J].中国外资,2013(7):124-125.

显的分工不合理、开发目标不明确等问题,造成乡村生态旅游产业资源浪费。另外,在政府层面缺失对少数民族历史文化内涵挖掘及利用方面的统一规划,导致许多地区制定的标准不同。生态资源整合不够,广西旅游业的发展还较为粗放,服务功能还不够完善,全区生态旅游资源分散、条块分割明显,新的旅游增长点少等,迫切需要进一步补齐短板,提升品质,优化机制。社会资本参与乡村生态旅游建设意愿不强、融资难度较大。景区开发和运营能力差、水平低,是阻碍广西旅游产业做大做强的一个要素。一流的资源、二流的开发、三流的服务,是当前广西旅游业普遍存在的现象。在体制上,由于乡村生态旅游全部在村镇,而旅游的行政管理基本只延伸到县一级。有的地区对试点工程监管不到位,存在管理粗放、施工野蛮等现象。有的地区采用政府与社会资本合作的模式,形式很好,但具体的工作机制和制度有待完善。

(八)投资渠道不顺畅

一方面,由于资本长期关注房地产、城市建设等领域而形成惯性思维,对旅游行业,特别是乡村生态旅游产业还没有足够的重视。另一方面,乡村生态旅游对资本的进入准备不足、经验不足、条件不充分。如进入条件、抵押担保、合作的方式和形式、股权分配等都处在摸索之中,造成了资本的观望态度。未来的乡村价值将会被重新评估,其价值会有一个复合性、综合性的提升。乡村已不再是单一的农业生产载体,它还要解决美丽乡村的生态宜居问题,满足城市人和周边人群的休闲度假、养身康体等一系列的高潜力价值需求。这也助推更多的社会资本"上山下乡",发力乡村建设。投资渠道的拓宽,社会资本的进入,为乡村形态改变提供了更多可能。不过在社会资本进入后,必须系统地考虑这些问题。

(九)法律法规和相关政策不完善

在相关发展乡村旅游方面的法律、规范、政策上,比较欠缺政府强有力的支持和引导。如土地利用、资金投入、资源开发等都只能参照相关产业、行业实施。例如,有的地区不是按照需求去分配国家扶持资金,而是从地方平衡角度出发去分配项目资金,导致工程难以起到应有效果。另外,对于破坏乡村生态旅游发展的现象,也没有专门的惩治依据,这在一定程度上影响了乡村生态旅游的发展。

二、对策

(一)生态学对策

1. 控制生态旅游开发强度,护好生态红线

加强生态旅游立法,进行严格管理;控制生态旅游开发强度,限制景区游客数量,在加强生态教育的同时,也出台相应惩罚措施;遵循生态旅游与环保规律,制定生态旅游政策和开发规划,将环境影响评价与审计运用到建立生态旅游产业结构中;实施旅游管理者和经营者及旅游者生态教育、生态管理,进行全面的生态旅游环境保护[①];在生态旅游区建立定位与半定位观测站点,对生态旅游环境进行跟踪观察研究,以确定其生态旅游环境容量及关注生态环境的变化,以便采取适当的措施。

在旅游开发和经营管理中要始终保持良好的生态环境。生态旅游是一种需要具有强烈环境保护意识的旅游开发方式。乡村生态旅游作为生态旅游活动的一种具体形式,要在旅游活动的内容、接待服务的各个环节上体现环境保护的要求。尽快制定生态旅游区管理条例,使生态旅游开发、经营有法可依,有章可循。加强对各生态旅游景区的日常监督、检查、环境监测及追踪评价,确保生态旅游发展在保护生态旅游环境的前提下进行。应加大管理力度,通过加大执法力度规范游客行为,增强游客保护环境的意识,培养游客的环保责任感,避免其破坏生态旅游景区环境。

2. 坚持生态旅游可持续发展,实现补偿方式多元化

对于目前广西乡村生态旅游存在的问题,我们可以采取相应的对策。例如:实施政府—市场配合管理机制,落实生态保护观念;增强规划编制的科学性,合理规划并阶段性开发生态区域,丰富产品种类,凸显产品的生态人文特色;实施分类管理,重生态保护过程;加强对高级专业人才的引进与培育。

确保乡村生态旅游可持续发展,除了创造必要的条件,还必须坚持在旅游生态补偿方面将市场补偿、政府补偿和社会补偿等有机结合,实现补偿方式多元化,让更多主体参与到生态补偿中来。开征生态税,引进激励机制等辅助性的生态补偿方式,既注重外力帮扶,又注重激发贫困地区内生动力,拓展为技术、发展机会补偿,实现可持续、可循环的生态补偿。更重要的是,旅游开发商应不断加大对乡村旅游项目的资金投入,在贯彻低碳理念和做好生态保护基础上,对乡村特色旅游元素加以

---

① 张莹. 生态旅游环境问题与保护对策初探[J]. 吉林省教育学院学报（中旬）, 2013,29(3):149-150.

整合,打造有价值的旅游品牌,处理好经营收益与村民利益的关系,形成合理的利益分配机制。

3.优化产业结构,开拓多元化旅游创新模式

大力探索乡村生态旅游新模式。因地制宜,探索"旅游+农业""旅游+林业""旅游+水利""旅游+国土""旅游+交通"等旅游新模式。细节方面要加强乡村风貌整体管控,注重农房单体个性设计,建设立足乡土社会、富有地域特色、承载田园乡愁、体现现代文明的升级版乡村,避免千村一面,防止乡村景观城市化。大力实施数字文旅、品牌文旅、金融文旅、科技文旅、生态文旅五项举措,坚持内外兼修、融合发展,不断壮大市场主体,优化产业结构,提升产业核心竞争力。[①] 对于旅游者来说,不断尝试新的旅游体验,不断欣赏前所未见的旅游景观是他们强大的旅游动力。旅游经营者为了满足旅游者的需求,应该对自身强项的旅游项目精益求精,并且适度推出新的体验项目。一方面,要保持地域特色文化,防止乡土文化的丧失;另一方面,针对乡村生态旅游开发普遍依赖历史的情况,注重挖掘一些目前没被注意到的乡村文化,在其旅游规划及开发中加大这些文化开发的比重。例如,开展以当地传统美食、特色小吃为主题的美食大赛,舞龙、舞狮、踩高跷等结合传统民俗的各种体育比赛项目。

(二)明确政府职责,引导乡村旅游绿色发展

政府规划应积极发挥自己的主导功能,促进乡村生态旅游建设,健全乡村的生态旅游管理机制。要想乡村生态旅游稳定持续发展,对乡村资源进行整合、统一规划是必不可少的一步,对不同地区乡村生态旅游进行全面推广,引导乡村在基础建设时凸显一定风格,使其形成以地域特色为核心的优势,促进我国乡村生态旅游的发展。政府有关部门应充分发挥自身的职能,提高对乡村生态旅游产业的重视程度,加强对乡村生态旅游产业科学规划和正面引导工作,明确乡村旅游项目开发的基本目的,改变乡村生态旅游产业的跟风现象,为乡村生态旅游提供政策引导和支持。同时,在新媒体时代,县级相关部门要充分利用新媒体,加大对民族特色生态旅游地区的宣传,扩大特色地区的知名度,增强吸引游客的能力,扩大影响力。

---

① 蒋瑞明,刘志超,李正伦,等.乡村振兴战略下的乡村规划探索——以东台市三仓镇兰址村、联南村、官苴村特色田园乡试点规划为例[C].//中国城市规划学会.共享与品质——2018 中国城市规划年会论文集(18 乡村规划),2018.

政府还要促进企业充分发挥对乡村生态旅游产业的带动作用,尤其是对乡村生态旅游项目在投资、审批、税收、贷款等方面提供更多的优惠,保障乡村生态旅游产业可持续发展。乡村生态旅游精准扶贫需精准构建各主体之间有效的合作和协调机制。政府必然要发挥好顶层设计的主导作用,组建旅游扶贫部门,为乡村旅游扶贫提供政策支持、基础设施建设、资金保障及信息服务,支持小微经营性项目开发,通过招商引资优化融资体系,优化乡村旅游环境。同时,社区主动参与旅游资源开发,协调解决遇到的政策性、全局性问题,加强对扶贫对象的业务培训,提升乡村旅游贫困户的经营管理水平,宣传、促销当地乡村旅游产品。

(三)提高从业人员综合素质,加强服务

在乡村生态旅游经济发展过程中,从业人员占有极其重要的地位。所以,在乡村旅游产业得到高质量、全方位发展的同时,必须加强对从业人员的专业培训,提高其业务能力和综合素质,从而更好地为游客服务。比如,在整个培训的过程中,要使从业人员更全面地了解当地区乡村生态旅游的特色资源及这些资源所具有的历史渊源、内涵。另外,乡村旅游从业人员还要熟练掌握接待游客的流程及基本的礼仪规范。广西特别重视乡村生态旅游人才开发,培育和善用乡贤,发挥乡土人才的智慧,吸引大学生村官、专业人才、旅游职业经理人等群体回乡创业。[①] 鼓励和引导返乡、下乡人员按照全产业链、全价值链的现代产业组织方式开展创业创新,建立合理稳定的利益联结机制,推进农村一二三产业融合发展,让农民分享二三产业增值收益。以农牧(农林、农渔)结合、循环发展为导向,发展优质高效绿色农业,实行产加销一体化运作,延长农业产业链条,推进农业与旅游、教育、文化、健康养老等产业深度融合,提升农业价值链。引导返乡、下乡人员创业创新向特色小城镇和产业园区等集中,培育产业集群和产业融合先导区。

(四)完善基础设施建设标准,加快推动全域旅游发展

不断提升旅游基础设施和公共服务水平,优化旅游住宿设施空间布局、档次结构和功能结构,坚持旅游住宿业品质和特色,着力培育特色旅游餐饮,完善旅游公共信息服务体系,深入实施旅游标准化战略,强化旅游标准管理。建立和完善旅游国

---

① 国务院办公厅关于支持返乡下乡人员创业创新促进农村一二三产业融合发展的意见[N].农民日报,2016-12-10(005).

际标准、国家标准、行业标准、企业标准和广西旅游服务标准有机衔接的标准体系。发展乡村生态旅游,当地政府要起主导作用,要有明确的思路和具体的措施,要加强有利于乡村生态旅游发展的软硬环境建设。硬环境建设是指建设发展乡村生态旅游所必需的基础配套设施,特别是作为旅游村落的村庄,政府更要加强道路等基础设施的建设和更新,提高乡村的通达性。发展乡村生态旅游一个重要的条件就是要抓好乡村基础设施建设,要想富,先修路,加快畅通乡村的道路、电路、水路、网络。推进全区乡村旅游道路建设,结合"四好农村路"建设,统筹考虑全区乡村旅游道路发展,完善农村公路网络布局,加快乡镇、建制村硬化路"畅返不畅"整治,优化建制村硬化路路线,尽可能连通更多自然村,推进较大自然村通硬化路建设,加快提升改造低等级农村公路。广西要以优化旅游交通服务体系、实现旅游交通网络全域覆盖为目标,加快交通基础设施建设,完善旅游服务设施,创新"交通+旅游"模式,满足游客出行多元化需求,加快推动广西全域旅游发展。例如,高铁乡村旅游扶贫新模式不断优化,高铁旅游网不断完善,各地的游客将能更好地感受到八桂大地的山水田园之美。①

　　总之,在未来几年,乡村生态旅游业仍然是广西旅游业的主要力量。通过发展乡村生态旅游业,拓宽了乡村旅游消费市场,推进乡村旅游实现消费大众化、产品特色化、服务规范化、效益多元化发展。下一步,广西要继续推动乡村旅游升级换代,为乡村振兴增添更强劲的动力。在保持原生态的前提下,不断创新,开发适合新需求的乡村旅游产品和业态。鼓励社会资本投资建设田园综合体、农业主题公园、现代农业庄园、共享农庄、特色民宿等乡村休闲度假产品和农家乐、研学旅行产品,探索形成更多类型、更具特色的乡村旅游发展新模式。

---

① 邝伟楠,孟萍,何明.广西:高铁旅游助力乡村振兴[EB/OL].(2018-07-12)[2019-11-12].http://www.ctnews.com.cn/art/2018/7/12/art_116_22086.html.

第六章

实施乡村生态扶贫

第一节　生态扶贫概述

一、扶贫发展的轨迹

贫困普遍存在于当今世界各国,无论是发展中国家还是发达国家,均有一定贫困人口,而中国的贫困人口主要分布在农村。自新中国成立以来,我国根据国情制定了不同发展阶段的政策措施,分阶段开展了有效的贫困治理工作,走出了一条具有中国特色的扶贫开发道路。截止到 2018 年底,农村贫困人口已降至 1 660 万人[①],这为世界反贫困事业作出了巨大贡献。纵观我国的扶贫历程,可以大致分为以下四个阶段:计划经济体制下的广义扶贫阶段(1949—1977 年)、体制改革下的大规模缓解贫困阶段(1978—1985 年)、经济高速增长期的开发式扶贫阶段(1986—2000年)和全面建成小康社会中的扶贫开发阶段(2001 年至今)。

从 1949 年新中国成立到 1977 年改革开放前,我国在农村土地改革运动的推动下,经过大规模基础设施建设,初步建立起农村供销合作及信用合作体系,并形成了以"五保"制度和特困群体救济为主要内容的社会基本保障体系,自此,新中国第一次在全国范围内减少了农村贫困人口。[②] 由于基础薄弱等制约因素的存在,农村绝

---

① 贾兆恒.统计局:截止 2018 年末全国农村贫困人口供计 1660 万人[EB/OL]. (2019−02−15)[2019−06−28]. http://finance.sina.com.cn/china/gncj/2019-02-15/doc-ihrfqzka6051150.shtml? from=wap.

② 赵琳,刘丹.回顾扶贫开发工作历程[EB/OL].(2019-05-22)[2019-06-28].http://dy.163.com/v2/article/detail/EFP782A8051691FK.html.

对贫困人口仍高达2.5亿人,约占农村总人口数的30%。1978年改革开放后,在体制改革的推动下,贫困问题已经得到极大缓解。通过转移土地经营权、提高农产品价格、转移农村劳动力等一系列的制度改革,极大地调动了农民的生产积极性,农村生产力得到解放,农村的贫困状况从根本上得到缓解,使农村绝对贫困人口减少到1.25亿人。①

1980年,中央设立专项基金,支援经济欠发达地区的发展。1984年发布的《关于尽快改变贫困地区落后面貌的通知》,在全国范围内确定了18个片区作为重点扶持对象,并实施了贫困地区基础设施建设,大大缓解了农村贫困问题。这一时期实施的各项扶贫政策与措施为日后扶贫工作的开展提供了宝贵的实践经验。随着我国经济的快速发展,政府开始有计划、有组织、大规模地开展扶贫工作。1986年国务院扶贫开发领导小组正式成立,各级地方政府也成立相应机构负责当地扶贫开发工作。同年,贫困县制度的实施标志着我国扶贫思路从"人口瞄准"即政府直接救济贫困人口转向"区域瞄准"。

1994年制定的《国家八七扶贫攻坚计划》提出,要力争在7年左右时间里基本解决全国8 000万农村贫困人口的温饱问题。这是我国出台的第一个目标明确、对象明确、措施明确和期限明确的扶贫开发行动纲领。2001年制定的《中国农村扶贫开发纲要(2001—2010年)》标志着我国扶贫工作进入巩固各项扶贫成果、提高发展水平、缩小区域发展差距的综合开发阶段,并把贫困人口较为集中的中西部少数民族地区、革命老区、边疆地区和特困地区作为扶贫开发的重点区域。2011年出台的《中国农村扶贫开发纲要(2011—2020年)》(中发〔2011〕10号)又提出建立和完善扶贫对象识别机制,做好建档立卡工作,实行动态管理,并明确提出把连片特困地区作为主战场。2013年,习近平总书记在湖南考察时首次提出"精准扶贫"的概念。同年,国务院制定颁布《建立精准扶贫工作机制实施方案》。由此,精准扶贫工作的序幕在全国范围内拉开。

2016年12月31日,中共中央、国务院发布的《中共中央 国务院关于深入推进农业供给侧结构性改革加快培育农业农村发展新动能的若干意见》(中发〔2017〕1号)着重指出要将生产方式绿色化,增强农业可持续发展能力,进一步把生态扶贫摆在关键位置。2018年国家发展改革委等六部门共同制定《生态扶贫工作方案》,直

---

① 杨青青.参与式视角下财政扶贫的研究[D].北京:中国财政科学研究院,2018.

接将生态扶贫定为精准扶贫、精准脱贫的标杆,以扶贫开发与生态保护并重为准绳,以促进贫困地区脱贫致富与可持续发展相融合,加速实现脱贫攻坚与建设生态文明"双赢"为宗旨。通过开展重大生态工程建设、加大生态补偿力度、积极发展生态产业、开创生态扶贫道路等超常规措施,切实加大对贫困地区和贫困人口的帮扶力度,使贫困地区在生态保护中得到更大发展,贫困人口从生态修复中得到更多实惠。

纵观我国扶贫工作的历程,可以发现,我国扶贫模式实现了从救济式扶贫向开发式扶贫的转变,完成了由"输血式"向"造血式"的转化[①],扶贫工作也取得举世瞩目的成就。实践证明,开发式、造血式的扶贫方式显然更加科学合理,更加符合我国的国情,把资金定向投入开发贫困地区,进而促进贫困地区经济快速高效发展,最终实现贫困地区农民增收的方式也更加行之有效。

二、生态扶贫的概念

早在 1999 年,生态扶贫的概念已被界定。生态扶贫,即结合当地的实际,发展具有地方特色的产业,从而实现贫困地区从根本上脱贫。杨文举对"生态扶贫"做了更加系统的阐释:在既定资源环境状况和经济发展水平的前提下,凭借各种可能途径增强贫困户的生态环保意识。通过改善环境、平衡生态,依托现代农业、工业和信息业等科技,大力发展生态产业,使贫困地区的经济社会发展和生态环境相协调。生态扶贫概念的早期定义还曾出现在《人民日报》中:"生态扶贫"是指从改变贫困地区的生态环境入手,加强基础设施建设,从而改变贫困地区的生产生活环境,使贫困地区实现可持续发展的一种新的扶贫方式。[②]

2012 年以来,随着生活水平的不断提高,人民对物质生活的追求不再局限于解决温饱问题,而对生活理念的认识有了很大程度的改变。随着新政策的不断出台,生态扶贫越来越受到重视,"生态扶贫"一词也逐渐成为研究的热点。不同研究者从生态扶贫的不同角度进行了研究。有的主要从扶贫的路径与方法角度对生态扶贫进行深入研究;有的侧重于从生态系统及其服务功能与扶贫开发的关系,以及实现扶贫效益最大化与生态系统最优化的关系来界定生态扶贫;有的着重从生态产品的

---

① 谭贤楚."输血"与"造血"的协同——中国农村扶贫模式的演进趋势[J].甘肃社会科学,2011(3):226-228.

② 骆方金,胡炜.生态扶贫:文献梳理及简评[J].经济论坛,2017(3):150-152.

生产与需求层面对生态扶贫进行不断探索;还有的从正确认识和处理人口、资源和环境的关系出发对生态扶贫进行广泛探讨。骆方金再次阐释了生态扶贫这一概念,认为生态扶贫是在政府部门的引导下,企业、社会组织及志愿者三者相互协调、共同参与的新型扶贫方式。① 总的来看,对生态扶贫的研究和界定主要集中在扶贫的目标定位、产业选择、方法手段及其特点等视角,且存在两点不足:一是很少从整体上对生态扶贫进行概括;二是很少结合基本理论、基本问题和具体方法对生态扶贫进行界定。②

三、生态扶贫的内涵

生态扶贫是将生态建设(保护)与扶贫开发有机统一,通过促进生态保护与扶贫开发的同步发展、实现贫困地区人口资源环境协调发展而实施的一种扶贫模式;是在统一贫困地区、重点生态功能区和项目实施区的发展目标的基础上形成的一种扶贫模式;是将"创新、协调、绿色、开放、共享"五大发展理念切实呈现于扶贫开发领域的一种扶贫模式。③ 以"绿水青山就是金山银山"理论为指导,充分协调扶贫开发与生态保护和生态修复之间的关系,重点扶持贫困地区、贫困人口,实现脱贫攻坚与生态文明建设双赢。④

生态扶贫的目的在于鼓励贫困地区的人民进行生态建设,提高他们的就业率,增加他们的收入,改善他们的生活。从改变贫困地区的生态环境入手,通过加强基础设施建设来改变贫困地区的生产和生活条件,以完善贫困地区的生态服务功能,最终探索出一条投入少、收益高,符合中国国情的可持续扶贫方式。

四、生态扶贫的基本特征

(一)生态特征
生态扶贫的生态特征是提高环境质量,维持区域生态系统的快速发展。营造良

---

① 骆方金.生态扶贫:概念界定及特点[J].改革与开放,2017(5):71-73.
② 龙涛.生态扶贫研究综述与重点展望[J].四川林勘设计,2016(3):50-54,89.
③ 沈茂英,杨萍.生态扶贫内涵及其运行模式研究[J].农村经济,2016(7):3-8.
④ 楚镒铭.生态扶贫内涵及其运行模式分析[J].中国林业经济,2018(5):73-74,78.

好的生态环境能保证人和社会持续健康发展。生态环境服务于人类的生产和生活，破坏了生态系统就意味着失去其服务功能，人类生存就会因此而得不到保障。建立主体功能区制度和生态红线保护制度，对重点生态功能区实施重点保护，开展包括天然林保护、退耕还林等在内的重点生态工程。生态扶贫就是要在主体功能区制度、生态红线保护制度的约束下，从构建健康良性的生态系统出发，利用生态环境获得发展机会，构建环境友好型生态产业，实现区域经济社会的可持续发展。

（二）经济特征

生态扶贫的经济特征是将绿水青山变成"金山银山"，提高生态资源利用率，推动生态产业的发展。环境是民生，青山是美丽，蓝天是幸福。青山、绿水、蓝天所组成的生态资源是生态扶贫的环境基础和产业发展条件。市场在绿水青山转变为"金山银山"的过程中发挥主导作用。林下资源在市场配置的作用下成为农牧民增收的重要来源。生态旅游产业的快速发展，生态林业、生态牧业、有机农林牧副产品等产业发展正是"绿水青山"变成"金山银山"的真实写照。以生态保护优先的生态扶贫，不是面对丰富的生态资源却不作为，而是将生态资源转化为生态资本要素，并将其融入区域经济社会发展之中，赋予贫困群体更多参与生态资源资本化的权利。

（三）制度特征

生态扶贫的制度特征是完善生态补偿制度，提高贫困人民的可持续生计能力。贫困地区存在过度干扰导致生态退化以及环境恶化导致资源难以利用的问题。[1] 虽然生态建设的目的是对生态退化的治理，但在一些层面上限制了当地居民对生态资源的合理利用。那些拥有丰富森林资源和水资源的居民，无法在保护生态资源的同时从生态系统中获取直接的收益。那些生态系统得到很好保护的资源富集区域却出现了贫困现象。因此，建立对贫困地区农户资本维护的补偿制度，是消除贫困的必由之路，也是生态扶贫的核心内容。

---

[1]　彭忠平.贫困地区的精准扶贫与绿色守望——广西实施生态扶贫的路径选择［N］.广西日报,2016-02-25(013).

五、生态扶贫的路径

(一)生态建设扶贫

生态建设扶贫是生态扶贫的基础,是当前贫困地区实施力度最大、涉及范围最广的生态扶贫项目。我国生态建设与扶贫开发的目标具有一致性,这是由于我国贫困人口集中区和生态保护区重叠于环境脆弱的生态退化区。[①] 生态建设扶贫在政府主导下,建立退耕还林(草)、自然保护区建设等项目,建立政府政策性资金与社会有机组合的共生机制,设立生态建设与保护就业岗位,引导贫困地区居民向生态工人转变,使居民获得财产性收入。生态建设维护与贫困地区生态资源存量的增加,保障贫困人民的生态产品自用,为生态资源的产业化开发和生态服务消费市场的建立创造了条件。从更深层次来看,生态建设工程对贫困地区生产条件改善、生产要素配置优化、产业结构调整等具有重要作用。但生态建设与扶贫开发具体的运行机制与组织形式又有所差别,生态建设与贫困地区脱贫需求之间存在一定的矛盾,生态建设的长期性、全局性等特点也与扶贫要求的实效性存在冲突。因此,生态建设与扶贫开发之间是一种特殊的对立统一关系。[②]

(二)制度保障扶贫

当前,制度保障扶贫采用的最主要形式是生态补偿机制。一般来说,生态补偿的目的是持续性地利用生态系统提供服务,并主要以经济手段来调节相关利益关系的制度安排。中国环境与发展国际合作委员会生态补偿机制课题组指出,长期以来贫困地区在生态保障、资源储备和风景建设等方面扮演着重要角色,生态补偿扶贫是社会公平正义的具体体现。生态补偿既注重以制度激励的方式促进生态保护,也注重协调各相关主体之间的利益关系,通过内化生态保护行为的外部性,弥补利益相关者为保护或修复生态服务价值而造成的部分损失,有效调解生态保护与经济发展间的冲突。当前,生态补偿扶贫是以资金补偿方式为主,但从长远来看,将制度补偿作为生态补偿扶贫的重要方式会大有裨益。值得注意的是,生态补偿并不能完全等同于扶贫开发。虽然生态补偿与扶贫开发的受益主体、资金来源和实施方式有极

[①] 刘慧,叶尔肯·吾扎提.中国西部地区生态扶贫策略研究[J].中国人口(资源与环境),2013,23(10):52-58.

[②] 程会强.深化生态扶贫,保护发展双赢[J].国际融资,2018(9):30-35.

大相似性,但其目标和实施机制仍存在很大差异。为达到将生态补偿扶贫作用最大化的目的,就要充分结合贫困地区的区域性特点,准确定位其实施范围。制度保障扶贫还出现了一种碳排放权交易制度的新形式。该制度一方面通过出售碳排放指标使贫困人民获得收入,另一方面通过发展再生能源产业为贫困人民提供了更多的就业机会。此外,碳排放权交易项目也为贫困地区带来了先进技术与资金支持。

(三)生态移民扶贫

从环境承载力和人口压力的角度来看,生态移民扶贫是某些地区扶贫的必然选择。生态移民是指为了保护或修复某个地区的生态系统而进行的移民,也指由于当地自然环境恶劣,几乎不具备人类生存的必要条件或不存在就地扶贫的可能性而将当地居民全部转移的移民。一般将生态移民看作居民在生态环境与生存压力下进行的非自愿迁移,而实质是协调人与生态环境的关系。生态移民并不等同于异地安置,因为它还受到社会适应、观念变迁与文化震荡等方方面面的影响。当前,生态移民扶贫仍面临诸多问题,例如居民不愿迁移、移民如何就业、移民工程规划是否科学等。所以,在生态移民过程中必须加大对移民的后期帮扶力度,完善生态移民管理机制,实现生态移民扶贫的可持续发展。在精准扶贫的背景下,易地搬迁是生态移民扶贫的新形式,也是改善生态环境、减少贫困发生率的有效措施。[①]

(四)生态产业扶贫

发展生态产业是生态扶贫的核心动力所在。与生态移民扶贫不同的是,生态产业扶贫是生态扶贫的高级阶段,更适用于生态资源较为丰富的贫困地区。与生态资源匮乏地区相比,它的优势在于可以利用其独有的生态资源与产业化结合,进而实现脱贫。当前,贫困地区的生态资源利用还停留在直接使用上,在很大程度上忽视其深层的价值与功能。利用社会资本对生态资源所蕴含的价值进行开发,通过市场配置生态资源的方法,对生态资源进行深度利用。生态产业可根据产业属性划分为生态农业、生态工业和生态服务业三种类型。有机农业、林产品种植等是生态农业扶贫的典型方式。生态工业扶贫以调整和优化工业布局为手段,达到区域经济可持续发展的目标。当前,生态服务业扶贫的主要形式是生态旅游。生态旅游兼具保护

---

① 陈甲,刘德钦,王昌海.生态扶贫研究综述[J].林业经济,2017,39(8):31-36.

自然环境和维持当地居民生活的责任,在贫困与生态重叠的区域,生态旅游可以兼顾生态保护与经济发展。因为生态环境具有脆弱性,所以在开发生态旅游资源的同时还要考虑到对生态环境价值进行补偿。

良好的生态环境是广西的品牌优势和核心竞争力。广西想打赢脱贫攻坚战,就必须发挥生态优势,加强生态扶贫,发展生态经济①,走出一条适合广西扶贫开发的新路子。

第二节　广西生态扶贫发展现状

一、广西贫困区域分布特征

广西贫困地区主要分布于广西西部、西北部和东北部,涉及金钟山、青龙山、东风岭、都阳山、凤凰山、九万大山、八十里大南山、越城岭、都庞岭、六诏山、西大明山、大明山、大瑶山、四方岭、十万大山等地的革命老区、少数民族聚居地区和广西与贵州、云南、湖南及越南交界的边境地区,以及桂西北岩溶石山裸露的大石山地区。②

广西地貌以丘陵山地为主,盆地形态突出,喀斯特地貌广布。广西丘陵山地面积 178 930 平方千米,占总面积的 75.6%,平原面积 34 567 平方千米,仅占 14.6%。广西的山地由边缘山地和内部弧形山脉两部分组成。边缘山地有由九万大山、大苗山、摩天岭、天平山、大南山、越城岭、猫儿山等组成的桂北山地;由金钟山、岑王老山、凤凰山等组成的桂西北山原山地;由六诏山、泗城岭、大青山、西大明山等组成的桂西南山地和由都庞岭、萌渚岭、海洋山、大桂山、云开大山、大容山、六万大山和十万大山等组成的桂东、桂东南华夏构造山地四部分。内部弧形山脉由架桥岭、大瑶山、莲花山、镇龙山、大明山和都阳山组成,山脉的排列为向南突出的弧形。弧形山脉内部为海拔 500 米以下的丘陵平原,峰林和残丘平原广布,形成了以柳州、来宾为中心的喀斯特盆地形态。喀斯特地貌面积 70 733 平方千米,占广西总面积的29.9%。多姿多彩、形态奇特的热带喀斯特地貌,形成丰富的山水风景资源,为发展旅游业提供了优越的条件。但是,喀斯特地区水文地质条件特殊,地表干旱,地下河

---

① 赵堂高.实施生态扶贫 发展生态经济[J].世界热带农业信息,2014(8):19.
② 广西壮族自治区地方志编纂委员会.广西通志·扶贫志[M].南宁:广西人民出版社,2013:9.

系发育,地表崎岖,石多土薄,易旱易涝,耕地分散、瘠薄、交通不便,有些地方人畜饮水还有困难,对社会经济发展极其不利。

山多地少,致使农业发展相对缓慢,生产率低。区内贫困群体主要分布在环境恶劣、交通不便的偏远山区。据统计,海拔在500—800米的中低山有4.65万平方千米,占全区中低山总面积的81%。石山面积7.6万平方千米,占全区石山总面积的77.6%,人口1 000多万人,约占自治区总人口的25%。49个贫困县中海拔在800米以上的高山有2.87万平方千米,占全区高山总面积的74%。一、二、三类贫困村主要分布在百色、河池、贺州、柳州等地,主要聚集在山地集中的少数民族连片地区。山地面积广、耕地资源稀缺是大多数县域发展的瓶颈,且多数县属于典型的喀斯特峡谷地貌,溶蚀现象十分严重,生态系统自我恢复能力差,除少数峰林盆地和孤峰平原外,耕地呈现零星分散状态,在很大程度上限制了当地农业经济和农业产业化的发展。要想发展经济,交通运输业的发展是必不可少的。偏远山区农民的经济收入主要来源于农业,其余的农副产品的销售受到交通不便的限制,只能在相邻的村销售。这就明显减少了山区农民的经济收入,在一定程度上限制了山区的发展。区域内发展明显不平衡、不协调,沿海地区交通便利、市场广大,旅游开发相对连片山地更为容易,经济发展速度快,贫困程度低,主要等级为五类贫困村。

"十三五"期间广西5 000个贫困村开始陆续脱贫,据自治区扶贫办发布报告,2016年实现了946个贫困村、4个贫困县(邕宁区、龙圩区、陆川县、合山市)脱贫摘帽;2017年实现1 056个贫困村、7个贫困县(龙州县、蒙山县、上思县、兴业县、百色市右江区、贺州市八步区、南丹县)脱贫摘帽;2018年实现了1 452个贫困村、14个贫困县(国家扶贫开发工作重点县:龙胜各族自治县、资源县、田阳县、田东县、西林县、富川瑶族自治县、金秀瑶族自治县、大新县、宁明县和自治区扶贫开发工作重点县:苍梧县、平果县、河池市金城江区、天峨县、武宣县)脱贫摘帽。根据脱贫村的脱贫年份以及其空间分布可知,广西扶贫办采取自西向东的脱贫路径。

二、广西生态扶贫产生的背景

党的十八大报告首次把生态文明建设纳入中国特色社会主义事业总体布局,并对推进生态文明建设进行全面部署。"绿水青山就是金山银山"理念深入人心,生态文明顶层设计和制度体系建设加快推进。党的十九大报告提出,我国社会主要矛盾已经转化为人民日益增长的美好生活需要和不平衡不充分的发展之间的矛盾。这表明人民美好生活需要日益广泛，不仅对物质文化生活提出了更高要求，而且对环境等方面的要求日益增长。环境就是民生，青山就是美丽，蓝天也是幸福；保护环境就是保护生产力，改善环境就是发展生产力。在2018年全国生态环境保护大会上，习近平总书记强调，我们要积极回应人民群众所想、所盼、所急，大力推进生态文明建设，提供更多优质生态产品，不断满足人民群众日益增长的优美生态环境需要。"绿水青山就是金山银山""尊重自然、顺应自然、保护自然""绿色发展、循环发展、低碳发展"作为习近平生态文明思想三大基本理念，为广西地处大山深处具有良好生态环境的贫困地区进行生态扶贫指明了方向。在党的十九大报告中，习近平总书记提出把脱贫攻坚作为全面建成小康社会决胜期必须坚决打好的三大攻坚战之一，把生态扶贫作为打赢脱贫攻坚战的重大举措[①]，将生态扶贫摆在关键位置，把生态扶贫推向高潮。

一直以来，广西在控制生态破坏和进行环境整治方面都取得了显著的成效，但环境和生态问题依然存在。尤其是在部分贫困山区，人们的生产生活依赖于自然资源，为提升生活水平而不得不以牺牲生态环境为代价，这使得农村经济社会可持续发展受到了极大的限制。同时，资源环境不协调、发展不平衡等问题开始集中显现。为解决此类问题，生态移民开始进入人们视野。作为促进经济社会平稳发展和保护生态环境的重要措施，生态移民已成为西部地区实施城乡统筹和扶贫开发的重要举措。[②] 近年来，为了打赢脱贫攻坚战，广西将发展产业作为脱贫攻坚的治本之策、关键举措和根本出路，并立足于资源禀赋，充分运用比较优势，对精准脱贫的林区立体复合生产模式进行了深入探索。[③]

2005年广西启动生态省（区）建设，提出经过20年的努力，把广西建设成为经济繁荣、人民富裕、生态良好、环境优美、社会文明的可持续发展省（区）。总的任务要求就是努力建设"六大体系"：到2025年，在全区初步形成生态经济体系、可持续利用的资源保障体系、山川秀美的生态环境体系、人与自然和谐共处的人居环境体系、支撑可持续发展的科技与安全能力保障体系、体现现代文明的生态文化体系六

---

① 唐建兵.党的十八大以来生态扶贫政策的发展特征[J].青海师范大学学报（哲学社会科学版），2019，41（2）：1-7.

② 徐雷，杨勤，毛正强.生态移民、防灾避险与精准扶贫协同发展路径研究——基于成都市统筹城乡发展的视角[J].西华大学学报（哲学社会科学版），2019，38（6）：58-64.

③ 高飞，李国龙.广西产业脱贫纪实：产业精准到户脱贫不落一人[N].农民日报，2018-05-14（02）.

大生态体系。2006年,世界上第一个在联合国清洁发展机制(CDM)理事会注册成功的碳汇造林项目便落户于广西[1],该项目通过造林补偿机制为广西通过生态补偿进行生态扶贫的具体操作提供了良好的借鉴。这些工作的开展和推进为广西开始生态扶贫提供了非常有利的条件和基础。

近年来,广西在生态扶贫方面取得了良好的成绩。龙胜、恭城、罗城等具有代表性的贫困县,坚持以习近平生态扶贫论述为指导,以绿水青山转化为金山银山为目标,发展"生态+产业"扶贫模式[2],成效显著。2019年9月27日,全国生态扶贫工作会议在罗城召开,广西壮族自治区人民政府副主席方春明在会上表示,要充分发挥广西林业产业大区、资源大区、生态大区的优势,深入推进生态扶贫工作[3],国家林业和草原局局长张建龙强调,要继续推进生态补偿扶贫、国土绿化扶贫、生态产业扶贫三项举措[4],为脱贫攻坚战的全面胜利起到兜底作用。

三、广西生态扶贫进展

(一)石漠化治理成效稳居全国第一

2018年12月13日,国务院新闻办公室召开新闻发布会,公布全国岩溶地区第三次石漠化监测结果。截至2016年底,广西岩溶地区石漠化土地总面积为153.29万公顷,占全区面积的6.5%,涉及南宁、柳州、桂林、贵港、百色、贺州、河池、来宾、崇左9市76县(市、区)。广西石漠化土地在百色和河池两市最为集中,面积分别为35.07万公顷和57.91万公顷,分别占全区石漠化土地面积的22.9%和37.8%。广西石漠化土地净减38.72万公顷,减少率20.2%,净减少面积1/5以上,治理成效持续稳居全国第一。

全区各级林业主管部门将综合治理石漠化作为林业重点生态工程,通过新一轮退耕还林、珠江防护林、森林生态效益补偿等林业重点生态工程项目的实施,岩溶地区生态环境得到显著改善。在治理过程中,各地探索出以"竹子+任豆""任豆+金银

---

① 李富福.全球第一例CDM理事会碳汇造林项目在我区成功实施[J].广西林业,2010(8):32-33.
② 孟维娜.习近平生态扶贫论述及其对广西脱贫攻坚的启示[J].经济与社会发展,2019,17(3):1-6.
③ 广西壮族自治区人民政府.方春明出席全国生态扶贫工作会议[EB/OL].(2019-10-09)[2019-11-12]. http://www.gxzf.gov.cn/zwhd/20191009-771597.shtml.
④ 迟诚,康勇军,张玉娇.全国生态扶贫工作会议在广西罗城召开[EB/OL].(2019-09-30)[2019-11-12]. http://www.greentimes.com/green/news/yaowen/szyw/content/2019-09/30/content_436121.htm.

花"等 10 多种混交造林模式,在一定程度上提高了治理过程的科技含量。全区大力推广石漠化治理林业建设六字方针,即"封"(封山育林)、"造"(人工造林)、"退"(退耕还林)、"管"(林木管护)、"沼"(建沼气池)、"补"(生态补偿),建立了 100 多个治理示范点,以促进治理工作全面进展。

近年来,岩溶地区推行了一系列生态保护与防治措施,减轻人为活动压力和监测区内良好的水热条件,广西岩溶地区石漠化面积逐渐减少,生态状况稳定改善。监测结果表明:造林种草和林草植被保护在石漠化顺向演替中起主导作用,贡献率达 83.4%;减轻人口压力和调整农村能源结构对促进植被自然修复的贡献率为 5.2%。同时,加快区域经济发展,减轻贫困程度。与 2011 年相比,2015 年岩溶地区生产总值增加 7 752.57 亿元,农村居民人均纯收入增长 6 299 元。

(二)产业擎起扶贫旗

广西依据不同地区的实际情况差别制定了县、村两级"5+2"和"3+1"特色产业,在 2018 年全国"扶贫日"产业扶贫论坛上被评为全国产业扶贫十大机制创新典型的第一名。[①] 目前,全区建档立卡贫困户的 80% 得到了产业扶贫。

作为自治区扶贫开发领导小组产业开发专责小组的牵头单位,自治区农业农村厅产业扶贫办公室根据全区产业发展实际,2018 年牵头或配合有关单位制定和完善产业扶贫政策,为产业扶贫提供政策保障。调整有扶贫任务县(市、区)特色产业名单和认定标准,将特色产业数量增加到 78 个,基本满足了县级"5+2"和村级"3+1"特色产业选择的需求。指导各县根据规划、资源禀赋和产业发展基础,指导贫困户因地制宜发展特色产业。全面实施特色产业奖补政策,使 65.68 万户贫困户得到切实收益。

《广西产业扶贫范例》的 180 多个典型范例推广到全区,并组织实施 4 亿美元世界银行贷款广西扶贫示范项目,极大地推进了 28 个国家级和自治区级扶贫开发重点县扶贫产业发展,促进了新型农业经营主体培育发展。截止到 2019 年 5 月,全区共有农民专业合作社、家庭农场等各类农业新型经营主体 6.44 万家,带动了 23.46 万户贫困户。贫困村现有产业基地(园)3 500 多个,带动了 8.44 万户贫困户。在 54 个贫困县认定无公害农产品 468 种,认定绿色食品 102 种,认定有机农产品 113 种,

---

① 陈静,贺亮军.广西产业精准扶贫规划成全国典范[N].广西日报,2018–10–25(005).

获得农产品地理标志登记保护产品64种。对30个农产品区域公用品牌、27个农业企业品牌和64个农产品进行了品牌评审及认定。

生态扶贫是一条能够实现保护生态和扶贫的双赢之路,是有利于广西贫困地区可持续发展的新模式和新方向。开展生态扶贫,通过治理石漠化和保护植被,减轻贫困地区的环境压力,阻止其生态系统继续恶性循环。通过加大特色产业的开发力度,提高贫困地区的经济水平。这些都是有助于提升贫困地区和贫困人民的可持续发展能力的方式,是实施精准扶贫、实现快速脱贫的必然选择,也是广西扶贫开发的成功经验。

第三节　典型案例

一、龙胜县"党建+生态"酿造群众幸福之蜜[①]

龙胜各族自治县是一个天蓝、地净、山绿、水清、空气清新的格外迷人的美丽胜境。全县共有10个乡镇被评为自治区级生态乡镇,30个村屯被列入中国传统村落名录,2018年荣获"自治区生态县"荣誉称号。龙胜这些生态文明建设的卓越成就,记录着龙胜县"生态立县、绿色崛起"的足迹。龙胜县的绿色崛起,得益于党的领导与关怀,得益于有活力、有战斗力的党员干部的不懈努力。为了使基层党组织的战斗堡垒作用和党员的先锋模范作用在农村生态文明建设中得到充分发挥,龙胜因地制宜,努力探索,走出了一条支部引领、党员带头、保护+整治+发展的特色道路。

(一)保护为首——党组织建在绿水青山保护链上

为了加强对绿水青山的保护,龙胜县号召119个村级党组织进行道路硬化、饮水净化和村屯绿化工作,加强对传统村落生态环境保护,实施"公民素质提升工程",让环境更好、乡村更美、心灵更善,让人望得见青山、看得见绿水、记得住乡愁。龙胜县伟江乡布弄村的古树、杂木以及公益林全都划分了责任区,由党员结对进行保护,从来没有出现过乱砍滥伐的现象。路边木牌上写着一句引人注目的话——党员心语:生态环境是最大财富、最大优势、最大潜力、最大品牌,一旦破坏,贻害无穷,请像

---

① 王永飞.龙胜"党建+生态"酿造群众幸福之蜜[EB/OL].桂林日报,2019-05-19(01).

爱护子孙后代一样爱护它！离木牌不远处的一株古杉树上挂了一个牌,上面写着党员守护人的名字。杉树、紫檀、樟树,山上随处可见。龙胜县地处山区,平均海拔800米,因此只有保护好植被和树木才有水喝。保护树木,以前靠家规,现在靠支部。

(二)治理为辅——党组织建在生态环境治理链上

"2019年3月27日,经全程排查,龙脊镇河流没有发现采砂船,3月28日,龙脊镇河流水清澈,无异常……"龙胜县龙脊镇和平村党员廖为金的工作本上写满了这样的话。5年前,龙胜河流中的采砂船随处可见,河水十分浑浊,河道被挖得千疮百孔,当地群众十分不满,接连举报和上访,这在很大程度上影响了群众和政府的关系。2013年8月,龙胜县委书记在谈及生态文明建设时斩钉截铁地说:"以铁的决心、铁的意志、铁的措施打击破坏生态环境的行为,宁可发展慢一点也要保护龙胜的生态,绝不引进破坏生态和贻害子孙的项目和产业,全力守护好龙胜的青山绿水。建设美丽家园,为子孙后代留下更多宝贵的自然财富和发展空间。"

为严厉打击破坏生态环境的行为,龙胜在全县119个村级党组织成立了以党员为主体的环境治理领导小组,开展定期检查,全程记录工作,对发现的问题采用清单式管理,改正一个,划掉一个。同时,该县还发出《致全县各基层党组织和广大党员干部的一封信》和《在全县各基层党组织中开展严厉打击环境违法行为》,号召所有基层党组织和全体党员干部争做生态环境治理的领导者、组织者和实践者。先后开展了"支部引领,禁止新建水电站""党员带头,禁渔我先行""党群心连心,控违打非抓到底"等活动,取得明显成效。自活动开展以来,共有70多家木材加工厂被关闭,80条采砂船被清退,87个违法建筑点被取缔。整改后,城乡面貌焕然一新,环境更加优美,清水绿岸、鱼翔浅底的景象也更加凸显。

(三)发展为要——党组织建在生态产业发展链上

喝一口糯米酒,尝一口竹筒饭,赏一场民族舞蹈,在充满乡村风情的木屋小住一晚……漫步龙脊镇大寨村,乡村风景如诗如画。大寨村共有15个村民小组,280多户1 276人,其中98%为瑶族,全村党员人数35人。过去,由于交通不便等原因,发展无产业、说话无人听、办事无人跟。这一情况受到龙胜县委高度重视,县委迅速成立了县乡调研组,深入大寨村进行走访,开展讨论活动,特别是组织党员骨干和能人开展大规模座谈,广泛听取民众意见,最终形成"做好山水、民俗文章,打造生态旅游新大寨"的发展道路。同时,按照古朴、生态、节约的理念,所有党员包片进行建设——卵石建路、民俗绘廊、藤蔓建栏、鼓楼做亭,打造原生态景点景区,生态效益逐渐凸显。2018年,该村仅生态旅游分红就达到670.6万元,平均每户增收2.5万元。

这只是该县生态产业党支部建设的一个缩影。为了将党组织对生态产业的覆盖面进一步扩大,该县还大力发展生态农业和生态工业,成立了有机产业党员服务联盟和生态工业技改党员攻坚队,把党员全部聚集在生态产业链上,让群众在生态产业链上增收致富,把生态产业党支部作为引擎安装在生态产业链上,推动其快速发展。目前,该县已经开发出12个通过有机认证的农产品和6个国家地理标志认证的农产品品牌,完成了1万吨普通工业滑石粉和矿区排水设施等技术改进项目,为进一步的发展打下了坚实基础。今天的龙胜,村屯的路修宽了、环境变美了、产业兴旺了,生态产业对贫困户的覆盖率90%以上,生态扶贫已成为人们脱贫致富的重要途径之一,全县贫困发生率在2015—2018年的三年间由18.7%下降至1.86%。

二、保生态,也富口袋[①]

对于不在重点景区的龙胜县泗水乡龙甸村来说,发展林下产业能够开辟一条增加收入的新途径。技术上不存在问题,主要是考虑什么样的产业适合在土地瘠薄、生态脆弱的地方发展。贫困村大都缺乏资源和资金,主要通过委托经营得到分红,经济收入渠道单一,收入持续增长的空间不大。因此,若想拓宽增收渠道,就要大力发展和扶持绿色产业。

在原生态林下进行养殖,为村民提供了一个"山上就业、家门口脱贫"的有效途径。为响应国家退耕还林政策,龙甸村将原来的农田改种水果,利用林地养鸡,年净收入达到18万元。目前,龙胜凤鸡已被列入国家畜禽遗传保护名录,并销往贵州、湖南、广东等省份,一直以来都供不应求。林下养殖不仅有效利用林下资源,节约肥料、土地和饲料,提升产品质量,而且解决了农民的就业问题,实现了农民增收。除了林下养殖,龙甸村村民还积极调整林下种植的产品,先后转移出10多公顷低产田,开垦梯田16.67多公顷,共种植了枇杷、杨梅、脐橙等12种水果超过2万株,每当到了收获季节,空气中充满着沁人心脾的果香。

---

① 郁静娴.石漠山区长出"绿色银行"[N].人民日报,2018-12-09(10).

三、从靠山吃山到富山养山[①]

受交通、观念、人才等因素的限制,广西很大一部分山区和林区并未在过去几十年的发展历程中找到适合自己的发展道路,以致发展水平相对落后。脆弱的生态与落后的生产高度重合、生态治理与脱贫攻坚任务重叠是这些贫困地区的共性。一方面,大量的贫困人口收入极其微薄;另一方面,生态保护与修复任务众多,需要大量人员进行维护。

以龙胜县为例,全县总面积 2 538 平方千米,其中 87.2% 是山地,素有"九山半水半分田"之称。自 2016 年开始,为了加强对森林资源的管理和保护,从根本上减轻生态环境压力,中央财政每年给龙胜拨发 1 500 万元用于招聘生态护林员(主要是建档立卡的贫困人口)。如今,不仅山有人管,林有人护,火有人防,责有人担,而且为贫困户增加了一份固定收入。

近年来,广西农村随处可见一排排整齐油绿的桉树林。桉树已遍布广西各地大小丘陵和山地,以及周围村庄、路旁。可以说,桉树林已经成为广西的一道独特且具有优势的靓丽风景线。桉树产业已成为广西具有优势的特色、民生产业。全力推进桉树产业的发展,不仅对广西经济和社会的全面发展产生重大影响,而且对促进全国桉树产业乃至整个经济社会的可持续发展都具有重要意义。

当前,广西桉树林分布范围广、产量极高、收益很好、贡献巨大、地位突出。全国的 260 万公顷桉树人工林中,有 80% 分布在广西、广东、海南、福建等沿海省份。广西桉树速丰林总面积即将突破 200 万公顷,大约占全区森林总面积的 1/7。广西森林年采伐限额接近 3 681.8 万立方米,居全国首位,占全国的 1/7,其中桉树采伐限额达到 2 600 万立方米。

桉树生长速度极快。种植桉树能够缩短木材的生产周期,提高木材产量,实现用最少的林地、最短的时间生产最多的木材,可有效缓解社会对木材需求与木材数量有限的矛盾,对保障全区、全国林产工业的持续健康稳定发展有积极作用。另外,种植桉树可以提供一些就业机会,从种苗、造林、营林,到木材采伐、加工、利用全过程,都能提供相应的就业机会。据估计,1 公顷桉树人工林可解决 4 个人的就业问

[①] 莫说青山多障碍:广西林业生态扶贫见闻[EB/OL].(2019-03-19)[2019-07-30].http://www.forestry.gov.cn/main/5383/20181119/165623637776222.html.

题。同时,在桉树种植过程中,参与者可以掌握现代营林相关技术和管理知识,能间接提高劳动者素质,促进林业生产经营水平提升的同时促进农村经济发展。此外,栽种桉树速丰林实行集约化、规模化经营,推广和应用国内外先进的林业生产技术,进一步推广和应用林业科技成果,有助于林业经营管理水平的提高,带动林业生产发展走集约化道路。

广西不断发展桉树人工林,在取得良好社会效益的同时增加林木资源储备。从增加农民收入的角度来看,桉树在广西农民心目中的形象就是"摇钱树",在农民脱贫致富过程中发挥着重要作用。从全区经济产值来看,广西林业总产值在2007—2017年的10年间,从293亿元增加到2 800亿元,增加了近九倍。

四、恭城以功成,生态立县显成效[①]

恭城瑶族自治县位于广西东北部的山区中,既不沿海又不沿边,素有"八山一水一分田"之说,一直是国定贫困县。长期以来,村民靠养殖猪或鸡,在高山上种玉米、低洼地种水稻勉强维持生计,生活长期处在贫困线下。村民经济收入来源少,只得从自然中无限制地索取,山上的树越砍越少,土地越种越贫瘠。面对每况愈下的生态环境,近30年来,恭城终于下定决心,从立法、推广替代能源和发展生态产业等方面对生态环境进行全方位保护,成功使人与自然和谐共处,也为促进绿色发展、打赢脱贫攻坚、增进民生福祉打下坚实基础。越来越多的农民吃上"生态饭",人均年纯收入从1983年的265.8元提高到2017年的11 880.0元。联合国"发展中国家农村生态经济发展典范""国家可持续发展实验区"等荣誉接连而至。在生态文明建设提高到国家战略、绿色发展被列为五大发展理念的背景下,回看恭城发展之路、总结恭城建设经验,必定会给我们带来启发和借鉴。

(一)制度保障荒山重绿

砍完大树砍小树,砍完小树割树苗,割完树苗挖树兜。这是恭城县大多数百姓过去做的事,因为家家户户生火做饭都要烧木材。那时候,村寨附近的山已经是光秃秃的了,村民还时常因为抢一丛灌木而争吵。封山、设卡、禁伐,巡逻、守山、护林,

---

① 陈宝玖,方家喜,谭彦,等.恭城何以"功成"?[N].经济参考报,2018-12-07(A06).

都是治标不治本。事实摆在面前:做饭要生火,生火要烧材。林业部门进行调查得出,那时候,恭城森林砍伐的面积平均每年向深山林区推进2千米左右。

洪灾、旱灾、虫灾……大自然的报复接踵而至。《恭城县志》载:1961—1989年,干旱平均两年发生一次;1988—1989年,先后连续两个45天滴雨不降,新街、土陂、五福等村颗粒无收。当时,很多村庄周围的山上的树木已经被砍完了,山上泉水出现断流情况。20世纪90年代初,人们逐渐意识到生态环境恶化带来的一系列问题的严重性,开始号召各个村寨封山育林。经过一段时间的封山育林,山上绿意渐浓,但植被却面临着全县放养的3万多只山羊带来的严重威胁。根据相关标准计算,一只山羊一年时间就能吃掉超过6 666.7平方米的石山草木细枝嫩叶,这就意味着每年约有2万平方米石山的封山育林工作成果因养羊而付之东流。

针对这一严峻形势,恭城瑶族自治县人民代表大会充分利用民族区域自治法赋予民族自治地方的立法权,于2001年审议并通过了《恭城瑶族自治县关于保护生态环境禁止放养山羊的规定》,为恭城保护森林资源提供了强有力的法律保障。通过立法保护的优势日益凸显,荒山重新披上了绿装。为了巩固这一成果,恭城先后发布了《关于加强保护林地坡地植被的通告》《关于在全县范围内禁伐阔叶林的通告》《恭城瑶族自治县关于在全县范围内禁止开垦林地坡地的规定》。

通过立法,人们保护生态的意识逐渐加强,更让某些打山上树木主意的不法分子心生敬畏,恭城的生态环境终于止住了恶化的趋势。恭城的森林覆盖率在1987年只有47%,而2018年已上升到83.26%。生态公益林拥有量超过6.67万公顷,自治区级自然保护区2个,覆盖面积4.66万公顷,占全县总面积的21.76%。林地绿化率达96%,道路、河流、城乡居民点绿化率都超过95%。

(二)沼气触发生态立县

精准立法堵住了生态环境破坏行为的来源,也让山区人民过着"不愁没米下锅,只求有柴做饭"的生活。如果不能从根本上满足人们生火做饭对木材的需求,那么立法的意义将大大降低。为彻底摆脱有米下锅、无柴烧火的窘境,恭城马上大范围建设沼气池。推广"无油无电照明、无煤无木烧饭"的沼气,当地开启了生态立县的全面探索。

该县决定,先在黄岭村建立"沼气代柴"示范点。然而,万事开头难,想建第一座沼气池,比想象中的更加困难。即使推广员使出浑身解数,逐门逐户进行宣传,把沼气的好处进行了详细介绍,也没人想当第一个吃螃蟹的人。庆幸的是,在这关键时刻,在生产队工作过的村民黄光林站了出来。他说:"沼气是个好东西。1975 年,我就试过。但技术不行,没搞成。别的地方能搞,为啥我们不敢搞?现在有了技术员,又有政府支持,一定搞得成!"他们夜以继日,在失败中总结经验,在不到一个月的时间里,沼气池就建成了。第一仗打赢了后面的事情就顺理成章了,党委、政府抓住时机极力推动。缺材料,政府发;缺资金,政府补;缺技术,送培训。时间久了,黄光林和乡亲们体会到,沼气的功能远不止能做饭和照明那么简单,它还使做饭不再受烟熏、茅坑变成卫生间。恭城将沼气池建设与厨房、厕所、水管改造等结合起来,农民生活品质有了质的飞跃。

村民们还发现,用沼液和沼渣浇树,长出的果子又大又多又好。用上沼气之后,柴也不用砍了,减轻了劳动负担。还有部分村民自发在房前屋后种植作物以增加收入。施农家肥长出的果子好吃又好卖,慢慢有了市场。猪粪和牛粪可入池产气,沼气入室可供做饭、照明用,沼渣、沼液作为肥料施入果园。总结人民的经验,县里紧接着提出"一池带四小"(一个沼气池带一个小猪圈、一个小果园、一个小菜园、一个小鱼塘)的庭院经济发展思路①,后又提出"养殖+沼气+种植"三位一体生态农业发展战略。

就全国范围内来说,农村的沼气建设历经了几次浮沉,但在恭城一直热度不减,这是因为恭城始终在坚持和创新。恭城的沼气池已经经历了 5 次升级换代,越来越方便村民使用。作为该县沼气池建设的发祥地,黄岭村还建了一个沼气池博物馆,陈列着从第 1 代到第 5 代的沼气池模型。30 多年来,沼气池造型从方、大、深变为圆、小、浅,排渣由手动变为自动,用气从即产即用变为可以贮存使用。恭城的沼气池逐渐完善,更加方便实用。

近年来,恭城县一部分人外出务工,每个家庭养的猪也越来越少。一些沼气池慢慢缺少肥料,使用次数日趋减少。经过思考,恭城开始推广公司化运营模式。政府联系沼气服务公司,公司与大型养殖场进行合作,把农户沼气池进料、出料和维护一次性解决了,村民直接用沼气就行,一举多得。因此,村民沼气原料不足、养殖场排污困难、种植业缺乏有机肥等问题得到解决,把沼气利用率提升到了极限。沼气只有让百姓从中受益才能焕发生命力。1983 年以来,恭城沼气池建设历经起步、发

---

① 韦金君.生态农业建设中科技要素研究——以广西恭城瑶族自治县桥村为例[D].南宁:广西民族大学,2011.

展、提升、创新四个阶段,建设逐步推进。一个不足 30 万人口的县却已建设沼气池共 6.78 万座,入户率 89.6%,稳居全国首位。

（三）生态就是金字招牌

一家全国 500 强企业曾多次造访恭城,想投资 2 亿元搞养殖,但遭到恭城的拒绝。原因很简单但也很实在:其养殖方式的排污措施不符合标准。为保护生态而放弃投资,在恭城并不少见。2012 年,投资超 1 亿元的铅酸蓄电池项目欲在恭城落地。根据县环保局的调查,这是从东部沿海地区转移来的落后产能,于是在第一次洽谈时就拒绝。

生态环境状况逐渐好转,但并不意味着人民的生活水平也得到了提升。空守着绿水青山却吃不饱饭不是党和政府想看到的情况,只有生活真正富裕了才能彻底解决人们的后顾之忧,完全摆脱对自然的索取。不考虑生态后果促发展是竭泽而渔,不管发展护生态则是缘木求鱼。因而,恭城立足实际,经过 30 多年实践,探索出了一条生产、生活、生态融合发展的道路。

五、开发扶贫产业新模式,绿水青山变"聚宝盆"[①]

钦州市浦北县是"世界长寿之乡",全县森林覆盖率 73.03%,在广西排在前列;全年94.8%的日子空气质量优良,最高负离子为 53 000 个/立方厘米,平均超过5 853个/立方厘米。普查了该县 850 个土壤样品,其中达到富硒标准的有 742 个,占样品总数的 87.3%。目前,浦北县已建成 15 个富硒农产品生产基地,并在 1.2 万公顷农田上示范和推广富硒种植技术。

近年来,浦北县始终坚持以绿色发展为出发点,以打造全域生态旅游县为落脚点,在生态建设、生态保护和生态利用方面积极发展。每年投资超过 1 500 万元进行造林,率先组建全国第一个县级专门保护生态安全的警察队伍,建立了村级森林消防队,依法对 63 家"小、散、乱、污"企业进行查处、责令 85 家企业停业整顿,生态基础越来越完善。

良好的生态环境为特色农业的发展提供了有利条件。为打赢脱贫攻坚战,该县

---

① 覃科棵.浦北县:发展扶贫产业新模式 绿水青山变成了"聚宝盆"[EB/OL].(2019-03-19)[2019-08-06]. http://www.gxxczx.com/fzdt/201903/3323.html.

全力推进产业扶贫,出台百香果和黑猪产业发展扶持奖励、农产品加工企业发展扶持、扶贫资金"以奖代补"等一系列林下经济发展扶持政策,通过对龙头企业进行大力扶持、成立农民专业合作社等,带动农业由零散的产业发展向集约经营、持续规模经营转变;从低端产品的生产转为生态有机产品的生产,规范化生产和品牌管理,有效地促进了扶贫产业的发展。

目前,浦北县已发展农民专业合作社和家庭农场 957 个,累计流转土地约 6 666.67公顷,形成了优质水稻 3.33 万顷、柑橘 2 600.00 公顷、百香果 1 000.00 公顷、茶叶860.00公顷、香蕉4 666.67公顷、荔枝和龙眼 2.53 万公顷、八角 1.67 万公顷、竹子 1.00 万公顷、淡水养殖 2 133.33 公顷、规模养殖商品鸡 1 400 万只等农业生产基地,实现了无公害、标准化生产。

浦北县是农业大县。通过实施"特色农业提升工程",2017 年浦北农产品主产区获得"广西科学发展进步县"称号。在特色农业品牌方面,目前全县力争打造 54 个"三品一标"农产品和 11 个富硒农产品,其中香蕉品牌"通天"、荔枝品牌"福多堂"、红椎菌品牌"龙升"、百香果品牌"浦百"、有机茶品牌"石祖"等品牌远近闻名,在全国各地市场表现出色,并出口到欧美和东南亚许多国家。"浦百"牌百香果是广西名牌产品,也是第二个达到国家"绿色食品"A 级标准、第一个获得生态原产地产品保护证书的百香果产品,在欧亚市场上受到广泛欢迎,被称为"一带一路"的黄金果。在合作社的带领下,社员人均年收入达到 2.2 万元。

借助丰富的生态资源开发乡村旅游,全面建设特色农业(核心)示范区,成为该县农民脱贫致富的一大利器。目前,全县已建成 3 个自治区级、5 个县级、25 个乡级、162 个村级特色农业(核心)示范区。许多农民通过利用独特的生态资源发展百里香,茶,柑橘,香蕉和荔枝等生态农产品。发展生态农业已成为当地农民脱贫增收的新引擎。2018 年全年该县林下经济产值 26.02 亿元,林农人均林下经济收入2 340 元。

绿水青山就是金山银山。现在,依靠生态赚钱、赚生态钱,已变成浦北县的常态。通过狠抓生态建设,既保护了绿水青山,又增加了农民收入的来源,把绿水青山变成了聚宝盆,为全面打赢脱贫攻坚战奠定了坚实的基础。

六、都安生态移民，移出幸福新生活[①]

都安瑶族自治县总面积 4 095 平方千米,石山面积占 89%,总人口 70.2 万人,农业人口达 60.8 万人,人均耕地面积小于 466.67 平方米。目前,全县贫困人口仍有 21.04 万人。"九分石头一分土"是都安的真实写照。面对穷山恶水,靠山吃山、靠水吃水、坐地生财是不现实的,为了提高极端贫困人口的生产和生活水平,促进县域经济实现协调可持续发展,全力追赶全市全区的发展脚步,只能走出大山寻求发展,这一直都是都安党委、政府在进行扶贫开发和解决关键问题上奋斗的方向。

早在 2003 年,都安县就率先在全区开展了扶贫生态移民试点项目,主动深入地探索了扶贫生态移民的安置方式,首次依托城镇、工业园区和乡镇集镇实施了无土安置和山上搬山下等安置方式,优先对居住条件差但有一技之长、具有创业精神且愿意主动迁移的人们进行安置,充分利用这些区域拥有的公共服务设施和资源,以达到减少投资和降低成本的目的,从而将有限的扶贫资金投入亟须完善基础设施建设的移民安置点上,最大限度地提高该项目的效率,快速有效推进该项目。截至 2014 年,都安县共成功安置 2 301 户 11 465 人,生态移民扶贫工作取得显著成效。

该县建设农民进城创业园,预计容纳 7 000 户 3.5 万人,项目分 5 期实施,累计投入资金 6.9 亿元。前三期工程已完成并转移农户 1 563 户 7 815 人,其中,第一、第二期建设宅基地进行安置,共安置农户 958 户 4 790 人,从第三期开始使用套房安置,建成 24 栋住宅楼共 605 套住房,安置农户 605 户 3 025 人。第四、第五期工程计划安置 628 户 2 806 人。目前,园区路网已建成 12.5 千米,硬化、绿色、亮化街道建设 3.1 千米,给水管网铺设 9.2 千米,建成了防洪排涝通道 1 500 米,平整 1.93 公顷实验小学用地,平整 11.73 公顷中医院及产业区用地。同时,为园区引进包括都安凯莱编织工艺品厂在内的劳动密集型企业 5 家,为安置居民提供了 5 500 多个工作岗位。

大兴乡九香瑶族移民新村依托水任至都安二级公路干线,采用山上搬山下安置模式,整合了住建、交通、水利等部门资金,加大安置点基础设施建设投入,并安排种植瑶药和种草养羊等后续产业项目,最终成功安置了 60 户 300 人。同时,组织青壮年劳动力外出务工以增加收入。大兴移民安置点已成为都安生态移民扶贫的示

---

① 黄鹏欢.都安生态移民"移"出幸福新生活[N].河池日报,2014-10-29(05).

范点。

此外,新的党委、政府领导班子上任后,提出了依靠乡镇集镇建设,通过市场化运作和招商引资,将扶贫生态移民与城镇化结合起来,全力推进新型城镇化发展建设的新路线,都安的生态移民安置迎来了发展的新高潮。该县先后在菁盛、永安、地苏、百旺、龙湾、九渡等乡镇开展新的移民安置点建设,计划安置 1 041 户 5 217 人。2014 年,菁盛乡扶贫生态移民工程第一期已成功安置 50 户 250 人,地苏镇第一期工程 163 户主体建设已经完成,永安、龙湾、九渡等乡镇移民安置点场平建设已完成,拉烈、三只羊等乡镇也在规划中。目前,所有建成的扶贫生态移民安置点的水、电、路、学校、住房等基础设施继续完善,完成了通水、通电和宅区道路硬化,人们住上了砖混结构房,住房难、行路难、用电难、饮水难、就医难、上学难的"六难"问题都得到了妥善解决。

在解决了移民群众的粮食、住房和交通问题后,还必须寻找方法来提高群众的致富能力,从而真正实现移民的目的。为此,该县对移民进行集中技能培训,增强其劳动技能,引导移民从事经商、服务、加工、运输等行业及外出务工,逐步让移民的经济收入来源多样化,从根本上改善其生活条件。安置的移民也实现了由农民到城镇居民的身份转变,基本达到了搬得出、稳得住、富得起的目标。

都安县生态移民之所以能够获得如此巨大的成功,是因为党和政府的支持和广大人民群众的不懈努力。在生态移民的同时,除退耕还林还草、基本解决群众的居住问题外,还需加强基础教育。偏远山区的人们思想保守是造成贫困的一个主要原因。因此,在生态移民的同时,还要大力发展基础教育,转变人们的思想观念。

七、念好"三字经",石山成"金山"[①]

发展产业扶贫是摆脱贫困的根本途径。大石山区应该如何发展产业? 发展什么样的产业? 在国家政策的扶持下,罗城仫佬族自治县结合当地实际,探求发展之路,走出了一条种、养、游结合的石山产业发展道路。罗城仫佬族自治县喀斯特地区占全县总面积的 53%,由于石山众多、土地较少、自然条件恶劣,以致贫困发生率较高,贫困程度大。为了响应政府的号召,该县将控制石漠化与脱贫致富结合起来,大

---

① 黄艳梅,韦如代.广西仫佬山乡念好"三字经"探路石山地区产业发展[EB/OL].(2018-12-15)[2019-08-26].http://www.forestry.gov.cn/main/72/20181224/170052170299043.html.

力种植经济树种,如油茶、核桃等。同时,大力开发野猪、黑土猪、黄牛、黑山羊、土鸡等养殖产业,开展生态旅游,让人们在收获"金山银山"的同时守住绿水青山。

目前,罗城县已经建成毛葡萄示范基地20多个,示范区面积超过1 333.33公顷,中国毛葡萄(仫佬·罗城)示范区被评为广西现代特色农业(核心)示范区,全县种植毛葡萄总面积达5 000公顷,超过5 000户贫困户种植毛葡萄,累计8 800多人依靠种植毛葡萄实现脱贫致富。全县油茶种植总面积超过5 333.33公顷,核桃种植总面积约8 333.33公顷,参与的贫困户总数达1.6万户。林下经济总面积累计达6.34万公顷,总产值近4亿元,14万以上林农获益。此外,罗城县东门镇大福村孔家屯村民因地制宜,在野外建造特禽养殖农场,放养龙凤乌骨鸡。养鸡全程,鸡都在野外自然生长,主要以山间野草、虫类为食,辅以玉米、谷粒和豆粕等,鸡的肉质紧实,脂肪适度,口感细腻,在各地市场广受欢迎。

短期产业促进脱贫增收,长期产业确保收入稳定增长。杉木要长20年才能用,罗汉果种2年后就要进行翻地,而油茶种植8年后即进入丰产期,其间还可以套种花生。截至2017年底,罗城县油茶林种植面积将近3 333.33公顷,结果面积在2 000.00公顷左右,每年可产30万千克茶油,总产值近2 000万元。

因地制宜地种植适宜的农作物,不仅可以推动当地的产业发展,而且可以使石漠化治理获得可观的收益。罗城县从过去什么也种不了的石山,到现在被绿色铺满的石山,不仅实现了人们脱贫增收,而且完成了对石山的治理。此外,在石漠化地区种植作物的同时,有关部门要加大宣传力度,全面推广产品,让产品走出深山,防止产品滞销而影响农户的收益。

第四节　存在的问题与对策

一、存在的问题

通过以上生态扶贫的实践经验和典型案例,广西生态扶贫在改善生态环境、提高生态系统服务功能、实现有效脱贫上已经取得了一定的成绩,但是仍存在某些不足。

（一）生态学诊断

1.石漠化治理模式缺乏应用与创新

石漠化是岩溶地区特有的一种现象，是热带、亚热带湿润、半湿润岩溶区土地退化的极端形式，通常指受人为活动干扰和破坏，造成土壤被严重侵蚀，基岩大面积裸露，地表呈现出荒漠化景观的土地退化现象。[1] 广西石漠化片区人地之间的矛盾非常突出。在石漠化的作用下这些地区耕地的质量并不高，主要以坡地耕种为主，水土涵养量低，土壤的肥力较差。这些区域范围内的资源及环境承载力相对于其他地区较弱。石漠化片区农民的收入、社会经济的发展受到了环境很大的限制与约束，是当地发展的一大阻碍。近年来，广西石漠化治理出现了"山水田林路综合治理""生态农业种植—农业观光旅游""三位一体"等典型治理模式，但仍存在模式治理防治机制不健全、部门之间未形成合力、资金投入少、资金来源渠道单一等问题。[2] 并且有些治理模式没有站在系统的角度上全面研究生态经济系统的平衡协调关系。例如片面追求石漠化面积减少而忽视了配套建设，当地居民仍没摆脱贫苦，很快重新陷入破坏环境的困境，可持续性差，影响了石漠化治理工作的进度和成效。治理模式本身过分单一，因此在推广过程中不能生搬硬套。[3]

2.农业生态环境保护有待加强，技术有待提高

生态扶贫作为一种生态保护与扶贫开发相结合的扶贫工作模式，离不开对农业生态环境的保护。良好的农业生态环境是农业持续稳定协调发展的前提，是农村居民生存和发展的基本条件。农业生态环境保护的典型技术包括退耕还林还草、生态乡村建设、农村清洁工程等模式。退耕还林还草的技术模式方面，当前还存在着实践中缺乏科学论证、缺乏科学监管评价体系、耕地还林政策的经济补偿问题有待统一等问题。[4] 生态乡村建设的技术模式方面，当前创建生态乡村的规划指导并不能很好地做到因地制宜，且很难保证规划实施的连续性。农民参与主体意识不强、建设资金相对不足、对生态乡村建设理解不够等困境和问题也进一步阻碍了生态乡村的建设。农村清洁工程的技术模式方面，虽然目前农村清洁工程建设的关键技术已经成熟，但建设规划不到位，宣传发动不到位，农民传统的生产生活方式亟待转变。

① Wang S. J.,Liu Q. M.,Zhang D. F..Karst rocky desertification in southwestern China:geomorphology,landuse,impact and rehabilitation[J].Land Degradation and Development,2004(2):115-121.

② 甘海燕,胡宝清.石漠化治理存在问题及对策——以广西为例[J].学术论坛,2016,39(5):54-57.

③ 张撬华.广西石漠化治理模式案例库管理系统设计与应用[D].南宁:广西师范学院,2011.

④ 高玉霞.中国退耕还林还草现状及问题分析[J].农村实用技术,2019(3):20-21.

3.扶贫生态移民缺乏科学规划与顶层设计

扶贫生态移民是指原居住在生存条件恶劣,以及生活在自然保护区、生态环境破坏区、生态脆弱区的居民,搬离原来的居住地,在另外的地方定居并重建家园的人员迁移。扶贫生态移民是广西在新时期探索实施的一项重要扶贫举措。在当前的生态移民与扶贫工作中,项目用地规划调整、指标争取及土地整治需进一步加快,以保证扶贫生态移民工程用地需求;集中安置点的规划、住房设计、绿化亮化工程和排污设施建设及工程进度质量监管等工作仍需进一步完善;产业发展缺乏整体性,甚至产生重复和竞争,规划设计缺乏前瞻性、科学合理性。这些都可能造成扶贫资金的浪费,产生劳民伤财、占用资源的不利影响。

(二)生态扶贫绩效评价体系亟待完善

扶贫开发任务已经到了关键时刻,生态扶贫绩效评价体系的构建有利于提高扶贫开发质量,加快实现全面建成小康社会。目前,广西不少地区的生态扶贫效率低,因而有必要对农村生态扶贫项目的投入和产出进行分析,以便提出改进广西农村生态扶贫效率的对策建议。当前对生态扶贫的绩效评价多集中在生态移民扶贫和生态旅游扶贫两个方面,对生态补偿扶贫和生态建设扶贫的绩效评价涉及较少;评价多注重于经济因素,对社会、文化等多因子的综合评估涉及较少;并且相关研究多是从宏观的视角,对大型生态区和移民工程的生态扶贫效果进行评价,未来的绩效评价对象仍需进一步细化。[①]

(三)人口素质较低,教育投入不足

人口素质主要包括四个方面:知识、健康、技能和思想观念。人口素质的高低体现的是人力资本积累量的多少。人力资本是现代经济增长永不枯竭的源泉。一个地区经济的相对落后与人口素质较低、教育投资不足密切相关。[②] 由于区内发展不平衡,边远乡村居民受教育程度低、思想观念落后,特别是许多少数民族自治县,减贫与发展存在民族差异,贫困山区山高路远,交通不便,易形成自我封闭状态,加之长期的自然经济和计划经济的影响,形成了一些与建立社会主义市场经济体制不相

---

① 陈甲,刘德钦,王昌海.生态扶贫研究综述[J].林业经济,2017,39(8):31-36.
② 董敏琴,吴文华.湖南人口素质现状与教育投资对策浅析[J].湖南大学学报(社会科学版),2001(A2):145-148.

适应的陈旧观念。例如:因循守旧,封闭保守;温饱即安;在消费观念上,吃光喝光,不注重积累和扩大再产生。①

集中于桂北及桂西北的大石山区的壮族、瑶族、苗族、侗族、仫佬族、毛南族等少数民族群众,一直以来被以粮为纲的思想所束缚,仅强调粮食自给,不少县、乡喊着向山上要粮食的口号,先是开垦山坡,后来开始毁林开荒,到处砍伐森林,加之发生森林火灾,大量森林遭到破坏,山峦成秃,生态环境日益恶化,水土流失十分严重,造成了明显的石漠化现象,最终背负上治理与发展并存的双重负担。由恶劣的生态环境而导致的干旱、洪水、风灾等自然灾害频繁发生,极大阻碍了农业生产的发展。

贫困山区通常地理位置偏僻且居民居住不集中,一开门就得爬坡,乡与乡、村与村之间距离遥远,教育的发展面临重重困难,许多村庄连小学都没有,学龄儿童没学上,绝大多数青壮年没有脱盲,劳动力素质低。与一般地区相比,贫困山区接受先进的农业科学技术要困难得多,严重阻碍了贫困地区生产水平的提高。

(四)社会资源分配不均,区域经济发展两极化

从经济学的角度进行分析,在一定时期内,资源丰富的地区与资源贫乏的地区之间,会在经济上出现两极分化现象,资源丰富地区较发达而资源贫乏地区较落后,这是发展过程中难以避免的现象。② 经济上发达地区越来越发达,落后地区、底层阶层则越来越贫穷,这在经济学上称为"极化效应"。贫困地区的资源往往是斑块化的,随着经济的快速发展,地区之间的差异越来越大,资金更多流入经济相对发达的地区,致使两极分化加大。广西有经济相对发达的南宁、柳州、桂林等城市③,这些地区的经济社会发展得益于北部湾的开放开发或历史社会条件,发展相对较快。由于广西的多民族性,在广大的少数民族地区有一定数量的国家级贫困县、贫困乡,这是因为长期以来地区之间的资源分配不均,使得区域经济发展失衡的。如今这种现象依然存在,因此社会资源不均匀分配成为亟待解决的问题。

---

① 刘慧,叶尔肯·吾扎提.中国西部地区生态扶贫策略研究[J].中国人口(资源与环境),2013(10):52-58.

② 江杨思捷,韩中雪.区域经济极化到扩散效应的演变过程研究——基于安徽省时间序列的实证分析[J].价值工程,2019,38(15):21-23.

③ 苏畅,刘石敏.促进广西区域经济协调发展的地方税收政策研究[J].经济研究参考,2015(29):27-30.

二、对策

(一)生态学对策

1.加强技术支持,实现石漠化多元治理

各地石漠化治理模式成功的根本原因在于找到了适合自身发展的方法和路径。这些模式是模板工程、榜样示范工程,有很强的可推广性,但其他地区不能简单地复制和模仿。① 石漠化治理必须依靠科技力量,在积极引进成功典范区域的模式与技术的同时,也要根据自身地区的石漠化性质,因地制宜地找准扶贫模式。广西石漠化治理要与精准扶贫结合起来,探索生态环境改善与人民收入水平提高的新路子。在保护地区植被的基础上,运用科技手段来开展石漠化的治理工作与发展农村地区经济,建立生态农村与经济体农村模式。

2.开发生态资源深层价值,完善生态补偿机制

不同于生态资源匮乏地区,生态资源相对丰富的贫困地区可以利用生态资源与产业化的结合实现脱贫。② 当前,贫困地区对生态资源的利用多停留在直接使用价值上,忽视了生态资源的深层价值与功能。通过引进社会资本对生态资源所蕴含的价值进行开发,用市场的手段配置生态资源,可以实现生态资源的深度利用和循环发展。③ 同时,要强化政府生态责任,加大财政生态转移支付力度,完善水资源补偿机制、生态林补偿机制和矿产资源开发补偿机制等,建立和完善岩溶地区农、林、水基础设施和生态效益补偿制度,构建森林价值评估体系和补偿标准,实行多元化的补偿形式,建立森林生态补偿的保障体系。

3.制定生态移民科学规划,注重生态扶贫绩效评价

生态移民不等于简单意义上的异地安置,其涉及社会适应、观念变迁与文化震荡等多个层面的影响。所以,在生态移民过程中要完善生态移民科学规划和管理机制,制定详细的实施方案,明确搬迁的人数、户数,建设内容及政府补助资金要求,安置点不但要建设居民住房,还要多渠道筹集资金,建设供水、供电、排污、广播电视、宽带网络、文化体育、教育等配套设施。同时,应加强对移民的后期扶持力度,完善

---

① 叶静.广西石漠化地区贫困现状及扶贫模式研究综述[J].广西经济管理干部学院学报,2016,28(4):96-101.

② 王振颐.生态资源富足区生态扶贫与农业产业化扶贫耦合研究[J].西北农林科技大学学报(社会科学版),2012,12(6):70-74.

③ 沈茂英,杨萍.生态扶贫内涵及其运行模式研究[J].农村经济,2016(7):3-8.

住房、土地、就业创业、产业扶持、户籍和社会管理等政策,让移民搬得出、稳得住、留得下、不走回头路,以此来实现生态移民扶贫的可持续发展。此外,在扶贫开发过程中,应结合国家政策与当前贫困地区的实际需求,构建经济效益、社会效益和生态效益三位一体的扶贫开发绩效评价体系,采取结果导向型评价方法,以此加快扶贫开发进程,提升扶贫开发的质量,尽快实现全面建成小康社会的目标。

4.提高农业生态环境保护技术,加快生态扶贫进程

在现阶段退耕还林政策实施的过程中,为了最大程度地实现政策实施的核心性理念,应该在实践过程中不断总结经验。在种苗选择时应该保证其质量,也应该树立生态化工程检测理念,从而树立可持续性的发展理念,为退耕还林技术的优化奠定良好的基础。[①] 目前,农村清洁工程建设的关键技术已经成熟,农民群众热情较高,应加快推进和实施,尽快转变农民传统的生产生活方式,全面推行农业清洁生产,资源化利用农村废弃物,从源头上减少污染物排放,把环境整治寓于粮食增产、农业增效、农民增收之中,建立环境整治与经济发展的良性循环的新机制。[②] 创建生态乡村需要科学规划作指导,要把是不是科学合理、有没有地方特色、受不受群众欢迎作为衡量标准,促进规划科学化,保证规划实施的连续性。推进生态乡村建设没有固定的模式,必须在实践中努力探索,不断积累经验,破除困境和问题,走出具有地方特色的生态乡村建设之路。[③]

(二)大力发展生态经济,增加生态资源增量

合理开发和利用资源,大力发展生态产业和生态经济,开发特色优势产业,增强自我发展能力。发展生态种植和养殖业,开发生态旅游等项目。积极发展生态农业和生态服务业。开展生态种植与保护,实施生态林业循环提升项目,发展绿色有机生态农业。推广绿色产品和绿色服务,探索建立生态绿色产品认证标识、生态经济标准和生态服务价值评估体系,促进绿色消费,发展绿色低碳生态服务业。

坚持保护和自然恢复为先,将桂西桂北构建为生态屏障,桂东北、桂西南、桂中、北部湾沿海、十万大山发展为生态功能区,西江千里绿色走廊打造为主骨架,形成完整的生态安全格局,增强森林、草地、河流、湖泊、湿地、海洋等自然生态系统的稳定

① 刘鹏.退耕还林技术模式及其应用实践略述[J].农业与技术,2015,35(18):74.
② 兰希平.北方农村清洁工程技术模式及存在问题研究[J].农业科技与装备,2013(8):11-13.
③ 黄巍.生态乡村建设面临的困境及出路——以广西桂林市为例[J].经济师,2015(8):152-153.

性和生态服务功能,并提供更多高质量的生态产品。

建设林业重点工程,促进天然林保护和珠江防护林、沿海防护林、生态公益林建设,加强退化防护林建设,改造低产低效林,继续退耕还林,扩大林区面积,增加水源林和生态公益林的比重。调整树种结构,适度控制速生桉种植,严格禁止将天然树种移植到城市,加强对森林资源和生物多样性的保护,切实加强对珍稀濒危野生动植物、古树名木及自然生境的保护。

加大桂林—环江喀斯特世界自然遗产地和凌云—乐业—凤山世界地质公园的保护力度。加强对边境外来物种入侵的预防和控制。加强对各种自然保护区的管理和保护,整合成立国家公园。开展对西江、九洲江、贺江、龙江、刁江、盘阳河、南流江等流域的治理与保护,湖泊整治和保护,北部湾近岸海域陆海统筹生态环境保护,漓江流域和桂林山水生态环境保护,邕江综合整治和开发利用、饮用水源地的保护工作。

(三)健全生态文明制度,完善生态文明体系

实施生态空间利用控制,划定生态红线。建立健全森林、草地、湖泊、湿地总量管理和生态价值评估体系,探索编制自然资源负债表。完善财政转移支付与生态环境保护成效挂钩制度。建立生态安全动态监测预警体系,实施环境风险全过程管理。强化价格引导和税费调节,形成有利于资源节约、环境保护的制度安排和利益导向,推行生态补偿制度。

强化节能减排降碳指标管理,实行最严格的源头保护制度和环境保护责任追究制度、环境损害赔偿制度和自然资源资产离任审计制度,建立健全自然资源资产产权和用途管制制度、资源有偿使用制度和生态补偿、国土空间开发保护制度,以及用能权、用水权、排污权、碳排放权初始分配制度,完善碳排放权、排污权交易制度。

依托良好生态环境的优势,以生态经济为抓手推动生态文明建设,促进绿色、低碳、循环发展,构建生态经济发达、资源高效利用、环境舒适宜居、制度完善的生态文明体系。

(四)全力推进精准扶贫、精准脱贫

进行分类扶持,对不同地区的不同贫困人口实行不同的政策,提高扶贫效果。通过加大产业扶贫力度和增加经营收入,实现具有发展条件和劳动能力的贫困人员

脱贫。通过增加就业援助、就地转移就业或外出务工，实现有劳动能力但受当地发展条件制约的贫困人员脱贫。通过移民搬迁，实现生存条件恶劣、生态环境脆弱、自然灾害频发地区的贫困人员脱贫。通过生态补偿，实现生存条件差但生态地位重要、需要保护修复的贫困地区脱贫。通过医疗救助，实现因病致贫、因病返贫的贫困人员脱贫。实行政策性保障兜底，实现无法依靠产业扶持和就业帮助脱贫的贫困家庭脱贫。加强贫困村的基础设施建设。全面实施贫困村道路畅通、饮水安全、电力保障、危房改造等扶贫工程，扩大基础设施覆盖面，彻底解决通路、通水、通电、通互联网等问题，增加公共服务供应。

由于地理环境的特殊性，广西是我国贫困人口最集中的地区之一，人口素质、社会资源配置和人地矛盾等诸多问题和困难影响着区域的协调发展。因此，需要形成共建共享、基本均等的公共服务体系，攻克脱贫困难，确保贫困人员如期脱贫，完成构建和谐友好的生态文明体系的任务，并以此提高环境质量，实现生态扶贫，促使当地贫困人员真正脱贫。总的来说，在相应的贫困地区科学地实施生态扶贫不仅可以实现绿色可持续发展和保护生态环境，而且可以达到事半功倍的效果。借助生态扶贫促进精准扶贫，不仅有助于改善区域生态环境，而且有利于发展生态产业，从而带动贫困地区脱贫，最终实现双赢。

第七章

打造田园综合体

第一节　田园综合体概述

一、田园综合体的发展轨迹

田园综合体是经济、社会、农业发展到特定时期的产物。作为一种农业和农村可持续发展的新业态,田园综合体承担着建设美丽新城镇的创新载体的任务。在城乡一体化格局下,田园综合体在适应农业供给侧改革的同时,亦符合产业转型升级的要求。[①] 也就是说,它可以在我国经济连续增长的新常态下,满足城乡居民对于生活、旅游和消费的各种新需求。当前,农业农村的发展是实现国家现代化的重要基础和支撑,同时是影响经济社会发展的关键因素。但是,我国农业农村发展水平还比较落后,并且已成为我国现代化的突出短板。[②] 随着经济发展步入新常态,2017年2月,中共中央、国务院发布了《中共中央 国务院关于深入推进农业供给侧结构性改革加快培育农业农村发展新动能的若干意见》(中发〔2017〕1 号)。该意见建议,在保持政策的连续性和稳定性的基础上,应特别注重抓手、平台和载体建设,即"三区""三园""一体"。通过"三区""三园""一体"的建设,带动农村产业结构优化,促进三产的深度融合,集聚农村的资金、科技、人才、项目等要素,加快现代农业的发展。其中,"一体"为田园综合体。该意见提出,支持有条件的乡村建设以农民合作社为主要载体、让农民充分参与和受益,集循环农业、创意农业、农事体验于一

---

① 王缉思,张美丽,朱文全,等.田园综合体:打造中国乡村新形象[J].农家书屋,2017(6):58-59.
② 王笑容.乡村振兴战略背景下的田园综合体发展研究[D].南昌:江西师范大学,2018.

体的田园综合体,通过农业综合开发、农村综合改革转移支付等渠道开展试点示范。这是"田园综合体"一词首次被写入中央政策文件中①,也是田园综合体正式进行建设的开端。自此,田园综合体的建设成为国家战略的一部分,各地区都积极参与田园综合体的建设。

为解决建设田园综合体的土地问题,该意见还专门提出,要完善新增建设用地的保障机制,将年度新增建设用地计划指标确定一定比例用于支持农村新产业、新业态的发展,允许通过村庄整治、宅基地整理等节约的建设用地,通过入股、联营等方式,重点支持乡村休闲旅游、养老等产业和农村三产融合的发展。财政部于2017年5月24日印发《关于开展田园综合体建设试点工作的通知》(财办〔2017〕29号),文件提到,要通过采用三年规划、分年实施的方式在财政部确定的18个省份开展田园综合体建设试点,支持有条件的乡村建设以农民合作社为主要载体,让农民充分参与和受益。该文件为乡村旅游模式的创新式发展提供政策支持与保障,大力推动田园综合体发展,深入推进农业供给侧结构性改革,适应农村发展阶段性需要,遵循农村发展规律和市场经济规律,围绕农业增效、农民增收、农村增绿,支持有条件的乡村加强基础设施、产业支撑、公共服务、环境风貌建设,积极探索推进农村经济社会全面发展的新模式、新业态与新路径。② 2017年5月31日,财政部、农业部联合下发《关于深入推进农业领域政府和社会资本合作的实施意见》(财金〔2017〕50号)。该文件积极支持田园综合体项目建设,支持有条件的乡村建设以农民合作社为主要载体的田园综合体,并在资本领域扶持田园综合体发展。

在财政部的主导下,自2017年6月起,在全国掀起了一股田园综合体建设热潮,为了参与国家级田园综合体竞选,各试点地区纷纷筹备数个田园综合体项目,部分地区设立省级田园综合体。2017年6月5日,财政部又印发了《开展农村综合性改革试点试验实施方案》(财农〔2017〕53号),通过综合集成政策措施,多策并举,集中施策,推进乡村联动,将政策下沉到村,检视验证涉农政策在农村的成效;切实尊重基层干部群众的主体地位、首创精神,积极发挥农村综合改革在统筹协调、体制创新、资源整合方面的优势,扎实推进农业供给侧结构性改革,有效释放改革政策的综

---

① 张玉成.关于田园综合体的深度解读[J].中国房地产,2018(8):56-61.
② 张文娣.我国田园综合体发展模式解析[EB/OL].(2017-10-19)[2019-08-27].http://www.sohu.com/a/198828496_561855.

合效应,为进一步全面深化农村改革探索路径积累经验。① 2017 年 6 月 26 日,国家农业综合开发办公室印发《关于做好 2018 年农业综合开发产业化发展项目申报工作的通知》(国农办〔2017〕21 号),指出要立足本地实际,把扶持农业优势特色产业发展同农业综合开发高标准农田建设特别是高标准农田建设模式创新试点、田园综合体建设试点、特色农产品优势区和农业产业园建设等有机结合起来,形成推动现代农业产业发展的合力;要补齐农业产业链条短板,促进全产业链和价值链建设,提升财政支农效能。

2018 年 2 月 4 日,中共中央、国务院发布《关于实施乡村振兴战略的意见》(中发〔2018〕1 号),这是关于田园综合体用地的指导性文件。该意见提出要深化农村土地制度改革,一是推进宅基地确权,探索宅基地所有权、资格权、使用权"三权分置",落实宅基地集体所有权,保障宅基地农户资格权和农民房屋财产权,适度放活宅基地和农民房屋使用权;二是在符合土地利用总体规划前提下,允许县级政府通过村土地利用规划,调整优化村庄用地布局,有效利用农村零星分散的存量建设用地;三是预留部分规划建设用地指标用于单独选址的农业设施和休闲旅游设施等建设。2018 年 9 月 26 日,中共中央、国务院发布《乡村振兴战略规划(2018—2022年)》。该规划文件将田园综合体实践作为乡村振兴战略推进的任务之一,并提出依托现代农业产业园、农业科技园区、农产品加工园、农村产业融合发展示范园等,打造农村产业融合发展的平台载体,促进农业内部融合、延伸农业产业链、拓展农业多种功能、发展农业新型业态等多模式融合发展。推进农业循环经济试点示范和田园综合体试点建设,以及加快培育一批"农字号"特色小镇。② 2018 年 9 月 27 日,财政部发布《贯彻落实实施乡村振兴战略的意见》(财办〔2018〕34 号),并提出将积极落实并进一步推动宜居宜业的美丽乡村建设提档升级,积极稳妥开展田园综合体建设试点示范,加快构建生态循环的田园生产体系。

从国家出台的田园综合体相关政策不难看出:第一,田园综合体建设是国家为了进一步推进农业供给侧结构性改革,加快培育农业农村发展新动能的新举措;第二,田园综合体作为一种新业态,具备了拓展农业产业链、价值链等功能;第三,田园

---

① 雷丽娜.财政部印发开展农村综合性改革试点试验实施方案[EB/OL].(2017-06-12)[2019-09-12]. http://www.gov.cn/xinwen/2017-06/12/content_5201874.htm.

② 新华社.中共中央 国务院印发《乡村振兴战略规划(2018—2022年)》[EB/OL].(2018-09-26)[2019-11-15].http://www.gov.cn/zhengce/2018-09/26/content_5325534.htm.

综合体是打造宜居宜业特色村镇的重要形态结构和产业组成部分;第四,田园综合体应在符合客观条件的乡村中进行建设;第五,田园综合体的建设应把农民合作社作为主要载体,使广大农民充分参与并从中受益;第六,田园综合体建设的重点是循环农业、创意农业和农事体验;第七,国家将通过农业综合开发、农村综合改革转移支付等渠道支持田园综合体建设,并有序开展试点示范。

伴随着现代农业发展,新型城镇化、休闲旅游的发展,田园综合体作为一种"农业+文创+新农村"开发的新模式,是区域经济社会和农业农村发展的新产物,是加快城乡一体化发展和建设美丽乡村的新途径。同时,这也是中国农业农村发展的一条新途径,具有跨时代意义。

二、田园综合体产生的背景

当前,我国城乡一体化的步伐进一步加快,一二三产业融合不断加速,社会资本开始向农业农村流动,新型农业经营主体实力不断加强[1],农村生产方式不断转变,经营与组织方式有了深刻调整,农业生产体系、产业体系和经营体系都得到一定的优化与完善,农业农村发展正处于转型升级和综合创新的发展新阶段。但是,地方经济增长同时面临着新的问题和困难,特别是生态环境保护方面的发展对第一、第二产业的发展模式提出了更高要求。在此大环境下,农业不仅要承担生态保护职责,而且要挑起农民增收的重担。因此,田园综合体的出现,既符合当代农业农村的发展趋势和历史性变化,也反映了农业农村内外部的客观要求。[2]

(一)田园综合体是城乡一体化发展的历史产物

推动城乡一体化的实质是打破城乡二元结构的体制,消除城乡差距。城乡差距既是物质差距,也是文化差距。消除这一差距的根本途径是发展经济和改变人的城市化变迁进程。[3] 发展乡村经济的主要途径是通过产业带动和发挥城市因素作用。农业是一个既受自然影响又受市场影响的产业,其发展环节多、风险大,附加值低。

---

① 刘志华,刘瑛,张丽娟.田园综合体建设:以重庆的实践为例[J].长江师范学院学报,2018,34(4):23-29.

② 卢贵敏.以农业综合开发为平台建设田园综合体试点[J].中国财政,2017(15):20-23.

③ 潘泽江,黄霞,潘昌健.田园综合体经营模式与发展路径探讨——基于宜昌市富裕山的调查[J].湖北农业科学,2018,57(17):114-116,122.

只有实现农业与旅游业等产业融合,才能使农业的附加值不断增高,经济效益不断提升。在其他产业带动乡村社会经济发展的过程中,城乡人员互动交织,城乡差距缩小。党的十八大报告要求,加大统筹城乡发展力度,增强农村发展活力,逐步缩小城乡差距,促进城乡共同繁荣。显然,在城市和乡镇两方面都必须大力推进改革创新,实现相关产业和农业的融合发展。因此,在美丽乡村中,实现文化、旅游、现代农业等多产业融合发展的较合适途径就是发展田园综合体这一模式。

(二)田园综合体是解决"三农"问题的根本途径

党的十六大要求统筹城乡经济社会发展,在十六届四中全会上胡锦涛总书记提出了"两个趋向"的重要结论,即"纵观一些工业化国家发展的历程,在工业化初始阶段,农业支持工业、为工业提供积累是带有普遍性的趋向;但在工业化达到相当程度以后,工业反哺农业、城市支持农村,实现工业与农业、城市与农村协调发展,也是带有普遍性的趋向"。与此同时,中共中央作出判断,我国已经进入工业反哺农业、城市支持农村阶段。[1] 党的十七大进一步明确提出,要形成城乡经济发展一体化的经济格局,建立以工促农、以城带乡的长效机制。在对这些重大问题进行科学判断的基础上,我国开始逐步实现由传统的运用农业积累支持工业的政策向工业反哺农业的政策转变。[2] 2010年,《中共中央、国务院关于加大统筹城乡发展力度进一步夯实农业农村发展基础的若干意见》(中发〔2010〕1号)提出,要转变农业发展方式,破除城乡二元结构,加大统筹城乡发展力度,强力推动资源要素向农村配置。[3]

21世纪以来,中央高度重视农业问题,以前所未有的思路解决农民问题和推动农村发展。2004年以来,中央连续14年印发"一号文件"聚焦"三农"。先后出台了以"四减免"(农业税、牧业税、农业特产税和屠宰税减免)、"四补贴"(种粮农民直接补贴、农资综合补贴、良种补贴和农机具购置补贴)为主要内容的支农惠农政策,取消农业税,为农民减负。[4] 新时期的农业财政政策投入由过去以农业生产环节为主,转变为当前的农业生产、农村社会事业发展并重,不断扩大公共财政覆盖农村的范

---

① 徐磊.把握原则 打造品牌 有序管理——以东和乡为例,探讨乡村旅游可持续发展的有效对策[J].科技创新与应用,2014(4):257.

② 潘泽江,黄霞,潘昌健.田园综合体经营模式与发展路径探讨——基于宜昌市富裕山的调查[J].湖北农业科学,2018,57(17):114-116,122.

③ 杜鹰.加大统筹城乡发展力度 进一步夯实农业农村发展基础[J].宏观经济管理,2010(3):4-8,13.

④ 同②.

围。伴随着当前农业政策的不断出台，广大农民多年来的殷切期望开始得到实现，极大调动了亿万农民所蕴含的巨大发展动力。我国在逐步转变城乡二元结构体系、推动城乡发展一体化的过程中积累了宝贵经验。但是，目前我国城乡发展还存在一定差距，如农业科技含量低、劳动生产率低等，农村基础设施建设落后，社会事业发展动力不足，城乡居民收入仍存在较大差距，田园综合体便成为了解决这些问题的重要途径。[①]

（三）乡村振兴战略为发展田园综合体提供了前提条件

乡村振兴战略旨在通过建设美丽乡村解决"三农"问题，推进农村经济社会发展。2015 年中央"一号文件"把推进农村产业融合作为延伸农业产业链、增加农业附加值、增加农民收入的重要途径。[②] "三农"问题一直是我国的战略重点，田园综合体作为一种以城乡和人的发展为中心，能够使农村一二三产业相互促进和融合的创新发展模式，必将成为国家实施乡村振兴战略的重要途径之一。[③] 以乡村振兴战略为指导，积极推进田园综合体建设，整合乡村生态资源，实现文化产业、休闲旅游、加工制造等多领域融合发展。因此，在乡村振兴战略背景下，建设田园综合体就是要从实际出发，把握我国农业经济发展的现状，从而培育新的业态，促进农村生态文明的发展。[④] 所以说，当今田园综合体的建设是站在新的时期来谋划我国农村经济发展的新格局，从而让美丽乡村的建设落到实处。[⑤]

（四）国家新型城镇化战略是发展田园综合体的动力

在新型城镇化建设过程中，田园综合体可以在促进农业就地产业化的同时，促进农民的就近城镇化。就近城镇化着重强调农村就地改造，即农民在世代居住的乡村便可完成生产和生活方式的转型。另外，欠发达地区更需要转变经济发展方式，提高发展能力，最直接的方法就是推进新型城镇化，加大固定资产投资力度，促进城

---

① 雷黎明.广西田园综合体建设的思考与探索[J].当代农村财经,2017(8):48-53.

② 靳晓婷,惠宁.乡村振兴视角下的农村产业融合动因及效应研究[J].行政管理改革,2019(7):68-74.

③ 潘泽江,黄霞,潘昌健.田园综合体经营模式与发展路径探讨——基于宜昌市富裕山的调查[J].湖北农业科学,2018,57(17):114-116,122.

④ 彭翀员.乡村振兴战略背景下乡村田园综合体的实现策略[EB/OL].(2018-10-30)[2019-11-15].http://www.reportway.org/guandian/3010201821585.html.

⑤ 焦雷,李晓东.乡村旅游农耕文化的挖掘研究——以沂源三岔乡为例[J].中国农业资源与区划,2016,37(6):208-212.

乡基础设施建设不断完善,培育具有地方特色的优势产业。① 农村剩余劳动力可以逐步实现就近转化,减小城乡差距,促进城乡共同富裕,这些都为发展田园综合体提供了动力。

(五)多元化的投资方向与模式是发展田园综合体的难得机遇

随着时代的发展,粗放式经济模式最终会终结。在政府引导下,我国主要投资方向由城市转向乡村和农业,投资模式开始向"互联网+农业"、PPP 等方向多元化发展。运用结构化金融手段进行开发、建设、投资和运营,重构特色产业价值链和生态圈,实现田园综合体的智能化发展、建设和运营管理,并利用互联网平台、大数据+特色产业等新经济手段,建设交易结算中心和产业大数据中心,构建特色产业集群和战略增长平台,建设富有特色的田园综合体。作为以农业为基础、三大产业为重点的田园综合体,不仅为投资者提供了更宽阔、更有接纳性的平台,而且为其自身的发展创造了无数条件和机遇。②

(六)提升田园价值为发展田园综合体提供了基础保障

乡村资源最大的价值在于其诗画般的田园环境。早在东晋时期,文人学者就发现了田园所蕴含的价值,他们回归田园,创立田园诗画派。其中,著名的代表作品有陶渊明的《归园田居》和《桃花源记》。从古至今,田园都以其独特的田园文化和生活,不断带给人们愉悦和放松。如今,一些与田园生活有关的农事活动、风土人情或自然景观,已经成为吸引大批城市人去乡村休闲观光旅游的因素。这些因素和所蕴含的价值不同于城市旅游产品,它们创造了别具一格的田园综合体旅游基础,是乡村旅游产品的不可替代之处。③ 与城市文化不同,乡村文化具有更多的自然因素,更多的自然生命感和归属感。跟城市旅游产品相比,田园旅游产品的核心竞争力是当地独特的自然风光和乡村文化。田园综合体不仅可以有效改善目前城乡发展的不平衡现状,而且能够更好地体现田园价值。可见,日益提升的田园价值为田园综合

---

① 王家林.加快新型城镇化步伐 推动泸西跨越式发展[EB/OL].(2016-05-31)[2010-09-02].http://dangjian.people.com.cn/n1/2016/0531/c404601-28396076.html.
② 范建.四川省都江堰市试点建设国家农业综合开发田园综合体[J].农村百事通,2017(20):15.
③ 杨柳.田园综合体理论探索及发展实践[J].中外建筑,2017(6):128-131.

体的可持续发展提供了有力的基本保障,它们二者互为条件、互相促进。[1]

三、田园综合体的概念

自 2017 年中央一号文件第一次提出"田园综合体"后,全国各地的专家学者对此概念进行了解读。田园综合体与农业综合体、农旅综合体相比,虽有角度不同,但其本质和内涵是基本一致的。

(一)农业综合体

"农业综合体"一词由陈剑平院士在 2012 年 11 月 3 日《农民日报》上发表的《农业综合体:推动区域现代农业发展的新载体》中首次提出。[2] 农业综合体是在城市综合体的基础上,借鉴城市综合体相关概念而提出的一种现代农业发展的载体。农业综合体的建设主要以农业为导向,通过科技支撑和文化创意的融合,汇集农产品加工、商贸物流、科普会展、教育培训、休闲观光和文化创意等多个产业,共同构建成一个多功能、复合型、创新性的产业综合体。[3] 随着区域经济和社会的快速发展,农业综合体具有新理念、新内涵、新模式、新机制、新使命等鲜明特点。农业综合体虽然诞生于农业园区,但是又高于农业园区。可以说,农业综合体是现代农业园区的升级版。

(二)田园综合体

田园综合体的内涵与农业综合体基本相同。但不同的是,田园综合体更多的是从区域空间发展和农村开发的角度出发,对农村资源进行合理开发,是一个集循环农业、创意农业和农事体验于一体的地域综合体。

田园综合体具有农业生产与贸易、乡村旅游与休闲度假、田园娱乐与体验、田园生态享乐与居住等复合功能。田园综合体的发展与现代农业和旅游产业的发展是相辅相成的。农业发展通过引入现代高新技术,提高农业附加值。旅游产业通过与

---

① 杜立柱.田园生态圈构想下的田园综合体规划对策[EB/OL].(2018-10-31)[2019-09-13].http://www.sohu.com/a/272243898_155324.

② 廖静伟,黎勇.灵川:整合区域资源优势 打造乡村旅游品牌[J].广西经济,2015(3):56.

③ 张圆圆.景郊型武隆县土地乡乡村旅游规划策略研究[D].重庆:重庆大学,2016.

农业相结合,建设具有田园特色的休闲农业园区,实现可持续发展。[①] 而旅游产业也与农业和农副产品加工业息息相关,因此最终形成了田园风貌和现代时尚元素协调统一的田园综合体。

(三)田园综合体与农业综合体的区别与联系

田园综合体与农业综合体之间既存在区别又存在联系。田园综合体是在乡村地域空间基础上发展起来的概念,而农业综合体是在产业思维中逐步形成的概念。[②]它们都属于多产业、多功能和多业态的集合体,与区域经济发展息息相关,都是经济综合体的表现形式。

田园综合体是在现代农业的基础上拓展农业的多功能性,延伸和发展了原有的生态农业和休闲旅游业,融合了田园生产、生活和旅游等多种业态。田园综合体与以往的农场、农业园区相比,不只是简单的空间聚集,而是重点突出融合的理念,引领农村一二三产业有机融合,具有多种配套的综合内涵。田园综合体与美丽乡村、特色小镇等概念有着千丝万缕的联系,是有3—5个产业的跨链条联合的聚集区。

从发展模式看,农业综合体着重于依靠工业化来发展农业,拓展第二、第三产业,以促进农业发展方式发生质的转变。然而,在当前农业发展资源消耗过大、生态环境日益恶化的背景下,田园综合体发展方式既面临了新的要求,又急需强调绿色循环发展的理念和注重农业生态环境保护。同时,通过文化创意带动休闲农业和乡村旅游业的发展,实现了从相对比较低级的观光农业向具备深度体验感的创意农业转变,以适应休闲农业和乡村旅游业消费市场的新变化。

从发展驱动力的角度来看,田园综合体把现代农业作为发展基础来构建优美的田园景观,吸引城市居民前来观光、旅游,带动休闲农业和乡村旅游业的消费增长,进而在特定空间中形成一个主要以原住民、新住民和游客等人群为主的新社区群落。

纵观我国农业园区、休闲农业与乡村旅游业的发展历程,不难看出,田园综合体是在农业综合体的基础上根据时代新形势所提出的模式,是对农业综合体的再阐

---

① 王浩源.河南省登封市徐庄休闲观光农业园规划设计[D].郑州:河南农业大学,2016.

② 高菲.全域旅游视角下智慧田园综合体规划设计研究——以沂水县漫流村为例[D].青岛:青岛理工大学,2018.

述①,是区域经济社会和农业农村发展到一个更加发达的新阶段的产物,是我国农业跨越式发展的创新载体②。

四、田园综合体的内涵

田园综合体是指产业的综合化发展和农村资产的跨越化利用。这是当前农村发展模式的创新和突破的代表。田园综合体集现代农业、休闲旅游、田园社区为一体,顺应农村供给侧结构性改革、新型产业发展,与农村产权制度改革有效结合③,是一种具有可持续性的特色小镇和乡村综合发展模式,有利于实现乡村现代化、新型城镇化、社会经济全面发展④。

(一)田园综合体的建设理念

1.突出为农理念,坚持"姓农为农",使农民广泛受益

田园综合体的建设,要以耕地保护为前提条件,在保障粮食安全的基础上,提高农业综合生产能力,发展现代农业,促进产业整合,提高农业的综合效益与竞争力。⑤要让农民积极参与到田园综合体的建设过程中来,加强涉农企业、合作社与农民之间的重要的利益联结机制,让农民广泛受益于三产融合和"三生"统筹。⑥

2.突出融合理念,坚持产业引领、三产融合

田园综合体反映了以一二三产业为核心的各种资源要素的整合。一个完善的田园综合体应是集合了三产融合体和城乡复合体的综合体,它包括农业、林业、畜牧业、渔业、加工业、制造业、餐饮业、仓储业、金融业、旅游业等行业。⑦ 田园综合体通过深度融合一二三产业,可推动资源聚集、功能整合和要素融合,使城市与乡镇、农

① 白春明,尹衍雨,柴多梅,等.我国田园综合体发展概述[J].蔬菜,2018(2):1-6.
② 张茜茜,杨洋,邹雨婷.山西省田园综合体发展模式及对策研究——以襄汾县为例[J].乡村科技,2019(4):57-58,60.
③ 姜露.乡村新型产业发展——"田园综合体"[EB/OL].(2018-07-07)[2019-11-27].http://www.sohu.com/a/239785445_455040.
④ 郭思远.田园综合体:乡村治理的新维度[J].人民周刊,2017(12):18-19.
⑤ 高菲.全域旅游视角下智慧田园综合体规划设计研究——以沂水县漫流村为例[D].青岛:青岛理工大学,2018.
⑥ 于学勇.国家农业综合开发田园综合体试点项目分析[J].农家参谋,2019(8):24.
⑦ 蹇泽西.立足生态资源优势 探索乡村旅游扶贫路径[J].新重庆,2017(2):32-34.

业与工业、生产与生活、传统与现代相辅相成,共同在田园综合体中发挥作用、相得益彰。

3.突出生态理念,坚持宜居宜业、"三生"统筹

田园综合体的最根本立足点就是生态。为了使生态的理念体现在田园综合体的内涵与外延中,我们需要在保持乡村田园生态美景的同时,保护好乡村的青山绿水,把乡愁留在山水之间,真正实现生态的可持续发展。发展循环农业,要从生产和生活两个层面都建立起完整的生态循环链,使田园综合体成为遵循自然规律的绿色发展模式。只有将生态绿色理念深深扎根于田园综合体中,让生产、生活、生态始终得到统筹发展,田园综合体才会成为适宜居住和经营就业的生态家园。[1]

4.突出创新理念,坚持因地制宜、特色创意

田园综合体是各地通过一步步实践探索形成的新生事物。它不走统一的建设规格和固定的规划设计这条路,而是在坚持因地制宜、突出特色道路中越走越通畅。田园综合体更加立足于各地实际,更加注重保护和发扬当地特色,在政策扶持、资金投入、土地保障和管理机制上都不断进行探索与创新,同时不忘鼓励支持创意农业和特色农业,而非一味地进行移植复制和同质化竞争。

5.突出持续理念,坚持内生动力、可持续发展

田园综合体是一个具备多功能性、生命力强的农业发展综合体。田园综合体建设不是利用人工去打造盆景,而是要围绕农业供给侧结构性改革,以市场需求为导向,集聚要素资源,激发其内生动力,从而更好满足城乡居民对于乡村休闲旅游的需求;同时,在建设主体各有侧重和需求的基础上,完善运行机制,激发发展动力,探索出一套适合农业、农村和广大农民的可推广、可复制、可持续的新生产生活方式。[2]

(二)田园综合体的特征

1.功能复合性

产业经济结构多元化,由单一产业向一二三产业融合发展,从单一产品向综合休闲度假产品升级,从传统住宅到融田园体验度假、养老养生等为一体的休闲综合

---

① 高菲.全域旅游视角下智慧田园综合体规划设计研究——以沂水县漫流村为例[D].青岛:青岛理工大学,2018.

② 卢贵敏.以农业综合开发为平台综合施策建设田园综合体试点[J].奋斗,2017(22):12-17.

地产的土地开发模式升级。[1] 在一定的地域空间内,将现代农业生产空间、居民生活空间、游客游憩空间、生态涵养发展空间等功能区进行结合,并在各部分间建立一种相互依存、互利共赢的动态关系,形成多功能、高效率、复杂而统一的田园综合体。[2]

2.开发园区化

作为原住民、新移民和游客的共同活动空间,田园综合体在充分考虑原住民的收入不断增加的同时,还要保证外来游客源源不断地输入。[3] 既要有相对完善的内部、外部交通条件,又要有足够的发展空间和吸引力强的田园景观文化。在田园综合体的建设过程中,选址方式、运营模式、产品关联度和品牌形象等都是需要进一步考虑的。

3.主体多元化

田园综合体的出发点是倡导企业参与、城市元素与乡村结合和多方共建开发方式,创新城乡发展方式,促进产业变革、农民收入稳步增长、新农村建设稳步推进,重塑中国乡村的美丽田园、美丽小镇风光。[4] 一方面,它强调与原住民的合作,即坚持农民合作社的主导地位,使农民不仅参与田园综合体的建设过程,而且能享受到现代农业产业效益和资产收益增长等福利。另一方面,强调城乡互动,秉持开放、共建的思维,努力解决不同旅游人群的不同需求。[5]

近年来,人们对国内休闲农业与乡村旅游的热情不断高涨,而田园综合体作为从休闲农业和乡村旅游升级而来的高端发展模式,更反映了农业+园区的发展方向,将农业链条上升到做深、做透的高度。未来,田园综合体还将进一步向科技、健康、物流等方向发展。

(三)田园综合体的功能区域

田园综合体主要包含产业、景观、生活、休闲、服务等区域。从这些所具备的功能区域看,每个区域都有着不同的功能,区域之间可相互融合,形成互动,共同联结

---

① 蒋超.田园综合体数字化理论研究[J].经济研究导刊,2018(27):37-39,44.

② 高菲.全域旅游视角下智慧田园综合体规划设计研究——以沂水县漫流村为例[D].青岛:青岛理工大学,2018.

③ 廖静伟,黎勇.灵川:整合区域资源优势 打造乡村旅游品牌[J].广西经济,2015(3):56.

④ 张春波.田园综合体的发展模式与建设思考[J].建材与装饰,2018(14):139-140.

⑤ 吕火明.田园综合体的内涵与实践[EB/OL].(2018-08-27)[2019-11-15].http://www.sc.gov.cn/10462/c100033/2018/8/27/e737dcc4583e472ba303339f2c697171.shtml.

成一个紧密相连、相互配合的有机综合体。①

1.农业产业区

农业产业区主要包括种植、养殖等农业生产活动,农产品加工制造、储藏保鲜及市场流通。农业产业区属于田园综合体的核心区域,它为田园综合体开发和运营提供产业支撑和发展动力,对田园综合体的根本定位具有重大意义。②

2.生活居住区

生活居住区是以农业为基础,由产业、生态、休闲和旅游等要素共同带动起来的综合聚集平台。它是将农村原来较单一、零散的居住区进一步开发,以休闲为支撑,形成了相对集中的居住生活区域,包括当地农民社区化居住生活区、产业工人聚集居住生活和外来休闲旅游居住生活区3类。③

3.文化景观区

在农村文明的背景下,文化景观区以农村田园景观、现代农业设施、农业生产活动和优质特色农产品为基础,开发特色主题观光游览,依靠田园风光和生态宜居的亮点优势不断增强田园综合体的魅力。④

4.休闲聚集区

为满足城镇游客的各种休闲娱乐需求,休闲聚集区设置了一系列综合休闲产品,包括赏景、登山、游览、玩水等休闲活动和项目。在这些活动项目中,城镇游客更易深入体验乡村特色风光,步入乡村独有的生活空间,享受田园活动的乐趣。

5.综合服务区

综合服务区是指为田园综合体的各个功能和组织运行提供保障和服务的区域。它不仅涵盖了农业生产领域的金融、技术、物流、电商等内容,也囊括了居民生活领域的医疗、教育、商业、培训、康养等内容。这些功能区不是简单叠加,而是功能和要素的聚集融合。在城乡一体化发展背景下,综合服务区在以功能区域衔接互动为主体的模式下,促使田园综合体成为新型城镇化生产生活区域。⑤

---

① 于学勇.国家农业综合开发田园综合体试点项目分析[J].农家参谋,2019(8):24.

② 蒋超.田园综合体数字化理论研究[J].经济研究导刊,2018(27):37-39,44.

③ 刘志华,刘瑛,张丽娟.田园综合体建设:以重庆的实践为例[J].长江师范学院学报,2018,34(4):23-29.

④ 高菲.全域旅游视角下智慧田园综合体规划设计研究——以沂水县漫流村为例[D].青岛:青岛理工大学,2018.

⑤ 卢贵敏.财政部国家农业综合开发办公室主任解读:田园综合体该如何建设[EB/OL].(2017-07-17)[2019-07-23].http://www.sohu.com/a/157925653_681176.

（四）田园综合体的重点建设内容

开展田园综合体建设试点和农村综合性改革试点试验工作,是中央赋予财政部牵头完成的任务。2017 年 5 月,财政部下发《关于开展田园综合体建设试点工作的通知》(财办〔2017〕29 号),提出要围绕田园综合体的建设目标和功能定位,重点抓好生产体系、产业体系、经营体系、生态体系、服务体系和运行体系这六大支撑体系的建设。[1]

1.夯实基础,完善生产体系发展条件

根据适度超前、综合配套和集约利用的原则,以集中连片的形式进行高标准农田建设,完善、加强田园综合体区域内的"田园+农村"等基础设施建设,进一步整合资金,改善田园综合体及其周边区域的供电,通信,污水、垃圾处理,游客集散,公共服务等配套设施条件。

2.突出特色,打造涉农产业体系发展平台

根据田园综合体的特色发展需要,利用资源、环境、文化、产业等比较优势,以田园资源和农业特色为主,将传统特色优势主导产业做大做强,推动土地规模化利用进程和三产融合发展的速度[2],大力建设农业产业集群;利用"旅游+""生态+"等模式,稳步发展极具特色的创意农业,发展农业的多功能特性,推动农业产业与旅游产业、教育产业、文化产业和康养产业的深度融合。此外,要进一步加强本土品牌和原产地地理标志管理工作,使农村的电商服务业和物流服务业得到更好的推广与发展,经过培育可以形成一两个区域性的农业知名品牌,以此构建和完善产业体系,支撑田园综合体发展。

3.创业创新,培育农业经营体系发展新动能

在农业经营体系发展方面,通过积极增强新型农业经营主体者的实力,完善农业社会化服务体系,以土地流转、股份合作、代耕代种、土地托管等方式促进农业适度规模经营,使得农业生产经营体系得到优化,农业生产效率和效益进一步提高。同时,要加强服务和利益的联结关系,逐步把小农户的生产生活纳入现代农业和农村发展的轨道,使特定区域内劳动人民可支配收入得到持续稳定增加。

4.绿色发展,构建乡村生态体系屏障

要绿色发展,首先要牢固树立"绿水青山就是金山银山"的理念,使田园景观的

---

① 蹇泽西.立足生态资源优势 探索乡村旅游扶贫路径[J].新重庆,2017(2):32-34.

② 胡向东,王晨,王鑫,等.国家农业综合开发田园综合体试点项目分析[J].农业经济问题,2018(2):86-93.

资源配置得到更好的优化,并加大力度对农业生态的价值进行挖掘,协调统筹农业景观与体验功能,凸显田园综合体宜居宜业的特色。在循环农业方面,不仅要积极发展该领域,而且要充分利用新的农业生态环保生产技术,加快节约化的农业资源和减量化、资源化的农业生产残余废弃物再利用实现大面积推广的进程;大力宣传农业节水理念与技术,加强农业环境综合整治,促进农业可持续发展。

5.完善功能,补齐公共服务体系建设短板

公共服务体系的建设与发展离不开对田园综合体区域内的生产性服务体系的完善。田园综合体以适应市场需求为着力点,发展对应的产业和公共服务平台,将包括市场、资本、信息、人才等现代生产要素聚集起来,促进城乡产业链的延伸和互相交织,进一步促进农村新兴产业和业态的繁荣。[1] 完善当前田园综合体社区的公共基础设施,可以让田园综合体社区内的居民享受到更便捷、更高水平的服务。

6.形成合力,健全完善运行体系

田园综合体形成发展合力的要求之一,就是要在确定了科学合理的运营管理模式背景下,处理好政府机构、企业和农民三者的关系。政府主要负责政策上的引导和规划上的引领,建造一个适合发展田园综合体的外部环境。企业、农村集体组织、农民合作组织等其他市场主体则需要积极发挥它们自身在田园综合体的产业发展和实体运营中的重要作用。农民采用互相合作、协调组织等方法,在田园综合体发展中获得收益分配、就近就业的好处。

综上所述,在城乡一体化格局下,当城镇化和工业化发展到一定阶段,田园综合体既顺应了当前农业供给侧结构性改革、生态环境可持续发展、新产业新业态的发展思路,又借鉴了现代企业的经营管理模式[2],对我国农村地区广阔的田野风光进行了充分利用。如今,在我国美丽乡村和现代农业已经发展起来的背景下,田园综合体将低碳、环保和可持续发展的理念汇集、融合起来,创造性地对乡村田园景色进行特色化保留,使公共基础设施和服务进一步完善,并成功建立起一个城乡一体化的社区管理服务体系。在农业发展方面,田园综合体积极探索当前农业的多功能性,将农事体验、文化、休闲、旅游和康养等相关产业做大做精,使田园生产、生活、生态达到有机统一和一二三产业深度融合的状态。这为我国农业、农村和农民探索了一

---

① 陆文婷."田园综合体"理念研究初探[J].吉林农业,2018(8):60.
② 刘志华,刘瑛,张丽娟.田园综合体建设:以重庆的实践为例[J].长江师范学院学报,2018,34(4):23-29.

种可推广、可复制、稳定有序的新兴生产生活方式。①

第二节　广西田园综合体发展现状

为贯彻落实中央农村工作会议和《中共中央、国务院关于深入推进农业供给侧结构性改革 加快培育农业农村发展新动能的若干意见》（中发〔2017〕1 号）的部署与要求，积极探索农业农村发展新模式②，实现村庄美、产业兴、农民富、环境优的目标，2017 年广西财政围绕农业增效、农民增收、农村增绿，支持有条件的乡村加强基础设施、产业支撑、公共服务、环境风貌建设，实现农村生产、生活、生态"三生"同步，逐步建成以农民合作社为主要载体，让农民充分参与和受益，集循环农业、创意农业、农事体验于一体的田园综合体。

2017 年 6 月，广西财政厅发布《关于开展田园综合体建设试点项目申报工作的通知》（桂财发〔2017〕13 号），围绕田园综合体的建设目标和功能定位，重点抓好生产体系、产业体系、经营体系、生态体系、服务体系、运行体系六大支撑体系建设，并提出立项试点相关政策，包括财政资金投入规模、项目和资金管理政策等。其中，南宁市西乡塘区的"美丽南方"田园综合体建设试点项目通过财政部集中评估，以优异成绩成为 2017 年首批田园综合体建设试点之一。③该项目计划实施 3 年，中央、自治区和开发县三级财政共投入专项资金 2.25 亿元，整合各级各类财政资金及社会资金 14 亿元。自从南宁的"美丽南方"田园综合体成为国家级田园综合体建设试点，西乡塘区党委和政府高度重视，并根据国家试点工作的部署要求积极开展相关工作，在南宁市委、市政府的高度重视和自治区、南宁市农发部门的积极指导和支持下，西乡塘区农发办积极落实《南宁市西乡塘区农业综合开发"美丽南方"田园综合体建设试点项目发展规划（2017—2019 年）》，及时制定并适时推进农发资金项目三年计划，多方梳理整合了一批非农发资金项目，为"美丽南方"田园综合体试点构建了有力的综合支撑体系。④

---

① 周增产,董微,李秀刚,等.智慧农业田园综合体规划设计理论与实践[J].农业工程,2018,8(11):50-57.

②③ 陈东海,白保勋,徐婷婷.郑州市田园综合体发展模式创新及实现路径[J].农业科技通讯,2018(6):27-29.

④ 黄磊.国家农业综合开发美丽南方田园综合体建设试点项目 2018 年项目全面顺利开工建设[EB/OL].(2018-12-25)[2019-09-13].http://czt.gxzf.gov.cn/xwdt/dfdt/20181225-1301250.shtml.

广西农业综合开发将服务乡村振兴战略作为重点,以田园综合体建设为抓手,与自治区党委农办一同积极推动广西田园综合体的创建工作。2017年12月7日,国家农业综合开发办公室在南宁举办了一次土地治理项目政策完善和创新座谈会。座谈会围绕党的十九大报告提出的乡村振兴战略,讨论并研究了与农业综合开发土地治理项目的相关政策。该座谈会交流高标准农田建设、田园综合体试点及创新投融资模式试点经验,并对下一步工作进行研究计划。座谈会期间,与会代表对南宁市西乡塘区"美丽南方"国家农业综合开发田园综合体建设试点项目进行实地考察,并对该项目的高起点、高标准建设给予了高度评价,认为这是探索都市近郊型农业综合开发田园综合体建设的新模式。① 2017年12月13日,自治区人民政府办公厅印发了《关于印发广西田园综合体创建方案的通知》(桂政办发〔2017〕183号),全面启动田园综合体创建工作,围绕田园综合体建设目标和功能定位,以现代特色农业示范区、"美丽广西"乡村建设为基础②,以地缘相邻、人缘相亲、产业互补、自然景观和地方文化相互交融的若干个行政村或自然村为片区,进行集中连线连片打造,重点抓好生产体系、产业体系、经营体系、生态体系、服务体系、运行体系、乡村治理体系建设,大力发展休闲农业和乡村旅游,重点实施"七大工程",包括特色产业提升工程、美丽乡村建设工程、生态环境保护工程、地方文化挖掘工程、独特景观营造工程、乡村社会治理工程和集体经济培育工程。③

为了进一步推进农业供给侧结构性改革,促进现代特色农业示范区的提档升级,广西壮族自治区人民政府办公厅出台了《广西田园综合体创建方案》,即从2018年开始,根据三年规划、分年实施的思路,在全区选定了5个田园综合体项目作为自治区的建设试点项目,包括玉林市玉州区"五彩田园"、南宁市青秀区"田园青秀"、宾阳县"稻花乡里"、桂林市恭城瑶族自治县"瑶韵柿乡"、柳州市柳江区"乡约·藕遇"④,并对每个项目连续3年每年提供1 000万元的资金支持,同时确定了11个备选项目并将其纳入项目库管理。⑤ 自治区财政厅高度重视、精心计划,及时印发《关

---

① 耿学昌.国家农业综合开发办公室在广西南宁召开土地治理项目政策完善和创新座谈会[EB/OL].(2018-01-25)[2019-08-23].http://czt.gxzf.gov.cn:8080/? sids=0&c=so&token=&q.

② 张春波.田园综合体的发展模式与建设思考[J].建材与装饰,2018(14):139-140.

③ 耿学昌.广西实施乡村振兴战略启动田园综合体创建工作[EB/OL].(2018-01-24)[2019-08-26].http://czt.gxzf.gov.cn/xwdt/jgdt/20180124-73078.shtml.

④ 陈东海,白保勋,徐婷婷.郑州市田园综合发展模式创新及实现路径[J].农业科技通讯,2018(6):27-29.

⑤ 耿学昌.广西财政大力支持田园综合体项目建设取得阶段性成果[EB/OL].(2018-12-14)[2019-08-26].http://czt.gxzf.gov.cn/xwdt/jgdt/20181214-1301025.shtml.

于自治区田园综合体试点项目申报有关事项的通知》(桂财发〔2018〕3 号),全面启动广西田园综合体试点申报工作。按照村庄美、产业兴、农民富、环境优、治理好的总体建设目标,自治区田园综合体创建方案明确了"五有一高"的立项条件、重点建设"七大工程",打造现代特色农业示范区和"美丽广西"乡村建设升级版。该通知紧密围绕自治区田园综合体建设总体要求,进一步明确试点项目规划范围及建设内容、规范申报及立项评审工作,细化实施方案及工作要求。[1]

2018 年 2 月,广西农业综合开发创新开发方式,大力推进农业综合开发试点改革工作,扎实推进田园综合体建设试点。主动服务实施乡村振兴三年行动计划,坚持"姓农为农"的根本宗旨,稳步推进国家、自治区、设区市三级田园综合体梯级创建,积极建造农业综合开发田园综合体创新平台。[2] 促进农业综合开发现代农业园区及特色村镇建设,探索适合广西宜居宜业的特色村镇建设,对现代农业发展起示范引领作用。进一步开展与农业信贷担保的合作新模式,加大"政银担企"合作力度,继续探索金融资金和社会资本参与农业综合开发项目建设的有效途径,拓宽高标准农田建设及农业产业发展资金投入渠道。[3] 2018 年 3 月,经自治区人民政府同意,自治区财政厅印发了《广西田园综合体创建工作厅际联席会议制度》,建立田园综合体的创建工作协调机制,加快推进田园综合体试点工作。建立田园综合体创建工作厅际联席会议制度,旨在加强厅际间的交流和信息共享,充分发挥成员单位的作用,形成协同作用,统筹推进自治区田园综合体创建的规划、建设工作。按照《关于印发广西田园综合体创建方案的通知》提出的目标任务,协调部门间配套政策制定和任务落实,共同解决工作中的重大问题,指导和督促各个地区的田园综合体创建工作,并及时总结各个部门和地区的实施成果,推广先进做法和经验。联席会议由自治区财政厅牵头,自治区党委农办、自治区发展改革委、人力资源和社会保障厅、国土资源厅、住房和城乡建设厅、水利厅、农业厅、文化厅、旅游发展委、乡村办等12 个部门和单位共同参与,同时明确了联席会议工作规则、成员单位职责及相关工

---

① 耿学昌.广西启动自治区田园综合体申报工作着力打造乡村振兴平台载体[EB/OL].(2018-02-25)[2019-07-23].http://czt.gxzf.gov.cn/xwdt/jgdt/20180225-73618.shtml.

② 焦雷,李晓东.乡村旅游农耕文化的挖掘研究——以沂源三岔乡为例[J].中国农业资源与区划,2016,37(6):208-212.

③ 耿学昌.广西农业综合开发工作早谋划、早布局[EB/OL].(2018-02-14)[2019-08-26].http://czt.gxzf.gov.cn/xwdt/jgdt/20180214-73516.shtml.

作要求①,形成创建工作合力,充分发挥各部门资金和政策的聚集效益。

2018年7月,自治区党委、政府印发《广西乡村振兴战略规划(2018—2022年)》,明确要求采取行动,提升休闲农业和乡村旅游业的品质,并在现代特色农业示范园区、特色小镇、特色名镇名村和田园综合体开展示范创建和星级评定,实施一批精品工程,包括休闲农业、休闲渔业、森林康养和乡村旅游等;根据当地条件发展休闲农场(庄)、民俗秀场、乡村民宿、森林人家等新业态,努力创建中国国际乡村旅游目的地、中国乡村旅游创客示范基地、旅游型特色小镇、森林养生基地等旅游新品牌,打造一批富有地域特色、彰显民族文化魅力的精品旅游线路,推进全域发展。②

当前,广西田园综合体正处于重大政策机遇窗口期,有巨大的市场空间和发展前景。田园综合体模式所蕴含的商业价值,对现代农业发展、农民增收、农村生活、乡村治理等方式的深刻变化产生了很好的推动作用,在打造和提升地方本土品牌、开发和利用乡村旅游资源、挖掘和传承特色民俗文化、实现农民创业和增收等方面不断创造着更大的发展机遇,达到了新常态下的新型城镇化、城乡一体化、农业现代化间的高质量协同发展。

第三节　典型案例

一、南宁园博园田园风光区

以"生态宜居　园林圆梦"为主题的第十二届中国(南宁)园博会于2018年12月至2019年5月在南宁市举行。作为园博园的重要组成部分,在园博会期间,田园风光旅游区被建设成为国家4A级景区和广西休闲农业示范区。园博会后,田园风光旅游区与园博园共同打造成为国家5A级景区,并发展成为广西壮族自治区城乡统筹示范区。③

---

① 耿学昌.广西建立田园综合体创建工作厅际联席会议制度[EB/OL].(2018-03-05)[2019-07-26].http://czt.gxzf.gov.cn:8080/?sids=0&c=so&token.

② 中共广西壮族自治区委员会办公厅.广西乡村振兴战略规划(2018—2022年)[EB/OL].(2018-07-20)[2019-09-15].http://czt.gxzf.gov.cn/zwgk/czxx/qzbmyjsxxgk/20190902-1372543.shtml.

③ 戴洁琳,邱桂莹.乡村振兴下的田园综合体研究——以五彩田园为例[A].中国城市规划学会,杭州市人民政府.共享与品质——2018中国城市规划年会论文集(18乡村规划)[C].北京:中国建筑工业出版社,2018:10.

(一)背景

南宁市邕宁区的历史文化悠久,自古以来享有"八尺方丘足堪乐,万年农耕看邕宁"的盛誉。此外,邕宁区不仅有自治区重点文物保护单位——五圣宫、犹如世外桃源的雷婆岭摩崖石刻,而且有壮族八音(广西非物质文化遗产)、疍家文化、嘹啰山歌、抢花炮、赛巧节、点米成画、含火犁头等民俗文化世代传承。[①] 2016年,南宁市以总分第一的成绩获得了第十二届中国国际园林博览会的承办权,选址在邕宁区顶蛳山,同期建设园博园,并于2018年12月广西壮族自治区成立60周年前夕隆重开园。[②]

(二)模式

作为习近平生态文明思想在广西的生动实践,此次园博会坚持生态、文化、共享的理念,并将生态作为总体规划范围内的重要研究课题,海绵城市、矿坑修复、现状地形地貌保护利用、山林利用及林相改造等绿色发展的创新实践被广泛应用。南宁园博园田园风光区位于南宁市邕宁区蒲庙镇八尺江流域园博园、顶蛳山遗址保护区的西部区域,是园博园主展览区域的外部控制区,交通空间组织和园区功能与园博园主会场衔接,是南宁园博园的特色部分。该项目通过结合南宁当地典型的岭南丘陵地貌、蜿蜒的河流等优美自然条件,以及当地民族文化和民俗进行整体规划。以旅为核、联动农文,通过"旅游+农业""旅游+文创",建设南宁壮乡原野田园综合体,将文化体验、乡村旅游、农业休闲等功能集合于一体,实现新型城镇化、壮乡现代化及区域经济的可持续发展。[③]

(三)效果

园博会是贯彻习近平生态文明思想,促进绿色发展的生动实践,也是弘扬中国传统园林文化,促进国内外交流与合作的平台。为了打造广西旅游新地标的旅游发展目标,邕宁区打造"一园两带三线",即以顶蛳山公园为中心,以邕江、八尺江水路和乡镇公路沿线经济带为两带,打造文化体验水上游、生态休闲观光游、都市文化创

---

① 卢贵敏.以农业综合开发为平台综合施策建设田园综合体试点[J].中国财政,2017(15):20-23.

② 廖静伟,黎勇.灵川:整合区域资源优势打造乡村旅游品牌[J].广西经济,2015(3):56.

③ 潘华,韩庆.聚焦田园综合体 绿地博大绿泽中标南宁园博园田园风光区项目[EB/OL].(2017-07-24) [2019-09-14].http://sh.people.com.cn/n2/2017/0724/c134768-30520789.html.

意游三大主题旅游线路。① 在园博园田园风光区内,山、水、林、田、村有机结合,具有丰富多样的结构层次。邕江最大支流八尺江在区内穿流而过,生态环境优美,地理位置优越。此外,园博园田园风光区将休闲农业、生态水乡、壮韵民居、顶蛳山文化作为发展亮点,集农业、文化、旅游、商业、体验为一体,力争创建一个广西全域旅游示范区、特色旅游名县乡村示范点和生态农业旅游新地标。

1.休闲农业新标杆

田园风光区以休闲农业示范区为核心,促进生态农业示范园、生态综合示范村、休闲健身养生农家乐、壮乡农耕文化体验区建设,将田园风光区打造成为"美丽南方"升级版。②

2.生态水乡新格局

田园风光区把水系路网贯通与滨水景观设计结合起来,形成以水通园、行船游水、村村临水的格局,打造出具有乡村特色的亲水景观。

3.壮韵民居新风貌

田园风光区将乡村建筑风貌整治与地域文化建筑结合起来,把壮族文化作为核心元素,引导村民用壮族文化元素打造房屋建筑,使其具有艺术色彩,并形成一个具备原始风味、古朴典雅、充满壮乡韵味的民居群。③

4.顶蛳山文化新体验

田园风光区以贝丘文化、那文化、陶文化、特色壮乡民俗风情为基础,建设顶蛳山"街"系列,做深做精文化体验。④

作为南宁园博园的配套项目,田园风光区与园博园同时开放,共同促进当地旅游产业结构的优化和区域经济的协调发展,使其成为带动蒲庙及邕宁区快速发展的"助推器"。

---

① 蒙灵.邕宁区:打造顶蛳山文化旅游品牌[EB/OL].(2017-02-27)[2019-11-14].http://www.gxnews.com.cn/staticpages/20170227/newgx58b4298e-15980021.shtml.

② 党立斌,侯巍巍.财政助力培育农业农村发展新动能——广西南宁农业综合开发田园综合体试点调研报告[J].紫光阁,2018(4):72-73.

③ 王黎黎.园博园田园风光区着力打造都市农业创新实践先行区[EB/OL].(2018-03-29)[2019-11-14].http://m.xinhuanet.com/gx/2018-03/29/c_1122607338.htm.

④ 凌剑伊.园博园:格桑花海绽美颜 田园风光慢生活[EB/OL].(2018-07-20)[2019-09-15].http://mini.eastday.com/mobile/180329111839980.html.

二、"美丽南方"田园综合体

"美丽南方"位于"一带一路"有机连接的重要门户城市、中国—东盟博览会永久举办地——南宁。它有着深厚的历史文化底蕴,既是南宁文化发祥地之一,也是海上丝绸之路珠江流域西江黄金水道上重要的古商埠,保存了许多特色民俗和具有独特文化韵味的古代民居。[①]

(一)背景

南宁市西乡塘区现辖 3 个镇、10 个街道,总面积 1 298 平方千米,农村面积占 69%,常住人口 120 万人,其中农业人口 26 万人。它是广西人口最多的城区和农业生产大区,是国家级出口罗非鱼的质量安全示范区、广西最大的香蕉生产基地和南菜北运基地。"美丽南方"田园综合体位于南宁市西乡塘区石埠半岛,范围包括金陵镇的兴贤村和石埠街道办事处的忠良村、永安村等。园区规划面积 69.57 平方千米,其中耕地面积 4 133.33 公顷,农业人口 5.6 万人。

(二)模式

"美丽南方"田园综合体巧妙运用了其丰富的田园景观资源、自然生态资源及人文资源,并以农业资源、产业基础、特色村落、传统文化为依托,以农业综合开发项目为重点,完善生产、产业、经营、生态、服务和运行六大功能体系,开展多种实践,包括农事体验、创意农业、农耕文化、休闲旅游等类型,走生产、生活和生态的"三生"同步,一二三产业的三产融合,农业、文化、旅游的"三位一体"发展道路。

除此之外,"美丽南方"田园综合体规划区被设计为"一轴两翼三带八区"的总体发展格局。"一轴"是沿 005 县道的园区交通和发展主轴线,对园区内的各个主要功能区、景观点和特色村落进行有机连接,从而形成一个完整的田园综合体。"两翼"则是以 005 县道为分界,将整个园区划分为南北两翼,南翼主要侧重于发展创意农业、农事体验和精品农业,而北翼则重点发展特色高效农业及生态康养农业。"三带"即依托园区农田、村落、水系、山地等自然元素,打造了三条极具特色的农业休闲观光体验带,包括以高端、高质、高效为特色的精品农业体验带,以南方秀美田园风

---

① 陆文婷."田园综合体"理念研究初探[J].吉林农业,2018(8):60.

光和乡村风貌为特征的生态乡村体验带、以自然山水为特征的自然风光体验带。"八区"包括创意农事体验区、智慧农业展示区、高效农业集中区等八个功能分区。①

(三)效果

"美丽南方"在广西各级政府的积极领导下,不断优化自身结构,现已逐步成为广西农业、文化、体育和旅游产业面向中国—东盟的重要交流平台。目前,规划区有3个自治区级现代特色农业示范区,入驻区内的企业多达60家,已投入各级财政资金近8亿元,吸引社会资金18亿元,主要用于项目建设和产业发展②,建成了包括优质蔬菜种植、龟鳖养殖加工生产、葡萄种植及葡萄酒生产、青瓦房民俗风情古村落体验等生态农业、休闲农业、创意农业在内的48个项目,占地约533.33公顷。作为广西最美田园综合体,"美丽南方"田园综合体先后赢得了全国休闲农业与乡村旅游示范点等荣誉称号。核心区忠良村被评为中国乡村旅游模范村、中国最美休闲乡村、中国美丽宜居村庄、全国生态文化村。"美丽南方"不仅带动了农业生产水平和农民生活水平的大幅度提高,使得乡村文明程度进一步明显提升,而且使当地的生态环境得到有效改善,促进了生态环境可持续发展。

三、"田园青秀"田园综合体

2018年,"田园青秀"田园综合体被确定为广西壮族自治区田园综合体试点项目。南宁市青秀区计划用3年时间使其成为广西田园综合体标杆项目、乡村振兴战略广西样板和广西城乡一体化发展典范。

(一)背景

青秀区位于广西南宁市东南部,怀抱南湖,背倚青山,是首府南宁政治、经济、文化、科技、教育、金融、信息的中心,有着独特的区位优势。③ 在南宁市主城区以东约

---

① 南宁发布.美丽南方入选国家田园综合体试点将打造示范窗口[EB/OL].(2017-07-16)[2019-11-21].http://www.sohu.com/a/157581111_394134.

② 张茜茜,杨洋,邹雨婷.山西省田园综合体发展模式及对策研究——以襄汾县为例[J].乡村科技,2019(4):57-58,60.

③ 林昆勇.致力打造更高水平的广西第一强区——对南宁市青秀区发展现代服务业的调查[J].传承,2012(17):18-19.

25 千米,有一个风景秀丽的地方——"田园青秀"。它是南宁市青秀区从 2018 年开始打造的田园综合体,位于长塘、刘圩和南阳三镇相连片区,规划区域总面积 66.4 平方千米。

(二) 模式

青秀区"田园青秀"田园综合体拥有"一环三带五组团"的空间布局结构①,通过政府+企业+合作社运行管理机制和政府引导、企业主体、多元投入的投融资机制来维持"田园青秀"的运转②。"田园青秀"以长塘、刘圩和南阳三个乡镇为重点,发展了名贵花卉、特色水果、生态养殖、富锌香米、文化传承等产业,创建花之乡、果之乡、稻之乡、牧之乡、歌之乡,大力发展休闲农业和乡村旅游业。

为突出花茶、花道、花食、花宿、花旅五大特色,长塘镇在林下金花茶产业的支持下,建立了"金花小镇",发展五大幸福产业,包括旅游、体育、文化、健康、养老。目前,"金花小镇"拥有山茶花游赏观光园 26.67 公顷、金花溪谷主题乐园 20.00 公顷、蓝花楹观赏园 46 多公顷和金花茶林下种植园 46 多公顷③,还有 6.3 千米的自行车骑行绿道,是游客度过美好时光的好地方。

刘圩镇通过引进广西四野牧业有限公司,建成了田野牧歌肉牛产业示范区。在该示范区内,通过不断引进合作企业和培育农民专业合作社,带动了 1 660 户农民养牛和种植牧草,达到致富的目标。示范区还允许村民进行小额贷款入股,每人每年至少增收 4 000 元。此外,当地的牧草和甘蔗尾叶被用作牛饲料,经处理过的牛粪可以用作有机肥,施用于果树、牧草等,真正实现了种养循环。④ 现今,该示范区已经形成了肉牛繁育养殖、牧草种植、非粮秸秆饲料和有机肥生产、加工、销售一体化产业链,并将产业扩展到休闲旅游业。

现今,南阳镇的壮族特色民居仍然保存比较完好,四周被古木和翠竹环绕,是一个能让人直观感受到人与自然和谐共生的美丽乡村。南阳镇突出休闲旅游和文化艺术这两个核心要素,吸引了 13 位艺术家和多家文化创意企业长期入驻,开发民宿

① 刘建芳,王伟新,肖建中,等.田园综合体商业模式创新的国际经验及启示[J].世界农业,2018(9):34-38,106.
② 李姣梦.南宁"田园青秀":茶香果甜稻花香,山青水秀见牧场[EB/OL].(2018-11-09)[2019-06-17].http://www.yidianzixun.com/article/0KU85OcM? s=&appid=oppobrowser.
③ 潘泽江,黄霞,潘昌健.田园综合体经营模式与发展路径探讨——基于宜昌市富裕山的调查[J].湖北农业科学,2018,57(17):114-116,122.
④ 于学勇.国家农业综合开发田园综合体试点项目分析[J].农家参谋,2019(8):24.

度假,对原住壮族村民进行帮扶与指导,让他们能够与企业步伐协调,共同发展当地的特色文化旅游产业。此外,南阳镇与附近的花雨湖休闲农庄项目、平沙坡综合示范村建设形成配套,连片开发,实现产业发展和村庄建设的双赢。

(三)效果

"田园青秀"田园综合体建设,将生态文明建设的理念用于田园综合体的建设,不仅可以确保农村的绿水青山,而且可以使当地农民受益,从而实现农业创收、农民增收、生态宜居。置身"田园青秀"田园综合体,仿佛置身于一个将近 6 666.67 公顷的美丽大公园中,充分体现了"绿水青山就是金山银山"的理念。在 2018—2020 年建设任务清单中,青秀区"田园青秀"田园综合体项目规划了 46 个道路基础设施建设项目,投入大约 3.02 亿元的财政资金。按照规划,今后的"田园青秀"将成为广西最现代的农业产业集群区、城乡融合的田园社区、南国特色的农业景观区和活态传承的民俗文化旅游区。目前,青秀区正加紧利用区位优势,加强基础设施建设,优化资源配置,进一步缩小城乡差距。

四、"稻花乡里"田园综合体

广西宾阳县坚持把农业综合开发作为促进现代农业发展的有效措施,并获得了国家现代农业园区建设项目,自 2018 年起,中央和自治区财政每年安排 2 100 万元,用于支持为期 3 年的古辣镇现代农业园区建设。

(一)背景

宾阳县拥有丰富的农业资源,是全国第一批国家商品粮基地县,曾经两次获得"全国粮食生产先进县"的称号。近几年来,宾阳县借助建设广西现代农业特色(核心)示范区项目,加快建设高标准农田和社会主义新农村等项目。目前,已建成 666.67 公顷的高标准农田,建成 22.76 千米的三面光渠道,10.16 千米的田间道路,对灌排泵站、涵洞、分水闸、放水口等基础设施进行了完善。以古辣镇镇区及周边田园为核心的宾阳县"稻花乡里"田园综合体,总规划面积达到 2807 公顷,管辖古辣、刘村、义陈和马界 4 个行政村,并在 27 个自然村内建设香米示范区、桑蚕示范区及稻香乡村休闲旅游带。这种"两区一带"的布局把农业生产、农产品加工和销售、乡村旅游、农业科学普及、文化休闲等一二三产业进行了有机融合,逐渐形成了全产业价值链。[①]

(二)模式

依托现代化农业种植基础、良好的产业发展条件和优越的地理位置,"稻花乡里"田园综合体将发展古辣香米全产业链作为重点和特色[②],成为集合了香米种源研究、种苗培育、香米加工、立体农业、桑蚕产业、耕读文化教育传承、乡村农业休闲旅游等领域的综合性示范区。"稻花乡里"田园综合体项目计划一共投资了 4.96 亿元,规划布局为"一心一带四区"。其中,"一心"为产业综合服务中心;"一带"为产业融合综合发展示范带;"四区"为稻米高效标准化生产示范区、高新技术产业支撑示范区、价值链提升示范区和美丽乡村家园示范区,实现农田园区化、产业融合化、乡村景区化、服务便利化、经营市场化,以及现代特色农业示范区升级版和美丽宾阳乡村建设升级版。[③]

(三)效果

宾阳县通过推进"美丽广西"乡村建设和现代特色农业示范区建设,积极推进农业供给侧结构性改革,加强休闲农业的规划引领作用,先后创建了"稻花乡里"生态综合示范带,3 个市级综合示范村,5 个市级民俗民居示范村,9 个市级"十佳乡镇",23 个区市级"绿色村屯",使美丽的绿水青山留在村屯。2016 年,在国家 3A 级景区蔡氏书香古院等的带动下,大陆村进行了一系列农旅结合活动,成功吸引国内外游客约 15 万人,经营收入达 1 400 万元。通过推广水稻新品种和新技术,促进水稻绿色高产高效的同时,园区还致力于稻田艺术的发展与创新,香米种植产业进一步得到多元化发展。既带热了乡村游,促进了旅游产业持续发展,又增加村民收入,实现休闲农业与乡村旅游业的融合发展。[④] 接下来,宾阳县"稻花乡里"田园综合体将把标准化、规模化、品牌化作为目标,以实现农业产业链的延伸、产业范围的扩展、农业

---

① 蒋超.田园综合体数字化理论研究[J].经济研究导刊,2018(27):37-39,44.

② 陈李萍.我国田园综合体发展模式探讨[J].农村经济与科技,2017(21):219-220.

③ 林增其.自治区考察组到我县考察稻花乡里田园综合体申报试点项目[EB/OL].(2018-05-15)[2019-07-25].http://www.gxbyw.com/index.php? m=content&c=index&a=show&catid=34&id=10260.

④ 耿学昌.稻花乡里说"水稻渠城"[EB/OL].(2017-10-27)[2019-08-07].http://czt.gxzf.gov.cn/xwdt/jgdt/20171027-69247.shtml.

提质的增效、农民收入的增长，改善农村生活设施，为农民创造安居乐业的美好家园，树立乡村振兴的示范典型。

五、"乡约·藕遇"田园综合体

为进一步加快"美丽柳江"乡村建设的步伐，柳江区以百朋镇"荷塘月色"现代农业（核心）示范区的辐射和引领，建设"乡约·藕遇"美丽乡村建设项目。

（一）背景

柳江区位于柳州市西南面，与柳州同江同城，以古代人类文化遗迹而闻名。柳江区百朋镇拥有 1 333.33 公顷荷花池，被誉为"中国玉藕之乡"。柳州市柳江区"乡约·藕遇"自治区田园综合体试点项目涉及百朋、成团、进德 3 个镇 16 个村委，规划总面积约 56.5 平方千米，耕地面积达 4 333.33 公顷，总人口 6.8 万人。[1]

（二）模式

"乡约·藕遇"田园综合体试点项目围绕生产体系、产业体系、经营体系、生态体系、服务体系、运行体系、乡村治理体系七大体系，分为农业生产区、农业休闲聚集区、农村景观核心区和田园服务社区 4 大板块进行建设。[2] 其中，农业生产区以下伦万亩荷塘种植为主，辐射周边 2 133.33 公顷双季莲藕种植，并通过荷莲产业链促进生态文化旅游产业发展。游客可以参与农事活动，认识农业生产，体验农业生产的乐趣。农业休闲聚集区以酒壶山农耕养生旅居中心为主，分为养老养生度假区和户外休闲运动区，为游客提供深入农村特色的生活空间的机会，体验当地乡村风情。农村景观核心区修建了环绕戈茶、下伦、酒壶山、大武山景区的乡村骑行绿道。通过骑行，游客可以近距离感受优美的田园风光。田园服务社区在人口相对集中居住的地区，重点打造了一批以千荷园、和村庄园、莲花小镇为代表的产业融合与产业聚集区。[3]

---

① 范建.四川省都江堰市试点建设国家农业综合开发田园综合体[J].农村百事通,2017(20):15.

② 党立斌,侯巍巍.财政助力培育农业农村发展新动能——广西南宁农业综合开发田园综合体试点调研报告[J].紫光阁,2018(4):72-73.

③ 谢生杰."乡约·藕遇"再次升级,被列入自治区级田园综合体 5 个试点项目[EB/OL].(2018-06-12)[2019-11-29].https://mp.weixin.qq.com/s/yedqXudsRMTz3w7M1C8TnA.

（三）效果

"乡约·藕遇"项目的主线是建设自行车骑行道。该自行车骑行道将成团镇戈茶屯、进德镇良泗屯、百朋镇下伦屯等14个村屯连接起来,统筹区域建设,升级美丽乡村,发展休闲旅游。"乡约·藕遇"项目整体被规划为"一线三区十景"。"一线"即骑行道,全长21.7千米;"三区"即戈茶、矮山、拉田三个服务区;"十景"即葡萄酒庄园、田园芳华、碧水花堤、亲子农场、音动村野、盛荷人家、荷园揽翠、灵谷探幽、天赐良园和曲院风荷。该项目促进了周边村庄的形象和基础设施的升级,推动了休闲旅游业发展,不断丰富和完善产业体系,进一步提升柳江区现代农业及乡村休闲旅游的发展质量,让游客能够望得见山、看得见水、记得住乡愁,骑行体验美丽柳江的别样美景。

六、"瑶韵柿乡"田园综合体

为促进恭城的月柿产业发展,恭城启动恭城月柿国家现代产业园、中国特色农产品优势区的创建工作。2018年,"瑶韵柿乡"获批为自治区田园综合体试点项目。

（一）背景

恭城瑶族自治县隶属广西桂林市,位于桂林市东南部。恭城自然风光优美,历史遗存丰富,瑶族风情独特,旅游资源丰富,享有"南岭生态明珠"的美誉。恭城县以其独特的水果产业在区内处于领先地位,有着"中国月柿之乡""中国椪柑之乡"称号。[①] 恭城月柿有着悠久的种植历史,种植规模大,具有强大的品牌影响力,是国家地理标志产品,形成产供销一体化、农文旅融合发展的态势。

（二）模式

恭城田园综合体项目位于莲花镇、平安乡,以"瑶韵柿乡"为主题,发展主线是"农业+科技""农业+旅游"和"农业+文化"的模式。按照"一轴双核两翼"的功能布局,进行恭城田园综合体试点项目建设。同时,围绕生产体系、产业体系、经营体系、

---

① 彭盛仲,杨征祥.恭城水果产业带富一方百姓[N].桂林日报,2006-12-05.

生态体系、服务体系、运行体系和乡村治理体系进行重点规划,以推进项目有序、高效的建设。

(三)效果

作为粤桂黔高铁经济带重点城镇,恭城高效推进文化旅游小镇和全域旅游示范带建设,油茶特色小镇开工建设,中国(莲花)特色小镇"两园一镇一道一水系"①等项目有序推进,成功创建了"三庙两馆"、红岩 2 个国家 4A 级旅游景区,门等(矮寨)、社山、龙虎 3 个国家 3A 级旅游景区,举办了油茶文化节、关帝庙会、孔子文化节、月柿节等一系列节庆活动。其中,"恭城月柿"还入选广西 30 个农产品区域公用品牌。此外,恭城努力完善城乡基础设施,进一步加强农田水利基础设施建设。同时,峻山灌区续建的配套与节水改造项目、小农水重点县项目、高效灌溉节水项目建设也得到了扎实开展。恭城 30 年坚持"生态立县"的生态发展承诺得到了国家乃至联合国的认可,先后获得"国家可持续发展实验区""国家级生态示范区""发展中国家农村生态经济发展典范""国家绿色能源示范县"等 20 多项国家荣誉称号,被国务院纳入国家重点生态功能区,成为全国全域旅游示范区创建单位、全国农村产业融合发展试点县、国家可持续发展议程创新示范区。

七、灵山"百年龙武庄园"田园综合体

2018 年,钦州市财政局在特色主导、园区带动、产业引领、质量过硬的现代农业发展道路引领下,把田园综合体建设作为促进农业综合开发的主要抓手,推进灵山县"灵山百年龙武庄园"田园综合体建设试点项目建设,形成政策和财政资金支持合力。②

(一)背景

灵山县是广西钦州市辖县,地处钦州市东北部,濒临北部湾,邻近南宁、北海。灵山位于亚热带地区,拥有水果种植面积 7.67 万公顷,盛产荔枝、龙眼、杧果等。其

---

① 周世通.恭城:打造中国月柿特色小镇带动乡村三产新发展[N].广西民族报,2018-04-13(03).
② 黄磊.钦州市财政局扎实推进 2018 年农业综合开发工作[EB/OL].(2018-11-27)[2019-08-19].http://czt.gxzf.gov.cn/xwdt/dfdt/20181127-1300762.shtml.

中被誉为"中华珍品""果中之王"的荔枝是灵山县特产,为国家地理标志产品。灵山县荔枝的种植始于唐朝,且如今灵山县内的古荔枝树得到了很好的保护。目前,全县树龄最长的古荔枝树的树龄达到 1 500 年,千年以上古荔枝树就有几十棵,三四百年以上的古荔枝树上万棵。灵山县丰富的荔枝自然资源和荔枝文化底蕴,使得灵山荔枝闻名于全国乃至全世界。①

(二)模式

在"有文化标识性特色,有产业深度联动融合"的指导思想下,钦州市政府依托该地区的自然资源优势和产业优势,依托灵山县的区位优势、农业基础优势和经济条件,以龙武山庄现代特色农业核心示范区为基础,以灵山荔枝为特色产业开发的重点,立足高标准农田建设,植入地方文化内涵,形成具有明显产业特色的田园综合体项目。2018 年 10 月,灵山县通过政策指导、财政扶持、整合社会资本,签订 PPP 项目田园综合体咨询服务,将龙武山庄田园综合体试点区域科学规划成"三生"同步、三产融合、三位一体的田园综合体。② 该项目主要建设游客中心、庄园文化组团、记忆乡居田园社区综合服务组团、亚热带水果王国休闲组团、山野闲趣康养组团和钦江生态观光带,以及项目相关配套设施。

(三)效果

灵山"百年龙武庄园"田园综合体园区的规划总面积达 2 193.33 公顷,财政总投资约 1.3 亿万元。经项目规划,灵山"百年龙武庄园"田园综合体园建成了 1 466.67 公顷的高标准农田,渠系水利利用率系数高达 0.75,粮食综合生产能力提高至 25% 以上。此外,通过试行小田并大田,有效推动了千亩(66.67 公顷)以上土地流转,构建了新型农业经营体系,使多种形式规模经营得以动态发展③。在项目完成后,可新增粮食总产值 1 998 万元,新增特色农业种植总产值 1 857 万元,新增就业机会 1 500 人以上,并且辐射带动农户 9 800 户,对打造钦州集休闲农业、循环农业、创意农业、

---

① 邓政.广西钦州市灵山县龙武荔枝产业(核心)示范区总体规划[D].长沙:中南林业科技大学,2016.

② 胡向东,王晨,王鑫,等.国家农业综合开发田园综合体试点项目分析[J].农业经济问题,2018(2);86-93.

③ 花玮蔚.钦州市财政局"四个抓好"推进田园综合体建设[EB/OL].(2018-10-11)[2019-07-15].http://zwgk. qinzhou.gov.cn/auto2529/gzdt_2994/201810/t20181011_1482717.html.

农事体验于一体的现代农业综合模式将起到积极推动作用。[1]

八、"五彩田园"田园综合体

广西玉林"五彩田园"以"百里生态画廊,中国希望田野"为主题,是一处集休闲度假、观光旅游、康乐美食、科普教育为一体的高品位乡村生态旅游景区。[2]

(一)背景

"五彩田园"位于玉林市玉东新区茂林镇,包括鹿峰、鹿塘、鹿潘、沙井、山电、陂石、陂耀、新寨、车垌、湘汉 10 个行政村(社区),面积 5 200 公顷,涉及人口 3.26 万人。

(二)模式

"五彩田园"以两区同建、全域 5A、国际慢城为理念,以标准化、规模化、品牌化、特色化、生态化、田园化"六化"为要求[3],立足现代特色农业产业园区和新型农村社区两个功能支点,同步推动深化农村改革、培育新型农业经营主体、引入现代农业科技、发展农业休闲旅游、引进农业新兴产业、开展美丽乡村建设等工作。"五彩田园"示范区共规划有特色农业产业区、都市农林休闲区、农场庄园集聚区、海峡两岸(广西玉林)农业合作试验区 4 个区域,前期共投资近 6 亿元,用于建设园区的基础设施,对园区道路进行全面提档升级,村容村貌统一美化改造,农田集中规划种植,建造完成自驾车服务体系。"五彩田园"从山水田林路、一二三产、生产生活生态、创意科技人文多个维度推进规划建设,力争实现现代特色农业出彩、新型城镇化出彩、农村综合改革出彩、农村生态环境出彩、农民幸福生活出彩 5 个出彩。[4]

---

① 黄磊.钦州市财政局扎实推进 2018 年农业综合开发工作[EB/OL].(2018-11-27)[2019-08-11].http://czt.gxzf.gov.cn/xwdt/dfdt/20181127-1300762.shtml.

② 卢贵敏.以农业综合开发为平台 综合施策建设田园综合体试点[J].中国财政,2017(15):20-23.

③ 江东洲.以五大发展理念引领"五彩田园"建设 打造"中国—东盟"现代特色农业示范区[N].科技日报,2016-03-08(11).

④ 吴小康.广西玉林:依托"五彩田园"打造美丽乡村[EB/OL].(2015-01-16)[2019-07-13].https://m.hexun.com/news/2015-01-01/171982121.html.

（三）效果

"五彩田园"始终坚持绿色发展、低碳发展、循环发展同步推进的建设理念，对生产空间、生活空间、生态空间进行科学规划布局，扎扎实实地推进生态环境保护。目前，"五彩田园"建设已经完成了中国最大的农业高科技展示馆、中国最长的樱花大道、中国最美的高产水稻示范园，广西最具特色的铁皮石斛园、广西第一乡村绿道、广西最美的生态餐厅等一系列核心游览园区，集现代农业生产、文化旅游观光、乡村特色食宿、美丽乡村建设为一体，逐步形成了具有独特田园气息的现代农村新型社区。作为玉林市和玉州区两级共建的现代农业园区，"五彩田园"堪称广西区位条件最优、农业生产基础最好、三产融合发展最快、自然环境最美的田园综合体园区。

九、"山水甜园"田园综合体

2018年以来，崇左市江州区致力于建设"山水甜园"田园综合体，以适应农村供给侧结构性改革和新型产业发展，并结合农村产权制度改革，进一步实现乡村现代化和新型城镇化，促进社会和经济的全面发展。

（一）背景

江州区，崇左市辖下区，位于广西西南部，居左江中上游，水陆交通便利，水路经南宁可直航广州、香港、澳门，是桂西南地区交通枢纽和商品集散地。江州区依托崇左，提出了服务城市、发展江州的发展战略，以"一中心两平台三基地"为支撑，构筑面向东盟开放合作的区域性中心城区和崇左市"首善之区"，县域经济综合实力不断增强。

（二）模式

江州区"山水甜园"田园综合体以新和镇为田园综合体创建试点区域，规划建设面积约2 780公顷，投资约2亿元，建设周期3年，重点实施七大工程：特色产业提升工程、美丽乡村建设工程、生态环境保护工程、地方文化挖掘工程、独特景观营造工程、乡村社会治理工程及集体经济培育工程。同时，江州区大幅度增强种养殖业的规模化、产业化和品牌化发展能力，促进区域农业科技进步，带动交通运输、农产品加工、休闲旅游等行业的发展，为广西糖业转型升级提供了新的借鉴模式，促进区域优秀乡土文化的传承与保护,推进乡村生态文明建设。[①]

(三)效果

江州区按照乡村振兴战略提出的产业兴旺、生态宜居、乡风文明、治理有效、生活富裕的总要求,依托自然景观资源,在现有甘蔗"双高"基地、甘蔗综合利用循环经济产业园、花山玫瑰产业基地及花山玫瑰风情园、大华肉牛养殖基地、大华山水牧场、国际·如意岛生态景区的基础上,进一步完善基础设施,加强职业农民教育培训功能、农民创新创业功能、农业技术交流与展示推广功能,组织举办中国—东盟现代农业发展论坛,进一步发挥示范和带动作用。同时,江州区加强村屯绿化、美化和服务设施建设,加强体现产业特色、地方特色的景观建设,充分挖掘特色民俗文化和特色民族文化,培育农事体验节庆品牌和民族节庆品牌。推进新和糖文化一条街(糖人街)建设,丰富创意农业、体验农业内容,将农业产业与旅游、教育、文化等产业深度结合,完善乡村治理体制机制,营造宜居、宜业、宜游和体现江州区"山水甜园"田园综合体特色的城乡融合发展模式。[②]

第四节　存在的问题与对策

一、存在的问题

(一)生态学诊断

农业既要承担农民增收和繁荣农村的任务,还要承担生态保护的任务。农村不仅是"金山银山"的基础和来源,而且是绿水青山的保护区和栖居地。可以说,农业是农村的主要产业,农业的发展离不开农村的同步发展。因此,中央提出建设田园综合体,这不是在生产、生活和生态等领域单一的、局部的试点探索,而是对农业农村生产生活方式的全面改革,引领未来农业农村发展和演变的重大政策。

1.部分地区乡村生态环境恶化

在城乡发展转型过程中,广西部分乡村生态环境问题日益严重,甚至影响到居

---

① 戴洁琳,邱桂莹.乡村振兴下的田园综合体研究——以五彩田园为例[A].中国城市规划学会,杭州市人民政府.共享与品质——2018中国城市规划年会论文集(18乡村规划)[C].北京:中国建筑工业出版社,2018:10.

② 胡瑞阳.江州区全力打造"山水甜园"田园综合体[N].左江日报,2019-03-12(01).

民的日常生活和乡村田园综合体的建设。在部分乡村中,由于资源的不合理利用、农业生产活动的加强及居民生活方式的改变,土地污损、水体污染和空气污浊的现状令人担忧。① 除此之外,农村环保投入明显不足,村民对公共区域的环境保护意识较弱,重开发而轻保护,重建设而轻维护,对资源的开发利用超出了环境承载力,导致当地生态环境的平衡被打破,多个地区干旱、洪涝等自然灾害频繁发生。在农业生产中,土壤质量及可持续性下降,农作物减产;长期喷洒大量农药,过量施用化肥,农产品中农药残留量严重超标。② 大部分农田仍沿用传统农业的分散化经营方式,农田基础设施较落后,现代化的农业生产机械装备和技术投入较少,缺乏有效且稳定的产业联动发展机制,无法形成较强的集群效应。当前,农村环境污染状况不仅危害当地居民的身心健康,而且在极大程度上制约着农村的全面发展。良好的生态环境对田园综合体的发展非常重要,因此,有必要加强对乡村生态环境的保护。

2.部分田园综合体园区缺乏系统的景观规划

尽管广西部分田园综合体建设已经进行了一定的创新和取得了一些成就,但田园综合体景观的规划与建设正处于从传统自然农业向现代生态农业过渡的重要阶段,每个地区都不尽相同。同时,某些地区的田园景观建设始终不被重视,因此田园综合体的景观规划与建设整体还处于探索阶段。由于田园综合体建设的资金来源和建设方式仍面临许多问题,在实际建设过程中难以把控景观规划体系和建设质量。一些田园综合体注重美丽乡村的建设,注重资金的投入和基础设施的建设,但园区内的大部分文化和创意产品是照搬城市公园娱乐活动的主要产品或项目的套路,很少真正以乡村生态、休闲农业项目为主题,或者空间和景观资源未被充分利用,资源浪费现象屡见不鲜。在实际的景观规划设计过程中,设计师通常忽略村民的使用意愿和主体感。因此,从环境行为学的角度来看,景观并没有为村民提供特定的物质和精神空间③,结果导致了部分田园综合体园区存在生态建设内涵不深,生产、生态、生活一体化发展融合不够深、缺乏系统性的问题。

---

① 王永生,刘彦随.中国乡村生态环境污染现状及重构策略[J].地理科学进展,2018,37(5):710-717.

② 陈璐.美丽乡村建设背景下江苏丘陵地区乡村景观格局优化研究——以南京市六合区金牛湖创意农业科技园区为例[D].南京:南京农业大学,2016.

③ 贾琦.河南省田园综合体景观建设现状及问题、模式全面分析[EB/OL].(2018-11-18)[2019-11-15].http://www.sohu.com/a/276147003_155324.

(二)土地权属及使用权法律亟待规范

休闲农业或田园综合体用地种类繁多,包括农民自有住宅和闲置宅基地;农村集体建设用地;四类荒地,即荒山、荒沟、荒丘和荒滩;城乡建设用地;对投资建设连片面积达到一定规模的高标准农田、生态公益林等。迄今为止,土地问题一直被认为是田园综合体建设项目落地的难题之一,解决土地问题是田园综合体成功建设的关键。然而,在农村土地流转和整合过程中,存在所有权和使用权方面的法律问题。目前,田园综合体获得土地的主要途径有4种:土地银行;基于土地股份的合作社;农村闲置宅基地和废弃园地的指标整理与农林土地复垦;土地置换、租赁、入股联营等。在有利的宏观政策下,田园综合体的土地仍然存在不少问题。我国的农民每一户的经营土地少,更多的是一家一户进行小规模经营的模式,形成了更加分散的地块,极大限制了田园综合体项目对大面积土地的使用。在乡村土地非法使用的问题上,仍然存在着农民土地流转、农民土地承包等法定程序难以执行的问题。

(三)缺乏系统、创新的运行机制

由于广西田园综合体的建设仍处于起步阶段,相关部门缺乏运营经验,难以给予适当的指导,这很可能导致田园综合体的运营方向难适应市场需求。主要表现在:(1)大多数田园综合体是根据地方政府的意愿建立的,其管理机制和运行模式主要由当地政府主观操作,这将导致管理效率低,不利于生产及经营管理的进行。(2)有关农业、科技、财政、金融的政策未能高效整合,无法支持田园综合体解决资金难题。投资主体和收益分配不明确,降低了田园综合体建设者和经营者的积极性,相应的经济效益和社会效益不理想。(3)田园综合体没有与市场形成很好的对接,不利于产品的开发与发展。[①]

(四)产业发展特色不够鲜明,建设模式单一

从当前的发展状况看,广西相当一部分田园综合体建设无法与当地的市场经济、文化底蕴、农业农村发展紧密结合。大多数田园综合体的建设模式都是依托生态优势来打造自然观光、赏花采果等休闲体验,有较为明显的季节特征,缺乏历史人文气息和特色产业的支撑,导致大多数田园综合体的产品雷同,模式相近,"千村一

---

① 中共广西壮族自治区委员会关于实施乡村振兴战略的决定[N].广西日报,2018-05-31(001).

面"的现象严重。此外,创新创业平台的引入不足,政企合作亟待进一步加强。这些都极大影响了循环农业、创意农业、农事体验的本地化与创新发展。若不能根据资金投入比例、特色资源和产业优势因地制宜进行调整与规划,不仅会加剧各地田园综合体间不必要的竞争,而且不利于田园综合体的可持续发展。

(五)农民利益保障水平亟须提升

作为以农民充分参与和受益为核心的乡村发展平台,田园综合体与田园景观和农业生产及农村生活息息相关。[1] 广西田园综合体的从业人员大多以当地农民为主,他们往往服务意识、安全意识、服务技能和创新能力不足,在田园综合体的管理方面存在较多漏洞,经营模式千篇一律,与规范化、标准化、特色化的旅游接待水平相比还存在较大差距。[2] 田园综合体作为新生事物,提出时间并不长,许多农民对田园综合体能否带动农村经济发展仍有怀疑,对其建设模式、经营模式和未来收入分配等方面认识较浅,所以在开展田园综合体初期,有一部分人会抱有不合作、观望甚至排斥的态度。加之农民长期依赖农业生产,收入较低,同时文化素质较低,合作共赢意识淡薄,有利则合、无利则散等违约现象经常发生,不仅严重影响了农民的经营收益,而且导致田园综合体的发展常面临困境。[3]

二、对策

(一)生态学对策

1.牢固树立绿色发展理念,全力保护生态环境

田园综合体的建设离不开良好的空间环境基础,从而能够在兼具休闲性与文化性的同时实现多产业融合发展。因此,除了应将乡村生态环境的保护放在田园综合体建设的突出位置,还应积极推崇以生态保护为主、以开发与利用为辅的建设理念,真正落实绿色可持续的发展观。在生产生活中,始终坚持绿色、循环、低碳的发展模式,大力开展乡村人居环境整治行动,加快水污染、农业面源污染的防治工作,以及

---

① 杨礼宪.合作社应成为田园综合体建设的主要载体[J].中国合作经济,2017(5):21-23.
② 严辉华.谈体验旅游趋势下乡村民宿的发展[J].旅游纵览(行业版),2016(6):149-151.
③ 张濂旭.西北地区田园综合体实践与探索——基于兰州市榆中县李家庄村的调查分析[J].甘肃金融,2018,483(6):41-44.

土壤污染的管控和修复工作[1];在农业资源、生态环境方面,要持续加大保护力度,不但要坚守耕地红线,还要形成废弃物再利用内循环和清洁生产外循环的有机统一,以构建完整的生态循环链;通过支持科研机构进行良种培育等引入先进生产技术,并在广大乡村中推广与普及,提升农村农业资源的使用效率,推动产业结构进一步转型升级。[2]

2.先规划后开发,避免盲目建设

田园综合体是基于乡村资源建设的。因此,田园综合体建设的最佳选择是农业基础条件良好、乡村旅游业发达、社区服务完善、资源独特、交通便利并且能够与其他辅助产业相得益彰的地区,这样更易通过申报获得政府的资金和政策支持。只有通过科学的规划、合理的布局、高质量和高水平的建设,才能建成具有独特吸引力和竞争力的田园综合体。在田园综合体的规划中,必须考虑景观要素的功能实用性,并且考虑其造景功能。例如,在植物栽培中,可选择一些既有经济价值又有观赏性的经济林果,用农业代替园林树木来造景,以充分体现“春华秋实”的景观效应。[3]因此,必须认真研究和制定田园综合体的发展规划并严格执行,应先规划后再开发。规划必须科学、高起点、高水平,具备一定的先进性和较强的可操作性。借鉴我国优秀田园综合体的建设成果,结合当地实际,注意体现当地的民俗民情和民族特色,制定相应的生态旅游规划。根据当地情况,考虑不同季节和不同人群的需求,围绕增强乡村情结和魅力的目标去增强文化底蕴、增加游客的回头率,同时要鼓励公众积极参与,广泛征求地方专家和群众的意见,以形成良好的旅游氛围。在规划方面,应科学计算生态旅游景区的游客容量,严格控制景区内游客人数,提高游客的旅游体验满意度。

3.建设以农业为核心产业的综合产业体系

田园综合体是循环农业、创意农业、农事体验与新型社区或田园社区的结合,具有农业生产、文明生活、休闲旅游和综合服务的功能,是适合居住、工作和旅行的美丽乡村新模式。[4] 建立以农业为核心产业的综合产业体系是田园综合体的核心,田园综合体要想可持续发展,就不能离开各大产业的支撑。其中,物质循环再生原理

---

① 陈李萍.我国田园综合体发展模式探讨[J].农村经济与科技,2017(21):219-220.
② 孙筱婷.乡村振兴战略背景下的田园综合体发展研究[J].农家参谋,2019(11):32.
③ 陆文婷.“田园综合体”理念研究初探[J].吉林农业,2018(8):60.
④ 焦雷,李晓东.乡村旅游农耕文化的挖掘研究——以沂源三岔乡为例[J].中国农业资源与区划,2016,37(6):208-212.

和多层次利用技术是循环农业的基础。它通过最大限度地利用资源,减少浪费和污染,以确保农业可持续发展。因此,我国有必要积极发展循环农业,充分利用农业生态环保新的生产技术,促进农业资源保护,减少农业生产残渣的产生或再利用农业生产残渣,实施农业节水工程,加强农业环境的综合整治。创意农业是关键。它把农业的生产前、生产中和生产后连接成一条完整的产业链,将农产品与文化和艺术创造力结合起来,以促进产业一体化发展。农事体验是活力。它把农业生产、农耕文化和农家生活变成商品,让城市居民亲身体验农业,形成新的业态。① 田园综合体的建设是现代化农业发展的高水平产物,可以有效地促进农业经济增长,进一步促进农业经济的转型升级,将旧的农业生产模式转变为现代经济所适应的生产方式。②

4.严守耕地红线,加快高标准农田建设

本着适度超前、综合配套、集约利用的原则,集中连片开展高标准农田建设。严守耕地红线,全面实行永久性基本农田特殊保护机制,确保永久性基本农田数量和质量的提升。继续集资建设高标准农田,优先发展高标准农田,确保粮食安全,并在后期完善高标准农田的管理和保护机制。加快高标准农田统一上图入库。加快实施全县推进土地整治,完善集体所有土地的耕地整治、以奖代补政策。加快高标准农田基础设施、耕地质量和信息化建设。鼓励农民、农村集体经济组织和新型农业经营者参与土地综合整治,拓宽资金渠道,引导和规范社会资本参与。③

5.统筹兼顾,实现特色化发展

田园综合体的建设有赖于坚持综合性,因此有必要综合考虑各个方面,发挥综合性。既要创新,又要满足中心要求,突出综合体。在开发建设过程中,应重视对原始生态资源、风景名胜和设施的保护,将当地居民的日常真实生活纳入田园综合体中,增强可持续发展的动力。以现代农业和生态农业为基础,深挖当地传统民俗文化和风土人情,融合当下流行的艺术元素,开发带有生态特性、文化特性、示范特性与体验特性的产品和项目,使人们能够体验农事活动,品味乡村生活,在自我娱乐中陶冶情操。可发掘各具当地特色的庙宇、书院和祖堂,并将其转变为在建筑传承、故事传承、空间体验和内容设计方面的独特精神地标;要传承具有特色的名人故居、庄

---

① 人民网.董进智:关于田园综合体建设的思考与建议[EB/OL].(2019-05-05)[2019-07-17].http://www.agriplan.cn/experts/2019-05/zy-3839_21.htm.

② 林希蕾.广西田园综合体的建设现状及发展对策[J].农村经济与科技,2019,30(2):246.

③ 中共广西壮族自治区委员会办公厅.广西乡村振兴战略规划(2018—2022年)[EB/OL](2018-07-20)[2019-09-15].http://czt.gxzf.gov.cn/zwgk/czxx/qzbmyjsxxgk/20190902-1372543.shtml.

园农场和博物院,充分了解和利用当地教育资源的价值;在进行质量监督的基础上,开发并培育特色农产品、美食、手工艺品,增加在产品的源头管理、品牌意识和现代企业理念上的投入。

6.打造田园综合体示范园

可以建设一批田园综合体示范园,普及和推广田园综合体建设示范,发挥标杆的作用,为田园综合体的大规模建设树立榜样。田园综合体示范园可以通过以下方式进行建设:

(1)生态农业示范园。可以建造透明式的种植园和养殖园,并设有鱼塘和水池,融入循环利用理念,并使用现代化的养殖和种植工具。农业生产与娱乐休闲并重,从而整体形成一个低碳环保的生态种植园。

(2)科技示范园。与过去普通农业的耕作方式相比,科技示范园引进新品种的高科技和育种技术,增加土地利用面积,组建科技种植创新团队,建立科技合作平台,培育新品种,开展研究开发并广泛普及。

(3)一二三产业互融示范园。根据田园综合体的模式,把握核心,促进一二三产业融合发展。将农副产品、旅游娱乐、教育科技、电子商务、金融就业等方面有机整合,展现田园综合体的特色与发展潜力。①

(二)整合财政资金,创新融资模式

田园综合体的建设,将城市元素与乡村发展现状结合起来,鼓励企业充分参与,多方共建,形成产业转型,促进城乡统筹发展,重塑我国广大乡村地区的美丽田园风光。建设田园综合体是一项历时较长且艰巨的重大任务,不能仅依靠中央和地方政府的财政支持,要积极引导社会资本对田园综合体进行投资。经济和社会发展都必须有经济目标,资本需要实现盈利,广大农民需要增加收入,财政需要进行征税,国内生产总值需要增加,这些多主体的利益需求决定了建设田园综合体资金的来源渠道极具多样性;同时,有必要考虑各种来源的资金的使用方式和比例,例如政府做撬动资金,企业成为主要投资者,银行提供贷款和融资,第三方融资担保,农民以土地产权入股等,从而形成田园综合体发展的资本综合体。② 例如,在金融政策方面,我

---

① 方荣辉.田园综合体建设存在的问题、对策及模式探析[J].长沙民政职业技术学院学报,2018,25(4):59-61.
② 周锦秀.江西安远携手中国华宇共同打造田园综合体[EB/OL].(2018-01-11)[2019-03-18].http://www.sohu.com/a/216007383_100050986.

们应创新担保方式,扩大抵押品担保范围,可使土地流转的收益权成为担保,增加对休闲农业的信贷支持,扩大其信贷额度。通过 PPP 模式、众筹模式、"互联网+"模式、发行私募债券等方式,促进更多的社会资本对田园综合体进行投资,帮助经营主体解决融资难题。田园综合体需要整合社会资本,激活市场活力,但要坚持农民合作社的主体地位,防止外来资本对农村资产的侵占。[1]

(三)鼓励农民充分参与,切实保障农民利益

广西田园综合体与过去其他城镇化建设模式最大的区别在于它构建的是一个农民利益共同体,它强调城乡一体化发展的重要性和必要性,注重均衡发展,将农民纳入田园综合体建设体系中,巧用一系列政策充分调动广大农民的主动性和积极性,使农民成为田园综合体的建设中的受益者,共同分享田园综合体的建设成果。[2] 因此,在构建田园综合体的过程中,首先,可通过农业合作社、家庭农场等方式吸引周边农业经营主体参与,并通过自主经营、务工、土地流转等方式增加收入。其次,积极开发就业岗位,充分吸纳当地农民就业,促进就地就近就业,增加农民收入。再次,鼓励农民自主创业,并为其提供良好的创业条件和政策,如通过股权合作为农民提供先进农业设施,最大程度地降低农民创业的担忧与风险。最后,对农民进行经营观念、技能等方面的培训,使农民树立正确的创业观念和增强其科学经营的意识,让农民享受到田园综合体建设带来的福利。可见,广西田园综合体的建设使农村经济提升到一个新的水平,不仅促进了农业发展的现代化,而且实现了农村农民的现代化,实现农民从"身份"向"职业"的转变。

田园综合体的建设不是在生产、生活和生态领域的一次或部分试点探索,而是对农业农村生产生活方式的巨大变革。通过一二三产业的深度融合,促进田园综合体的资源、功能和要素整合。[3] 作为一种新事物,田园综合体越来越受到人们的关注。在未来,田园综合体将继续拓展农村新的产业和业态,开辟农业产业链和价值链的新路径,成为推动广西乡村振兴战略实施的强大抓手。

---

① 徐磊.把握原则 打造品牌 有序管理——以东和乡为例,探讨乡村旅游可持续发展的有效对策[J].科技创新与应用,2014(4):257.

② 雷黎明.广西田园综合体建设的思考与探索[J].当代农村财经,2017(08):48-53.

③ 卢贵敏.以农业综合开发为平台综合施策建设田园综合体试点[J].中国财政,2017(15):20-23.

第八章
统筹山水林田湖草系统治理

第一节　山水林田湖草生命共同体概述

一、山水林田湖草生命共同体的发展轨迹

在党的十八大报告中,习近平总书记提出"建设生态文明,是关系人民福祉、关乎民族未来的长远大计"。针对大力推进生态文明建设的重大问题,习近平总书记指出,"大自然是一个相互依存、相互影响的系统。比如,山水林田湖是一个生命共同体""像对待生命一样对待生态环境"。"生命共同体"这一概念初露端倪。①

习近平总书记在党的十八届三中全会上提出了要坚持山水林田湖是一个生命共同体的系统思想,并在2014年中央财经领导小组会上进一步做了阐述:山水林田湖是一个生命共同体,人的命脉在田,田的命脉在水,水的命脉在山,山的命脉在土,土的命脉在树。2017年7月,中央全面深化改革领导小组第三十七次会议进一步强调,坚持山水林田湖草是一个生命共同体。② 同年,党的十九大把"生命共同体"思想写入报告,同时设计并发布了生态文明建设的路线图,将生态文明建设推向了一个新高度,要求全党全社会要加快进行生态文明体制改革,建设美丽新中国。十九大报告中还提到"人与自然是生命共同体",这标志着生命共同体理念初步形成。我们可以看到,生命共同体理念不仅是中国特色社会主义生态文明建设的实践总结,

---

① 董伟,卢俊岚.论习近平的"生命共同体"思想及其实践路径[J].大连干部学刊,2017,33(12):23-28
② 任勇.关于习近平生态文明思想的理论思考[N].中国环境报,2018-05-29(03).

而且是指引其不断发展的科学理论。①

习近平总书记立足于当下迫切需要破解的生态发展难题，从中华民族永续发展的高度，创造性地提出了生命共同体理念，旨在运用中国思维、中国智慧来构思中国方案，并综合三者来解决中国面临的现实难题。生命共同体理念是习近平新时代中国特色社会主义生态思想重要组成部分，蕴含着人与自然和谐共生的生态自然观、整体系统的生态治理观以及科学的生态价值观，推动形成人与自然共生现代化的新格局，是生态文明建设的重大理论创新以及建设美丽中国重要的科学指南。②

由山、水、林、田、湖组成的是一个复杂的系统，在这个生态系统中，各因子之间存在着多种关系，或相互依存，或相互促进，或相互制约。各因子之间的关系错综复杂，无法独立地看待，正是因为需要整体把控，所以此系统被称为生命共同体。③ 生态兴则文明兴，生态衰则文明衰。④ 习近平总书记从中国最广大人民的根本利益和人类整体利益的唯物主义立场出发，提出了"人与自然是生命共同体"的理念，旨在强调良好的生态环境是最公平的公共产品和最普惠的民生福祉。本着必须以对人民负责、对子孙后代负责的态度，党中央正领导着全国各族人民加快推进生态文明建设，努力促成人与自然共同发展、和谐共生的新局面。⑤

二、山水林田湖草生命共同体产生的背景

目前，我国环境问题突出，没有做到经济与生态协调发展。例如，土壤污染的综合防治、水环境综合治理，水土流失导致的基层裸露而丧失农业利用价值的石漠化现象问题凸显。如今这些问题虽有所遏制，却始终未能真正做到蓝天、碧水、净土统筹兼顾。环境问题突出，生态环境受损，生态问题层出不穷。面对日渐紧张的生态

① 赵光辉.构建人与自然的生命共同体[N].中国社会科学报,2018-04-03(008).

② 李秋梅,罗顺元.以习近平生命共同体思想引领美丽中国建设[J].齐齐哈尔大学学报(哲学社会科学版),2018(9):29-31,105.

③ 黄国勤.树立正确生态观 统筹山水林田湖草系统治理[J].中国井冈山干部学院学报,2017,10(6):128-132.

④ 中共中央宣传部.习近平总书记系列重要讲话读本(2016年版)[M].北京:学习出版社、人民出版社,2016:231.

⑤ 中共中央文献研究室.习近平关于社会主义生态文明建设论摘[M].北京:中央文献出版社,2017:8,12-13,21,24,33-34,47,55-56.

局势,一种创新型理念——山水林田湖草生命共同体呼之欲出。①

2013年,习近平总书记在《关于〈中共中央关于全面深化改革若干重大问题的决定〉的说明》中郑重提出"山水林田湖是一个生命共同体"的理念,如果种树的只管种树、治水的只管治水、护田的单纯护田,很容易顾此失彼,最终造成生态的系统性破坏。② 在中央财经领导小组第五次会议上,习近平总书记指出:"坚持山水林田湖是一个生命共同体的系统思想。"要统筹山水林田湖治理。在经济社会发展方面,统筹山水林田湖治理十分必要,但要在这基础上综合考虑自然生态的各要素。在2015年下半年发布的《生态文明体制改革总体方案》中,中共中央以及国务院要求树立将山水林田湖看作一个生命共同体的理念,按照生态学的整体性原理、系统性原理及其内在规律,综合地考虑各种自然生态要素,对山上山下、地上地下、陆地海洋以及流域上下游进行整体监管、联合保护,同时开展系统修复、综合治理工作,维持并提高生态系统的物质循环能力,维持生态平衡。

2016年9月,由财政部、国土资源部、环保部三部门联合发布的《关于推进山水林田湖生态保护修复工作的通知》(财建〔2016〕725号)一文中,三部门要求充分开展山水林田湖生态保护修复工作,包括矿山环境治理恢复、土地整治与污染修复、生物多样性保护、流域水环境保护治理、全方位系统综合治理修复等重点内容。③ 2017年7月19日,由中共中央办公厅、国务院办公厅联合印发的《建立国家公园体制总体方案》第一次呼吁坚持将山水林田湖草看作一个生命共同体。同年10月,十九大报告同样要求整体、综合治理山水林田湖草系统,即将草这一元素加入山水林田湖的提法之中。习近平总书记在党的十九大报告中进一步指出"坚持人与自然和谐共生"。建设生态文明是中华民族永续发展的千年大计。必须将"绿水青山就是金山银山"的理念牢记于心、实施于行,必须贯彻落实节约资源和保护环境的基本国策,像对待生命一样对待生态环境。2018年1月,《中共中央 国务院关于实施乡村振兴战略的意见》(中发〔2018〕1号)中也提出要统筹山水林田湖草系统治理,严守生态保护红线,以绿色发展引领乡村振兴。

在2018年5月18日至19日召开的全国生态环境保护大会上,习近平总书记强

---

① 中共中央文献研究室.习近平关于社会主义生态文明建设论述摘[M].北京:中央文献出版社,2017:8,12 - 13,21,24,33-34,47,55-56.

② 《党的十九大报告辅导读本》编写组.党的十九大报告辅导读本[M].北京:人民出版社,2017:49-52.

③ 王辉.2018年全国及各省市山水林田湖草政策汇总及解读[EB/OL].(2018-11-15)[2019-07-11]. https://t.qianzhan.com/caijing/detail/181114-c7fe5eb9.html.

调推进新时代生态文明建设必须坚持山水林田湖草是生命共同体等六大原则,指出山水林田湖草是生命共同体,要统筹兼顾、整体施策、多措并举,全方位、全地域、全过程开展生态文明建设。2018年9月3日,生态环境部正式发布《关于生态环境领域进一步深化"放管服"改革,推动经济高质量发展的指导意见》(环规财〔2018〕86号),提出在生态文明建设示范区创建、山水林田湖草生态保护修复工程试点中,对生态环境治理模式与机制创新的地区予以支持。①

自2016年以来,我国已开展了两批次11个山水林田湖草生态保护修复工程试点,2018年第三批共14个国家试点工程的评审工作已经完成。试点工程主要选择关系国家生态安全格局和永续发展的重点核心区域,基本涵盖青藏高原、黄土高原—川滇生态屏障,以及东北森林带、北方防沙带、南方丘陵山地带的生态功能区块,与国家"两屏三带"生态安全战略格局相契合,充分体现保障国家生态安全的基本要求。②

正如党的十九大报告指出,像对待生命一样对待生态环境,统筹山水林田湖草系统治理,实行最严格的生态环境保护制度,形成绿色发展方式和生活方式,坚定走生产发展、生活富裕、生态良好的文明发展道路,建设美丽中国,为人民创造良好生产生活环境,为全球生态安全作出贡献。

三、山水林田湖草生命共同体的概念

山水林田湖草生命共同体是指不同立地、水分条件下,森林、农田、湖泊和草原各种生态系统在合理有效的管理和利用下形成的统一体。一个区域的经济和社会的发展,离不开该地区生态系统的支撑,各个生态系统又相互联系、相互促进。如农田主要向人类提供食物,而健康的农田生态系统离不开森林、草原和湖泊对环境和气候变化的调节作用。山水的保护是所有生态系统得以维持的根本。③

山水林田湖草生命共同体从本质上深刻地揭示了人与自然生命过程之根本,是不同自然生态系统间能量流动、物质循环和信息传递的有机整体,是人类紧紧依存、

---

① 生态环境部.生态环境部关于生态环境领域进一步深化"放管服"改革,推动经济高质量发展的指导意见[EB/OL].(2018-08-30)[2019-11-29].http://www.gov.cn/gongbao/content/2019/content_5361804.htm.

② 苏望月.中央财政推进山水林田湖草生态保护修复[N].中央财经报,2018-03-09(06).

③ 白江宏.呵护"山水林田湖草"生命共同体——访内蒙古农业大学教授韩国栋[N].内蒙古日报,2018-09-06(07).

生物多样性丰富、区域尺度更大的生命有机体。田者出产谷物,人类赖之以维系生命;水者滋润田地,使田地永续利用;山者凝聚水分,涵养土壤;山水田构成生态系统中的环境,而树草依赖阳光雨露,成为生态系统中最基础的生产者。山、水、林、田、湖、草作为自然生态系统的组成元素与人类有着极为密切的共生关系,共同组成了一个有机、有序的生命共同体。①

深刻理解把握山水林田湖草是生命共同体,需要基于以下共识:第一,认识山水林田湖草生命共同体的重要性,在发展和利用资源时,慎重、仔细地考虑当地区域经济社会发展的环境承载力,协调发展,合理使用;第二,按照流域管理的理念,统筹规划和利用各种土地利用类型,有效利用水资源,将区域综合开发利用效率提升至新台阶;第三,根据生态学原理,把生态系统的动态管理与区域经济社会可持续发展有机结合起来,实现经济、社会、生态协调发展,造福后代;第四,完善与保护山水林田湖草生命共同体需要协调各部门,联合不同学科的专家协同创新,在理论与实践中促进社会经济健康有序发展,促进环境保护工作长期有效进行。

山、水、林、田、湖、草是生态系统的重要组成部分,是人类生存发展的重要基础,具有多方面的功能,如生态方面的生态产品供给、环境方面的净化调节、社会方面的文化美学等。我们要深刻把握山水林田湖草是生命共同体的系统思想,提高生态文明建设的科学性、有效性;创新推进山水林田湖草系统治理是我国水土保持生态建设的重要组成部分,是贯彻绿色发展理念的有力举措。要积极探索让生态效益转化为经济效益、让生态优势转化为发展优势的绿色发展路径,因地制宜发展生态农业,完善生态补偿机制,真正实现绿水青山与"金山银山"的互融共赢。这一探索是生态文明建设的必然要求,是美丽中国建设的核心进程,是国家生态安全和中华民族的重要支撑。要牢固树立和践行山水林田湖草是生命共同体的理念,为全面建成小康社会、开创美丽中国新局面而努力奋斗。②

---

① 王波,王夏晖.推动山水林田湖生态保护修复示范工程落地出成效——以河北围场县为例[J].环境与可持续发展,2017,42(4):11-14.

② 王海霞,刘蓉娜."山水林田湖草是生命共同体"西双版纳倡议发布[EB/OL].(2019-01-16)[2019-11-29].http://www.sohu.com/a/289412206_115239.

四、生命共同体的内涵

（一）山水林田湖草生命共同体理论指导体系

山、水、林、田、湖、草各要素不是相互孤立的，而是有机统一的。田是人民生活的基础，水是田的保障，山和土是水的源头，山、水滋养了林和草，这六个要素组成的生命共同体是社会发展的环境基础。人是这个生命共同体中的重要组成部分，与生物圈内的各生态系统之间存在着极为密切的共生关系，故不可忽视这个共同体中的任何一个方面。[①] 山水林田湖草生命共同体具有以下基本特征：

1.整体性

山、水、林、田、湖、草组成一个系统，其虽复杂但层次明显且有次序，不同要素之间关系紧密，牵一发而动全身，这种复杂的相互关系直接体现了其整体性。[②] 虽然这6个要素在生态系统中占据着不同的生态地位，但不能简单地对它们的生态重要性进行排序，山遭到破坏必然影响水和林，进而对草、湖和田造成影响，产生一系列的连锁反应，这都是其整体性的表现。

2.系统性

按照自然生态的系统性，统筹考虑自然生态各要素，以及山上山下、地上地下、陆地海洋、流域上下游，进行系统保护、宏观管控、综合治理，增强生态系统循环能力，维护生态平衡。[③] 对于生态系统受损严重、亟待治理和恢复的重要地区，要以生态系统管理理论为指导核心，将山水林田湖草作为一个陆域生态系统，采用自然与人工结合、生物与工程并重的方法，开展系统性修复。

3.尺度性

在山水林田湖草生态保护修复分析评价的不同尺度景观格局下，生物迁移、污染物传输等诸多生态过程相互关系、相互影响，按照"源—廊道—汇"生态过程调控原理，因地制宜采取加速、延缓、阻断、过滤、调控等管理和技术工程手段，实施系统性保护修复。[④][⑤]

① 王小婷.呵护山水林田湖草生命共同体[J].当代贵州,2018(26):28-29.
② 余新晓,贾国栋.统筹山水林田湖草系统治理,带动水土保持新发展[J].中国水土保持,2019(1):5-8.
③ 孔凡斌.统筹山水林田湖草系统治理[N].江西日报,2017-11-20(B3).
④ 张修玉.加快修复山水林田湖草生态系统[N].中国环境报,2018-04-30(03).
⑤ 吴运连,谢国华.赣州山水林田湖草生态保护修复试点的实践与创新[J].环境保护,2018,46(13):80-83.

4.均衡性

山、水、林、田、湖、草是生态系统的重要组成部分。生命共同体的理念表明,这6个要素在空间上的关联是均衡的,发展也是均衡的。[①] 6个要素的平衡开发在保护水源、保持水土、保护生物多样性、防风防沙、净化水、净化大气等生态系统服务功能中发挥着多种作用。只有统筹协调好这6个要素之间的关系,才能保证生态系统功能得到充分发挥。

山水林田湖草是生命共同体原则具有较为完善的科学依据和理论基础。一是科学地吸收了可持续发展理论和生态系统管理理论的思想,凝聚了广泛的国际意识;二是继承了历代共产党人对生态系统管理的实践探索经验和总结。山水林田湖草生命共同体是由山、水、林、田、湖、草等多种要素构成的生态系统,结构复杂,功能多样。人的命脉在田,田的命脉在水,水的命脉在山,山的命脉在土,土的命脉在树,充分诠释人与这个生命共同体各个要素之间的关系,也昭示了这个生命共同体在可持续发展战略中的重要地位。也就是说,这个生命共同体各要素之间存在联系,不可分开,实行独立管理,否则很容易造成自然资源和生态系统破坏。此外,人类必须处理好人与自然、局部与整体、发展与保护的关系。山水林田湖草是生命共同体,人与自然也是生命共同体。山水林田湖草生态系统是人与自然、自然与自然普遍联系的有机系统。山水林田湖草生态系统是人类生存发展的重要基础,具有多方面的功能,如生态方面的生态产品供给、环境方面的净化调节、社会方面的文化美学等。此外,我们必须运用系统思维来管理自然资源和生态系统。山水林田湖草生态系统具有山、水、林、田、湖、草6个要素,各个要素又蕴含丰富的自然资源,同时该生态系统具有强大的调节气候、保持水土、涵养水源和保护生物多样性的功能。要根据生态系统的多种用途、人类开发利用自然资源和保护生态环境的多重目标和我们所处时代的约束条件,应该采用系统、全面、协调和综合的方法来做好生态工作,对山水林田湖草的自然资源和生态环境进行调查、评估、规划、保护、恢复和治理,以维持生态系统的规模,改善其结构、质量和功能。新时代组建自然资源部和生态环境部,其目的就是要按照习近平总书记提出的山水林田湖草是生命共同体等六大推进生态文明建设的原则,建立生态文明五大体系,统筹兼顾、整体施策、多措并举,促进生态系统的整体保护、系统修复、综合治理,全方位、全地域、全过程推进生态文明建设。

---

① 王立彬.“山水林田湖草”迎来历史性时刻[N].中国国土资源报,2018-03-20(003).

建设生态文明是中华民族永续发展的千年大计,在具有中国特色社会主义新时代的背景下,习近平总书记提出了山水林田湖草是生命共同体的原则,蕴含着丰富的历史烙印和科学内涵。因此,在坚持自然价值观念和可持续发展观念的前提下,山水林田湖草系统的治理需要改变以往的分类保护和单一处理的修复模式,转变为以多要素构成的生态系统服务功能提升为导向的保护修复模式。

(二)山水林田湖草生命共同体模式与技术体系

一方面,山水林田湖草生命共同体最具代表的田园综合体的发展要遵循大框架下统一的原则和理念;另一方面,要结合当地条件,因地制宜进行个性化发展。这样可以避免同质化现象,有利于田园综合体呈现出百家争鸣之势。目前,有多种田园综合体开发模式可供参考。

1.优势特色农业产业园区模式

这种模式以当地的资源禀赋、优势农业产业和优势农产品为基础,将农业产业链条作为核心,从农产品的生产、加工、运输、销售等环节入手,并向其他产业延伸,打造优势特色农业产业园区,从而带动农村产业发展。如恭城瑶族自治县"瑶韵柿乡"田园综合体,发展以恭城月柿为主的特色水果品种,推动水果产业全产业链发展,促进月柿等加工产业、果园观光旅游业发展,延伸产业链、效益链,形成产供销一体化、农文旅融合发展的态势。

2.文化创意带动三产融合发展模式

该模式是在田园综合体三产融合的基础上加入文化创意元素带动园区发展,并结合当地的特色传统文化、民风民俗、风土人情来推动生态文化的农旅活动。如宾阳县立足古辣镇的区位优势和产业优势,大力建设大型稻田艺术景观带,发展休闲观光农业,在特色农业和创意农业上取得较好的成就。

3.都市近郊型现代农业观光园模式

该模式利用都市近郊的区位优势,加上美丽的生态环境和田园风光,打造都市近郊型现代农业观光园,为城乡居民提供一个在忙碌过后可以融入大自然、放松身心的休闲环境。如柳江区素有"中国玉藕之乡"的美称,距离柳州市区约1个小时车程,全区双季莲藕种植4 000公顷,通过荷莲产业链带动生态文化旅游产业,建设"乡约·藕遇"美丽乡村项目,吸引游人深入农村特色的生活空间,体验乡村田园风情。

4.农业创意和农事体验模式

该模式可以有效利用所在地区的农业生态资源、特色农业产业和特色农产品，开发一些创意文化产品，如创意工坊和民间艺术等。以特色创意来增强吸引力，并构建一个融合乡风、乡俗和农事体验的创意乡村综合体。

这四种典型模式并不是各自独立的模式，在实际建设中，一个成功的田园综合体会利用一种或者多种模式。此外，田园综合体的开发模式还有培育特色优势产业集群、构建特色农业文化景观区、建设集中的休闲聚集区、配置便捷的综合服务区、打造优美的生活居住区。①

山水林田湖草生命共同体典型模式和配套技术主要有：(1)优势农业主导模式及配套技术。该模式是目前田园综合体的最主要开发模式之一，也是田园综合体核心精神的体现。例如，广西"美丽南方"采取"蔬菜+养殖+葡萄"为主导。(2)文化创意带动模式及配套技术。(3)自然资源引领模式及配套技术。(4)市场需求引导模式及配套技术。田园综合体可以作为乡村振兴的一个强有力载体。

山水林田湖草生命共同体技术体系是推动山水林田湖草生命共同体模式运行的、相互关联的多个技术的集成。其最大的特点是认识到生命共同体各个组分，即山、水、林、田、湖、草是一个相互联系的整体，技术与结构、技术与功能环环相扣，其中一者发生变化即引起连锁反应。例如，以田园为基础背景，根据县域实际情况进行土地利用，将环境景观进行融合整理，使田园特征与城市和农村兼容并蓄，形成一个和谐的田园综合体。

(三)山水林田湖草生命共同体保障体系

山水林田湖草生命共同体保障体系始终坚持保护第一、自然恢复为主、人工治理为辅的方针。山水林田湖草生命共同体的保障体系的实践路径，具体可分为以下几个方面：

1.实施自然资源资产统一管理

为了健全传统自然资源管理体制，新成立的自然资源部就是要整合分散在原国土资源部、原农业部、原林业局、原海洋局及水利部等部门的自然资源管理职责，负责管理由中央直接行使所有权的自然资源资产，实现资源管理与资产管理的统一，

---

① 卢贵敏.田园综合体试点：理念、模式与推进思路[J].地方财政研究,2017(7):8-13.

单种资源管理与整体资源管理的统一,资源管理与生态环境管理的统一。具体来说,自然资源部负责对全民所有的各种自然资源资产,如矿藏、水流、森林、山岭、草原、荒地、海域、湿地、滩涂等,进行统一调查统计,统一确权登记,统一标准规范,统一信息平台,建立统一的国土空间规划系统和使用控制系统,建立自然资源产权市场和制定交易规则,实施自然资源有偿使用制度,完善自然资源价格形成机制和评估体系,依法从自然资源资产中获得收益,促进生态系统总体保护,系统恢复和综合管理的实施。

2.构建国土空间开发保护制度

健全空间规划体系和用途管制制度。整合目前各部门分头编制的各类空间性规划,编制统一的空间规划,促进市县"多重合规",划定生产空间、生活空间、生态空间,明确城镇建设区、工业区、农村居民点等的开发边界和耕地、林地、草原、河流、湖泊、湿地等的保护边界。加强对土地和空间利用的控制,完善开发和保护政策,控制开发强度、规范开发秩序,形成协调人口、资源和环境的土地及空间发展格局;完善主体功能区制度。主体功能区制度是国土空间开发保护的基础制度,要在市县一级促进主要功能区战略的精确实施,完善不同主要功能区差异化协调发展的长效机制,完善生态保护红线、永久基本农田、城市开发边界三条控制线划定工作,健全基于城市化地区、农产品主产区、重点生态功能区的不同功能定位的区域政策,优化国土空间开发保护格局。

3.推进生态系统的整体保护、系统修复、综合治理

(1)推进生态系统的整体保护。强化生物多样性保护措施,构建生态廊道和生物多样性保护网络,将生态安全"放置"于"高墙"之内。加强流域与湿地的保护,推进生态功能重要的江河湖泊水体休养生息。建立以国家公园为主体的自然保护区体系,改革不同部门建立自然保护区、风景名胜区、文化自然遗产、地质公园和森林公园等的制度,对上述保护地进行功能重组,实行国家公园制度,实施最严格的保护。

(2)推进生态系统的系统修复。生态恢复应坚持保护和自然恢复优先的原则,人工修复应更多地尊重自然、顺应自然,并进行系统、综合的规划。对山水林田湖草生态系统的修复治理,要统筹山上山下、地上地下、陆地海洋及流域上下游,依据区域突出生态环境问题与主要生态功能定位,详细规划生态保护与修复工程部署区域。突出重要生态功能区和居民生活区废弃矿山治理的重点,抓紧修复交通沿线敏感矿山山体,推进土地污染修复和流域生态环境修复,加快对珍稀濒危动植物栖息地区域的修复。

(3)推进生态系统的综合治理。生态系统的综合治理就是要根据习近平总书记提出的要求,加快生态文明五大体系建设,综合运用教育、技术、经济、行政、法律和公众参与等方法治理山水林田湖草生态系统。综合整修与生态修复经常并用,密不可分。比如,在生态系统类型比较丰富的地区,将湿地、草场、林地等统筹纳入重大治理工程,对连片集中、碎片化严重、功能倒退的生态系统进行系统性恢复和全面整治。通过土地整治、植被恢复、河湖水系连通、岸线环境整治、野生动物栖息地恢复等手段,逐步恢复生态系统功能。

4.强化领导干部统筹山水林田湖草系统治理责任

必须强化各级领导干部协调生态系统所在地自然区域自然资源和生态系统的管理责任,加强生态系统所在自然区域自然资源和生态系统的全面管理,按行政区域与自然区域管理自然资源和生态环境。实施自然资源资产负债表编制和领导干部自然资源资产离任审计,对领导干部进行自然资源资产离任审计制度,落实领导干部任期生态文明建设责任制,建立最严格的责任追究制度;全面推行河长制、湖长制。由各级党政负责同志担任河长、湖长,作为河湖治理的第一责任人,明确河湖治理主体和职责,同时严格考核问责,实行水安全损害责任终身追究制;促进预防、控制和治理的联合,妥善处理行政管理区与自然区之间的关系。山水林田湖草是生命共同体,应自然而然地加强生态合作。为了保护整个行政区域的自然资源和生态系统,应该打破行政界限,加强行政管理区之间的沟通合作,创新管理机制与方式,以全局观念、总体思路和系统方法促进共同的预防、控制和治理。[①]

从本质上讲,山水林田湖草生命共同体需要进行系统治理,要求贯彻自然价值观,在治理工作中确保资源的可持续利用和生态环境的可持续发展,其与传统意义上的保护修复最大的区别是以多要素组成的环境服务功能提升为指导方向,兼有尺度性、整体性、功能性和均衡性等特点。[②]

山水林田湖草是生态系统的重要组成部分。生态系统是生态学的主要研究对象。要基于生态学原理,在山水林田湖草系统治理过程中充分考虑各因子之间的关

---

① 成金华,尤喆."山水林田湖草是生命共同体"原则的科学内涵与实践路径[J].中国人口·资源与环境,2019,29(2):1-6.

② 王夏晖,何军,饶胜,等.山水林田湖草生态保护修复思路与实践[J].环境保护,2018,46(C1):17-20.

系,对各要素是如何联系、制约和促进的一系列重要问题有清晰的认识。① 首先,在统筹山水林田湖草系统治理的过程中,生态结构是否合理会直接影响生态系统功能能否发挥,比如生态系统各要素之间的配置比例、层次和结构是否为符合实际情况的最优解。这些问题在统筹山水林田湖草生态系统治理的决策过程中都需要充分考虑。其次,环境科学原理是山水林田湖草生态系统治理的理论基础,它可以整合生态环境的各种要素,探索生态环境的相互关系和演化。通过运用环境科学原理,可以阐明各种要素之间是如何牵一发而动全身的,从而指导山水林田湖草生态系统治理的措施布设,最终实现人与环境的和谐相处、共同发展。最后,在山水林田湖草生态系统的治理中,要遵循系统工程学原理,综合处理、综合治理、统筹规划、协调发展,进而把生态环境治理好、管理好、发展好。统筹山水林田湖草生态系统治理,既可以推进生态文明建设、建设美丽广西,也可以使绿色发展理念具体化,是贯彻习近平新时代中国特色社会主义思想的重要组成部分。②

第二节　广西山水林田湖草生命共同体发展现状

广西八山一水一分田,生态优势金不换。2016 年 12 月 22 日,《广西水利发展"十三五"规划》(桂政办发〔2016〕178 号)提出,要把山水林田湖作为一个生命共同体,通过系统治理和生态修复等综合措施,不断改善水生态状况。2017 年,在山水林田湖是一个生命共同体的理念下,广西农业综合开发工作积极推动多规合一,实行高标准农田统一登记,坚持把高标准农田建设作为第一要务,建设中型灌区节水配套改造项目及林业标准化示范基地项目。广西财政围绕农业增效、农民增收、农村增绿,支持有条件的乡村加强基础设施、产业支撑、公共服务、环境风貌建设,为了实现农村生产、生活、生态"三生"同步,逐步建成以农民合作社为主要载体,让农民充分参与和受益,集循环农业、创意农业、农事体验于一体的发展模式。南宁市西乡塘区"美丽南方"田园综合体建设试点项目成为 2017 年首批 10 个国家田园综合体建设试点项目之一。同时,广西还通过竞争立项选择桂林市永福县罗锦镇开展自治

---

① 张修玉.加快修复山水林田湖草生态系统[N].中国环境报,2018-04-30(03).
② 余新晓,贾国栋.统筹山水林田湖草系统治理带动水土保持新发展[J].中国水土保持,2019(1):5-8.

区级田园综合体建设试点。①

2018年1月19日，中央下达专项资金10亿元，支持广西左右江流域山水林田湖草生态保护修复，着力解决左右江流域革命老区(百色、崇左、南宁)的水环境保护、生态环境修复以及土地整治、石漠化治理等方面环境问题。左右江流域山水林田湖草生态保护修复工程项目于2017年底被纳入第二批国家山水林田湖草生态保护修复工程试点。该工程总投资147亿元，于2018年第一季度开工，设计了流域水环境保护与污染综合整治工程、生态系统和生物多样性保护工程等5大类工程。②

2018年4月16日发布的《中共广西壮族自治区委员会关于实施乡村振兴战略的决定》指出，必须牢固树立"绿水青山就是金山银山"的理念，统筹山水林田湖草系统治理，加强生态系统保护与修复，加快建立健全源头保护和末端治理机制，持续改善农村人居环境，推动乡村生态振兴。③

2018年5月，为建设山水林田湖草生命共同体，广西投入16.6亿元，全力促进水生态治理事业发展。其中，投资7亿元开展桂江、贺江、柳江、龙江、南流江、黔浔江、湘江、郁江8条流域面积在3000平方千米以上的主要支流、独流入海河流治理，严格控制入河湖限制排污总量，加强重要江河湖泊省界及设区市界交接断面水质水量监测；投资4.38亿元对广西22座大中型病险水库进行除险加固，恢复病险水库(闸)防洪排涝、灌溉、供水、挡潮等功能，消除安全隐患，确保工程正常运行；安排3.53亿元对贺州市路花水库、玉林市陆川县秦镜水库、钦州市王岗山水库3个广西重点饮用水水源地实施水源地保护工程，消除水质安全隐患，保障城市及乡镇供水安全；安排资金0.85亿元实施1813.33公顷坡耕地水土流失综合治理，重点推进老、少、边、穷等水土流失相对严重地区、坡耕地相对集中区域和崩岗相对密集区域的水土流失综合治理；投入资金0.83亿元对大化瑶族自治县清坡水电站、金秀瑶族自治县共和水电站、昭平县新村水电站、德保县那亮一级水电站实行增效扩容改造，建设水电装机容量1万千瓦。除此之外，为继续积极探索多元化的水生态治理投入稳定增长机制，除了加大公共财政对水生态治理投入力度，广西还引导金融机构加大对

---

① 山水林田湖建设 广西农发谱新篇[N/OL].(2017-11-14)[2019-08-04].http://czt.gxzf.gov.cn/xwdt/jgdt/20171114-69663.shtml.

② 新华社.习近平出席全国生态环境保护大会并发表重要讲话[EB/OL].(2018-05-19)[2019-11-19].http://www.gov.cn/xinwen/2018-05/19/content_5292116.htm.

③ 中共广西壮族自治区委员会.中共广西壮族自治区委员会关于实施乡村振兴战略的决定——(2018年4月16日中国共产党广西壮族自治区第十一届委员会第四次全体会议通过)[N].广西日报,2018-05-17(001).

水生态治理的借贷投入,建立健全 PPP 机制,鼓励和引导社会资本投入水生态治理。①

2019年1月26日,广西壮族自治区主席陈武在广西壮族自治区第十三届人民代表大会第二次会议上的政府工作报告中对 2018 年工作进行回顾:2018年广西全力以赴抓环保、优生态、打好碧水蓝天净土三大保卫战、全面落实河长制,推行湖长制,严防工业污染,治理养殖污染。强力推进南流江流域综合治理,水质明显改善。抓好邕江、九洲江、近岸海域等水环境综合治理,强化漓江综合生态保护和修复。开展大气污染防治"百日攻坚"行动,加强土壤污染综合防治,禁止洋垃圾入境。狠抓中央环保督察"回头看"反馈问题整改,加强生态保护修复,划定生态保护红线,开展生态文明建设示范创建活动。实施百色、崇左、南宁山水林田湖草生态保护和修复工程。推进农村人居环境整治三年行动,完成"美丽广西·宜居乡村"建设任务。2019年,广西继续实施生态保护和修复。抓好百色、崇左、南宁山水林田湖草生态保护和修复。实施漓江生态保护和修复提升工程,守护好甲天下的桂林山水。加强水土流失综合治理,落实最严格的耕地保护制度,完成第二次全国污染源普查和第三次国土调查任务。强化海洋生态环境保护和监管,建设生态环境监测网络。②

2018年12月至2019年5月,第十二届中国(南宁)国际园林博览会在广西壮族自治区首府南宁市举行,打造生态文明"广西样本"引领绿色发展,促进文化交融,普惠民生福祉。园博园设中华城市展园、东盟园、丝路园、广西园、设计师园及企业园共 80 个展园。打造了东南亚特色植物园、罗汉松园、矿坑七彩、芦草叠塘等多个精品景点。清泉阁、宜居·城市馆、中国—东盟友谊馆等 7 座标志性主建筑诠释了广西本土建筑文化,展示地域之美③,展示山水林田湖草生命共同体之美。

2019年3月5—7日,广西自然资源厅副厅长、党组成员郑杰忠率调研组到崇左市,对广西兴边富民土地整治重大工程项目,原广西国土资源厅、广西财政厅与崇左市人民政府合作共建的"旱改水"耕地提质改造项目和左右江流域山水林田湖草生态保护与修复工程项目等进行调研。积极推进左右江流域山水林田湖草生态保护

---

① 周红梅.我区投入 16.6 亿元实施水生态治理[N].广西日报,2018-05-27(006).
② 陈武.政府工作报告(摘要)——2019 年 1 月 26 日在广西壮族自治区第十三届人民代表大会第二次会议上[N].广西日报,2019-01-27(004).
③ 庞慧敏.第十二届园博会开幕[N].工人日报,2018-12-07(03).

与修复工程项目的相关工作。[①]

为建设山水林田湖草生命共同体,广西因地制宜,在保持地方特色的基础上对山水林田湖草进行整体保护、系统修复和综合治理,努力"编制"生命共同体治理"教材",响应生态文明建设号召。建设美丽广西,不仅需要山水林田湖草的支撑,而且需要采用绿色发展方式的,更需要制度和政策的引导和使生态文明理念深入人心。只有将山水林田湖草是生命共同体的理念牢记于心,才能全力完成建设山水林田湖草的重点任务,百姓才能享受生态红利,过上更加幸福美好的生活。

第三节　典型案例

一、广西左右江流域山水林田湖草生态保护修复工程

2017 年 12 月,中央正式批复广西左右江流域革命老区(百色、崇左、南宁)山水林田湖草生态保护修复工程纳入第二批山水林田湖草生态保护修复工程试点,广西推进山水林田湖草系统治理的号角正式吹响。

土地战争革命时期,左右江地区是中国共产党领导的革命根据地之一,位于广西壮族自治区西南部,以百色地区为中心,包括左江流域和右江流域。其中左江位于南宁市西南,右江位于南宁市西北,两江成"V"字形流至南宁西面,汇合成邕江。左右江流域在广西这座生态宝库中扮演着极其特殊的角色,是珠江水系的重要水源区,物种资源丰富、生态系统多样、生态本底良好、民族风情浓郁。但是,项目实施过程中,区域发展与保护之间的矛盾突出,生态环境保护有许多历史遗留问题,扶贫任务繁重,流域诸多生态问题亟待解决。[②]

保护优先是该工程的基本思路,清水产流机制修复是该工程的理论指导方针,以保障流域生态健康为主线,对现实影响流域生态健康、潜在威胁流域生态健康的问题进行一一识别和分析,改变以往"头痛医头,脚痛医脚"的老路,系统设计了流域水环境保护与污染综合整治工程、土地整治与土壤改良工程、石漠化防治和水土流

① 自治区自然资源厅调研崇左市"旱改水"土地整治项目开展情况[EB/OL].(2019-03-12)[2019-11-19]. http://www.gxfsx.gov.cn/gtxxgk/gzdt/20190312-1610923.shtml.
② 余锋.广西左右江流域筑牢生态屏障——山水林田湖草生态修复工程获批中央财政基础性奖补资金 10 亿元[N].广西日报,2017-12-31(002).

失治理工程、矿山生态修复工程、生态系统和生物多样性保护工程5大类工程共计31个子项。

在水环境保护与整治项目中,针对农业面源污染、部分河段水质较差、城镇污水处理设施不完善、水库水源污染等突出环境问题,设计了生活污染控制、清水产流机制修复等工程。在土地整治与土壤改良项目中,针对土壤保肥能力较差、中低产田和坡耕地面积分布广、部分现状田块布局零乱、田间道路和水利设施不配套等问题,设计了耕地提质改造、土地整治等工程。在矿山环境治理与修复项目中,针对矿山开采造成的地形地貌破坏、植被覆盖破坏、水土流失、尾矿废石废渣堆放等问题,设计了废弃矿山修复、水环境整治、植被恢复等工程。为推进系统治理,广西下发《组织开展生态型土地整治示范项目通知》《土地综合整治试点县建设工作方案通知》等一系列文件,以土地综合整治为平台抓手,统筹推动土地开发整理、生态修复和村庄整治,加快形成"整体保护、系统修复、区域统筹、综合治理"生态保护修复工作格局。

该工程实施后,预计使工程实施区域森林覆盖率提高到63.4%,湿地面积保有量达到83 600公顷,完成石漠化治理20.5万公顷,完成耕地整治、质量提升、高标准农田建设和新增耕地4.45万公顷,城市黑臭水体比例降至10%以下,11个县区饮水安全水平大大提高,惠及800多万人。①

该工程实施以来,生态环境保护得到不断加强,绿水青山得到持续保护。持续开展退耕还林、水土保持、石漠化治理等重大生态修复工程,稳固革命老区生态优势。环境质量持续改善,主要河流湖泊水质保持Ⅲ类以上,革命老区未发生重大环境污染事故。2014—2018年,累计安排革命老区中央林业资金53.06亿元(占全区的50.2%)。2018年底,革命老区的森林面积由2014年底的595.27万公顷增长到643.43万公顷,森林覆盖率增长到70.13%,生态环境得到明显改善。

二、桂林漓江流域山水林田湖草生态保护与修复工程

广西自然资源厅初步编制的《桂林漓江流域山水林田湖草生态保护与修复工程实施方案(2019—2023年)》已完成,涉及1 316个工程子项目,总投资约190亿元,

---

① 李纵.中央十亿资金保护广西生态支持山水林田湖草修复——支持左右江流域山水林田湖草修复[N].人民日报,2018-01-19(15).

争取获得国家资金和政策支持,全力推进漓江流域生态保护和修复治理。

漓江流域位于广西东北部,流域内分布着6个各类自然保护区以及风景名胜区、世界自然遗产地、国家湿地公园、森林公园、水产种质资源保护区等。20世纪70年代,桂林先后关停、搬迁了数十家污染企业。1998年打造了"两江四湖"精品工程。2007年按照"保护漓江,发展临桂,再造一个新桂林"城市发展战略,全力建设临桂新区,有效减轻漓江环保压力。2013年,《桂林漓江风景名胜区总体规划》获得住建部批复。2015年,漓江风景名胜区工委、管委挂牌成立,有效改变了以往漓江管理"九龙治水"的混乱局面。目前,污水直排漓江现象得到有效遏制,漓江城市段住家船全部上岸,漓江城市段岸线、洲岛生态修复及生态景观工程有序推进。新编制的方案策划了土地综合整治、矿山生态环境修复、流域水环境保护治理、污染与退化土地修复治理、生物多样性保护、重要生态系统保护修复6大类工程。通过生态保护与修复,进一步擦亮桂林作为世界著名风景游览城市、中国首批历史文化名城及生态山水名城的靓丽名片,形成可复制的"桂林经验"。2019年,桂林市将全力组织实施5个试点项目,包括漓江风景名胜区伏龙洲生态修复工程、漓东区矿山破损山体修复及地下水源地保护与土地开垦综合治理、灵川县定江镇南边村泥盆系—石炭系界线剖面保护与生态修复工程、六城区破损山体生态修复工程、喀斯特世界自然遗产地(风景区)生态景观修复工程。①

第四节　存在的问题与对策

一、存在的问题

(一)生态学诊断

生态系统综合管理理论作为实施山水林田湖草生态保护与修复的核心理论基础,已经得到广泛承认与应用,是运用系统工程思想和景观生态学理论解决资源环境生态问题的重要方法论。生态系统综合管理将维护和提升区域生态系统服务功能摆在第一位,统筹管理自然资源与环境,污染治理与生态保护,水、气、土、生物要素管理等,旨在使生态系统保持最真和最完整的状态,保护生态服务功能,平衡生态

---

① 唐广生.让生态和山水一起甲天下[N].广西日报,2019-03-30(004).

环境保护与经济发展、资源利用的关系。其核心理念包括四个方面:一是对生态系统进行多目标综合管理;二是综合性、整体性地管理水、气、土、生物等各生态要素组成的生命共同体;三是明确人与自然的关系为主的核心思想,在生态系统保护修复时最大限度采用自然方法和生态化技术,减少人为干扰;四是生态系统保护修复必须秉持系统工程思想,多维度、多尺度、多层次有序推进。[①]

目前,山水林田湖草系统保护和修复工程的整体规划正在起步。以上典型案例大多以田园综合体的形式呈现。田园综合体可以认为是统筹山水林田湖草系统治理的一种形式。就目前的情况来看,部分实施主体对生命共同体的认识还有待提高。有的试点地区对尊重自然、顺应自然、保护自然,山水林田湖草是生命共同体理念的整体保护、系统修复、综合治理的核心要义理解不深,对生态问题的认定不准确,修复与保护不能做到和谐共存,人为干预较为明显,存在为上工程而上工程的现象。个别项目在规划设计上缺乏全面系统的考虑,技术模式落后于时代,理念陈旧,针对性不强,存在伪生态、真破坏的现象。有些地区还遵循较为传统的工程建设思路,生态化理念和措施落实不到位,忽略了生态修复的功能性,存在盲目布局工程、上项目的现象,导致生态修复效果比较差。在一些河流的治理工程中,水质硬化、白化、渠化现象突出,造成河道和岸线生态功能减弱。有些河段在整治过程中没有采取正确的防洪措施,人为干预十分明显,给本就脆弱的河道自然生态环境增加了压力。近年来,薄土层损毁严重的现象日益凸显,有的矿山在环境恢复治理的过程中对表层植被和土壤保护不力,项目监管措施不到位。

(二)相关体制机制有待完善

有的地区对项目手续的审批不果断,有的地区对试点工程监管不到位,管理观念落后,施工条件落后的现象频频出现。有的地区采用工程总承包 EPC 模式或政府与社会资本合作 PPP 模式,形式新颖,但具体工作机制和制度仍有不合理之处,应该继续完善。可见,区域之间、部门之间联防联控和协同共建机制有待完善,归属清晰、权责明确、监管有效的自然资源资产产权和用途管制制度需进一步健全,环境资源承载能力监测预警机制和生态补偿机制尚未健全。受现行部门格局影响,涉农资金财务整合难且推进缓慢,难以发挥更大示范带动效益。项目投资以政府为主,

---

① 王夏晖,何军,饶胜,等.山水林田湖草生态保护修复思路与实践[J].环境保护,2018(C1):17-20.

对于有信誉、有实力、有意愿的民营资本吸引不足。监督管理机制不完善,体制设计上没有将生态修复工程管理治理一体化理念理解透彻,导致在管理过程中没有形成纵向贯通、横向融合的一体化治理结构和治理体系。生态环境建设绩效考核、损害补偿和追责机制尚不健全。

(三) 资金使用安全性和效益有待提高

试点地区有关项目、资金、绩效考评等制度仍需先行先试,有待健全。如果试点管理制度不完善,财政资金的使用会存在一定的安全风险。资金分配不合理。有的试点地区的资金分配没有贯彻因地制宜的思想,错误地将资金平均分配,存在"撒胡椒面""搞平均主义大锅饭"等现象,导致资金不足或者资金使用不到位,工程难以起到应有效果。有的地区项目未针对关键区域开展生态保护修复,资金使用效益有待提高。

二、对策

统筹山水林田湖草系统治理是生态文明建设的重要内容,是贯彻绿色发展理念的有力举措,是破解生态环境难题的必然要求。

(一) 生态学对策

山水林田湖草是生命共同体,要统筹兼顾、整体施策、多措并举,全方位、全地域、全过程开展生态文明建设。准确把握山水林田湖草生态保护修复试点工程十六字的总体要求,即整体保护、系统修复、区域统筹和综合治理,将保护修复与产业发展、脱贫攻坚战略、乡村振兴战略等重点工作进行总体规划布局,在探索生态美、百姓富的绿色发展模式方面谋划不足、分不清主次的现象进行整改,系统看待治水和治山、治水和治林、治水和治田、治山和治林等多个方面,及时总结形成的试点经验和模式并推广。

1.顶层设计,科学规划

一是根据山、水、林、田、湖、草各生态要素之间的联系,按照从山岭到河湖的区域单元实施治理工程。依据生态系统的空间差异性,仔细分析系统中各空间要素的作用,明确生命共同体生态保护修复的重点区域空间分布,对其主要结构特征抽丝剥茧,划分保护修复工程实施范围,考虑各个单元详细情况并制定科学合理的工程实施方案,明确具体项目布局、优先示范区片、主要建设内容、实施计划安排等,科学确定如何保护修复、何时保护修复及为何保护修复等一系列问题。及时总结山水林田湖草试点经验,制定和发布国家河流生态保护修复技术标准或规范。二是全面查清突出问题及其主导因素,因地制宜设计工程。按照聚焦核心区域、聚焦核心问题,理清核心问题,进一步增强区域主要生态功能的原则和一块区域、一个问题、一种技术、一项工程的思路,制定生态保护修复关键技术整体解决方案。

2.山水林田湖草系统联动协调发展

把山水林田湖草作为一个生态系统整体,系统地促进山水林田湖草生命共同体协调发展和可持续发展。坚持绿色兴农,突出农业绿色化。大力发展有机循环农业,发展特色畜牧业。实施"金山银山"工程,将现代林业与传统林业结合起来,突出高效性与经济性。将绿色生态作为制度导向,推行农业绿色生产方式,推动化肥农药零增长、水资源消耗总量和强度双控,大力推广"微生物+"等生态养殖模式。支持稻田养鱼、粪污生沼、秸秆还田等农业多重利用模式,加强植物病虫害、动物疫病绿色防控体系建设。推进西江水系"一干七支"沿岸生态农业产业带建设,创建一批绿色发展示范县。建设集循环、创意和农事体验于一体的田园综合体。将乡村旅游、休闲观光农业、森林康养提升至更高发展平台,形成当地特色。

3.坚持科学治理,因地制宜突出特色

遵循自然规律,充分考虑广西各地的自身客观条件,因地制宜地选取合适的技术模式,宜林则林、宜草则草、宜农则农,避免出现伪生态、真破坏的情况。一方面,要制定山水林田湖草生命共同体整体保护、系统修复、综合整治的技术标准,让业界有规可依;另一方面,科学推进治理修复,不能简单套用其他区域的治理标准,应发挥科技的"桥头堡"作用,引领、支撑、攻坚、克难。此外,发展综合产业,协调扶贫,结合生态旅游资源优势,开发与保护并重,建设与修复并存,将原有居民的真实生活融入开发建设中,增强可持续发展的原动力,发展特色创意项目。

4.坚持综合整治,整合资源合力推进

作为重要的生产要素,山水林田湖草等自然资源的统筹治理有利于实现自然资源高质量开发利用,积极响应经济高质量发展号召,整体制定各生产要素可持续发展蓝图。因此,可建立生态保护与修复资金保障、工程项目台账管理、生态保护红线管控、工程项目绩效评价、生态保护修复目标责任追究等制度。统筹使用清洁小流

域、国土整治、农村环境综合整治、农业面源污染防治等现有与山水林田湖草保护修复相关的资金,合力推进工程实施。发挥社会各界在山水林田湖草保护修复中的作用,将山水林田湖草生态保护修复项目拓展成为各界可投资、可管理的公共平台,通过 PPP 等模式引入社会资本,集思广益,积极组织社会各界参与工程的前、中、后阶段,确保长期发挥效益。① 统筹土地、城市和生态保护三方面,确定建设用地控制线、产业区块控制线、基本农田保护控制线、生态保护红线四条控制线,并统一纳入系统信息管理平台进行监管。②

5.加快生态保护建设和生态保护体制改革

现阶段,国家大力推进山水林田湖草系统化治理,如何按照生态文明体制改革总体方案要求高效地建设山水林田湖草生命共同体显得尤为重要。常规方案就是建立一套长效的工程实施保障措施和机制。在生态学思想的指引下,依据当前我国生态保护建设和生态保护体制改革的总体要求,从领导、干部、资金、营运、设施、监测、信息化多重方面考虑,创新生态保护体制机制,建立与山水林田湖草是生命共同体理念相适应、相协调的体制机制。将生态学思想运用于资源补偿与扶贫攻坚领域,完善我区全流域生态补偿制度、森林生态补偿制度和湿地生态补偿制度,使之与流域地区脱贫工作紧密结合,使生态学能长期指导脱贫工作。健全山水林田湖草系统治理的公众参与机制,设立流域生态系统保护与治理的社会监督委员会,委员会由群众、媒体、社会组织等利益相关方代表组成,提高全社会参与流域生态系统保护和修复的积极性。

6.发挥自然修复作用,减少人为干预

山、水、林、田、湖、草各自然要素之间通过物质循环和能量流动,形成互为依存、互相作用的复杂关系,构成一个生命共同体。其中的某一要素一旦出现异常,往往对整个系统产生影响。生态系统是一个具有自净化属性的系统。如果人工干预程度超过了其自净化能力,生态系统将发生不可逆转的退化。因此,山水林田湖草生命共同体的治理虽需要人工参与,但不能违背自然规律,要重视生态保护修复的系统性、整体性、功能性,继续采取保护第一、自然恢复并重的方式进行治理,顺应时代发展,加强生态安全意识。例如,在水生态修复方面,要尽量保持环境生态原状态,

---

① 王夏晖,何军,饶胜,等.山水林田湖草生态保护修复思路与实践[J].环境保护,2018(C1):17-20.
② 张修玉,施晨逸.西部地区山水林田湖草生态保护与修复思路——以澜沧江流域西双版纳为例[EB/OL].(2019-04-09)[2019-08-26].http://www.cecrpa.org.cn/llzh/201904/t20190409_699056.shtml.

采用生态护岸、自然弯曲河道等修复技术,而不是单纯的污染治理和水泥硬化河道。① 因此,实施山水林田湖草生态保护和修复工程,必须坚持节约资源和保护环境的基本国策,坚持可持续发展,坚定走生产与发展和谐促进、生活与生态齐头并进的文明发展道路,加快建设资源节约型、环境友好型社会,形成人与自然和谐发展的现代化建设新格局,为生态安全做出新贡献。促进人与自然和谐共生,构建科学合理的生活格局、农业发展格局、生态安全格局,推动建立绿色低碳循环发展产业体系。

(二)统筹使用各类财政资金,有力保障工程实施

实施山水林田湖草生态保护修复工程的试点地区要立足现有资金渠道,盘活存量资金,整合财政资金,形成资金合力,避免交叉重复,做到预算一个盘子、支出一个口子。项目的资金来源主要有中央和省(区)级单位的各类专项补助、地方财政预算及社会资金。政府资金涵盖财政、环保、国土、水利、农业、林业、畜牧、渔业、城建等多部门的专项资金。项目包括高标准基本农田建设、退耕还林、湖泊生态环境保护、农业综合开发、中小流域治理、生态林建设、大气污染治理、水污染治理、土壤污染治理、农村环境综合整治等。需要按照职责不变、渠道不乱、资金整合、打捆使用的原则,优先支持山水林田湖草生态修复项目。② 一方面,按照职责不变、渠道不乱、用途不变、形成合力的原则,整合各级财政现有相关专项资金,对相关制度进行详细研究,制定出弹性较强、符合当地政治生态条件的绩效考评制度,根据地方情况分配国家扶持资金。另一方面,更新市场机制,促进行业内部良性竞争,对基础设施项目建设实行政府招投标管理。在建设中,财政部门应发挥职能作用,加大资金监管力度,对项目进行跟踪问效,提高资金使用效率。

苍苍森八桂,兹地在湘南。江作青罗带,山如碧玉簪。千百年来,山清水秀生态美,已成为广西名扬四海的金字招牌。2019 年是决胜全面建成小康社会、打好污染防治攻坚战的关键之年。广西正举全区之力,协同推进经济高质量发展和生态环境高水平保护,让绿色发展"壮"起来、生态环境"美"起来。聚焦精准发力,打赢广西乡村振兴攻坚战。

---

① 刘蔚.山水林田湖草生态保护修复还有哪些路要走?——专家提出要突出整体性、系统性和功能性特征[N].中国环境报,2019-01-28(03).

② 张惠远,李圆圆,冯丹阳,等.明确内容标准强化实施监管——山水林田湖草生态保护修复的路径探索[J].中国生态文明,2019(1):66-69.

第九章

广西乡村振兴生态发展战略

第一节　生态宜居发展战略

一、创新生态宜居乡村基础设施建设机制

为了建设生态宜居的美丽乡村,我们不仅要改善落后乡村的面貌,而且要注重乡村污水治理、垃圾处理、河道治理等基础设施建设和运维管理,以及健全完善基础设施建设分类投入机制。遇到如乡村道路铺设这类无明显收益的项目,政府应积极主导,鼓励社会资本参与。同时,对于如乡村污水处理设施这类有一定收益的项目,政府和社会资本可以作为主要投入主体,并鼓励农民参与。对于以运营为导向的项目,如乡村电网等,应以企业为投入主体,地方政府对贫困地区给予适当的补贴。完善的农村基础设施是生态宜居的必要条件,因为一些基础设施通常分布在村民的房前屋后、田间地头,所以要确保达到一次建设、长久使用、持续发挥效用的建设效果。① 这不仅要依靠政府加大监管力度,也离不开村民的参与维护和监督。因此,要根据地区实际,尽快建立一套可操作的基础设施长效运行和维护管理机制,制定好政策,划分好职责。在推进生态宜居乡村建设过程中,要充分发挥村委会的监督、管理作用,创新基础设施建设的投资机制和长效运行、维护管理机制。②

---

① 孔祥智,卢洋啸.建设生态宜居美丽乡村的五大模式及对策建议——来自5省20村调研的启示[J].经济纵横,2019(1):19-28.

② 李云,刘毓锦.基于公共基础设施建设视角下的乡村复兴[J].小城镇建设,2019,37(2):50-53.

二、选择适宜当地发展的生态宜居乡村建设模式

各地方可依据当地禀赋和发展方向,选择适合当地实际情况的生态宜居乡村建设模式。首先,不能忽视乡村资源禀赋和农耕文化,不可盲目选择不适合当地发展的建设模式,不走同质化严重的建设道路。如果乡村毗邻大型企业或产业园区,可以采用非农产业带动型的生态宜居乡村建设模式,以促进乡村发展。如果乡村毗邻大中城市,可以通过优化种植结构来选择生态宜居乡村建设模式,并依托特色水果、蔬菜种植和采摘园开发新的管理模式。此外,还可以选择产业融合发展模式,这种模式有农产品加工业带动型、农业旅游业融合带动型、一二三产业融合带动型等类型。其次,大力支持各地通过因地制宜发展农产品产业,进行农产品精深加工及农产品加工副产物综合利用,推动休闲农业和乡村旅游业等农村产业融合发展。最后,要把握生态宜居乡村发展的方向,不能走先发展后治理的错误道路,要把保护农业生态环境作为促进农村产业发展的基本前提。坚持把生态环境保护放在第一位,坚持生态优先,始终把生态涵养和环境保护作为乡村产业融合发展的首要考虑因素。

三、吸引村民返乡创业,培养有环保意识、专业素养的职业农民

生态宜居乡村建设需要建立一支懂农业、热爱农村、热爱农民的人才队伍。为了吸引更多有知识的"农二代"返回家乡创业,地方政府应酌情给予一定的政策支持,并为返乡创业者营造适当的政策环境和市场环境。鼓励农业科研人员下乡为农民提供种植和育种方面的指导和解答他们的疑惑,支持管理型人才下乡为农民提供生产经营培训,培养农民的环保意识和专业素养。[①] 近年来,国家在政策层面非常支持和鼓励返乡人员创业。据初步统计,截至2019年6月,全国返乡创业人员已超过800万人,带动的就业人数为3 000万人左右。但是,外出务工的青壮劳力返乡后仍然面临许多实际困难。例如,村级教育环境、教学质量、医疗条件均落后于城市,不能满足他们对于生活和教育条件的需求。想更好地吸引人才返乡,就要在执行政策

---

① 李德英.基于绿色发展理念推进广西生态宜居乡村建设对策研究[J].市场论坛,2018(3):28-32,53.

时充分考虑返乡创业人员的实际需求,解决他们的后顾之忧,以便好的政策能够真正落到实处,使他们真正从中受益,从而使他们留在乡村,积极创业,为生态宜居乡村建设而努力。

四、 将绿水青山转化为"金山银山"

绿水青山需要通过一定的方式才能转化为"金山银山"。因此,乡村需要发挥自身的资源特色、区位特点、产业环境及消费市场等优势进行生态宜居乡村建设。一方面,应着力发展由当地生态环境衍生或延伸的相关产业,拓宽发展思路,探索绿水青山等内生性产业的发展,如休闲旅游、农事体验、农业科技、乡村文化、特色村镇等。另一方面,要转变绿水青山营销观念,建立产地市场,把产区变成销售区,提高农产品附加值。要根据乡村实际发展情况调整发展方向,因地制宜,采取精确措施。要坚持实施"千村示范、万村整治"工程,不搞政绩工程和形象工程。[①] 所以,要实现乡村的生态宜居,关键是要加强对乡村资源和环境的保护,构建节约资源的空间格局、产业结构,探索和利用节约资源的生产方式和生活方式,使人与自然能够和谐共处,建设充满生机的生态宜居乡村。[②] 在重视绿水青山保护和文化传承的同时,也需要进一步提升农民的参与度、获得感和幸福感。此外,乡村要制定环境整治目标,按目标逐步构建绿水青山保护机制,引导农民树立环保意识,不断落实污染者付费制度。对于政府购买的环境保护与生态修复服务或基础设施运维管理服务,应加强后期的监督与管制,并对服务行为的经济性、规范性、效率性、公平性进行评价。此外,对于旱厕改造、生活垃圾处理、污水处理等方面的任务,应该提高村集体的环保意识、服务意识和市场竞争意识,不断激发乡村的发展动力。总的来说,建设生态宜居乡村还有很长的路要走,可按照阶段性目标逐步实施,力争在2020年前实现生态环境宜居、居住环境宜居及人文环境宜居。

---

① 王珂园、程宏毅.人民日报评论员:建设新时代美丽乡村[EB/OL].(2019-09-15)[2019-11-08].http://theory.people.com.cn/n1/2018/1229/c40531-30494279.html.

② 马增林,王娇.乡村振兴战略背景下农村企业管理规范化研究[J].学习与探索,2018(3):123-126.

五、牢固树立系统性思维，综合施策，有序稳妥推进乡村生态宜居建设

（一）建立科学合理的机制

建立政府主导、村民参与和社会支持的乡村环境整治投入机制；建立完善的综合环境管理和保护机制，做到有制度、有资金、有人员长效管护；建立健全人居环境监督的考核机制，以考核为总抓手，大力推动农村人居环境的不断改善。

（二）寻求有效治理策略

大力实施农业绿色发展战略，把促进农业绿色发展作为解决农村污染问题的根本途径；抓好乡村垃圾污水的处理和净化工作，特别是大力推进农村"厕所革命"，改善村容村貌。

（三）优化乡村规划

构建节约资源和保护环境的空间格局、产业结构，统筹考虑乡村生态环境保护、基础设施建设、公共服务供给和社会治理等系统性工程。

第二节　生态农业发展战略

21世纪是我国实现农业现代化的关键时期，现代化的农业应是高效的生态农业。[1] 现代化生态农业的发展应该积极主动适应新发展常态，抓住新发展机遇，实现农业可持续发展。[2] 我们应该深入了解当前广西生态农业发展面临的问题和挑战，以及国内外环境的新变化，准确地把握历史方位和发展阶段的特点，抓住重要战略机遇，促进生态农业健康可持续发展。广西目前面临的机遇主要有：和平发展、合作共赢仍然是时代的主流；经济社会发展长期向好的基本面的发展趋势没有变；中央政府已经明确赋予广西"三大定位"新使命和"四大战略"方针。

---

① 徐恒杰.发展现代农业必须树立生态农业观念——生态文明贵阳国际论坛2013年年会现代生态农业专题综述[N].农民日报,2013-07-30(01).

② 王义,张华.浅析生态农业技术推广及创新[J].农家参谋,2017(24):27,130.

一、以特色兴生态品牌

广西独特的地理优势为农业的发展提供了有利条件。热带、亚热带自然气候和区域类型众多。广西盛产甘蔗、荔枝、龙眼、菠萝、香蕉、八角等产品。沿海、沿边和沿江地区区位优势明显，为这些产品的销售和运输提供了保障。此外，民族风情生态旅游区、沿海旅游区和南部边关旅游区旅游资源丰富，自然资源丰富，地理优势为农业发展提供了有利条件。[①] 基于生态环境的优势，广西以富硒、有机循环、休闲三大生态新兴农业为核心，积极推进生态农业发展，开发有机、绿色、休闲和富硒农产品；以自然特色、地域特色、文化特色、民族特色等打造广西特色生态农业品牌；着力建设富硒品牌农业，充分发挥广西富硒资源的优势，大力发展富硒农产品，打造一批在全国享有较高声誉的"桂"字号富硒农产品品牌。按照"三品一标"促进农产品持续健康发展，加强农产品老字号品牌的保护。以广西特色优势农业为重点，大力培育和扶持加工能力强、市场拓展能力强的新型农业品牌经营者，扩大农产品品牌经营体，充分发挥品牌效应，大力打造像中国丝绸等世界出名的品牌，通过农产品品牌战略促进生态农业发展。

二、推进产业生态发展

依据产业发展生态化、生态建设产业化的发展思路，林业、畜牧业、渔业、种植业、农副产品加工业及休闲农业发展形成生态化。[②] 转变农业发展方式，加快适度规模经营发展，推广"互联网+"新型现代化农业模式，促进农业产业链融合发展。实施农业生态空间功能区划、空间管控和农业产业结构调整，优化生态农业区域布局。大力建设生态农业产业体系，加快发展富硒农业、生态有机循环农业和休闲农业等新型生态产业，着力加强生态农产品加工、流通。探索协调经济发展与生态环境保护的关系，发展生态资源适宜、市场比较优势突出的主导产业。[③] 将生态农业发展指标纳入干部绩效考核体系，建立生态文化信息人才体系，修复农业生态，提高生态功能。充分发挥高新技术的引领作用，挖掘和完善各种传统生态农业技术。

---

① 刘秋硕.河南省上市公司技术产业结构与发展战略研究[D].新乡：河南师范大学,2014.
② 张安福.红河林业驶入"快车道"[J].云南林业,2007,28(6):11-12.
③ 张壬午.现阶段农业可持续发展展望[J].中国农业资源与区划,2002(5):19-22.

三、创新体制机制改革

创新广西农村生产经营体制机制,发展多种形式规模经营[1],建立土地等农业资源市场化配置机制,完善农业循环清洁生产激励机制,建立完善和效果理想的产业化经营模式。紧密结合工业扶贫和"美丽广西"乡村建设,完善农业生态补偿机制,牢牢把握生态农业。[2] 引导龙头企业、专业合作组织和农民建立密切的利益联系机制,创新利益分配机制。在全社会形成尊农、爱农的良好氛围。探索建立第三方治理机制,逐步解决制约生态农业发展的土地、资金、技术、环境保护等问题,实行政府引导、企业主体、金融支持、农民参与和协会管理的五位一体运行模式。

四、打造开放合作平台

协调国内外两大资源,以东盟为重点扩大农业国际合作,积极融入"一带一路"建设,打造中国—东盟自由贸易区升级版。在中国—东盟博览会、中国—东盟商务与投资峰会、泛北部湾经济合作、中越"两廊一圈"合作、大湄公河次区域经济合作等平台上,扩大农业合作范围。[3] 完善农产品跨境贸易平台,加强农产品进出口检验检疫监管,提高国际贸易纠纷处理能力。要坚持高水平"引进来"和大规模"走出去"并重,引进外资、引进技术、引进智力,完善农业"走出去"服务体系。加强农业国际合作教育与培训,创新政策支持,引进海外高层次农业人才。

第三节 乡村生态旅游发展战略

一、响应政府供给侧结构性改革,建立健全城乡融合发展体系

发展乡村旅游业契合新时代国家发展战略,加快统筹城乡融合发展步伐,是实现乡村振兴的重要途径之一。乡村振兴是一个长期战略任务,需要重视不同地域的

---

① 韩长赋.深入贯彻落实党的十八大精神 巩固发展农业农村经济好形势[J].紫光阁,2013(3):19-20.
② 杜辉.区域差异视角下的农业支持方式探究[J].经济研究参考,2013(28):69-72.
③ 周娜.台湾地区参与东亚经济一体化的路径与策略研究——以两岸合作面向东盟为例[D].桂林:广西师范大学,2015.

乡村的发展的差异性,明确不同地域类型乡村的功能与定位,把握乡村振兴发展趋势,树立城乡融合、"多规合一"的规划理念,强化各类规划的统筹管理和系统衔接,发挥乡村振兴规划的战略引领作用,强化城乡基础设施和公共服务体系建设,补齐乡村发展短板,促进城乡融合发展。①

供给侧结构性改革促使乡村旅游产业转型升级,重点抓住产业链中的供给端和生产端,通过供给端改革为市场提供有效供给来解放生产力,提升竞争力,促进产业结构优化,从而促进产业、经济的科学发展和可持续发展。中国旅游产业结构和旅游产品结构已经不能满足消费者的需求,需要对整体的旅游产业(包含休闲农业与乡村旅游业)进行根本的供给侧结构性改革,促进休闲农业与乡村旅游产业的结构优化和可持续发展。创新发展理念,转变发展思路,加快由景点旅游发展模式向全域旅游发展模式转变,促进旅游发展阶段演进,实现旅游业发展战略提升。创新乡村旅游组织方式,推广乡村旅游合作社模式,使亿万农民通过乡村旅游受益。② 以全域旅游整体发展为核心,强调资源统筹规划,产业融合发展,部门齐抓共管,社区共同参与,以旅游产业为主导或引导,实现区域空间内各产业有效融合,全面满足游客体验需求,不断提升区域旅游产业竞争力。③ 一方面,响应政府提出的供给侧结构性改革,增加乡村旅游生态圈的广度,通过各项景点的全方位优化,促使全域旅游产品不断提档升级,形成一个覆盖全域的开放式的全景式旅游生态圈,满足游客多元化的个性需求。另一方面,通过不同行业之间交叉融合进一步探索旅游产业的深度,丰富旅游产业中具有吸引力的产品和服务方式,带动周边产业不断转型升级,形成区域泛旅游产业集群,实现旅游产业融合和业态创新。④

二、落实可持续发展战略,协调旅游业长远发展

加强区域旅游资源的可持续利用与管理。高度重视科学规划,坚持政府组织、专家领衔、部门合作、公众参与、科学决策的原则修编完成新一轮总体规划。广西旅

① 陆林,任以胜,朱道才,等.乡村旅游引导乡村振兴的研究框架与展望[J].地理研究,2019,38(1):102-118.
② 黎洁,衣大鹏.论我国乡村旅游合作社的性质、内涵与发展[C]// 2017 年中国地理学会经济地理专业委员会学术年会论文摘要集,2017.
③ 厉新建,张凌云,崔莉.全域旅游:建设世界一流旅游目的地的理念创新:以北京为例[J].人文地理,2013,28(3):130-134.
④ 何谦,王宇.全域旅游背景下的美丽乡村规划路径——以湖北省宜昌市远安县金桥村为例[J].长江大学学报(自科版),2017,14(14):34-38.

游业发展目标是持续稳定增长,其年平均增长率控制在 10% 左右。政府不要局限于短期的游客人数增长与眼前的经济利益。在旅游淡季时,加大宣传与促销的力度;在旅游旺季时,以缓签入境、减少组团等方式限制国外游客入境旅游,保证游客数量、旅游收入的持续稳定式增长。坚持可持续发展原则进行乡村旅游业开发和管理,坚持乡村旅游业开发在保护区规划的指导下科学推进,限制或控制旅游开发的规模和强度,合理设计开发旅游线路。

在旅游开发过程中坚持保护优先的原则,加强对自然环境与人文环境的保护,强化乡村旅游业可持续发展的基础。注重乡村旅游业发展方式转变,实现社会、经济、环境同步发展与有机协调。将乡村旅游业开发与社会主义新农村建设结合起来,将旅游扶贫致富、社区建设、生态环境培育纳入乡村旅游开发,实现乡村旅游功能多元化的目标。旅游业实行可持续发展战略,其实质是要合理利用现有的旅游资源,发展旅游业过程中要有效保护生态环境,全力协调缓解环境保护与产业发展间的矛盾,保障旅游业的长远发展。

三、坚持旅游生态文明价值观

生态文明的内涵十分丰富。从时间上来说,是在先前文明成果的基础上,努力改善和优化,并且用更文明的方式处理人与自然的关系,不野蛮开发和掠夺自然资源的更高层次的文明形态。坚持旅游生态文明价值观,实施绿色开发,牢固树立保护优先、合理利用的可持续发展理念,优化旅游业国土资源开发空间布局和利用方式,加强与主体功能规划、生态功能规划、各地城乡规划的衔接。在自然生态资源集中区域探索并开展国家公园试点工作。探索以喀斯特生态公园、喀斯特治理示范小区等为依托的特色生态旅游发展途径,促进生态文明建设与旅游产业发展良性循环。以生态优先为原则,高标准建设完善生态栈道、节能环保设施等,推进行业节能减排,按照减量化、再利用、资源化的原则,积极申报"低碳城市""绿色饭店""绿色建筑"等绿色产品品牌。鼓励节能服务机构与旅游企业开展节能减排合作。加强旅游生态文明宣传,鼓励景区结合生态资源开展生态文明教育活动,培育全民绿色旅游意识和行为,将旅游生态文明宣传与推进文明旅游结合起来,推动全社会形成绿色旅游的公德、制度和环境。

四、应用生态科学技术推动乡村生态旅游的建设

乡村旅游业与周边城市著名景区联动,建立乡村生态旅游区域聚集网络,通过信息网络平台,实现信息共享,推动区域间资源合理流动,形成产业规模,优化产业配置。在乡村旅游业的科技建设上,要通过网络加大乡村生态形象的宣传,通过乡村生态形貌、生态产品的展示,把智慧旅游的思想带入其中。乡村农产品既是乡村旅游高品质的展现也是新形象的代表。打造品牌化经营和种植过程的创意,增加市场影响力,对乡村文化资源、非物质遗产传承进行场景创意,实现文化资源的商业增值。另外,产品内容的创新可以利用"地理旅游资源+"元素提高乡村旅游产品价值。经济活动主体是供给侧最为重要的一环。供给侧结构性改革必须强化主体培养,释放主体活力,形成丰富多元的主体力量。在现有的"农户+公司"经营模式的基础上,政府加强治理,借力新农村政策,充分利用行政和市场手段建立农户、企业、社区、政府、社会资源的多点互动、多层次合作模式。

建立健全农村社会化服务体系,形成成本降低的竞争优势。加强专业培训,推进乡村生态标准化、集团化管理是乡村生态旅游业的发展趋势。政府要重点引进处于技术前沿和引领产业发展方向的战略性项目,积极布局乡村旅游新业态,以乡村旅游产业为载体提升文化软实力,实现经济效益。[①] 借助互联网+旅游和大数据手段,从提高供给质量出发,使乡村旅游业的质量获得飞跃,打造乡村旅游目的地品牌。广西乡村生态旅游信息化工作将向十个方向主攻:①推进移动互联网应用,打造新引擎;②推进物联网技术应用,扩大新供给;③推进旅游电子支付运用,增加新手段;④推进可穿戴技术应用,提升新体验;⑤推动北斗系统应用,拓展新领域;⑥推动人工智能应用,培育新业态;⑦推动计算机仿真技术应用,增强新功能;⑧推动社交网络应用,构建新空间;⑨推进旅游大数据运用,引领新驱动;⑩推进旅游云计算运用,夯实新基础。

---

① 国务院.国务院关于印发"十三五"国家战略性新兴产业发展规划的通知[DB/OL].(2016-11-29)[2019-11-05].http://www.gov.cn/zhengce/content/2016-12/19/content_5150090.htm.

第四节　生态扶贫发展战略

一、实施生态扶贫治理

一是在习近平总书记关于从贫困中准确摆脱贫困的重要讲话精神的指导下,落实反贫困斗争的要求,加大对深贫困地区的支持;二是加强生态扶贫,巩固贫困地区的生态优势,加大对贫困地区生态保护、恢复和监督的力度,将全面保护、系统修复、综合治理与精准扶贫、改善贫困人口的收入、提高生产和生活条件等有机结合,使生态保护与减贫脱贫相互促进;三是加快补齐环境短板,加强贫困地区的环境治理,提高生态环境质量,突破发展瓶颈,增强贫困地区可持续发展能力,增强贫困人口的获得感;四是坚持绿色发展,完善生态环境保护扶贫长效机制,支持贫困地区深入探索适合当地发展的"绿水青山是金山银山"理念下的新模式和新机制;五是强化支撑保障,落实生态环保扶贫攻坚责任。确保实现人员到位、责任到位、工作到位、效果到位。增强生态环境保护扶贫能力,加强机构和队伍建设,解决资金短缺问题,培养一批既懂生态又懂扶贫的干部。加大资金支持力度,继续把各类生态环保专项资金投向贫困地区。支持和引导贫困县做好资金统筹整合使用,提高资金使用效率。要广泛开展生态环境保护重点攻关宣传工作,及时总结经验,发挥好典型案例和有效措施的作用,加大对扶贫项目、扶贫成效、扶贫人物的宣传推广力度,增强广大干部主体意识。

二、统筹规划，建立长效机制，落实责任

各级部门要相互配合,共同促进,建立党委、政府领导下的多部门联动参与机制。要充分落实生态扶贫责任,把生态扶贫的相关指标纳入精准扶贫评估内容。加强部门联动合作,增加扶贫、林草、农业农村、水利、住房城乡建设、生态环境等部门间的协调配合。建立上下协调、横向协作的联动机制,整合生态扶贫资源,促进政府、市场、社会协同推进的大扶贫格局的形成。完善监督检查机制,加强生态扶贫工作专项监督检查,把大气、水和土壤等环境质量作为各级地方政府促进生态扶贫的责任红线。同时,加强对扶贫资金的监督,确保扶贫资金在投入前、分配中、使用后

各环节透明化,管理精细化,利用高效化。

第五节 田园综合体发展战略

一、明确创建总体要求，统筹田园综合体建设

以习近平新时代中国特色社会主义思想为指导,坚定不移贯彻新发展理念,大力实施乡村振兴战略,统筹农村经济建设、政治建设、文化建设、社会建设、生态文明建设和党的建设,按照农村生产生活生态"三生"同步、一二三产业三产融合、农业文化旅游三位一体要求,持续推进现代特色农业示范区和"美丽广西"乡村建设提档升级,逐步建成一批让农民充分参与和受益,集循环农业、创意农业、农事体验于一体的田园综合体,实现产业兴旺、生态宜居、乡风文明、治理有效、生活富裕的总体要求。

二、坚持五大发展理念，打造田园综合体品牌

一是突出为农的理念,坚持姓农为农,广泛受益。建设田园综合体应以保护耕地为前提,提高农业综合生产能力。在保障粮食安全的基础上,发展现代农业,促进产业融合,提高农业综合效益和竞争力。二是突出融合理念,坚持产业引领,三产融合。田园综合体反映了各种资源要素的融合,核心是一二三产业的融合。一个完善的田园综合体应该是一个三产融合体和城乡复合体,包含农、林、牧、渔、加工、制造、餐饮、仓储、金融、旅游、康养等行业。[1] 三是突出生态理念,坚持宜居宜业,"三生"统筹。维持农村田园生态、田园风光,保护青山绿水,保留怀旧气息,实现生态可持续发展。要构建循环农业模式,必须在生产和生活中构建一条完整的生态循环链,使田园综合体成为按照自然规律运行的绿色发展模式。四是突出创新理念,坚持因地制宜,特色创意。田园综合体是一种新生事物,它是在各地的实践探索基础上发展起来的。它没有统一的建设模型,也没有固定的规划和设计,而是着眼于对原有

---

[1] 农业先驱者. 这才是真正的田园综合体! [EB/OL]. (2019-09-15) [2019-11-08]. http://www.sohu.com/a/341063062_772581.

特征的保护和开发,不进行完全的移植复制和同质化竞争。五是突出可持续发展理念,坚持内生动力,进行可持续发展。田园综合体的建设不是建造一处人工盆景,而是建造功能多样、生命力强的农业发展综合体。因此,要着力推进农业供给侧结构性改革,以市场需求为导向,集中要素资源,激发内生动力。①

三、准确把握发展方向,推进田园综合体建设

(一)在建设目标上,建设有农业综合开发特色的田园综合体

目前,社会与政府对田园综合体模式的理解存在很多差异,因此建立了多种多样的田园综合体模式。通过改善农业基础设施和生态建设,转变农业发展方式,促进农村一二三产业的融合发展,提高农业综合生产能力,确保国家粮食安全,带动农民朋友增收,促进农业可持续发展和农业现代化。田园综合体建设的财政试点资金主要用于高标准农田建设和农业产业的扶持。田园综合体建设要有农业综合开发的特色,避免走非农化、非粮化的发展模式。

(二)在建设定位上,确保田园综合体姓农为农的根本宗旨不动摇

田园综合体建设的目标是为当地居民营造宜居宜业的生态空间。建设田园综合体的核心是为农,特色是田园,关键在综合。在项目建设过程中,一是要坚持农民充分参与和受益的基本原则,充分发挥农民合作社等新型农业经营机构的作用,提高农民组织化和社会化程度,使农民参与田园综合体建设并从中受益。二是切实保护好农民的就业创业、产业发展收益、乡村文化遗产、农村生态环境等方面的权益。三是能够生动地展现农民生活、农村风情和农业特色,要谨记田园综合体的核心产业是农业。决不能将田园综合体建设成变相的房地产开发项目,也不能建成旅游度假区或私人庄园,以确保田园综合体建设的定位不出错,发展方向不出错发生错误。②

---

① 卢贵敏.推进田园综合体建设要重点把握的几个问题[J].农化市场十日讯,2018(7):61-63.
② 广西财政坚持五大发展理念打造全区首个田园综合体 让农民参与受益[EB/OL].(2017-10-11)[2019-11-06].http://www.3news.cn/yc/2017/1011/218591.html.

（三）在推进力量上，坚持以农业综合开发为平台，汇集相关政策支持合力

在项目建设中，要充分发挥、运用各方积极性：第一，充分发挥有关扶持政策的合力。在基础设施、产业发展、新民居建设、美丽乡村、脱贫攻坚等方面着力支持田园综合体的建设。第二，充分发挥地方政府的领导作用，加强与有关农业政策和资金的协调，紧密结合农村生产、生活和生态等方面的支持政策；积极探索以田园综合体试点为平台的潜力，统筹规划，不断推进在生产、生活、生态领域的建设，拓宽循环农业、创意农业、农事体验等发展方向，拓展农业的功能，竭尽全力进行田园综合体建设，务求精品与成效。第三，充分发挥政府、企业、村集体组织、农民合作社与农民等建设主体的作用，以产业链为主线，将利益联结作为纽带，达到合作共赢。[1] 通过建立科学完善的市场化导向的运行机制，使每一个主体都明确自身在田园综合体建设中的角色，积极主动地参与田园综合体的建设，发挥自身能动性，形成合力。

（四）在实施路径上，充分发挥市场机制作用，鼓励基层创新探索

田园综合体的建设内容丰富，涉及的方面比较广泛。田园综合体建设对资金、土地、科技和人才等有很大需求。在项目建设过程中，应以政府投资和政策支持为指导，充分发挥市场机制的作用，激发田园综合体园区的内生发展动力和创新活力。在资金投入方面，要改进财政资金的投入方式，综合考虑补助、贴息、担保基金、风险补偿金等多种资金使用方式，提升资金的使用效益。[2] 田园综合体建设主体具有多元化的特征，不同的利益需求决定了建设资金来源渠道的广泛性和多样性。另外，通过运用财政撬动、贴息贷款等方式，引入更多的金融和社会资本。同时，坚持以市场机制为主，配合相关政策支持，使田园综合体步入动态发展的良好轨道。[3]

第六节　山水林田湖草系统治理发展战略

统筹山水林田湖草系统治理是生态文明建设的重要内容，是贯彻绿色发展理念的有力措施，是解决生态环境问题的必然要求。

---

① 卢贵敏.以农业综合开发为平台建设田园综合体试点［N］.农民日报,2017-06-19.
② 王新蕾.田园综合体两年实现"三级跳"［N］.大众日报,2018-05-30（09）.
③ 广西财政坚持五大发展理念打造全区首个田园综合体［EB/OL］.（2017-10-09）［2019-12-01］.http://czt.gxzf.gov.cn/xwdt/jgdt/20171009-68746.shtml.

一、牢固树立山水林田湖草是生命共同体的理念

统筹山水林田湖草系统治理,推进生态文明建设,必须牢固树立山水林田湖草是生命共同体的理念,提高生态文明建设的科学性、有效性。我们应该意识到,生态是一个统一的自然系统,是一个相互依存、有机联系的生态链。我们应该坚持人与自然和谐相处,从整体生态、宏观调控和综合管理的角度统筹考虑自然生态各要素。此外,还要建立生态环境治理体系,全方位、全地域、全过程地开展生态文明建设。①

二、运用系统思维,加强山水林田湖草系统治理

根据生态系统的整体性、系统性和内在规律,围绕区域突出的生态环境问题与主要生态功能定位,确定生态保护与修复工程部署区域,把维护水源涵养、防风固沙、洪水调蓄、生物多样性保护等生态功能作为核心,加强生态保护与修复工程技术研究,全面开展水环境保护治理、农牧用地保护、水土流失预防、生物多样性保护、矿山开采治理等,以景观生态学方法、生态基础设施建设、近自然生态化技术为主流技术方法,根据当地情况设计实施路径,研发一套针对性和适用性强的生态保护和修复技术,维护区域生态安全,实现山水林田湖草的整体保护修复。②

三、推进山水林田湖草综合整治科技创新

开展山水林田湖草生命共同体综合整治科技创新,离不开人才保障与平台建设。

(一)积极开展标准化建设

鉴于当前综合整治存在的突出问题,必须抓紧制定山水林田湖草综合整治的技术标准,科学规范综合整治区域划定、规划设计、工程施工、综合评价、监测监管的全过程。

---

① 黄承梁.“全方位、全地域、全过程”推进生态文明建设[EB/OL].(2018-10-10)[2019-11-06]. http://www.qstheory.cn/zoology/2018-10/10/c_1123540195.htm.

② 张修玉、施晨逸、范中亚.加快修复山水林田湖草生态系统[N].中国环境报,2018-04-30(03).

（二）积极开展平台建设

积极联合有关的科研院所和高校，以学科为重点抓手，构建自然资源生态系统学自然资源部重点实验室；以解决实际问题为导向，建设自然资源"自然—人工生态系统"自然资源部工程技术创新中心。并在此基础上，突出重点、凝聚人才、集中优势，不断增强科技支撑能力，进一步加快山水林田湖草综合整治科技创新的步伐。[①]

四、加强自然资源法治建设工作

要坚持立法与执法相结合，流域立法和专项立法相结合，制法与修法相结合，完善自然资源法律保护体系，切实监督自然资源开发利用和保护。实行自然资源用途管制的统筹协调和分等级管理制度体系，加强自然资源许可证制度建设和自然资源行业监管制度建设。完善自然资源破坏修复制度体系建设，建立国土综合整治和生态修复制度。此外，要继续统筹推进自然资源重大立法修法项目，并对法律规定的落实情况进行定期监督检查，加强对公职人员的专业法律教育和培训。在法律法规政策管理部门与司法主管部门之间建立有效的沟通机制，维护民事责任、行政责任和刑事责任的严肃性。

五、健全山水林田湖草系统治理和保护管理制度

抓住国家发展机遇，大力推进山水林田湖草生态保护修复，按照生态文明体制改革总体方案要求，进一步探索研究有利于生态系统保护修复的制度体系，如自然资源资产产权制度、国土空间开发保护制度、资源总量管理和全面节约制度、资源有偿使用和生态补偿制度、生态文明绩效评价考核和责任追究制度等。实施山水林田湖草生态保护修复工程需打破行政区划、部门管理、行业管理和生态要素间的界限，统筹考虑各要素保护需求[②]，政府、企业和公众要充分履行在山水林田湖草保护修复中所承担的职责，为山水林田湖草生态保护修复建立绿色融资平台。同时，通过PPP等模式，进一步引入社会资本，组织当地群众尽早地参与工程项目。通过生态

---

① 单卫东.山水林田湖草综合整治亟待科技创新[N].中国自然资源报,2018-08-02(005).
② 王夏晖,何军,饶胜.山水林田湖草生态保护修复思路与实践[J].环境保护,2018(C1):17-20.

系统治理体系和治理能力现代化,促进生态系统健康、持续发展,提高生态系统生态产品的供给能力,以便不断满足我国人民对优美生态环境日益增长的需求。

六、将生命共同体保护修复与脱贫攻坚紧密结合

作为绿水青山的基底,山水林田湖草是决定区域发展空间及资源环境承载能力的重要因素之一。因此,应当充分考虑当地自然条件、本土物种、适用技术等,按照宜林则林、宜草则草、宜农则农的发展理念,避免大拆大建、"水泥森林"和"伪生态、真破坏"。充分挖掘良好的生态文化资源,协调山水林田湖草保护修复与当地生态产业发展。生态系统保护和修复是生态产业发展的前提,而生态旅游、生态农业等生态产业发展的需求被纳入生态系统保护修复工程中,并且同步规划、设计与实施,以最大限度地实现生态系统生态价值的提升,完善生态补偿机制,增强地方高质量发展功能,实现经济效益、社会效益与生态效益的共赢,增加农民收入,使其加快脱贫致富。

七、构建人类命运共同体,引领全球生态文明建设

生态文明是人类文明发展的新阶段,是遵循人、自然和社会三者之间和谐发展这一客观规律而取得的物质与精神成就的总和。以人与自然、人与人、人与社会和谐共生、良性循环、全面发展、持续繁荣为基本宗旨,力争建设生态文明。这是我国一直努力探索的中国特色社会主义新型文明之路。同时,应该正确理解人与自然的依存关系。人与自然、人与社会的辩证关系是人类社会永恒的主题。无论人类如何进化,人类都是来源于自然界,人类的所有创造都来自自然。物质资料的生产和再生产,以及人类自身的生产和再生产,都是建立在自然环境的存在和发展的基础上的。可以说,没有自然环境,就没有人类。正如习近平总书记所说:人类可以利用自然、改造自然,但归根结底是自然的一部分,必须呵护自然,不能凌驾于自然之上。①

---

① 明辛.山水林田湖草是生命共同体[EB/OL].(2019-01-18)[2019-12-01].http://www.cfej.net/jizhe/jzsl/201901/t20190118_690085.shtml.

附录

一、中国最美乡村·示范村

2019 年中国农业电影电视中心、央视网等多家单位共同主办美丽乡村博鳌国际峰会,在此峰会上经组委会推荐和评委会投票评定出全国首批十个"中国最美乡村·示范村",广西获此殊荣的村落名单有:

所属市	"中国最美乡村·示范村"名单
柳州市	三江侗族自治县平岩村

二、中国美丽休闲乡村

为贯彻落实 2018 年中央一号文件关于"实施休闲农业和乡村旅游精品工程"的要求,农业农村部组织展开了中国美丽休闲乡村推介工作。经地方推荐、专家审核和网上公示等程序,公布了北京市房山区东村等 150 个村为 2018 年中国美丽休闲乡村。① 根据《农业农村部办公厅关于开展中国美丽休闲乡村推介活动的通知》(农办产〔2019〕9 号)要求,2019 年农业农村部继续开展了中国美丽休闲乡村推介工作。经地方推荐和专家审核,农业农村部推介北京市怀柔区渤海镇六渡河村等 260 个村

---

① 农业农村部办公厅.农业农村部办公厅关于公布 2018 年中国美丽休闲乡村的通知[EB/OL].(2018-10-24)[2019-06-24].http://www.moa.gov.cn/nybgb/2018/201811/201901/t20190102_6165931.htm.

落为 2019 年中国美丽休闲乡村。[①] 被推介乡村珍惜荣誉，抓住机遇，积极拓展农业不同功能及特色农产品，同时注重保护生态环境，有效强化服务质量。目前，广西拥有国家级美丽休闲乡村名单如下（截止到 2019 年）：

所属市	中国美丽休闲乡村名单
南宁市	兴宁区围村、西乡塘区忠良村、马山县乔老村、隆安县那桐镇定江村
柳州市	三江侗族自治县布央村、三江侗族自治县丹洲村、三江侗族自治县良口乡和里村、鹿寨县中渡镇大兆村
桂林市	秀峰区甲山街道办事处桥头村、灵川县长岗岭村、灵川县江头村、阳朔县凤楼村、阳朔县白沙镇蕉芭林村、灌阳县小龙村
梧州市	苍梧县沙地村、藤县象棋镇道家村
防城港市	东兴市竹山村
钦州市	灵山县苏村、灵山县马肚塘村、灵山县大芦村
贵港市	港南区湛江镇平江村
玉林市	福绵区福绵镇十丈村、玉东新区鹿塘社区、容县龙镇村
百色市	田东县林驮村、隆林各族自治县德峨镇三冲村
贺州市	平桂区羊头镇垒石村
河池市	宜州区流河社区、南丹县巴平村
来宾市	武宣县下莲塘村

三、国家现代农业产业园

自 2017 年以来，农业农村部、财政部贯彻落实党中央、国务院关于建设现代农业产业园、培育农业农村发展新动能的决策部署，按照“一年有起色、两年见成效、四年成体系”的总体安排和“先创后认、边创边认、以创为主”的工作要求，启动并批准创建国家现代农业产业园。各地贯彻姓农、务农、为农、兴农四大建园宗旨，种养基地建设规模化，一二三产业融合发展，建成了一批特色鲜明产业、装备设施先进、生产方式绿色、经济效益显著、示范带动有力的国家现代农业产业园，是乡村产业高效

① 农业农村部办公厅.农业农村部办公厅关于公布 2019 年中国美丽休闲乡村的通知[EB/OL].(2019-11-11)[2019-11-30].http://www.moa.gov.cn/govpublic/XZQYJ/201912/t20191220_6333696.htm.

发展新样板。[①] 3 年来,广西有 3 个国家现代农业产业园,具体如下:

年份	所属市	国家现代农业产业园
2017 年	来宾市	来宾市现代农业产业园
2018 年	柳州市	柳州市柳南区现代农业产业园
2019 年	河池市	河池市都安县现代农业产业园

四、国家现代农业示范区

国家现代农业示范区是以现代产业发展理念为指导,以新型农民为主体,以现代科学技术和物质装备为支撑,采用现代经营管理方式的可持续发展的现代农业示范区域,具有产业布局合理、组织方式优良、资源利用高效、供给保障安全、综合效益显著的特征。[②] 国家现代农业示范区带动全国现代农业发展,是确保我国粮食安全的战略性规划。[③] 广西拥有国家现代农业示范区名单如下:

所属市	国家现代农业示范区名单
南宁市	南宁市武鸣县国家现代农业示范区 南宁市横县国家现代农业示范区
桂林市	桂林市全州县国家现代农业示范区
北海市	北海市合浦县国家现代农业示范区
贵港市	贵港市港北区国家现代农业示范区
玉林市	玉林市兴业县国家现代农业示范区
百色市	百色市田东县国家现代农业示范区

五、农业产业化国家重点龙头企业

为推进农业供给侧结构性改革、引导乡村产业发展和促进农民就业增收,农业农村部、国家发展改革委、财政部、商务部、中国人民银行、国家税务总局、中国证券

---

① 农业农村部、财政部关于认定首批国家现代农业产业园的通知[EB/OL].(2019-01-03)[2019-11-30]. http://www.moa.gov.cn/gk/tzgg_1/tz/201901/t20190103_6166086.htm.

② 农业部关于认定第三批国家现代农业示范区的通知[EB/OL].(2017-11-29)[2019-07-06].http://www.moa.gov.cn/nybgb/2015/er/201711/t20171129_5922894.htm.

③ 江晶.国家现代农业示范区运行机制与发展模式研究[D].北京:中国农业科学院,2013.

监督管理委员会、中华全国供销合作总社联合通知,针对各地多年发展起来的大型农业企业集团,精心组织、严格遴选,经专家和全国农业产业化联席会议审定,先后公布了6批农业产业化国家重点龙头企业名单。广西拥有的农业产业化国家重点龙头企业名单如下:

所属市	农业产业化国家重点龙头企业名单
南宁市	广西金陵农牧集团有限公司、广西富凤农牧集团有限公司、广西四野牧业有限公司、广西五丰粮食集团有限公司、广西金穗农业投资有限责任公司、南宁糖业股份有限公司、广西富丰集团有限公司、广西华劲集团股份有限公司、广西南宁百洋饲料集团有限公司、广西壮族自治区国有高峰林场、广西皇氏甲天下乳业股份有限公司、广西凤翔集团畜禽食品有限公司、广西国泰粮食集团有限公司、广西明阳生化科技股份有限公司、广西黑五类食品集团有限责任公司、横县桂华茧丝绸有限责任公司
柳州市	广西凤糖生化股份有限公司
桂林市	桂林市力源粮油食品有限公司、桂林莱茵生物制品有限公司
梧州市	广西梧州茂圣茶业有限公司、广西梧州制药(集团)股份有限公司、广西华虹蚕丝股份有限公司、广西梧州松脂股份有限公司
北海市	广西美通食品有限公司、北海洪恩水产有限公司
防城港市	广西农垦糖业集团有限公司
钦州市	广西园丰牧业集团股份有限公司
贵港市	广西金源生物化工实业有限公司、广西贵糖(集团)股份有限公司、贵港扬翔饲料有限公司
玉林市	广西巨东种养集团有限公司、广西玉林制药有限责任公司、广西玉林市参皇养殖有限公司
百色市	广西凌云浪伏茶业有限公司
贺州市	贺州嘉宝食品有限公司
河池市	广西嘉联丝绸股份有限公司
来宾市	广西来宾东糖集团有限公司、忻城县恒业丝绸有限公司

六、全国一村一品示范镇

为贯彻落实《中共中央 国务院关于深入推进农业供给侧结构性改革加快培育农业农村发展新动能的若干意见》,打造一村一品升级版,农业农村部按照《农业部办公厅关于申报全国一村一品示范村镇的通知》的要求,截至2019年,已审核认定9

批全国一村一品示范村镇。以村为基本单位,面向国内外广泛的市场需求,抓住机遇,发挥当地特有优势,标准化、品牌化市场潜力大的主导产品和产业。广西已认定的全国一村一品示范村镇共92个,名单如下:

所属市	全国一村一品示范村镇名单
南宁市	良庆区南晓镇那敏村、横县校椅镇石井村、隆安县那桐镇定江村
柳州市	柳江区成团镇鲁比村、柳江区百朋镇、柳北区沙塘镇洛沙村、柳城县东泉镇柳城华侨农场、三江侗族自治县八江乡布央村、三江侗族自治县丹洲镇丹洲村、融安县大将镇、鹿寨县鹿寨镇石路村
桂林市	荔浦市东昌镇民强村、荔浦市修仁镇、永福县龙江乡龙山村、永福县龙江乡、恭城瑶族自治县莲花镇势江村、恭城瑶族自治县莲花镇、灌阳县新街镇江口村、灌阳县灌阳镇大仁村、灌阳县灌阳镇长坪村、灌阳县新圩镇和睦村、兴安县漠川乡、兴安县溶江镇、灵川县潭下镇合群村、灵川县海洋乡小平乐村、全州县绍水镇、全州县安和镇、全州县绍水镇柳甲村、龙胜各族自治县乐江乡地灵村、阳朔县白沙镇
梧州市	岑溪市筋竹镇、藤县古龙镇、藤县和平镇、苍梧县六堡镇塘平村、蒙山县蒙山镇甘棠村
北海市	银海区福成镇宁海村
钦州市	钦南区那丽镇殿艮村、浦北县官垌镇旺村、浦北县小江镇公家村、浦北县白石水镇良田村、灵山县文利镇、灵山县平南镇桃禾村、灵山县武利镇汉塘村
贵港市	覃塘区覃塘镇龙凤村、桂平市麻垌镇、桂平市社坡镇、桂平市金田镇、桂平市金田镇金田村
玉林市	玉州区仁东镇大鹏村、北流市北流镇六行村、容县容州镇千秋村、容县容州镇木井村、容县灵山镇旺维村、陆川县大桥镇陆透村、博白县菱角镇石柳村
百色市	右江区龙川镇、右江区龙川镇平禄村、右江区四塘镇六合村、凌云县沙里乡浪伏村、凌云县加尤镇百陇村、田东县祥周镇中平村、田东县林逢镇林驮村、田东县祥周镇模范村、田东县林逢镇东养村、田阳县田州镇兴城村、田阳县田州镇东江村、田阳县田州镇、田阳县田州镇龙河村、田林县八渡瑶族乡博峨村、西林县古障镇西舍村、西林县足别瑶族苗族乡央龙村、靖西市新靖镇旧州村、那坡县百南乡上隆村
贺州市	八步区贺街镇、八步区贺街镇双瑞村、八步区贺街镇西南村、富川瑶族自治县福利镇、富川瑶族自治县葛坡镇马槽村、富川瑶族自治县古城镇高路村、昭平县走马乡福行村
河池市	天峨县八腊瑶族乡五福村、天峨县岜暮乡公昌村、南丹县城关镇四山村、南丹县六寨镇龙马村、南丹县月里镇巴峨村、南丹县芒场镇巴平村
来宾市	忻城县马泗乡马泗村、忻城县城关镇、忻城县北更乡、武宣县桐岭镇和律村、武宣县黄茆镇麻爪村、武宣县东乡镇风沿村

七、广西农业品牌

为深入贯彻落实党的十九大报告关于实施乡村振兴战略的要求,以及《中共中

央 国务院关于实施乡村振兴战略的意见》《农业部关于大力实施乡村振兴战略加快推进农业转型升级的意见》和2018年全区农村工作会议精神①,稳中求进加快农业各类品牌创建,深化农业供给侧结构性改革,使得乡村农业综合效益和竞争力提高,广西壮族自治区农业厅于2018年初开展首批广西农业品牌目录选取工作。广西农业品牌名单如下:

(一)农产品区域公用品牌

所属市	农产品区域公用品牌名单
南宁市	横县茉莉花茶、南宁香蕉、横县甜玉米、隆安火龙果
柳州市	柳州螺蛳粉、融安金橘、三江茶
桂林市	永福罗汉果、恭城月柿、荔浦芋
梧州市	梧州六堡茶
北海市	香山鸡嘴荔枝
防城港市	上思香糯
钦州市	钦州大蚝、灵山荔枝、浦北黑猪
贵港市	平南石硖龙眼、金田淮山、桂平西山茶
玉林市	容县沙田柚、陆川猪
百色市	百色杧果、西林砂糖橘、凌云白毫
贺州市	富川脐橙、昭平茶
河池市	宜州桑蚕茧、龙滩珍珠李
来宾市	金秀红茶
崇左市	天等指天椒

(二)农业区域公用品牌

所属市	农业区域公用品牌名单
南宁市	上林大米、横县茉莉花
柳州市	鲁比葡萄、柳江莲藕、鹿寨蜜橙
桂林市	全州禾花鱼
钦州市	钦北荔枝、灵山凉粉
贵港市	覃塘毛尖茶、东津细米、麻垌荔枝
玉林市	北流荔枝
百色市	百色番茄
河池市	罗城毛葡萄、环江香猪、七百弄鸡

---

① 广西壮族自治区农业厅.自治区农业厅关于加快推进广西农业品牌建设的指导意见(桂农业发〔2018〕69号)[EB/OL].(2018-04-27)[2019-07-09].http://www.gxny.gov.cn/xxgk/jcxxgk/wjzl/gnyf/201805/t20180503_496497.html.

（三）农业产品品牌

所属市	农业产品品牌名单
南宁市	广西南宁桂柑果业科技发展有限公司"桂柑"牌沃柑
	广西农垦茶业集团有限公司"大明山"牌茶叶
	广西农垦永新畜牧集团有限公司"永新源"牌猪肉产品
	广西农垦永新畜牧集团有限公司"永新源"牌生猪
	广西弄峰山铁皮石斛科技股份有限公司"弄峰山"牌铁皮石斛
	广西农垦明阳农场有限公司"沃之王向阳红"牌沃柑
	广西力拓米业集团有限公司"力拓正稻"牌富硒大米
	广西汇生牧业发展有限公司"桂西牛"牌牛肉
柳州市	广西农垦糖业集团柳兴制糖有限公司"柳兴"牌白砂糖、赤砂糖
	广西柳州绿达实业有限责任公司"绿旺达"牌柑橘
	三江侗族自治县仙池茶业有限公司"侗美仙池"牌茶叶
	广西螺霸王食品有限公司"螺霸王"牌螺蛳粉、螺蛳鸭脚煲
	融安县金色橘韵金橘专业合作社"橘乡里"牌金橘
	融水县金边鲤生态农业有限责任公司"大苗山金边"牌禾花鲤
	融水苗族自治县水融香茶业有限公司"水融香"牌有机绿茶
桂林市	广西桂林鹏宇兄弟柑橘产业开发有限责任公司"恭禧橙"牌脐橙
梧州市	广西梧州双钱实业有限公司"双钱"牌龟苓膏
	梧州中茶茶业有限公司"中茶"牌窖藏六堡茶
北海市	合浦佳永金花茶开发有限公司"君王春"牌金花茶
	广西金海盈食品有限公司"汇海盈"牌系列海产品
	广西南珠宫投资控股集团有限公司"南珠宫"牌珍珠产品
防城港市	广西东兴山峰石斛有限公司"不老峰"牌铁皮石斛
	防城港市海鑫鑫水产科技有限公司"珍珠湾"牌石斑鱼
	防城港市金树金花茶有限公司"臻金树"牌金花茶
钦州市	广西浦生粮油食品有限公司"浦生红衣"牌花生油
	浦北五皇山农业科技有限公司"石祖禅茶"
	广西灵山县宇峰保健食品有限公司"宇峰"牌黑凉粉
玉林市	广西陆宝食品有限公司"陆宝"牌陆川猪系列产品
	陆川县君丰现代农业有限公司"陆橘红"牌橘红系列产品
	陆川县金田源农业开发有限公司"洞心源味"大米

所属市	农业产品品牌名单
百色市	广西西林京桂古道茶业有限公司"古道玉芽"茶
	广西西林京桂古道茶业有限公司"古道红"茶
	广西西林九龙山茶业有限公司"足龙茶"
	广西农垦阳圩农场有限公司"十万大山"牌杜果
贺州市	广西将军峰茶业集团有限公司"将军峰"牌有机红茶、绿茶、白茶
河池市	广西巴马印象生活体验产业有限公司"道心园"牌山茶油
	河池市六龙茶业有限责任公司"六龙茶"
	广西中科群源农林科技有限公司"溪谷源记"富硒大米
	广西然泉农业科技有限公司"昭瑞黑猪"
来宾市	广西农垦糖业集团红河制糖有限公司"荷花"牌白砂糖
	广西来宾湘桂糖业有限责任公司"晶龙"牌白砂糖
崇左市	广西山水弄岗生态农业科技有限公司"山水弄岗"牌沃柑

（四）农业企业品牌

所属市	农业企业品牌名单
南宁市	广西金福农业有限公司
	广西南宁桂柑果业科技发展有限公司
	南宁振企农业科技有限公司
	广西鸣鸣果业有限公司
	广西农垦永新畜牧集团有限公司
	广西立盛茧丝绸有限公司
	广西桂洁农业开发有限公司
	广西金穗农业集团有限公司
	广西南山白毛茶茶业有限公司
	广西金花茶业有限公司
	广西桂华丝绸有限公司
柳州市	柳州市侗天湖农业生态旅游投资有限责任公司
	三江侗族自治县仙池茶业有限公司
	融水苗族自治县元宝山茶业有限公司
	广西螺霸王食品有限公司
	鹿寨县贵盛茧丝工贸有限公司
	广西古岭龙投资集团有限公司

所属市	农业企业品牌名单
桂林市	灵川县金晨菌业有限公司
	桂林吉福思罗汉果有限公司
	广西农垦源头农场有限公司
	桂林恭城丰华园食品有限公司
梧州市	广西梧州双钱实业有限公司
	梧州市天誉茶业有限公司
北海市	利添生物科技发展(合浦)有限公司
	北海玖嘉久食品有限公司
	合浦果香园食品有限公司
防城港市	广西国茗金花茶科技有限公司
钦州市	广西浦生粮油食品有限公司
	浦北五皇山农业科技有限公司
	广西灵山县宇峰保健食品有限公司
	浦北县扬丰养殖有限公司
贵港市	广西桂平市金谷农业发展有限公司
玉林市	广西绿苑米业有限公司
	广西玉林市鑫坚种养有限公司
贺州市	广西将军峰茶业集团有限公司
	广西农垦国有立新农场
	钟山县富强农业种植专业合作社
	广西贺州市正丰现代农业股份有限公司
	昭平县象棋山茶叶有限公司
	贺州市天德星农林投资发展有限公司
河池市	广西巴马印象生活体验产业有限公司
	广西宜州区宏基茧丝有限公司
	巴马原种香猪农牧实业有限公司
	广西中天领御酒业有限公司
	广西农垦糖业集团达华制糖有限公司
来宾市	广西象州太粮米业有限公司
崇左市	广西龙州北部湾现代农业有限公司

（五）农产品品牌

所属市	农产品品牌名单
南宁市	广西金花茶业有限公司金花牌茶叶
	广西金穗农业集团有限公司"绿水江"香蕉
	广西桂洁农业开发有限公司"甜弯弯"柑橘
	南宁振企农业科技有限公司"红振企"火龙果
	广西佳年农业有限公司"佳年"火龙果
	广西鸣鸣果业有限公司"鸣鸣果园"柑橘
	广西金福农业有限公司"伊蜜"火龙果
	广西南山白毛茶茶业有限公司"圣种"有机红茶
	广西南山白毛茶茶业有限公司"圣种"六堡茶
	广西南山白毛茶茶业有限公司"南山"白毛茶
	广西桂华丝绸有限公司金花茶牌生丝
	广西桂华丝绸有限公司金花茶双宫丝
	广西桂华丝绸有限公司"桂华"蚕丝被
	广西隆安昌隆农业科技开发有限公司"雁江"香米
	横县校椅现代农业果蔬种植专业合作社"桂利农"甜玉米
柳州市	融水苗族自治县国营贝江林场"贝林"糯米柚
	鹿寨县欣荣果业有限责任公司"桂客"蜜橘
	融水苗族自治县元宝山茶业有限公司"金芦笙"茶叶
	融水苗族自治县元宝山茶业有限公司"元宝山"茶叶
	柳州市螺状元食品有限公司"螺状元"系列螺蛳粉
	柳州沪桂食品有限公司"嘻螺会"螺蛳粉
	广西家柳食品科技有限公司"家柳"螺蛳粉
	三江侗族自治县仙池茶业有限公司"侗美仙池"三江茶油
	柳州市侗天湖农业生态旅游投资有限责任公司"天湖冰芽"
	融水苗族自治县水融香茶业有限公司"苗山王"野生红茶
	广西融水元宝山苗润特色酒业有限公司"贝江苗润"黑糯米黄酒
桂林市	平乐宏源农业发展有限公司"车田河"马蹄粉
	资源县金紫商贸有限责任公司"杨山河"牛羊肉
	阳朔遇龙河生态农业发展有限责任公司"遇龙金丹"金橘

所属市	农产品品牌名单
梧州市	藤县友强淮山种植专业合作社太平狮山"甜蜜"青枣
	广西梧州茶厂"三鹤"六堡茶
	广西梧州茂圣茶业有限公司"茂圣"六堡茶
	广西华虹蚕丝股份有限公司"华虹"牌生丝
北海市	合浦县广良中央农民专业合作社"您的财富"富硒海鸭蛋
	北海玖嘉久食品有限公司"渔播"鱼丸
	广西农垦绿仙生物保健食品有限公司绿仙牌螺旋藻
防城港市	广西农潮果业有限公司"农潮田心"火龙果
钦州市	浦北南国水果种植农民专业合作社"浦百"百香果
	浦北县扬丰养殖有限公司"浦黑大帅"黑猪
	灵山县龙武农场"龙武"荔枝
贵港市	广西桂平市西山碧水茶园有限责任公司"大藤峡"牌富硒西山茶
玉林市	广西丰浩农业科技有限公司"金丰浩"粉蕉
	陆川县银湖橘红种植专业合作社橘康牌陆川橘红
百色市	广西乐业县草王山茶叶有限公司"乐业红"红茶、绿茶
	广西田阳县创新农业综合开发有限公司壮新王牌杧果
	广西靖西梁鹏食品有限公司"靖茂"酸嘢
	广西靖西梁鹏食品有限公司"道百岁"野生山楂酒
贺州	广西昭平县故乡茶业有限公司"故乡"有机茶
	广西昭平县天成生态农业有限公司"天成"有机茶
	贺州市八步区开山镇东南开山白毛茶叶专业合作社"开山"白毛茶
	钟山县富强农业种植专业合作社"雅瑶华香"黑木耳
	贺州市潇贺古道特色产业发展有限公司"潇贺古道"古树茶
	贺州市潇贺古道特色产业发展有限公司"潇贺古道"紫芽茶
	贺州市昊辰农业发展有限公司"昊辰小农伯"大米
	广西农垦国有立新农场富江牌脐橙
河池市	广西博庆食品有限公司"石花"白砂糖
	广西博庆食品有限公司"远山"白砂糖
	广西嘉联丝绸股份有限公司"南方丝巢"蚕丝被
	南丹县瑶家生态农业专业合作社"南丹巴平米"
来宾市	金秀县瑶山王茶业有限公司"香哩歌"红茶
	广西金秀瑶族自治县大瑶山天然植物开发有限公司"瑶家树"红茶
	忻城县力丰农业种植科技有限公司力丰原康系列产品
	广西迎春丝绸有限公司"尚尚蚕"生丝
	广西象州婵宇真丝绸制品有限公司"婵宇"蚕丝被

八、广西现代特色农业（核心）示范区

2017年广西认真贯彻落实中央和自治区关于深化农业供给侧结构性改革、加快农业现代化建设的重大决策部署，积极落实《广西现代特色农业示范区建设（2016—2017年）行动方案》精神，加快推进现代特色农业示范区创建工作，组织开展了五批广西现代特色农业（核心）示范区认定工作。[①] 2018—2019年，全区各地认真贯彻落实中央和自治区关于实施乡村振兴战略的重大决策部署，按照《广西现代特色农业示范区建设增点扩面提质升级（2018—2020年）三年行动方案》要求，组织认定了第六批、第七批、第八批广西现代特色农业（核心）示范区。现以市级行政区划为单位列出广西现代特色农业（核心）示范区（共279个）名单：

所属市	星级	现代特色农业（核心）示范区
南宁市	三星级	南宁市西乡塘区群南柑橘产业核心示范区
		南宁市邕宁区坛里沃柑产业核心示范区
		南宁市兴宁区沙平蔬菜产业示范区
		南宁市兴宁区富凤鸡产业示范区
		南宁市江南区江韵扬美休闲农业示范区
		广西—东盟经济技术开发区宁武都市农业示范区
		广西—东盟经济技术开发区特色农业核心示范区
		广西—东盟经济技术开发区沃柑产业核心示范区
		横县朝阳大垌优质稻产业示范区
		宾阳县永和火龙果产业核心示范区
		宾阳县品绿留香休闲农业核心示范区
		上林县禾田生态休闲农业核心示范区
		南宁市上林县山水牛扶贫产业示范区
		上林县云姚谷休闲农业核心示范区
		广西农垦七里香休闲农业示范区

---

① 广西壮族自治区人民政府.广西壮族自治区人民政府关于认定第五批广西现代特色农业（核心）示范区和第二批广西现代特色农业县级示范区、乡级示范园的决定（桂政发〔2017〕63号）[EB/OL].(2017-12-08)[2019-07-09].http://www.gxzf.gov.cn/zwgk/zfwj/zzqrmzfwj/20171211-667982.shtml.

所属市	星级	现代特色农业（核心）示范区
南宁市	四星级	南宁市良庆区坛板特色农业示范区 南宁市邕宁区香流溪热带水果产业示范区 南宁市邕宁区一遍天原种猪产业示范区 南宁市青秀区花雨湖生态休闲农业示范区 南宁市青秀区田野牧歌肉牛产业示范区 南宁市青秀区长塘金花茶产业核心示范区 南宁市武鸣区起凤沃柑产业核心示范区 马山县乔老河休闲农业核心示范区 南宁市马山县乔利果蔬产业示范区 隆安县那之乡火龙果产业核心示范区 广西农垦东湖胡萝卜产业示范区 广西农垦向阳红沃柑产业示范区 广西农垦大明山茶核心示范区
	五星级	南宁市兴宁区十里花卉长廊示范区 南宁市西乡塘区美丽南方休闲农业示范区 南宁市武鸣区伊岭溪谷休闲农业示范区 南宁市隆安县金穗香蕉产业示范区 南宁市横县中华茉莉花产业示范区 南宁市宾阳县古辣香米产业示范区 广西农垦永新源生猪健康养殖示范区 广西农垦金色阳光甘蔗产业示范区
柳州市	三星级	柳州市柳南区金色太阳现代都市生态农业示范区 柳州市柳江区葱满幸福香葱产业示范区 融安县古兰新韵金橘产业核心示范区 柳州市融安县小村之恋金橘产业示范区 鹿寨县笑缘香樟示范区 三江侗族自治县三江油茶产业核心示范区 广西农垦新兴生态养殖核心示范区
	四星级	柳州市柳南区宏华蛋鸡生态养殖核心示范区 柳州市鹿寨县呦呦鹿鸣葡萄产业示范区 鹿寨县桂中现代林业核心示范区 鹿寨县寨美一方都市休闲农业示范区 柳州市融水苗族自治县风情苗乡现代农业示范区 融安县林海杉源香杉生态产业示范区 柳城县稻花飘香现代粮食产业核心示范区 柳州市柳城县禅韵丝缘蚕业示范区 柳城县冲脉镇蔗奏凯歌现代糖业核心示范区
	五星级	柳州市柳江区荷塘月色示范区 柳州市柳北区兰亭林叙花卉苗木产业示范区

所属市	星级	现代特色农业（核心）示范区
桂林市	三星级	桂林市临桂区桂林之花特色林业示范区 桂林市灵川县古镇提香示范区 灵川县逍遥湖森林旅游核心示范区 桂林市平乐县车田河肉牛循环农业示范区 桂林市永福县福寿橘园示范区 永福县福寿神果罗汉果产业核心示范区 阳朔县遇龙河休闲农业示范区 阳朔县蔗香甜园核心示范区 阳朔县牧生源生猪产业核心示范区 兴安县红色湘江蜜橘产业示范区 全州县金槐产业示范区 全州县国际茶花核心示范区 全州县良种杉产业核心示范区 灌阳县油茶产业示范区 资源县丹霞红提产业核心示范区 龙胜各族自治县龙脊梯田休闲农业核心示范区
	四星级	桂林市临桂区相思湖柑橘产业示范区 桂林市雁山区柿里回乡休闲农业示范区 桂林市灌阳县千家洞水果产业示范区 灌阳县神农稻博园水稻产业示范区 桂林市恭城瑶族自治县甜蜜柿业示范区 灵川县橘红甘棠江特色农业示范区 灵川县银杏金色海洋生态旅游核心示范区 荔浦市兴万家砂糖橘产业核心示范区 荔浦市木衣架产业核心示范区 兴安县金满田园粮食产业核心示范区
	五星级	桂林市荔浦市橘子红了砂糖橘产业示范区 桂林市阳朔县百里新村金橘产业示范区 桂林市兴安县灵渠葡萄产业示范区
梧州市	三星级	梧州市万秀区思良江休闲农业示范区 梧州市万秀区思委米产业核心示范区 梧州市岑溪市西江果蔬产业示范区 苍梧县东安荔园生态种养示范区 苍梧县仙迹桃花岛休闲农业核心示范区 蒙山县羽生谷生态果蔬产业核心示范区
	四星级	梧州市万秀区林产品精深加工核心示范区 梧州市岑溪市古典鸡产业示范区 梧州市蒙山县东乡橘园示范区 藤县葛色天香和平粉葛产业示范区 藤县石表山森林生态文化旅游核心示范区 梧州市苍梧县原生六堡茶产业示范区

所属市	星级	现代特色农业(核心)示范区
北海市	三星级	北海市银海区向海水产业核心示范区 北海市银海果蔬产业示范区 北海市铁山港区深水抗风浪养殖示范区 北海市铁山港区南珠产业核心示范区
	四星级	北海市银海区罗汉松产业示范区 合浦县东园循环农业产业示范区 合浦县凤翔肉鸡产业核心示范区
	五星级	北海市合浦县利添水果产业示范区
防城港市	三星级	防城港市港口区红树林海洋渔业示范区 防城港市防城区农潮火龙果产业示范区 防城港市防城区大南山金花茶产业核心示范区 防城港市东兴市鑫宇金花茶产业核心示范区 东兴市富康生态养猪产业核心示范区 上思县皇袍山森林生态文化旅游核心示范区
	四星级	防城港市东兴市京岛海洋渔业示范区 东兴市东兴桂产业核心示范区 上思县十万大山坚果产业核心示范区 广西农垦朗姆风情甘蔗循环经济核心示范区
钦州市	三星级	钦州市钦北区宝鸭坪花木世界示范区 钦州市钦北区娥眉湾现代休闲农业核心示范区 钦州市钦南区龙门蚝湾大蚝产业核心示范区 钦州市钦州港区大蚝养殖示范区 钦州市灵山县百年荔枝示范区 广西农垦越州天湖休闲农业示范区 广西农垦荔乡新光休闲农业示范区
	四星级	钦州市钦北区九佰峒特色农业示范区 钦州市钦南区虾虾乐示范区 浦北县五皇山石祖林中茶核心示范区 钦州市浦北县佳荔水果产业示范区 灵山县猪福万家生态养殖核心示范区
贵港市	三星级	贵港市覃塘区毛尖茶产业示范区 贵港市覃塘区林业生态循环经济示范区 贵港市桂平市粮食产业示范区 桂平市龙潭神光森林生态文化旅游示范区 桂平市麻垌荔枝产业核心示范区 平南县石硖龙眼产业核心示范区
	四星级	贵港市港北区富硒优质稻产业示范区 贵港市港北区瑶山鸡产业核心示范区 贵港市港南区四季花田休闲农业示范区 平南县北帝山森林生态文化旅游核心示范区 贵港市平南县活力龚州生态循环农业示范区

所属市	星级	现代特色农业（核心）示范区
贵港市	五星级	贵港市覃塘区荷美覃塘莲藕产业示范区 贵港市港南区亚计山生态养殖示范区
玉林市	三星级	玉林市福绵区龙湖黄沙鳖生态农业核心示范区 玉林市福绵区农贝贝益农生态养殖核心示范区 玉林市北流市荔乡缘荔枝产业示范区 北流市大容山森林生态文化旅游核心示范区 玉林市兴业县凤鸣雅江生态种养示范区 玉林市容县沙田柚产业示范区 容县凤凰谷生态养殖示范区 容县清香蜜橘产业核心示范区 陆川县顺康生猪产业核心示范区 博白县桂牛奶水牛产业示范区
	四星级	玉林市福绵区六万大山四季香海八角产业示范区 玉林市福绵区凤鸣八桂生态养殖示范区 北流市兆周高脂松产业示范区 北流市富硒水稻产业核心示范区 玉林市陆川县绿丰橘红产业示范区 陆川县银农生猪产业示范区 陆川县聚银供港生猪产业核心示范区 博白县一起同甘沃柑产业核心示范区 兴业县蕉海蔗林核心示范区
	五星级	玉林市玉东新区五彩田园示范区
百色市	三星级	百色市田阳县右江河谷果蔬产业示范区 百色市平果县红色果业示范区 百色市乐业县猕猴桃产业示范区 田东县东养杧果产业示范区 田东县山地杧果产业核心示范区 德保县百乐德柑橘产业示范区 西林县驮娘江砂糖橘产业核心示范区 田林县八渡笋产业核心示范区 那坡县边关丝路桑蚕产业核心示范区 广西农垦百合杧果产业核心示范区
	四星级	百色市右江区澄碧湖杧果产业示范区 靖西市海升柑橘产业示范区 百色市凌云县浪伏小镇白毫茶产业示范区 乐业县乐叶乐茶园休闲农业核心示范区 隆林各族自治县油茶产业核心示范区

所属市	星级	现代特色农业（核心）示范区
贺州市	三星级	八步区西溪森林生态文化旅游示范区
		昭平县南山茶海示范区
		钟山县菌美人间食用菌产业核心示范区
	四星级	八步区满天下李子产业示范区
		八步区森林仙草健康产业核心示范区
		平桂区猪福天下生态养殖示范区
		平桂区藕莲天下水生蔬菜产业核心示范区
		钟山县幸福冲贡柑产业示范区
	五星级	平桂区姑婆山森林生态文化旅游示范区
		富川瑶族自治县神仙湖果蔬产业示范区
河池市	三星级	河池市金城江区侧岭三红现代农业示范区
		河池市金城江区凤飞三境循环农业核心示范区
		河池市宜州区然泉构树生态循环养殖产业核心示范区
		河池市宜州区拉浪林场森林生态文化旅游示范区
		罗城仫佬族自治县中国毛葡萄示范区
		罗城仫佬族自治县明亿万亩油茶产业核心示范区
		南丹县歌娅思谷农旅融合示范区
		河池市南丹县绿稻花海休闲农业示范区
		巴马瑶族自治县小巴香猪有机循环产业核心示范区
		河池市巴马瑶族自治县盘阳河流域农业示范区
		河池市天峨县龙滩珍珠李产业示范区
		天峨县六美休闲农业核心示范区
		东兰县江洞油茶产业核心示范区
		东兰县东兰乌鸡产业养殖核心示范区
		河池市都安瑶族自治县红水河岸火龙果产业示范区
		环江毛南族自治县花山果海休闲农业示范区
	四星级	宜州区刘三姐桑蚕高效生态产业示范区
		环江毛南族自治县毛南柚美示范区
		大化瑶族自治县红水河现代农业示范区
		天峨县布菇山食用菌产业核心示范区
		天峨县天湖峨山特色农业示范区
		东兰县墨米产业核心示范区
		凤山县核桃产业示范区
		凤山县金凤凰林下养殖核心示范区
	五星级	都安瑶族自治县瑶山牛扶贫产业核心示范区

所属市	星级	现代特色农业(核心)示范区
来宾市	三星级	来宾市兴宾区黄安蔗野仙踪核心示范区 来宾市武宣县双龙盛柿示范区 来宾市武宣县金泰丰夏南牛养殖示范区 武宣县风沿柚获示范区 武宣县金葵花休闲农业核心示范区 来宾市忻城县薰衣草庄园休闲农业示范区 来宾市高新技术产业开发区绿健奶牛产业示范区 金秀瑶族自治县大瑶山银杉森林生态文化旅游示范区 来宾市象州县桑蚕高效循环农业示范区 象州县纳禄休闲农业核心示范区 象州县寺村生态水果现代农业核心示范区
	四星级	来宾市兴宾区维都油茶产业核心示范区 金秀瑶族自治县瑶韵茶业核心示范区 金秀瑶族自治县橘香园柑橘产业核心示范区 广西农垦黔江丰收甜园甘蔗产业核心示范区 来宾市高新技术产业开发区海升现代柑橘产业示范区 来宾市高新技术产业开发区金凤凰果蔬产业示范区
	五星级	来宾市兴宾区红河红晚熟柑橘产业示范区
崇左市	三星级	崇左市江州区火红左江示范区 崇左市江州区大华山水牧场示范区 崇左市江州区龙赞东盟国际林业循环经济产业核心示范区 崇左市宁明县花山田园示范区 宁明县花山松涛桐棉松产业示范区 天等县生猪生态养殖核心示范区 大新县明仕田园休闲农业核心示范区 龙州县山水连城休闲农业核心示范区 凭祥市边关牧歌生态羊产业核心示范区 广西农垦山圩林业生态产业示范区
	四星级	崇左市龙州县水窿果蔬产业示范区 龙州县北部湾食用菌产业示范区 崇左市大新县德天水果产业示范区 崇左市天等县田园牧歌生态农业示范区 扶绥县果满山坡澳洲坚果产业核心示范区 宁明县骆晔循环农业核心示范区
	五星级	崇左市扶绥县甜蜜之光甘蔗产业示范区

九、全国休闲农业与乡村旅游示范县、示范点

自 2010 年起,为加快休闲农业和乡村旅游发展,促进农业提质增效、调整农业结构、产生农业农村经济新的增长点,原农业部、原国家旅游局根据《农业部 国家旅游局关于开展全国休闲农业与乡村旅游示范县和全国休闲农业示范点创建活动的意见》,开展全国休闲农业与乡村旅游示范县和全国休闲农业示范点创建活动。① 进一步探索休闲农业与乡村旅游发展规律,厘清发展思路,明确发展目标,创新体制机制,完善标准体系,优化发展环境,加快发展一批生态环境优、产业优势大、发展势头好、示范带动能力强的全国休闲农业与乡村旅游示范县和一批发展产业化、经营特色化、管理规范化、产品品牌化、服务标准化的休闲农业示范点,引领全国休闲农业与乡村旅游持续健康发展。② 广西全国休闲农业与乡村旅游示范县及全国休闲农业示范点名单如下(截止到 2019 年):

(一)全国休闲农业与乡村旅游示范县名单

所属市	全国休闲农业与乡村旅游示范县名单
南宁市	马山县
桂林市	阳朔县、恭城瑶族自治县、灌阳县、灵川县、龙胜各族自治县、荔浦市
梧州市	蒙山县
贵港市	覃塘区
玉林市	陆川县、容县、北流市
百色市	田东县
河池市	巴马瑶族自治县

---

① 农业部,国家旅游局.农业部 国家旅游局关于公布全国休闲农业与乡村旅游示范县和示范点的通知[EB/OL].(2014-12-24)[2019-07-06].http://www.moa.gov.cn/nybgb/2015/yi/201711/t20171129_5922689.htm.

② 农业部农产品加工局.全国休闲农业与乡村旅游示范创建工作取得明显成效[EB/OL].(2015-12-28)[2019-07-16].http://www.moa.gov.cn/xw/zwdt/201512/t20151228_4968050.htm.

（二）全国休闲农业与乡村旅游示范点名单

所属市	全国休闲农业与乡村旅游示范点名单
南宁市	南宁乡村大世界、南宁市西乡塘区石埠·美丽南方休闲农业旅游区、广西现代农业技术展示中心
柳州市	柳州农工商有限责任公司观光农业旅游区、三江侗族自治县丹洲村休闲农业旅游区
桂林市	广西桂林茶叶科学研究所茶叶科技园、阳朔县百里新村休闲农业示范区、恭城瑶族自治县莲花镇红岩农家乐旅游点
梧州市	梧州市藤县石表山休闲旅游景区
北海市	北海田野生态农业旅游区
防城港市	防城港市港口区企沙镇簕山古渔村、东兴市东兴镇竹山村、东兴市江平镇万尾村、上思县十万大山金花茶观赏园
贵港市	贵港市覃塘区"荷田水乡"乡村旅游示范点
玉林市	广西北流绿满地提子观光园、玉林市"五彩田园"现代农业示范区
百色市	广西乐业县草山王茶业有限公司
河池市	宜州区刘三姐乡流河社区马山塘屯、南丹县湖瑶族乡王尚屯、南丹县芒场镇巴平村下街屯
来宾市	武宣县东乡镇河马村下莲屯

十、全国特色景观旅游名镇（村）

为贯彻党的十七届三中全会关于推进农村改革发展决定的精神,创新发展旅游村镇,保护和利用村镇特色景观资源,推进新农村建设,住房和城乡建设部、原国家旅游局决定开展全国特色景观旅游名镇(村)示范工作。[①] 有助于保护村镇的生态环境、人文环境等资源,有助于城乡统筹协调发展,增进城乡交流,增加农民收入,扩大内需,形成城乡良性循环发展圈,促进农村经济社会多方位发展。广西全国特色景观旅游示范镇(村)(共 19 个)名单如下:

---

① 住房和城乡建设部,国家旅游局.关于开展全国特色景观旅游名镇(村)示范工作的通知[EB/OL].(2009-01-04)[2019-07-06].http://www.mohurd.gov.cn/wjfb/200901/t20090115_184958.html.

所属市	全国特色景观旅游示范镇(村)名单
柳州市	三江侗族自治县镇林溪乡程阳八寨、鹿寨县中渡镇、融水苗族自治县香粉乡雨卜村
桂林市	兴安县兴安镇、兴安县华江瑶族乡高寨村、龙胜各族自治县和平乡龙脊村、阳朔县兴坪镇、灌阳县新圩乡小龙村、恭城瑶族自治县莲花镇红岩村、恭城瑶族自治县平安乡社山村
梧州市	岑溪市南渡镇吉太社区三江口自然村、藤县象棋镇道家村
防城港市	港口区企沙镇簕山村
百色市	乐业县同乐镇火卖村
贺州市	昭平县黄姚古镇
河池市	宜州区刘三姐乡
来宾市	武宣县东乡镇下莲塘村、金秀瑶族自治县长垌乡古占民俗旅游村
崇左市	大新县硕龙镇

十一、全国乡村旅游重点村

2019年7月,文化和旅游部会同国家发展改革委联合开展了全国乡村旅游重点村名录遴选工作,按照《"十三五"旅游业发展规划》《国务院关于促进乡村产业振兴的指导意见》提出的建立全国乡村旅游重点村名录要求,确定了第一批拟入选国家乡村旅游重点村名录。广西的全国乡村旅游重点村名单如下:

所属市	全国乡村旅游重点村名单
南宁市	马山县古零镇小都百屯
柳州市	三江侗族自治县八江镇布央村、融水苗族自治县四荣乡荣地村
桂林市	龙胜各族自治县龙脊镇大寨村、灵川县大圩镇袁家村
贵港市	覃塘区覃塘街道龙凤村
百色市	田阳县五村镇巴某村
贺州市	富川瑶族自治县朝东镇岔山村
河池市	巴马瑶族自治县那桃乡平林村
来宾市	金秀瑶族自治县六巷乡大岭村
崇左市	大新县堪圩乡明仕村

十二、全域旅游示范区创建单位

（一）国家全域旅游示范区创建单位

全域旅游是指将特定区域作为完整旅游目的地，是一种区域整体规划布局、综合管理，促进旅游业全区域、多方位、全产业链发展，形成旅游业全域共建、共融、共享的可持续发展模式。原国家旅游局决定开展国家全域旅游示范区创建工作，推动旅游业由景区旅游向全域旅游发展模式转变，构建旅游发展新格局。自 2016 年，原国家旅游局公布了两批共 505 家国家级全域旅游示范区创建单位。广西有 19 家国家全域旅游示范区创建单位。

所属市	国家全域旅游示范区创建单位
南宁市	南宁市、上林县
柳州市	融水苗族自治县
桂林市	雁山区、恭城瑶族自治县、兴安县、阳朔县、龙胜各族自治县
北海市	北海市
防城港市	东兴市
钦州市	钦南区
玉林市	容县
百色市	靖西市
贺州市	贺州市、昭平县
河池市	宜州区、巴马瑶族自治县
来宾市	金秀瑶族自治县
崇左市	凭祥市

（二）自治区级全域旅游示范区创建单位

为深入贯彻落实党的十九大精神和《国家旅游局关于印发〈全域旅游示范区创建工作导则〉的通知》（旅发〔2017〕79 号），广西开展全域旅游示范区创建工作，大力推动全域旅游发展，制定了《广西创建全域旅游示范区工作方案》。依据该方案，自治区旅游发展委员会公布南宁市青秀区、横县等 62 个县（市、区）成为自治区级全域旅游示范区创建单位。

所属市	自治区级全域旅游示范区创建单位
南宁市	青秀区、江南区、武鸣区、兴宁区、西乡塘区、良庆区、横县、宾阳县
柳州市	城中区、柳江区、融安县
桂林市	永福县、灌阳县、平乐县、全州县
梧州市	万秀区、长洲区、龙圩区、岑溪市、藤县、苍梧县
北海市	合浦县
防城港市	防城区、港口区
钦州市	钦北区、灵山县、浦北县
贵港市	覃塘区、港北区、港南区、平南县
玉林市	福绵区、玉州区、北流市、陆川县、博白县、兴业县
百色市	平果县、凌云县、德保县、乐业县、那坡县
贺州市	八步区、平桂区、钟山县
河池市	金城江区、大化瑶族自治县、凤山县、南丹县、都安瑶族自治县、罗城仫佬族自治县、环江毛南族自治县、天峨县
来宾市	合山市、忻城县、武宣县、象州县
崇左市	江州区、龙州县、宁明县、天等县、扶绥县

十三、广西四星级（含）以上农家乐及乡村旅游区

为了让全国乃至世界了解广西乡村旅游行业近年来取得的丰硕成果，广西壮族自治区旅游发展委员会根据广西壮族自治区地方标准《广西乡村旅游区质量等级划分与评定》（DB45/T 900-2013）、《农家乐质量等级的划分与评定》（DB45/T 1163-2015）及《广西乡村旅游质量等级评定管理暂行办法》，对优秀乡村旅游先进典型进行表彰，正式评选出多批四星级（含）以上农家乐及乡村旅游区，这些农乐和乡村旅游区成为广西乡村旅游发展助推剂。

（一）广西四星级（含）以上农家乐名单

所属市	广西四星级（含）以上农家乐名单
南宁市	西乡塘区青瓦房农庄、兴宁区嘉宝果生态园、马山县三潮水山庄

所属市	广西四星级(含)以上农家乐名单
柳州市	三江侗族自治县盛龙生态风情园、融安县大洲渔乡人家
桂林市	叠彩区世外陶园山庄、叠彩区香樟园食府、资源县车田苗族乡乡村公社饭店、平乐县宏源生态农庄、全州县雅文容丽庄园、全州县荷花山庄、全州县绿岛山庄、全州县上乐园山水农场、荔浦市金洲湾旅游休闲山庄、兴安县猫儿山生态园、兴安县老山界土菜餐馆、兴安县红石山庄、永福县芗欣园农庄、永福县香巴拉湖畔农庄、龙胜各族自治县桃花岛农家乐饭店
梧州市	岑溪市孔雀观光园、岑溪市露苔体育休闲山庄、岑溪市天龙山庄、长洲区龙之泉度假山庄、苍梧县沙头镇东安江畔农庄、藤县逍遥山庄、蒙山县福人园农庄
北海市	银海区富甲生态农家乐、海城区邻舍乡村创意客庄、涠洲岛21海里客栈、涠洲岛野里宅院农家乐、合浦县新福楼农家乐、合浦县闲云生态园、合浦县石康乡村乐园、合浦县龙宫客栈
防城港市	东兴市桃缘山庄、东兴市江平戚姐庄园
钦州市	钦北区牧歌田园、钦北区群富牛大力基地、钦南区荔景山庄
贵港市	港北区港岛山庄、桂平市紫荆镇荊山人家农庄、平南县垌美生态
玉林市	玉东新区广西碧水云天休闲农庄、博白县大良客家农家乐、博白县香格里拉山庄农家乐、博白县东平深腾文化园农家乐、博白县大唐生态旅游度假村、陆川县悦利花园、兴业县幸福山庄、兴业县雅江水乡、大水乡村旅游度假区、容县月亮岛山庄
百色市	靖西市溢泉休闲山庄、乐业县牛坪馨兰园、凌云县百花庄农家乐
贺州市	平桂区沙田小凉河休闲山庄、平桂区马头湾生态农场、钟山县珊瑚镇龙泉山庄、富川瑶族自治区富阳碧溪农庄、富川瑶族自治县茅草屋度假农庄
崇左市	凭祥市御泉瑛龙岩休闲山庄、凭祥市地龙山庄、扶绥县好乐岛休闲农、宁明县金牛潭度假村、龙州县那宋岜头休闲山庄

(二)广西四星级(含)以上乡村旅游区名单

所属市	广西四星级(含)以上乡村旅游区名单
南宁市	江南区四季那廊生态园、兴宁区百果苑生态园、隆安县金穗生态园、上林县下水源乡村旅游区、上林县淘金乐园、宾阳县品绿留香休闲农业示范区、宾阳县黎塘镇欧阳村
柳州市	柳江区羊占度假庄园、融水苗族自治县七彩农场、融水苗族自治县归报屯
桂林市	灌阳县大仁村生态休闲园、灌阳县江口村特色文化旅游区、全州县龙井生态休闲观光旅游示范村
梧州市	长洲区泗洲岛乡村旅游区、长洲区农耕文化园、岑溪市凤语玫瑰庄园、蒙山县龙汇水都、蒙山县龙汇水都乡村旅游区、苍梧县仙迹桃花岛乡村旅游区
北海市	铁山港区青山头乡村旅游区
防城港市	东兴市七彩贝丘湾、东兴市长湖生态园、东兴市百香果山庄、东兴市墩浪滨秀山庄

所属市	广西四星级(含)以上乡村旅游区名单
钦州市	钦南区龙门港镇龙门蚝湾、钦北区南江生态园、钦北区翠湖田园、钦北区娥眉湾生态园、灵山县罗阳富硒谷生态庄园、浦北县燊生态园、浦北县双良芭乐园、浦北县石祖禅茶园
贵港市	覃塘区灵龟宝山乡村旅游区、港南区四季花田生态观光园、平南县奇湖山庄、平南县垌美生态游乐园
玉林市	福绵区龙泉湖休闲生态园、玉东新区广西俊茂生态园、玉东新区玉林南美园、玉州区香稻整休闲农业生态园、陆川县橘红小镇、博白县鲤鱼湾山庄、博白县东塘生态农庄、博白县桂牛客家田园乡村旅游区、容县源泉度假村、容县竹山湖欢乐谷
百色市	浩坤三合乡村旅游区、西林县官保风情岛
贺州市	八步区马鞍寨乡村旅游区、钟山县珊瑚镇龙岩乡村旅游区、钟山县清塘镇里村乡村旅游区
河池市	宜州区奇遇双江休闲度假山庄、金城江区珍珠岩乡村旅游区、天峨县板凳老家乡村旅游区、凤山县巴腊猴山乡村旅游区、南丹县丹炉山乡村旅游区、环江毛南族自治县陈双毛苗瑶新村、环江毛南族自治县琼园山庄
来宾市	武宣县环丰现代农业园、金秀县大岭乡村旅游区、金秀县大岭乡村旅游区、象州县罗秀镇纳禄村旅游区
崇左市	凭祥市林源山庄、凭祥市燕语莺歌乡村旅游区、宁明县花山田园、宁明县濑江乡村旅游区、龙州县彬桥乡安民村平约生态园、龙州县板省乡村旅游区、龙州县樱花谷乡村旅游区、龙州县欢来谷乡村旅游区、龙州县板谭壮营乡村旅游区、大新县桃城新屯乡村旅游区、大新县浓沙乡村旅游区、天等县绿湾生态庄园、天等县岩林庄景区

十四、中国传统村落

传统村落是不同于物质与非物质文化遗产的另一类遗产,它是一种饱含着传统生产和生活的遗产。2012 年 4 月,由住房和城乡建设部、原文化部、财政部、国家文物局联合启动了中国传统村落的调查工作。各省(区)政府相关部门组织专家调研与审评工作初步完成,结果表明,中国现存具有传统性质的村落近 12 000 个。2012年 9 月,由住房和城乡建设部、原文化部、财政部、国家文物局联合成立了由遗产学、规划学、人类学、建筑学、艺术学、民俗学等领域专家组成的专家委员会,评审"中国传统村落名录",传统村落被认为是农耕时期村落的"活化石",具有珍贵的价值。[1]截至 2019 年,已认定了五批中国传统村落,其中广西有 280 个中国传统村落,名单如下:

---

[1]　冯骥才.传统村落的困境与出路——兼谈传统村落是另一类文化遗产[J].民间文化论坛,2013(1):7-12.

所属市	中国传统村落名单
南宁市	江南区江西镇扬美村、江南区江西镇同新村木村坡、江南区江西镇同江村三江坡、江南区江西镇安平村那马坡、西乡塘区石埠街道老口村那告坡、邕宁区那楼镇那良村那蒙坡、上林县巷贤镇长联村古民庄、宾阳县中华镇上施村下施村、宾阳县古辣镇古辣社区蔡村、横县平朗乡笔山村
柳州市	融水苗族自治县拱洞乡平卯村、融水苗族自治县四荣乡东田村、融水苗族自治县四荣乡荣地村、融水苗族自治县安太乡寨怀村新寨屯、融水苗族自治县良寨乡大里村国里屯、融水苗族自治县杆洞乡党鸠村乌英屯、融水苗族自治县杆洞乡杆洞村松美屯、融水苗族自治县红水乡良双村、三江侗族自治县八江镇八斗屯、三江侗族自治县八江镇归大屯、三江侗族自治县八江镇马胖村磨寨屯、三江侗族自治县八江镇中朝屯、三江侗族自治县林溪镇冠洞村、三江侗族自治县独峒镇玉马村、三江侗族自治县独峒镇唐朝村、三江侗族自治县洋溪乡高露村、三江侗族自治县老堡乡老巴村、三江侗族自治县和平乡和平村、三江侗族自治县独峒镇林略村、三江侗族自治县独峒镇岜团村、三江侗族自治县独峒镇座龙村、三江侗族自治县林溪镇高秀村、三江侗族自治县梅林乡车寨村、三江侗族自治县丹洲镇丹洲村、三江侗族自治县独峒乡高定村、三江侗族自治县林溪乡高友村、三江侗族自治县林溪乡平岩村、融安县大将镇龙妙村龙妙屯
桂林市	临桂区茶洞镇茶洞村垠头屯、临桂区茶洞镇富合村、临桂区两江镇信果村委（木田木）头村、临桂区宛田乡宛田村委东宅江村、临桂区会仙镇旧村、临桂区四塘乡横山村、雁山区大埠乡大埠村委大岗埠村、雁山区柘木镇禄坊村委禄坊村、恭城瑶族自治县恭城瑶族乐湾村乐湾屯、恭城瑶族自治县观音乡狮塘村焦山屯、恭城瑶族自治县观音乡水滨村、恭城瑶族自治县嘉会镇太平村太平屯、恭城瑶族自治县嘉会镇太平村太平屯、恭城瑶族自治县栗木镇常家村常家屯、恭城瑶族自治县栗木镇大合村大合屯、恭城瑶族自治县栗木镇石头村石头屯、恭城瑶族自治县莲花镇凤岩村凤岩屯、恭城瑶族自治县莲花镇朗山村朗山屯、恭城瑶族自治县莲花镇门等村东寨屯、恭城瑶族自治县莲花镇门等村东寨屯、恭城瑶族自治县莲花镇门等村高桂屯、恭城瑶族自治县莲花镇门等村委矮寨屯、恭城瑶族自治县莲花镇竹山村委红岩老村屯、恭城瑶族自治县龙虎乡龙岭村实乐屯、恭城瑶族自治县平安乡巨塘村委巨塘屯、恭城瑶族自治县西岭乡费村费村屯、恭城瑶族自治县西岭乡西岭村委西岭屯、恭城瑶族自治县西岭乡杨溪村杨溪屯、灌阳县洞井瑶族乡洞井村、灌阳县洞井瑶族乡桂平岩村、灌阳县洞井瑶族乡太和村田心、灌阳县观音阁乡大井塘村、灌阳县灌阳镇孔家村、灌阳县灌阳镇仁义村委唐家屯、灌阳县灌阳镇徐源村、灌阳县黄关镇兴秀村桐子山屯、灌阳县水车乡官庄村、灌阳县水车乡伍家湾村、灌阳县水车乡夏云村、灌阳县水车镇德里村、灌阳县文市镇达溪村、灌阳县文市镇桂岩村委白竹坪屯、灌阳县文市镇会湘村、灌阳县文市镇勒塘村、灌阳县文市镇王道村、灌阳县文市镇岩口村、灌阳县文市镇月岭村、灌阳县新街乡江口村、灌阳县新街镇飞熊村杉木屯、灌阳县新街镇葛洞村大路坡屯、灌阳县新街镇龙云村猛山屯、灌阳县新街镇龙中村富水坪屯、灌阳县新街镇青箱村、灌阳县新街镇石丰村杨家湾屯、荔浦市马岭镇永明村小青山屯、灵川县潮田乡太平村、灵川县大圩镇廖家村委会毛村、灵川县大圩镇秦岸村大埠村、灵川县大圩镇上桥村委会上桥、灵川县大圩镇熊村、灵川县定江镇路西村、灵川县海洋乡大庙塘村委会大桐木湾村、灵川县海洋乡大塘边村大塘边村、灵川县海洋乡黄土塘村、灵川县海洋乡小平乐村画眉弄村、灵川县兰田瑶族乡兰田村西洲壮寨村、灵川县灵田乡迪塘村、灵川县灵田乡长岗岭村、灵川县灵田镇正义村金盆村、灵川县灵田镇正义村委宅庆村、灵川县青狮潭镇东源村委会新寨村、灵川县青狮潭镇江头村、灵川县青狮潭镇老

所属市	中国传统村落名单
桂林市	寨村、灵川县三街镇溶流上村、龙胜各族自治县和平乡龙脊村、龙胜各族自治县江底乡城岭村委江口屯、龙胜各族自治县江底乡建新村委矮岭红瑶组、龙胜各族自治县江底乡建新村委江门口屯、龙胜各族自治县江底乡李江村委金竹组、龙胜各族自治县江底乡泥塘村半界组、龙胜各族自治县乐江乡宝赠村委宝寨村、龙胜各族自治县乐江乡地灵村委地灵村、龙胜各族自治县乐江乡石甲村委泥寨组、龙胜各族自治县乐江乡西腰村委西腰大屯、龙胜各族自治县龙脊镇江柳村旧屋屯、龙胜各族自治县龙脊镇金村委金竹壮寨、龙胜各族自治县龙脊镇马海村委田寨组、龙胜各族自治县龙脊镇小寨村委小寨屯、龙胜各族自治县龙脊镇中六村中六屯、龙胜各族自治县马堤乡芙蓉村委芙蓉村、龙胜各族自治县马堤乡龙家村委龙家村、龙胜各族自治县马堤乡民合村委民合屯、龙胜各族自治县瓢里镇平岭村委上下甘塘屯、龙胜各族自治县平等镇广南村、龙胜各族自治县平等镇龙坪村委龙坪村、龙胜各族自治县平等镇庖田村甲业屯、龙胜各族自治县平等镇平等村委平等村、龙胜各族自治县平等镇小江村委田段组、龙胜各族自治县三门镇大罗村滩底屯、龙胜各族自治县三门镇同列村、龙胜各族自治县泗水乡潘内村杨梅屯、浪头屯、龙胜各族自治县泗水乡周家村白面组、龙胜各族自治县伟江乡新寨村委老寨屯、龙胜各族自治县伟江乡洋湾村、平乐县二塘镇大水村八仙村、平乐县沙子镇沙子村、平乐县同安镇屯塘村委屯塘村、平乐县张家镇钓鱼村委和村、平乐县张家镇榕津村、全州县大西江镇满稼村鹿鸣村、全州县东山瑶族乡清水村清水村、全州县东山瑶族乡上塘村上塘村、全州县两河镇大田村大田村、全州县两河镇鲁水村鲁水村、全州县龙水镇桥渡村石脚村、全州县全州镇邓家埠村大庾岭村、全州县绍水镇洛口村张家村、全州县绍水镇三友村梅塘村、全州县石塘镇沛田村沛田村、全州县永岁镇幕霞村慕道村、全州县永岁湘山村井头村、兴安县白石乡水源头村、兴安县高尚镇东河村委菜子岩村、兴安县高尚镇东河村委山湾村、兴安县高尚镇金山村委待漏村、兴安县漠川乡榜上村、兴安县漠川乡钟山坪村、兴安县溶江镇佑安村委青山湾村、兴安县兴安镇三桂村东村、阳朔县白沙镇旧县村、阳朔县白沙镇遇龙村委遇龙堡村、阳朔县高田镇朗梓村、阳朔县高田镇龙潭村、阳朔县普益乡留公村、阳朔县兴坪镇渔村、永福县罗锦镇崇山村、永福县罗锦镇尚水村尚水老村、永福县罗锦镇下村樟树头村、资源县河口瑶族乡葱坪村坪水村、资源县两水苗族乡社水村
梧州市	岑溪市筋竹镇云龙村、蒙山县长坪瑶族乡六坪村
北海市	铁山港区营盘镇白龙社区白龙村、海城区涠洲镇盛塘村、合浦县曲樟乡璋嘉村委老屋村
防城港市	防城区大菉镇那厚村
钦州市	灵山县佛子镇大芦村、灵山县佛子镇佛子村马肚塘村、灵山县石塘镇苏村、灵山县太平镇那马村华屏岭村、灵山县新圩镇漂塘村、灵山县新圩镇萍塘村、浦北县小江镇平马村
贵港市	港南区木格镇云垌村、桂平市中沙镇南乡村、平南县镇隆镇富藏村中团屯、平南县思旺镇双上村上宋屯、平南县大鹏镇大鹏村石门屯

所属市	中国传统村落名单
玉林市	玉州区城北街道高山村、玉州区南江街道岭塘村碌砂垌村、玉州区仁东镇鹏垌村、玉州区仁厚镇茂岑村、福绵区福绵镇福西村、福绵区新桥镇大楼村、北流市民乐镇萝村、北流市塘岸镇塘肚村十一组、北流市新圩镇白鸠江村河城组、北流市新圩镇新圩村第五组、博白县松旺镇松茂村、博白县新田镇亭子村老屋屯、陆川县平乐镇长旺村、容县罗江镇顶良村、容县杨村镇东华村、兴业县城隍镇大西村、兴业县葵阳镇葵联村榜山村、兴业县龙安镇龙安村、兴业县蒲塘镇石山村石山坡、兴业县石南镇东山村、兴业县石南镇庞村、兴业县石南镇谭良村
百色市	隆林各族自治县金钟山乡平流屯、那坡县城厢镇达腊屯、西林县马蚌乡浪吉村那岩屯
贺州市	八步区桂岭镇善华村田尾寨、八步区贺街镇河西村、八步区开山镇开山村上莫寨村、八步区莲塘镇仁化村、八步区信都镇祉洞村、平桂管理区鹅塘镇芦岗村、平桂管理区羊头镇柿木园村、平桂管理区沙田镇龙井村、平桂管理区羊头镇大井村大岩寨、富川瑶族自治县朝东镇岔山村、富川瑶族自治县朝东镇东水村、富川瑶族自治县朝东镇福溪村、富川瑶族自治县朝东镇秀水村、富川瑶族自治县朝东镇油沐大村、富川瑶族自治县城北镇凤溪村、富川瑶族自治县福利镇红岩村、富川瑶族自治县福利镇留家湾村、富川瑶族自治县福利镇毛家村、富川瑶族自治县富阳镇茶家村、富川瑶族自治县葛坡镇谷母井村、富川瑶族自治县葛坡镇深坡村、富川瑶族自治县葛坡镇义竹村、富川瑶族自治县古城镇丁山村、富川瑶族自治县古城镇秀山村、富川瑶族自治县莲山镇大莲塘村、富川瑶族自治县柳家乡茅樟村、富川瑶族自治县麦岭镇村头岗村、富川瑶族自治县石家乡城上村、富川瑶族自治县石家乡龙湾村、富川瑶族自治县石家乡石枧村、富川瑶族自治县新华乡虎马岭村、昭平县樟木林乡新华村、昭平县走马镇黄胆村罗旭屯、钟山县公安镇大田村、钟山县公安镇荷塘村、钟山县回龙镇龙道村、钟山县两安乡星寨村、钟山县清塘镇白竹新寨、钟山县清塘镇英家村英家街、钟山县珊瑚镇同乐村、钟山县石龙镇松桂村、钟山县石龙镇源头村、钟山县燕塘镇玉坡村
河池市	大化瑶族自治县板升乡弄立村二队、南丹县里湖瑶族乡怀里村蛮降屯、南丹县里湖瑶族乡八雅村巴哈屯、天峨县三堡乡三堡村堡上屯
来宾市	象州县罗秀镇纳禄村,象州县运江镇新运村新运街,象州县运江镇运江社区红星街,红光街,象州县罗秀镇军田村,武宣县东乡镇金岗村永安村,金秀瑶族自治县金秀镇共和村古卜屯,金秀瑶族自治县桐木镇那安村龙腾屯,金秀瑶族自治县忠良乡三合村岭祖屯,金秀瑶族自治县罗香乡平竹村平林屯,金秀瑶族自治县六巷乡六巷村的六巷屯、朗冲屯、上古陈屯,金秀瑶族县六巷乡下古陈村
崇左市	江州区驮卢镇连塘村花梨屯、龙州县上金乡卷逢村白雪屯、龙州县上金乡中山村

十五、广西"十三五"贫困村

　　打赢脱贫攻坚战的核心在于精准,根基在于识别。2015 年 10 月至 2016 年 1 月,广西组织 25 万工作人员进村入户在全区范围开展一次史上最严的精准识别贫困户贫困村行动。[1] 摸清了底细,识别出全区 5 000 个贫困村,按贫困程度从高到低分为一类贫困村(1 000 个)、二类贫困村(1 000 个)、三类贫困村(1 000 个)、四类贫困村(1 000 个)、五类贫困村(1 000 个)。

采取权重法计算各村的贫困程度,按"贫困发生率"(权重35%)、"贫困人口数"(权重20%)、"农民年人均纯收入"(权重35%)、"人均耕地面积"(权重10%)四项计算分值。[2] 四项分值相加即可得到某一村的总分值,总分值越高说明贫困程度越高。

十六、生态文明建设示范市县及生态示范区、县、乡镇

(一)生态文明建设示范市县

为贯彻落实党中央、国务院关于加快推进生态文明建设的决策部署,原环保部极力推进生态文明示范区的建设。面对这一对区域发展有利部署举措,全国各地积极开展国家生态文明建设示范市县的创建。经审核,广西多个市县达到了考核要求,获得国家生态文明建设示范市县称号。

广西拥有国家生态文明建设示范市县 6 个,名单如下:

所属市	国家生态文明建设示范市县
南宁市	上林县
柳州市	三江侗族自治县
梧州市	蒙山县
贵港市	桂平市
百色市	凌云县
贺州市	昭平县

(二)生态示范区

国家级生态示范区是 2000 年 3 月 6 日根据原环保部文件《关于命名第一批国家级生态示范区及表彰先进的决定》(环发〔2000〕49 号)对在生态示范区建设过程

---

[1] 陈斯雅.脱贫攻坚马蹄疾[J].当代广西,2017(24):26-27.
[2] 资源县宣传部.资源县精准识别贫困户贫困村"100 问"[EB/OL].(2015-10-23)[2019-07-12].http://www.sohu.com/a/37302634_195923.

中工作成绩突出的单位给予表彰的称号。生态示范区的建设旨在解决我国农村的生态环境问题,实现区域经济、社会与环境保护协调发展。

广西有国家级生态示范区 25 个,名单如下:

所属市	国家级生态示范区
南宁市	武鸣县(今武鸣区)、马山县、隆安县、上林县、横县、宾阳县
桂林市	恭城瑶族自治县、龙胜各族自治县、阳朔县、兴安县、灵川县、资源县、临桂区、荔浦市、平乐县、灌阳县、全州县、永福县
梧州市	蒙山县
北海市	北海市、合浦县
贺州市	昭平县
河池市	环江毛南族自治县
崇左市	江州区、大新县

(三)广西拥有自治区级生态县有 36 个,名单如下

所属市	自治区级生态县
南宁市	邕宁区、良庆区、马山县
柳州市	柳城县、鹿寨县、三江侗族自治县
桂林市	雁山区、临桂区、荔浦市、阳朔县、恭城瑶族自治县、灵川县、资源县、全州县、兴安县、永福县、龙胜各族自治县
梧州市	万秀区、岑溪市、蒙山县、苍梧县
防城港市	东兴市
贵港市	港北区、覃塘区、平南县
百色市	凌云县
贺州市	富川瑶族自治县、昭平县
河池市	凤山县
来宾市	金秀瑶族自治县
崇左市	凭祥市、扶绥县、大新县、宁明县、龙州县、天等县

（四）自治区级生态乡镇有 476 个，名单如下

所属市	自治区级生态乡镇
南宁市	江南区江西镇、江南区苏圩镇、江南区延安镇、良庆区大塘镇、良庆区那陈镇、良庆区南晓镇、青秀区伶俐镇、青秀区南阳镇、青秀区长塘镇、武鸣区罗波镇、武鸣区锣圩镇、武鸣区双桥镇、武鸣区城厢镇、兴宁区三塘镇、邕宁区百济镇、邕宁区那楼镇、邕宁区蒲庙镇、邕宁区新江镇、邕宁区中和乡、宾阳县古辣镇、横县横州镇、横县六景镇、横县峦城镇、隆安县城厢镇、隆安县丁当镇、隆安县雁江镇、马山县白山镇、马山县百龙滩镇、马山县古零镇、马山县金钗镇、马山县永州镇、马山县周鹿镇、马山县古寨瑶族乡、马山县加方乡、马山县乔利乡、上林县白圩镇、上林县大丰镇、上林县明亮镇、上林县乔贤镇、上林县三里镇、上林县西燕镇、上林县巷贤镇、上林县镇圩瑶族乡、上林县澄泰乡
柳州市	柳江区百朋镇、柳江区穿山镇、柳江区进德镇、柳江区拉堡镇、柳江区里高镇、柳江区流山镇、柳江区洛满镇、柳江区三都镇、柳城县冲脉镇、柳城县大埔镇、柳城县东泉镇、柳城县凤山镇、柳城县龙头镇、柳城县沙埔镇、柳城县太平镇、柳城县寨隆镇、鹿寨县黄冕镇、鹿寨县鹿寨镇、鹿寨县平山镇、鹿寨县寨沙镇、鹿寨县中渡镇、鹿寨县导江乡、鹿寨县江口乡、融安县板榄镇、融安县大将镇、融安县大良镇、融安县长安镇、融安县浮石镇、融安县泗顶镇、融安县雅瑶乡、融安县东起乡、融水苗族自治县洞头镇、融水苗族自治县和睦镇、融水苗族自治县怀宝镇、融水苗族自治县融水镇、融水苗族自治县三防镇、融水苗族自治县三防镇、融水苗族自治县安陲乡、融水苗族自治县白云乡、融水苗族自治县大浪乡、融水苗族自治县大年乡、融水苗族自治县良寨乡、融水苗族自治县杆洞乡、融水苗族自治县滚贝乡、融水苗族自治县同练乡、融水苗族自治县香粉乡、三江侗族自治县丹洲镇、三江侗族自治县斗江镇、三江侗族自治县林溪镇、三江侗族自治县古宜镇、三江侗族自治县八江乡、三江侗族自治县程村乡、三江侗族自治县富禄乡、三江侗族自治县高基瑶族乡、三江侗族自治县和平乡、三江侗族自治县老堡乡、三江侗族自治县良口乡、三江侗族自治县梅林乡、三江侗族自治县同乐苗族乡、三江侗族自治县洋溪乡
桂林市	象山区柘木镇、雁山区雁山镇、雁山区草坪回族乡、临桂区六塘镇、临桂区四塘镇、临桂区五通镇、临桂区中庸镇、临桂区会仙镇、临桂区两江镇、临桂区临桂镇、临桂区茶洞乡、临桂区黄沙瑶族乡、荔浦市大塘镇、荔浦市东昌镇、荔浦市杜莫镇、荔浦市茶城镇、荔浦市马岭镇、荔浦市花篢镇、荔浦市青山镇、荔浦市双江镇、荔浦市新坪镇、荔浦市修仁镇、荔浦市龙怀乡、荔浦市茶城乡、荔浦市蒲芦瑶族乡、恭城瑶族自治县恭城镇、恭城瑶族自治县栗木镇、恭城瑶族自治县莲花镇、恭城瑶族自治县嘉会乡、恭城瑶族自治县龙虎乡、恭城瑶族自治县平安乡、恭城瑶族自治县西岭乡、灌阳县文市镇、灌阳县灌阳镇、灌阳县新圩镇、灌阳县洞井瑶族乡、灌阳县观音阁乡、灌阳县水车乡、灌阳县西山瑶族乡、龙胜各族自治县龙脊镇、龙胜各族自治县三门镇、龙胜各族自治县龙胜镇、龙胜各族自治县江底乡、龙胜各族自治县乐江乡、龙胜各族自治县马堤乡、龙胜各族自治县平等乡、龙胜各族自治县泗水乡、龙胜各族自治县伟江乡、平乐县平乐镇、平乐县源头镇、平乐县桥亭乡、平乐县青龙乡、全州县安和镇、全州县才湾镇、全州县大西江镇、全州县黄沙河镇、全州县枧塘镇、全州县龙水镇、全州县庙头镇、全州县全州镇、全州县石塘镇、全州县文桥镇、全州县东山瑶族乡、全州县凤凰乡、全州县白宝乡、全州县蕉江瑶族乡、全州县咸水乡、全州县永岁乡、灵川县大圩镇、灵川县定江镇、灵川县九屋镇、灵川县灵川镇、灵川县灵田镇、灵川县三街镇、灵川县大境瑶族乡、灵川县海洋乡、兴安县高尚镇、兴安县溶江镇、兴安县湘漓镇、兴安县兴安镇、兴安县严关镇、兴安县崔家乡、兴安县华江瑶族乡、阳朔县白沙镇、阳朔县福利镇、阳朔县高田镇、阳朔县葡萄镇、阳朔县兴坪镇、阳朔县金宝乡、阳朔县普益乡、阳朔县杨堤乡、永福县百寿镇、永福县堡里镇、永福县罗锦镇、永福县三皇镇、永福县永福镇、永福县广福乡、永福县龙江乡、资源县梅溪镇、资源县中峰镇、资源县资源镇、资源县车田苗族乡、资源县瓜里乡、资源县两水苗族乡

所属市	自治区级生态乡镇
梧州市	龙圩区龙圩镇、龙圩区新地镇、万秀区城东镇、万秀区龙湖镇、万秀区夏郢镇、长洲区倒水镇、岑溪市安平镇、岑溪市波塘镇、岑溪市归义镇、岑溪市筋竹镇、岑溪市梨木镇、岑溪市马路镇、岑溪市南渡镇、岑溪市糯垌镇、岑溪市三堡镇、岑溪市水汶镇、藤县濛江镇、藤县大黎镇、藤县东荣镇、藤县古龙镇、藤县和平镇、藤县金鸡镇、藤县埌南镇、藤县岭景镇、藤县塘步镇、藤县天平镇、藤县同心镇、藤县象棋镇、苍梧县京南镇、苍梧县梨埠镇、苍梧县岭脚镇、苍梧县六堡镇、苍梧县木双镇、苍梧县沙头镇、苍梧县狮寨镇、苍梧县石桥镇、蒙山县陈塘镇、蒙山县蒙山镇、蒙山县新圩镇、蒙山县长坪瑶族乡
防城港市	防城区那梭镇、防城区华石镇、港口区光坡镇、东兴市东兴镇、岑溪市马路镇、上思县华兰镇、上思县思阳镇、上思县在妙镇、上思县叫安镇、上思县那琴乡
钦州市	浦北县北通镇
贵港市	港北区贵城街道、港北区大圩镇、港北区港城镇、港北区庆丰镇、港北区根竹乡、港北区武乐乡、港北区中里乡、港南区八塘街道办、港南区东津镇、港南区木格镇、港南区桥圩镇、港南区新塘镇、港南区湛江镇、桂平市江口镇、桂平市罗秀镇、桂平市麻垌镇、桂平市蒙圩镇、桂平市木乐镇、桂平市南木镇、桂平市西山镇、桂平市中沙镇、桂平市紫荆镇、桂平市金田镇、桂平市垌心乡、桂平市罗播乡、桂平市马皮乡、桂平市寻旺乡、平南县安怀镇、平南县大安镇、平南县大鹏镇、平南县大新镇、平南县丹竹镇、平南县丹竹镇、平南县官成镇、平南县平南镇、平南县上渡镇、平南县思旺镇、平南县武林镇、平南县镇隆镇、平南县东华乡、平南县国安瑶族乡、平南县马练瑶族乡、平南县思界乡、覃塘区东龙镇、覃塘区黄练镇、覃塘区三里镇、覃塘区石卡镇、覃塘区覃塘镇、覃塘区五里镇、覃塘区大岭乡、覃塘区蒙公乡、覃塘区山北乡、覃塘区樟木乡
玉林市	容县黎村镇、容县容西镇、容县容州镇、容县十里镇、容县石头镇、容县石寨镇、容县县底镇、容县杨村镇、容县杨梅镇、兴业县大平山镇、兴业县石南镇
百色市	乐业县花坪镇、乐业县同乐镇、乐业县新化镇、乐业县雅长乡、凌云县加尤镇、凌云县逻楼镇、凌云县泗城镇、凌云县下甲镇、凌云县伶站瑶族乡、凌云县沙里瑶族乡、凌云县玉洪瑶族乡、那坡县百合乡、那坡县百南乡、那坡县百省乡、那坡县德隆乡、那坡县坡荷乡、田阳县百育镇、田阳县那满镇、田阳县那坡镇、田阳县田州镇、田阳县头塘镇、西林县八达镇、西林县古障镇、西林县马蚌镇、西林县那劳镇、西林县西平乡
贺州市	八步区里松镇、八步区南乡镇、八步区沙田镇、八步区信都镇、八步区黄洞瑶族乡、富川瑶族自治县朝东镇、富川瑶族自治县城北镇、富川瑶族自治县福利镇、富川瑶族自治县富阳镇、富川瑶族自治县葛坡镇、富川瑶族自治县莲山镇、富川瑶族自治县麦岭镇、富川瑶族自治县柳家乡、富川瑶族自治县石家乡、富川瑶族自治县新华乡、平桂区西湾街道、平桂区公会镇、平桂区水口镇、平桂区望高镇、平桂区大平瑶族乡、昭平县富罗镇、昭平县黄姚镇、昭平县马江镇、昭平县昭平镇、昭平县木格镇、昭平县仙回瑶族乡、昭平县樟木林乡、昭平县走马乡、钟山县公安镇、钟山县红花镇、钟山县回龙镇、钟山县清塘镇、钟山县珊瑚镇、钟山县石龙镇、钟山县同古镇、钟山县燕塘镇、钟山县钟山镇、钟山县花山瑶族乡、钟山县两安瑶族乡
河池市	大化瑶族自治县北景镇、大化瑶族自治县大化镇、大化瑶族自治县都阳镇、大化瑶族自治县岩滩镇、大化瑶族自治县百马乡、大化瑶族自治县共和乡、大化瑶族自治县贡川乡、大化瑶族自治县古河乡、大化瑶族自治县六也乡、大化瑶族自治县羌圩乡、东兰县隘洞镇、东兰县武篆镇、东兰县长江镇、东兰县长乐镇、东兰县巴畴乡、东兰县大同乡、东兰县兰木乡、东兰县切学乡、东兰县三弄瑶族乡、东兰县泗孟乡、凤山县凤城镇、凤山县三门海镇、凤山县江洲瑶族乡、凤山县平乐瑶族乡、凤山县乔音乡、凤山县砦牙乡、凤山县长洲乡、凤山县中亭乡

所属市	自治区级生态乡镇
来宾市	金秀瑶族自治县金秀镇、金秀瑶族自治县桐木镇、金秀瑶族自治县六巷乡、金秀瑶族自治县罗香乡、金秀瑶族自治县三江乡、金秀瑶族自治县三角乡、金秀瑶族自治县长垌乡、象州县大乐镇、象州县罗秀镇、象州县寺村镇、象州县妙皇乡、象州县水晶乡、忻城县大塘镇、忻城县古蓬镇、忻城县红渡镇、忻城县果遂乡、忻城县遂意乡、忻城县新圩乡
崇左市	大新县全茗镇、大新县桃城镇、大新县下雷镇、大新县宝圩乡、大新县昌明乡、大新县榄圩乡、大新县那岭乡、扶绥县东门镇、扶绥县柳桥镇、扶绥县渠黎镇、扶绥县新宁镇、扶绥县中东镇、扶绥县昌平乡、扶绥县龙头乡、江州区驮卢镇、江州区新和镇、江州区左州镇、江州区板利乡、龙州县龙州镇、龙州县下冻镇、龙州县八角乡、龙州县彬桥乡、龙州县上金乡、龙州县上龙乡、龙州县武德乡、龙州县逐卜乡、宁明县城中镇、宁明县那堪镇、宁明县亭亮镇、宁明县桐棉镇、宁明县板棍乡、宁明县东安乡、宁明县那楠乡、宁明县峙浪乡、凭祥市凭祥镇、凭祥市友谊镇、天等县进结镇、天等县龙茗镇、天等县都康乡、天等县宁干乡、天等县上映乡、天等县小山乡

十七、广西的主体功能区

科学开发国土空间,推进形成主体功能区,是深入贯彻落实科学发展观的重大举措,是实现富民强桂新跨越和全面建成小康社会的重要途径,对于优化国土空间布局、促进区域协调发展具有重大意义。广西壮族自治区人民政府依据《国务院关于编制全国主体功能区规划的意见》(国发〔2007〕21 号)、《全国主体功能区规划》及《广西壮族自治区人民政府办公厅关于印发广西主体功能区规划编制工作方案的通知》(桂政办发〔2007〕138 号),编制了《广西壮族自治区主体功能区规划》,提出分类管理的区域政策,有助于形成合理有序的空间开发格局,推进实现主体功能区主要目标的时间是到 2020 年,是广西推进形成主体功能区建设的基本依据。

(一)广西的国家级重点生态功能区名单

所属市	国家级重点生态功能区名单
南宁市	马山县、上林县
柳州市	融水苗族自治县、三江侗族自治县
桂林市	龙胜各族自治县、资源县、阳朔县、灌阳县、恭城瑶族自治县
梧州市	蒙山县
百色市	乐业县、凌云县、德保县、那坡县、西林县
贺州市	富川瑶族自治县
河池市	巴马瑶族自治县、大化瑶族自治县、东兰县、都安瑶族自治县、凤山县、天峨县、罗城仫佬族自治县、环江毛南族自治县

所属市	国家级重点生态功能区名单
来宾市	忻城县、金秀瑶族自治县
崇左市	天等县

(二)广西的国家级重点开发区名单

所属市	国家级重点开发区名单
南宁市	市辖区(兴宁区、青秀区、江南区、西乡塘区、良庆区、邕宁区)、横县
北海市	市辖区(海城区、银海区、铁山港区)、合浦县
防城港市	防城区、港口区、东兴市
钦州市	钦北区、钦南区、灵山县

(三)广西的自治区级重点生态功能区名单

所属市	自治区级重点生态功能区名单
桂林市	恭城瑶族自治县、灌阳县、阳朔县
梧州市	蒙山县
防城港市	上思县
百色市	德保县、靖西区、那坡县、西林县
贺州市	富川瑶族自治县
河池市	环江毛南族自治县、罗城仫佬族自治县
来宾市	金秀瑶族自治县

(四)广西的自治区级重点开发区名单

所属市	自治区级重点开发区名单
柳州市	市辖区(城中区、鱼峰区、柳南区、柳北区、柳江区)、鹿寨县
桂林市	市辖区(秀峰区、叠彩区、象山区、七星区、雁山区、临桂区)
梧州市	市辖区(万秀区、蝶山区、长洲区)、岑溪市
贵港市	市辖区(港北区、港南区、覃塘区)
玉林市	市辖区(玉州区)、北流市
百色市	市辖区(右江区)、田阳县、平果县
贺州市	市辖区(八步区)
河池市	市辖区(金城江区)
来宾市	市辖区(兴宾区)、合山市
崇左市	市辖区(江州区)、凭祥市

(五)广西的自治区级农产品主产区名单

所属市	自治区级农产品主产区名单
南宁市	宾阳县、隆安县、武鸣区
柳州市	柳城县、融安县
桂林市	荔浦市、灵川县、平乐县、全州县、兴安县、永福县
梧州市	苍梧县、藤县
钦州市	浦北县
贵港市	桂平市、平南县
玉林市	博白县、陆川县、容县、兴业县
百色市	隆林各族自治县、田东县、田林县
贺州市	昭平县、钟山县
河池市	宜州区、南丹县
来宾市	武宣县、象州县
崇左市	大新县、扶绥县、龙州县、宁明县

十八、十佳生态休闲旅游城市

《半月谈》杂志社、《中国名牌》杂志社、中国国情调查研究中心协同主办名为"促进生态文明建设·共建美好绿色家园"的主题活动,同时申报创建全国十佳生态休闲旅游城市,其目的在于通过向全国大众展示一批生态文明城市和景区,推广绿色发展、循环发展、低碳发展理念,积极指引各级单位大力发展可持续经济。广西拥有的十佳生态休闲旅游城市:

所属市	十佳生态休闲旅游城市名单
桂林市	资源县、灌阳县
河池市	宜州区
崇左市	大新县

十九、长寿之乡

(一)世界长寿之乡

世界长寿之乡是由国际自然医学会、世界长寿乡科学认证委员会认定的具有极佳城市养老生活体系的城市。长寿地区认定标准之一便是每百万人口中要有 75 位以上的百岁老人。

广西的世界长寿之乡名单：

所属市	世界长寿之乡名单
南宁市	上林县
钦州市	浦北县
百色市	乐业县
贺州市	贺州市
河池市	巴马瑶族自治县

(二)中国长寿之乡

中国长寿之乡是由中国老年学学会评选认定的称号。评选该称号的前提条件是评定地区为县及以上行政区划单位及区域户籍人口在 10 万人以上，必须达到的指标:(1)长寿的代表性,区域现存活百岁及以上老年人占总人口的 7/100 000 以上;(2)长寿的整体性,区域人口平均预期寿命比全国水平高 3 岁;(3)长寿的持续性,80 岁以上高龄老人占总人口的 1.4% 以上。

广西的中国长寿之乡名单：

所属市	中国长寿之乡名单
南宁市	上林县、马山县
桂林市	阳朔县、恭城瑶族自治县、永福县
梧州市	岑溪市、蒙山县
防城港市	东兴市
钦州市	浦北县
玉林市	容县
百色市	凌云县
贺州市	昭平县、钟山县、富川瑶族自治县
河池市	宜州区、大化瑶族自治县、巴马瑶族自治县、东兰县、凤山县、天峨县
来宾市	象州县、金秀瑶族自治县
崇左市	龙州县、扶绥县、大新县、天等县

二十、农村生活垃圾分类和资源化利用示范县（市）

住房和城乡建设部办公厅依据《住房城乡建设部等部门关于全面推进农村垃圾治理的指导意见》（建村〔2015〕170号）和《住房城乡建设部关于推广金华市农村生活垃圾分类和资源化利用经验的通知》（建村函〔2016〕297号）要求，在各地推荐的基础上，经组织专家复核，在多个市县开展农村生活垃圾分类和资源化利用示范工作。广西拥有两个试点市县，开展示范的县（市、区）要在2017年确定符合本地实际情况的农村生活垃圾分类方法，并在半数以上乡镇进行全镇试点，在两年内实现农村生活垃圾分类覆盖所有乡镇和80%以上的行政村，并在经费筹集、日常管理、宣传教育等方面建立长效机制。① 广西拥有的农村生活垃圾分类和资源化利用的试点市县（市）如下：

所属市	农村生活垃圾分类和资源化利用示范县（市）名单
南宁市	横县
玉林市	北流市

二十一、自然保护区及森林公园

广西作为中国自然环境最为优良的省份之一，拥有众多的国家级、自治区级的森林公园和自然保护区。森林公园和自然保护区对资源的保存和保护，环境的考察与研究，旅游观光业的可持续发展起着重要的作用。其景观观赏、科学、文化价值高，地理位置特殊，可以作为区域标志符号展现给大众，旅游服务设施齐全，有较高的知名度，供人们游览、休息或进行科学、文化、教育活动。自然保护区是极具代表性的自然生态系统和珍稀濒危野生动植物的栖息地，是有特殊价值的自然保护地区。

---

① 中华人民共和国住房和城乡建设部办公厅.住房城乡建设部办公厅关于开展第一批农村生活垃圾分类和资源化利用示范工作的通知［EB/OL］.（2017-06-06）［2019-07-15］.http://www.mohurd.gov.cn/wjfb/201706/t20170609_232148.html.

（一）广西国家级自然保护区名单

所属市	国家级自然保护区名单
南宁市	大明山国家级自然保护区
柳州市	九万山国家级自然保护区、元宝山国家级自然保护区
桂林市	猫儿山国家级自然保护区、花坪国家级自然保护区、银竹老山资源冷杉国家级自然保护区、千家洞国家级自然保护区
北海市	山口红树林国家级自然保护区、合浦营盘港—英罗港儒艮国家级自然保护区
防城港市	北仑河口国家级自然保护、防城金花茶国家级自然保护区、十万大山国家级自然保护区
百色市	岑王老山国家级自然保护区、邦亮长臂猿国家级自然保护区、金钟山黑颈长尾雉国家级自然保护区、雅长兰科植物国家级自然保护区
贺州市	大桂山鳄蜥国家级自然保护区、七冲国家级自然保护区
河池市	木论国家级自然保护区
来宾市	大瑶山国家级自然保护区
崇左市	弄岗国家级自然保护区、崇左白头叶猴国家级自然保护区、恩城国家级自然保护区

（二）广西国家森林公园名单

所属市	国家森林公园名单
南宁市	良凤江国家森林公园、九龙瀑布群国家森林公园
柳州市	三门江国家森林公园、元宝山国家森林公园、红茶沟国家森林公园
桂林市	桂林国家森林公园、八角寨国家森林公园、龙胜温泉国家森林公园、阳朔国家森林公园
梧州市	飞龙湖国家森林公园、太平狮山国家森林公园
防城港市	十万大山国家森林公园
贵港市	龙潭国家森林公园、天平山国家森林公园
玉林市	大容山国家森林公园
百色市	黄猄洞天坑国家森林公园
贺州市	大桂山国家森林公园、姑婆山国家森林公园
河池市	龙滩大峡谷国家森林公园、凤山根旦国家森林公园
来宾市	大瑶山国家森林公园
崇左市	狮子山国家森林公园、龙峡山国家森林公园

（三）广西自治区级自然保护区名单

所属市	自治区级自然保护区名单
南宁市	广西弄拉自然保护区、三十六弄—陇均自然保护区、上林龙山自然保护区、龙虎山自然保护区、横县六景泥盆系地质自然保护区
柳州市	泗涧山大鲵自然保护区、广西拉沟鸟类自然保护区
桂林市	寿城自然保护区、银竹老山自然保护区、南边村国际泥盆—石炭系界线副层型剖面自然保护区、青狮潭自然保护区、海洋山自然保护区、五福宝顶自然保护区、架桥岭自然保护区、建新鸟类自然保护区、银殿山自然保护区
梧州市	古修自然保护区
北海市	涠洲岛鸟类自然保护区
钦州市	茅尾海红树林自然保护区、王岗山自然保护区
玉林市	大平山自然保护区、博白县那林自然保护区、北流大风泥盆系、天堂山自然保护区、大容山自然保护区
百色市	大王岭自然保护区、黄连山—兴旺自然保护区、靖西底定自然保护区、老虎跳自然保护区、凌云泗水河自然保护区、王子山雉类自然保护区、那佐苏铁自然保护区、大哄豹自然保护区、广西凌云洞穴鱼类自然保护区
贺州市	滑水冲自然保护区、姑婆山自然保护区、西岭山自然保护区
河池市	三匹虎自然保护区、罗富泥盆系剖面自然保护区、龙滩自然保护区
来宾市	红水河来宾段珍稀鱼类自然保护区、大乐泥盘纪剖面自然保护区、金秀老山自然保护区
崇左市	左江佛耳丽蚌自然保护区、西大明山自然保护区、下雷自然保护区、广西青龙山自然保护区

（四）广西自治区级森林公园名单

所属市	自治区级森林公园名单
南宁市	五象岭自治区级森林公园、金鸡山自治区级森林公园、娘山自治区级森林公园、大王岭自治区级森林公园、广西七坡自治区级森林公园、武鸣朝燕自治区级森林公园、老虎岭自治区级森林公园、广西高峰自治区级森林公园
柳州市	大山顶自治区级森林公园、君武自治区级森林公园
桂林市	险山（洛清江）自治区级森林公园
梧州市	吉太自治区级森林公园
北海市	冠头岭自治区级森林公园
钦州市	钦州林湖自治区级森林公园、五皇山自治区级森林公园
贵港市	广西大五顶自治区级森林公园

所属市	自治区级森林公园名单
百色市	广西五岭自治区级森林公园、澄碧湖自治区级森林公园、德保红叶自治区级森林公园、龙须河自治区级森林公园、凌云自治区级森林公园
贺州市	石山自治区级森林公园、五叠泉自治区级森林公园
河池市	龙岩自治区级森林公园、庆远自治区级森林公园、九龙沟自治区级森林公园、根旦自治区级森林公园、爱山自治区级森林公园
来宾市	莲花山自治区级森林公园
崇左市	丽川自治区级森林公园

二十二、地质公园及湿地公园

（一）世界地质公园

世界地质公园是由联合国教科文组织选出的多元价值综合体,是一种以地质科学内涵、独特地质景观为主,融合了自然风光和人文景观的自然公园。

广西拥有的世界地质公园名单:

所属市	世界地质公园名单
河池市	乐业—凤山世界地质公园

（二）国家地质公园

国家地质公园是获国家林业和草原局正式批准挂牌的地质公园。国家地质公园的建设,响应了联合国教科文组织建立世界地质公园网络体系的倡议,贯彻落实国务院关于保护地质遗迹的任务。[①] 截至 2019 年 9 月,国家林业和草原局和原国土资源部一共公布七批共 213 家国家地质公园。

广西拥有的国家地质公园名单:

---

① 地质环境司.国土资源部关于发布《国家地质公园规划编制技术要求》的通知［EB/OL］.（2010-06-12）［2019-07-19］.http://www.mnr.gov.cn/gk/tzgg/201006/t20100630_1990343.html.

所属市	国家地质公园名单
柳州市	鹿寨香桥喀斯特生态国家地质公园
桂林市	资源国家地质公园
北海市	北海涠洲岛火山国家地质公园
钦州市	浦北五皇山国家地质公园
贵港市	桂平国家地质公园
百色市	百色乐业大石围天坑群国家地质公园
河池市	凤山国家地质公园、大化七百弄国家地质公园、宜州水上石林国家地质公园、都安地下河国家地质公园、罗城国家地质公园、东兰国家地质公园

(三)国家湿地公园

国家湿地公园是由国家湿地主管部门批准建立的湿地公园。国家湿地公园可以有效保护湿地生态多样性,维护湿地生态系统完整性、健康性,维护湿地生态过程和生态服务功能,并充分发挥湿地功能的湿地区域。[①]

广西拥有的国家湿地公园名单:

所属市	国家湿地公园名单
南宁市	南宁大王滩国家湿地公园、横县西津国家湿地公园
桂林市	灌阳灌江国家湿地公园、会仙喀斯特国家湿地公园、荔浦荔江国家湿地公园、龙胜龙脊梯田国家湿地公园、全州天湖国家湿地公园
梧州市	梧州苍海国家湿地公园
北海市	北海滨海国家湿地公园
百色市	百色福禄河国家湿地公园、靖西龙潭国家湿地公园、凌云浩坤湖国家湿地公园、平果芦仙湖国家湿地公园
贺州市	富川龟石国家湿地公园、贺州合面狮湖国家湿地公园、昭平桂江国家湿地公园
河池市	东兰坡豪湖国家湿地公园、都安澄江国家湿地公园、南丹拉希国家湿地公园
来宾市	合山洛灵湖国家湿地公园、忻城乐滩国家湿地公园、兴宾三利湖国家湿地公园
崇左市	大新黑水河国家湿地公园、龙州左江国家湿地公园

---

① 李雪.基于可持续发展下的国家湿地公园设计探究——以郑州黄河国家湿地公园为例[D].郑州:河南农业大学,2017.

二十三、国家级水产种质资源保护区

2011年起,原农业部第一次公布了《水产种质资源保护区管理暂行办法》,对水产种质资源管理起到了很好的强化和规划作用,对重要的水产种质资源及其生存环境进行了有效保护,在国家生态文明建设中起着重要作用。[①] 广西拥有的国家级水产种质资源保护区名单如下:

所属市	国家级水产种质资源保护区名单
柳州市	柳江长臀鮠桂华鲮赤魟国家水产种质资源保护区
桂林市	漓江光倒刺鲃金线鲃国家水产种质资源保护区
梧州市	西江梧州段国家水产种质资源保护区

二十四、各类遗产分布

(一)农业文化遗产

联合国粮农组织在全球环境基金支持下启动全球重要农业文化遗产(GIAHS)保护和适应性管理项目,旨在挖掘传统农业的宝贵经验财富,探索世界农业可持续发展新模式。[②]

广西拥有的世界级农业文化遗产名单:

所属市	世界级农业文化遗产
桂林市	龙脊梯田农业系统

(二)世界自然文化遗产

世界自然文化遗产是广布于国家范围内的自然遗产、文化遗产和自然文化双重遗产。联合国教科文组织在巴黎召开的第17届会议通过《保护世界文化和自然遗产公约》,突出强调了自然文化遗产的普遍价值。

广西拥有的世界自然文化遗产名单:

---

① 农业部渔业局.农业部发布《水产种质资源保护区管理暂行办法》[EB/OL].(2011-01-10)[2019-07-20].http://www.gov.cn/gzdt/2011-01/10/content_1781549.htm.

② 郑惊鸿.中国引领世界农业文化遗产事业蓬勃发展[J].农业工程技术,2015(32):55-56.

遗产类型	所属市	世界自然文化遗产
世界文化遗产	崇左市	左江花山岩画文化景观
世界自然遗产	桂林市	桂林喀斯特(中国南方喀斯特)
	河池市	环江喀斯特(中国南方喀斯特)

(三)国家级农业文化遗产

国家级农业文化遗产是区别于现有的以农药、化肥、除草剂等现代化农业充斥于世的传统农业,在我国这样一个农业国的文化遗产保护中占有重要一席。

广西拥有国家级农业文化遗产名单:

所属市	国家级农业文化遗产
南宁市	隆安壮族"那文化"稻作文化系统
桂林市	恭城月柿栽培系统、龙胜龙脊梯田系统

二十五、中国农民丰收节"5个100"推荐名目

自 2018 年 6 月 21 日起,农业农村部申请设立中国农民丰收节,是首个在国家层面为农民确立的节日,旨在表现丰收内涵,是传统文化与现代生活结合的一种和谐,"三农"工作的重要地位显而易见,有助于提升亿万农民的荣誉感、幸福感和获得感,有利于弘扬中华农耕文明和优秀传统文化。中国是农业大国,高质量的现代农业是其标志,坚持"以人民为中心"是习近平新时代中国特色社会主义思想的核心内容,也是现代化农业必须坚守的原则。

农业农村部组织策划"5个100",即自主推荐 100 个品牌农产品、100 个特色村寨、100 个乡村文化活动、100 个乡村美食、100 个乡村旅游线路,充分展示各地优秀的传统文化传承。截至 2019 年,已公布了 100 个乡村文化活动所在地。广西拥有的"5个100"推荐名目为:

(一)广西拥有的"100个品牌农产品"(2018 年)

所属市	"100个品牌农产品"名单
南宁市	南宁香蕉

所属市	"100 个品牌农产品"名单
桂林市	荔浦芋
钦州市	钦州大蚝
百色市	百色杧果

（二）广西拥有的"100 个特色村寨"（2018 年）

所属市	"100 个特色村寨"名单
南宁市	横县校椅镇石井村
桂林市	恭城县莲花镇红岩村
防城港市	东兴市万尾村

（三）广西拥有的"100 个乡村文化活动"所在地

2019 年：

所属市	"100 个乡村文化活动"所在地	节日名称
南宁市	马山县	文化旅游美食节
桂林市	灌阳县灌阳镇	"二月八"农具节
百色市	田东县林逢镇	壮族唐皇文化节

2018 年：

所属市	"100 个乡村文化活动"所在地	节日名称
桂林市	龙胜各族自治县黄洛瑶寨	瑶族长发节
	灌阳县灌阳镇	桂林灌阳"六月六"尝新节
百色市	田东县思林街道坛乐村	千年古村远街民俗文化节

（四）广西拥有的"100 个乡村美食"（2018 年）

地区	"100 个乡村美食"名单
广西壮族自治区	烤乳猪
南宁市	五色糯米饭、老友粉

（五）广西拥有的"100个乡村旅游线路"（2018年）

所属市	"100个乡村旅游线路"名单
南宁市	南宁市西乡塘区"美丽南方"田园综合体
钦州市	钦州市大海猫田园休闲农业示范区
玉林市	玉林市玉州区"五彩田园"

二十六、广西十大最美县域和十大最美乡村

2019年首届"壮美广西 发县之旅——广西十大最美县域、广西十大最美乡村"评选活动由广西县域科学发展促进会、乡村振兴产业发展联合会牵头，联合广西县域经济网、广西乡村振兴网、天天上县全产业链电商平台共同启动。该活动极好地展示了广西县域和乡村的独特魅力，塑造了优秀县域和优秀乡村旅游品牌，极大地提升了县域和乡村旅游市场的前景和潜力，起到带动县域、乡村产业转型升级，农村发展的积极作用。最终评选的十大最美县城和十大最美乡村两类名单如下：

（一）广西十大最美县域

所属市	广西十大最美县域名单
南宁市	上林县
柳州市	三江侗族自治县
桂林市	全州县、兴安县
北海市	合浦县
钦州市	浦北县
百色市	德保县、靖西市
河池市	环江毛南族自治县、大化瑶族自治县

（二）广西十大最美乡村

所属市	广西十大最美乡村名单
柳州市	三江侗族自治县高定村
桂林市	全州县大碧头村、全州县龙井村、兴安县周家园村

所属市	广西十大最美乡村名单
贵港市	桂平市前进村
百色市	靖西市鹅泉村、田阳县巴某村、德保县那温村
河池市	大化瑶族自治县清坡村
来宾市	武宣县下莲塘村

二十七、国家农业绿色发展先行区

为贯彻落实党的十九大精神,牢固树立新发展理念,以"绿水青山就是金山银山"理念为指引,以环境承载力为基准,使得绿色发展贯穿农业发展全过程,着力构建农业绿色发展体制机制,形成一批不同特点、共享绿色发展的农业发展模式,原农业部等 8 部门自 2017 年起评选出多批农业绿色发展试点先行区,为全国农业绿色发展提供样板,形成绿色生产方式和绿色生活方式并存的生存环境。[①] 广西拥有的国家农业绿色发展先行区名单如下:

所属市	国家农业绿色发展先行区名单
百色市	田东县国家农业绿色发展先行区
贺州市	钟山县国家农业绿色发展先行区

---

① 农业农村部,国家发展改革委,科技部,财政部,自然资源部,生态环境部,水利部,国家林草局.关于启动第一批国家农业可持续发展试验示范区建设开展农业绿色发展先行先试工作的通知[EB/OL].(2017-12-13)[2019-07-20].http://www.moa.gov.cn/nybgb/2018/201801/201801/t20180129_6135921.htm.

参考文献

[1]白春明,尹衍雨,柴多梅,等.我国田园综合体发展概述[J].蔬菜,2018(2):1-6.

[2]曹凤中.我国环境问题与可持续发展[J].经济研究参考,1999(72):35-39.

[3]曹水群.乡村生态旅游概念辨析[J].生产力研究,2009(17):25-27.

[4]曾宏华,罗起联,谢姿媚.地方高校依托少数民族文化资源培养艺术专业应用型人才的研究与实践——以河池学院为例[J].河池学院学报,2013,33(3):101-106.

[5]陈东海,白保勋,徐婷婷.郑州市田园综合体发展模式创新及实现路径[J].农业科技通讯.2018(6):27-29.

[6]陈甲,刘德钦,王昌海.生态扶贫研究综述[J].林业经济,2017,39(8):31-36.

[7]陈李萍.我国田园综合体发展模式探讨[J].农村经济与科技,2017(21):227-228.

[8]陈鹏.旅游导向下的乡村人居环境提升策略研究——以红河州为例[J].安徽农业科学,2018,46(17):122-124.

[9]陈强.肥沃蔗海璀璨金光——广西农垦国有金光农场建场60周年纪略[J].中国农垦,2015(8):56-58.

[10]陈斯雅.脱贫攻坚马蹄疾[J].当代广西,2017(24):26-27.

[11]陈薇.浅谈我国生态旅游的发展[J].中国集体经济,2018(11):127.

[12]陈文斌,覃元理,刘经纬.论新时期高等学校在我国生态文明建设中的使命[J].中国科教创新导刊,2010(5):6-7.

[13]陈智明,李伯钧,郭永济.关于文化创意产业和互联网产业发展的思考[J].江苏科技信息,2015(1):73-78.

[14]成金华,尤喆."山水林田湖草是生命共同体"原则的科学内涵与实践路径[J].中国人口资源与环境,2019,29(2):1-6.

[15]程会强.深化生态扶贫,保护发展双赢[J].国际融资,2018(9):30-35.

[16]楚镒铭.生态扶贫内涵及其运行模式分析[J].中国林业经济,2018(5):73-74,78.

[17]大力推进生态文明建设——胡锦涛在中国共产党第十八次全国代表大会上的报告摘选[J].人民黄河,2012,34(12):2.

[18]党立斌,侯巍巍.财政助力培育农业农村发展新动能——广西南宁农业综合开发田园综合体试点调研报告[J].紫光阁,2018(4):72-73.

[19]邓敏.产业融合视阈下民族村寨特色产业经济发展研究——以恭城瑶族自治县红岩村为例[J].中共桂林市委党校学报,2017,17(2):22-25.

[20]丁玉治.搞好农业生态建设促进生态农业发展——浅谈广西生态农业发展的思路及措施[J].广西社会主义学院学报,2006(4):57-59.

[21]董敏琴,吴文华.湖南人口素质现状与教育投资对策浅析[J].湖南大学学报(社会科学版),2001(S2):145-148.

[22]董伟,卢俊岚.论习近平的"生命共同体"思想及其实践路径[J].大连干部学刊,2017,33(12):23-28

[23]杜辉.区域差异视角下的农业支持方式探究[J].经济研究参考,2013(28):69-72.

[24]杜鹰.加大统筹城乡发展力度进一步夯实农业农村发展基础[J].宏观经济管理,2010(3):4-8,13.

[25]范海英,聂廷晋.贯彻落实科学发展观,推进社会主义新农村建设——努力推进农村教育科学发展,提高农村劳动力素质[J].陕西社会主义学院学报,2008(1):21-24.

[26]范建.四川省都江堰市试点建设国家农业综合开发田园综合体[J].农

村百事通,2017(20):15.

[27]范立强,钟振.桂中三市共建"美丽柳来河"[J].当代广西,2013(4):46.

[28]方荣辉.田园综合体建设存在的问题、对策及模式探析[J].长沙民政职业技术学院学报,2018,25(4):59-61.

[29]冯骥才.传统村落的困境与出路——兼谈传统村落是另一类文化遗产[J].民间文化论坛,2013(1):7-12.

[30]冯建国.创意农业的定义与观光休闲农业的关系及其他[J].农产品加工(创新版),2010(1):40-42.

[31]冯娴慧,戴光全.乡村旅游开发中农业景观特质性的保护研究[J].旅游学刊,2012,27(8):104-108.

[32]甘海燕,胡宝清.石漠化治理存在问题及对策——以广西为例[J].学术论坛,2016,39(5):54-57.

[33]高飞.走出广西特色的乡村振兴之路——专访广西壮族自治区党委书记[J].当代广西,2018(16):10-11.

[34]高玉霞.中国退耕还林还草现状及问题分析[J].农村实用技术,2019(3):20-21.

[35]龚永新.发展茶乡旅游打造中国乡村旅游品牌[J].中国茶叶加工,2009(4):46-48.

[36]关冬梅,杜海东,刘捷萍.创意产业研究与发展现状及其思考[J].科技管理研究,2009,29(3):20-22,43.

[37]郭思远.田园综合体:乡村治理的新维度[J].人民周刊,2017(12):18-19.

[38]郭晓鸣,张克俊,虞洪,等.实施乡村振兴战略的系统认识与道路选[J].农村经济,2018(1):11-20.

[39]韩长赋.深入贯彻落实党的十八大精神巩固发展农业农村经济好形势[J].紫光阁,2013(3):19-20.

[40]何谦,王宇.全域旅游背景下的美丽乡村规划路径:以湖北省宜昌市远安县金桥村为例[J].长江大学学报(自科版),2017(14):28-32.

[41]侯婷,翟印礼,肖雪.发展庭院生态农业与社会主义新农村建设[J].经

济研究导刊,2007(3):157-158.

[42]胡人荣,余长义.我国生态农业发展现状与展望[J].中国生态农业学报,2000(3):97-100.

[43]胡向东,王晨,王鑫,等.国家农业综合开发田园综合体试点项目分析[J].农业经济问题,2018(2):86-93.

[44]黄宝泉.农村水环境存在的问题及其保护治理对策[J].资源节约与环保,2019(10):35.

[45]黄国勤,王淑彬,赵其国.广西生态农业:历程、成效、问题及对策[J].生态学报,2014,34(18):5153-5163.

[46]黄国勤.树立正确生态观统筹山水林田湖草系统治理[J].中国井冈山干部学院学报,2017,10(6):128-132.

[47]黄力远,徐红罡.巴马养生旅游——基于康复性景观理论视角[J].思想战线,2018,44(4):146-155.

[48]黄巍.生态乡村建设面临的困境及出路——以广西桂林市为例[J].经济师,2015(8):152-153.

[49]蹇泽西.立足生态资源优势探索乡村旅游扶贫路径[J].新重庆,2017(2):34.

[50]蒋超.田园综合体数字化理论研究[J].经济研究导刊,2018(27):37-39,44.

[51]焦雷,李晓东.乡村旅游农耕文化的挖掘研究——以沂源三岔乡为例[J].中国农业资源与区划,2016,37(6):208-212.

[52]解晓峰.以美丽的姿态走向小康——解读"美丽广西"乡村建设大活动[J].广西城镇建设,2014(4):10-17.

[53]解振华.中国改革开放40年生态环境保护的历史变革——从"三废"治理走向生态文明建设[J].中国环境管理,2019,11(4):5-10.

[54]靳晓婷,惠宁.乡村振兴视角下的农村产业融合动因及效应研究[J].行政管理改革,2019(7):68-74.

[55]开流刚.发展广西生态农业促进农民可持续增收[J].广西社会科学,2003(2):42-44.

[56]兰希平.北方农村清洁工程技术模式及存在问题研究[J].农业科技与装备,2013(8):11-13.

[57]雷黎明.广西田园综合体建设的思考与探索[J].当代农村财经,2017(8):48-53.

[58]李伯钧.生态农业模式及其实现途径的策略研究[J].安徽农学通报(下半月刊),2009,15(8):9-10,15.

[59]李干杰.以习近平生态文明思想为指导坚决打好污染防治攻坚战[J].时事报告,2018(4):39-53.

[60]李剑锋,屈学书.乡村振兴视阈下乡村旅游发展路径及实例研究——基于袁家村深度剖析[J].未来与发展,2019,43(6):72-77.

[61]李萍.开展农村环境综合整治打造生态宜居乡村[J].新西部,2018(11):13-14.

[62]李秋梅,罗顺元.以习近平生命共同体思想引领美丽中国建设[J].齐齐哈尔大学学报(哲学社会科学版),2018(9):29-31,105.

[63]李诗象."马山模式"下活"旅游,扶贫"一盘棋[J].当代广西,2019(7):45.

[64]李石林,侯庆丰.乡村振兴背景下兰州市生态宜居型农村建设问题及对策[J].农村经济与科技,2019,30(5):241-242.

[65]李晓云.河南省文化创意产业发展现状及策略研究[J].新闻界,2012(11):52-55.

[66]李兆睿,陆军,温文雅.乡村旅游扶贫中民宿产业发展调查研究——以大新县堪圩乡民宿旅游为例[J].市场论坛,2018(4):66-71.

[67]厉新建,张凌云,崔莉.全域旅游:建设世界一流旅游目的地的理念创新:以北京为例[J].人文地理,2013(3):130-134.

[68]梁歆梧.论我国生态旅游的可持续发展[J].农场经济管理,2006,17(4):30-32.

[69]梁珣.广西河池市巴马县旅游精准扶贫路径研究[J].经贸实践,2018(23):69,71.

[70]廖静伟,黎勇.灵川:整合区域资源优势打造乡村旅游品牌[J].广西经

济,2015(3):56.

[71]林昆勇.致力打造更高水平的广西第一强区——对南宁市青秀区发展现代服务业的调查[J].传承,2012(17):18-19.

[72]林希蕾.广西田园综合体的建设现状及发展对策[J].农村经济与科技,2019,30(2):254.

[73]林祥金.世界生态农业的发展趋势[J].中国农村经济,2003(7):76-80.

[74]刘刚.乡村绿化建设存在的问题及对策[J].现代园艺,2019(9):119-120.

[75]刘慧,叶尔肯·吾扎提.中国西部地区生态扶贫策略研究[J].中国人口·资源与环境,2013,23(10):52-58.

[76]刘建芳,王伟新,肖建中,等.田园综合体商业模式创新的国际经验及启示[J].世界农业,2018(9):34-38,106.

[77]刘静.生态文明时代的村镇规划与建设[J].农家参谋,2017(14):38.

[78]刘鹏.退耕还林技术模式及其应用实践略述[J].农业与技术,2015,35(18):74.

[79]刘奇.在宁波能源综合管理服务平台上线运行仪式暨全市节能与淘汰落后产能工作推进会上的讲话[J].宁波节能,2012(1):1-3.

[80]刘爽,王镜涵.多元化旅游模式推动乡村振兴的路径研究[J].管理观察,2018(23):5

[81]刘秀花.生态农业发展下的农业环保技术探究[J].南方农机,2017,48(15):78,81.

[82]刘长海,骆有庆,廉振民,等.陕北黄土高原生态农业可持续发展探讨[J].安徽农业科学,2006(17):4463-4464,4473.

[83]刘志华,刘瑛,张丽娟.田园综合体建设:以重庆的实践为例[J].长江师范学院学报,2018,34(4):23-29.

[84]龙涛.生态扶贫研究综述与重点展望[J].四川林勘设计,2016(3):50-54,89.

[85]龙志锋.大新生态乡村"蝶变"促旅游发展[J].广西经济,2016(11):68-69.

［86］卢贵敏.田园综合体试点：理念、模式与推进思路［J］.地方财政研究，2017（7）：8-13.

［87］卢贵敏.以农业综合开发为平台综合施策建设田园综合体试点［J］.中国财政，2017（15）：20-23.

［88］鲁小波.乡村旅游在乡村振兴中的作用与模式研究［J］.决策咨询，2019（2）：91-96.

［89］陆林，任以胜，朱道才，等.乡村旅游引导乡村振兴的研究框架与展望［J］.地理研究，2019，38（1）：104-120.

［90］陆文婷."田园综合体"理念研究初探［J］.吉林农业，2018（8）：60.

［91］罗家为，谈慧娟.乡村振兴的历史逻辑与时代背景［J］.中国井冈山干部学院学报，2018，11（5）：115-121.

［92］骆方金，胡炜.生态扶贫：文献梳理及简评［J］.经济论坛，2017（3）：150-152.

［93］骆方金.生态扶贫：概念界定及特点［J］.改革与开放，2017（5）：71-73.

［94］麻新华，李松穗.阳朔乡村生态旅游开发探讨［J］.文教资料，2016（1）：45-46.

［95］马世骏，王如松.社会—经济—自然复合生态系统［J］.生态学报，1984，4（1）：1-9.

［96］马世骏.生态规律在环境管理中的作用［J］.环境科学学报，1981，1（1）：95-100.

［97］马小英.乡村人居环境研究综述［J］.中小企业科技与管理，2014（10）：116-117.

［98］甯丹丹，徐林，毛建勋.我国文化创意产业发展现状及政策思考［J］.戏剧之家，2018（34）：236.

［99］欧阳志云.开创复合生态系统生态学，奠基生态文明建设——纪念著名生态学家王如松院士诞辰七十周年［J］.生态学报，2017，37（17）：5579-5583.

［100］潘泽江，黄霞，潘昌健.田园综合体经营模式与发展路径探讨——基于宜昌市富裕山的调查［J］.湖北农业科学，2018，57（17）：114-116,122.

［101］彭龙富."苍蝇式"腐败的危害、成因与防治策略［J］.毛泽东邓小平理

论研究,2016(5):65-71,92.

[102]屈雪,杨旭.全面建成小康社会要求下农村人居环境整治路径研究[J].广西质量监督导报,2019(11):7.

[103]邵展.美丽乡村建设中乡村旅游景观设计的研究[J].建材与装饰,2018,531(22):84-85.

[104]沈茂英,杨萍.生态扶贫内涵及其运行模式研究[J].农村经济,2016(7):3-8.

[105]沈中付.浅谈景区收费系统管理模式[J].中国外资,2013(7):124-125.

[106]孙筱婷.乡村振兴战略背景下的田园综合体发展研究[J].农家参谋,2019(11):32.

[107]覃泽林,李耀忠,秦媛媛,等."十三五"广西现代农业面临的挑战与发展思路[J].南方农业学报,2015,46(5):943-950.

[108]谭伟福,陈瑚.广西自然保护区建设三十年[J].广西林业科学,2008(4):42-46.

[109]谭贤楚."输血"与"造血"的协同——中国农村扶贫模式的演进趋势[J].甘肃社会科学,2011(3):226-228.

[110]唐钰汗.乡村运营理念下的乡村发展模式构建探索[J].价值工程,2017,36(9):9-11.

[111]陶虹佼.乡村振兴战略背景下发展民宿业的路径研究——以江西省为例[J].企业经济,2018,37(10):158-162.

[112]Wang S. J., Liu Q. M., Zhang. D. F. Karst rocky desertification in southwestern China: geomorphology, landuse, impact and rehabilitation [J]. Land Degradation and Development,2004(15):115-121.

[113]王波,王夏晖.推动山水林田湖生态保护修复示范工程落地出成效——以河北围场县为例[J].环境与可持续发展,2017,42(4):11-14.

[114]王发曾.论聚落演化规律与成长机制[J].学术论坛,1991,86(5):40-44,64.

[115]王海波.江海激荡春潮起习风送暖万象新——写在习近平总书记视察

广西一周年之际[J].当代广西,2018(9):14-17.

[116]王缉思,张美丽,朱文全,等.田园综合体:打造中国乡村新形象[J].农家书屋,2017(6):58-59.

[117]王林秀,黄启健.三条"鱼"搅活广西水产业[J].农家之友,2017(2):30-31.

[118]王明星,方俊清.广州市休闲农业旅游发展现状、瓶颈与对策研究[J].南方农村,2016,32(6):45-48.

[119]王娜.旅游产品包装的绿色生态设计[J].包装工程,2014(4):114-117.

[120]王琼英,冯学钢.乡村旅游研究综述[J].北京第二外国语学院学报,2006(1):115-120.

[121]王夏晖,何军,饶胜,等.山水林田湖草生态保护修复思路与实践[J].环境保护,2018,46(Z1):17-20.

[122]王小婷.呵护山水林田湖草生命共同体[J].当代贵州,2018(26):28-29.

[123]王义,张华.浅析生态农业技术推广及创新[J].农家参谋,2017(24):27,130.

[124]王永生,刘彦随.中国乡村生态环境污染现状及重构策略[J].地理科学进展,2018,37(5):710-717.

[125]王振颐.生态资源富足区生态扶贫与农业产业化扶贫耦合研究[J].西北农林科技大学学报(社会科学版),2012,12(6):70-74.

[126]翁伯琦,刘用场,王义祥.立足循环经济新起点的现代生态农业发展对策思考[J].福建农林大学学报(哲学社会科学版),2008(5):1-5,10.

[127]吴佳倩.乡村振兴战略背景下生态宜居建设的问题及对策研究[J].农村实用技术,2019(6):3-4.

[128]吴文良.论我国生态农业的技术创新与保障体系建设[J].中国农业科技导报,2001,3(5):13-16.

[129]吴文良.中国生态农业建设成就与展望[J].产业与环境(中文版),2003(S1):103-107.

[130]吴运连,谢国华.赣州山水林田湖草生态保护修复试点的实践与创新[J].环境保护,2018,46(13):80-83.

[131]吴志强.广西海洋与渔业厅:三江创新稻渔综合种养模式助推渔业精准扶贫[J].中国水产,2018(8):17.

[132]向倩.保护生态环境促进经济健康发展[J].科技与生活,2009(21):174-175.

[133]谢佳敏,张东敏.农产品加工业产业集群模式文献综述[J].当代经济,2017(15):128-130.

[134]徐磊.把握原则打造品牌有序管理——以东和乡为例,探讨乡村旅游可持续发展的有效对策[J].科技创新与应用,2014(4):257.

[135]严辉华.谈体验旅游趋势下乡村民宿的发展[J].旅游纵览(下半月),2016(6):149-151.

[136]杨凤玲.浅析水土流失与土地荒漠化防治[J].现代化农业,2017(8):32-33.

[137]杨晗.乡村旅游发展中利益相关主体行为博弈分析与政策建议[J].商业经济研究,2016(23):188-190.

[138]杨礼宪.合作社应成为田园综合体建设的主要载体[J].中国合作经济,2017(5):21-23.

[139]杨柳.田园综合体理论探索及发展实践[J].中外建筑,2017(6):128-131.

[140]杨苹苹.乡村振兴视域下生态宜居乡村的实现路径[J].贵阳市委党校学报,2017(6):59-62.

[141]叶静.广西石漠化地区贫困现状及扶贫模式研究综述[J].广西经济管理干部学院学报,2016,28(4):96-101.

[142]叶汝坤.论生态广西建设亟待解决的环境问题[J].广西社会科学,2006(12):22-24.

[143]于法稳.乡村振兴战略下农村人居环境整治[J].中国特色社会主义研究,2019(2):80-85.

[144]于学勇.国家农业综合开发田园综合体试点项目分析[J].农家参谋,

2019(8):24.

[145]余新晓,贾国栋.统筹山水林田湖草系统治理,带动水土保持新发展[J].中国水土保持,2019(1):5-8.

[146]张安福.红河林业驶入"快车道"[J].云南林业,2007(6):11-12.

[147]张春波.田园综合体的发展模式与建设思考[J].建材与装饰,2018(14):139-140.

[148]张濠旭.西北地区田园综合体实践与探索——基于兰州市榆中县李家庄村的调查分析[J].甘肃金融,2018,483(6):43-46.

[149]张惠远,李圆圆,冯丹阳,等.明确内容标准强化实施监管——山水林田湖草生态保护修复的路径探索[J].中国生态文明,2019(1):66-69.

[150]张凯,张文静.乡村振兴视域下的旅游小镇建设路径研究——以合肥市为例[J].湖北经济学院学报(人文社会科学版),2019,16(2):50-52.

[151]张茜茜,杨洋,邹雨婷.山西省田园综合体发展模式及对策研究——以襄汾县为例[J].乡村科技,2019(4):57-58,60.

[152]张壬午.现阶段农业可持续发展展望[J].中国农业资源与区划,2002(5):19-22.

[153]张旭辉.广西:谋定而后动,以规划保证生态建设怅效开展的地位[J].环境保护,2008,(23):19.

[154]张轶,陈凌.对农村生态环境建设问题的思考[J].农业环境与发展,2008(3):33-36.

[155]张莹.生态旅游环境问题与保护对策初探[J].吉林省教育学院学报(中旬),2013,29(3):149-150.

[156]张玉成.关于田园综合体的深度解读[J].中国房地产,2018(8):56-61.

[157]赵爱明.在全市科技奖励大会暨科学技术和知识产权工作会议上的讲话[J].攀枝花科技与信息,2011,36(1):1-7.

[158]赵辉.在全市科技奖励大会暨科学技术和知识产权工作会议上的讲话[J].攀枝花科技与信息,2011,36(1):8-15.

[159]赵军凯,郭志富,冷传明.生态旅游的生态学原理[J].平顶山师专学

报,2004(2):54-56.

[160]赵明草,刘欣欣.乡村振兴如何走宜居化道路——美丽乡村建设体系的框架与重点[J].城市住宅,2018,25(6):10-13.

[161]赵堂高.实施生态扶贫发展生态经济[J].世界热带农业信息,2014(8):19-20.

[162]郑惊鸿.中国引领世界农业文化遗产事业蓬勃发展[J].农业工程技术,2015(32):55-56.

[163]周峨,黄河.鹿城区田园综合体发展模式初探[J].新农村,2018(5):15-16.

[164]周杰,吴亚平,盖媛瑾.乡村旅游发展对农村生态环境的负面影响及对策研究[J].新农业,2017(21):4-9.

[165]周文.试论农村休闲体育的特性和功能[J].中南林业科技大学学报(社会科学版),2010,4(3):106-108.

[166]周增产,董微,李秀刚,等.智慧农业田园综合体规划设计理论与实践[J].农业工程,2018,8(11):50-57.

[167]周子杨.环保技术在农业领域的应用与建议[J].现代农业科技,2012(7):284-285.

[168]朱翠兰,王伯奎,王河山.因地制宜多措并举加快乡村旅游发展——江苏省大丰市发展乡村旅游的路径启示[J].中国乡镇企业,2014(5):14-17.

[169]唐建兵.党的十八大以来生态扶贫政策的发展特征[J].青海师范大学学报(哲学社会科版),2019,41(2):1-7.

[170]徐雷,杨勤,毛正强.生态移民、防灾避险与精准扶贫协同发展路径研究——基于成都市统筹城乡发展的视角[J].西华大学学报(哲学社会科学版),2019,38(6):58-64.

[171]李富福.全球第一例CDM理事会碳汇造林项目在我区成功实施[J].广西林业,2010(8):32-33.

[172]孟维娜.习近平生态扶贫论述及其对广西脱贫攻坚的启示[J].经济与社会发展,2019,17(3):1-6.

[173]江杨思捷,韩中雪.区域经济极化到扩散效应的演变过程研究——基

于安徽省时间序列的实证分析[J].价值工程,2019,38(15):21-23.

[174]苏畅,刘石敏.促进广西区域经济协调发展的地方税收政策研究[J].经济研究参考,2015(29):27-30.

[175]王如松.生态城市建设的深圳宣言[J].环境导报,2002(5):29-30.

[176]李德英.基于绿色发展理念推进广西生态宜居乡村建设对策研究[J].市场论坛,2018(3):28-32,53.

[177]李新政.山区冬闲田鱼鸭立体养殖技术探讨[J].广西畜牧兽医,2009(3):148-149.

[178]党移山,臧延生,陶国树.庭院生态经济模式及配置应用[J].农业环境与发展,2006(2):38.

[179]苏松坤,陈盛禄.养蜂业与生态业[J].蜜蜂杂志,2009,29(1):8-10.

[180]马增林,王娇.乡村振兴战略背景下农村企业管理规范化研究[J].学习与探索,2018(3):123-126.

[181]卢贵敏.推进田园综合体建设要重点把握的几个问题[J].农化市场十日讯,2018:60-61.

[182]孔祥智,卢洋啸.建设生态宜居美丽乡村的五大模式及对策建议——来自5省20村调研的启示[J].经济纵横,2019(1):19-28.

[183]雷黎明.广西田园综合体建设的思考与探索[J].当代农村财经,2017(08):48-53.

[184]刘永辉.基于蒂博特公共产品最优供给理论的城市人居环境经济学分析[J].规划师,2012,28(S1):85-88.

[185]彭翀员.乡村田园综合体的实现策略[J].管理观察,2018,689(18):81-82.

[186]《党的十九大报告辅导读本》编写组.党的十九大报告辅导读本[M].北京:人民出版社,2017.

[187]《广西通志》编委会主编.广西通志·总述[M].南宁:广西人民出版社,2010.

[188]《广西通志·经济总志》编辑室.广西通志·经济总志[M].南宁:广西人民出版社,1997.

[189]白晓慧,施春红主编.生态工程——原理及应用(第二版)[M].北京:高等教育出版社,2017.

[190]广西壮族自治区地方志编纂委员会编.广西通志·扶贫志[M].南宁:广西人民出版社,2003.

[191]广西壮族自治区地方志编纂委员会编.广西通志·农业志(1978-2008年)[M].南宁:广西人民出版社,2011.

[192]广西壮族自治区地方志编纂委员会编.广西通志·综合卷[M].北京:方志出版社,2016.

[193]黄郁成.乡村旅游[M].北京:中国大百科全书出版社,2006.

[194]骆高远.休闲农业与乡村旅游[M].杭州:浙江大学出版社,2016.

[195]骆世明主编.农业生态学(第2版)[M].北京:中国农业出版社,2009.

[196]马世骏,李松华.中国的农业生态工程[M].北京:科学出版社,1987.

[197]王丰.地球人类沧桑的家园[M].北京:国防工业出版社,2003.

[198]张文忠.人居环境与居民空间行为[M].北京:科学出版社,2015.

[199]中共中央文献研究室.习近平关于社会主义生态文明建设论述摘[M].北京:中央文献出版社,2017.

[200]中共中央宣传部.习近平总书记系列重要讲话读本(2016年版)[M].北京:学习出版社、人民出版社,2016.

[201]中国生态补偿机制与政策研究课题组.中国生态补偿机制与政策研究[M].北京:科学出版社,2007.

[202]周培,周颖著.乡村旅游企业服务质量理论与实践[M].成都:西南交通大学出版社,2016.

[203]中国生态补偿机制与政策研究课题组.中国生态补偿机制与政策研究[M].北京:科学出版社,2007.

[204]盛连喜,许嘉巍,刘惠清.实用生态工程学[M].北京:高等教育出版,2005.

[205]陈璐.美丽乡村建设背景下江苏丘陵地区乡村景观格局优化研究[D].南京:南京农业大学,2016.

[206]陈淼.河北太行山区宜居乡村社区人居环境优化设计研究[D].沈阳:

沈阳建筑大学,2015.

[207]邓政.广西钦州市灵山县龙武荔枝产业(核心)示范区总体规划[D].长沙:中南林业科技大学,2016.

[208]高菲.全域旅游视角下智慧田园综合体规划设计研究[D].青岛:青岛理工大学,2018.

[209]高永强.内蒙古自治区新型城镇化与农业现代化协调发展研究[D].杨凌:西北农林科技大学,2017.

[210]和玉媛.丽江纳西族旅游纪念品开发设计研究[D].无锡:江南大学,2009.

[211]贺晓燕.山西晋中发展"四位一体"生态农业模式研究[D].杨凌:西北农林科技大学,2005.

[212]江晶.国家现代农业示范区运行机制与发展模式研究[D].北京:中国农业科学院,2013.

[213]蒋蓉.宜居型乡村社区景观设计研究[D].合肥:合肥工业大学,2014.

[214]金晶.北京平原区典型乡村森林景观优化研究[D].北京:中国林业科学研究院,2014.

[215]李雪.基于可持续发展下的国家湿地公园设计探究[D].郑州:河南农业大学,2017.

[216]李莹.陕西韩城党家村空间布局调适研究[D].西安:西安建筑科技大学,2017.

[217]刘国红.广西经济可持续发展中的资源环境研究[D].南宁:广西大学,2006.

[218]刘秋硕.河南省上市公司技术产业结构与发展战略研究[D].新乡:河南师范大学,2014.

[219]刘思源.风景名胜区村庄人居环境现状调查及改善策略研究[D].南京:南京林业大学,2014.

[220]刘云云.广西生态农业现状及效益分析[D].南宁:广西大学,2018.

[221]荣浩.港中旅嵩山少林文化旅游有限公司商铺经营模式优化研究[D].石河子:石河子大学,2018.

[222]孙辉.龙胜龙脊景区乡村旅游扶贫中农民创业问题调查研究[D].桂林:广西师范大学,2017.

[223]孙晓丽.核桃园生态循环模式的调查与分析[D].保定:河北农业大学,2014.

[224]王浩源.河南省登封市徐庄休闲观光农业园规划设计[D].郑州:河南农业大学,2016.

[225]王笑容.乡村振兴战略背景下的田园综合体发展研究[D].南昌:江西师范大学,2018.

[226]韦金君.生态农业建设中科技要素研究[D].南宁:广西民族大学,2011.

[227]文娜.循环经济在中国西部中小城市发展过程中的模式研究[D].吉林大学,2007.

[228]吴健.生态旅游小城镇建设用地集约利用评价体系研究[D].南昌:江西财经大学,2010.

[229]徐国政.江西宗教文化旅游产业发展战略研究[D].南昌:南昌大学,2016.

[230]杨青青.参与式视角下财政扶贫的研究[D].北京:中国财政科学研究院,2018.

[231]杨艳芬.广西马山县古零镇乡村旅游开发研究[D].南宁:广西大学,2015.

[232]张撬华.广西石漠化治理模式案例库管理系统设计及应用[D].南宁:广西师范学院,2011.

[233]张圆圆.景郊型武隆县土地乡乡村旅游规划策略研究[D].重庆:重庆大学,2016.

[234]周娜.台湾地区参与东亚经济一体化的路径与策略研究[D].桂林:广西师范大学,2015.

[235]周应华.中国新时期农业可持续发展战略与对策研究[D].北京:中国农业科学院,2002.

[236]江晶.国家现代农业示范区运行机制与发展模式研究[D].北京:中国

农业科学院,2013.

　　[237]戴洁琳.乡村振兴下的田园综合体研究——以五彩田园为例[A].中国城市规划学会、杭州市人民政府.共享与品质——2018中国城市规划年会论文集（18乡村规划）[C].中国城市规划学会、杭州市人民政府:中国城市规划学会,2018.

　　[238]蒋瑞明,刘志超,李正伦,等.乡村振兴战略下的乡村规划探索-以东台市三仓镇兰址村、联南村、官苴村特色田园乡村试点规划为例[C]//共享与品质-2018中国城市规划年会论文集（18乡村规划）.2018.

　　[239]论我国乡村旅游合作社的性质、内涵与发展[C]//2017年中国地理学会经济地理专业委员会学术年会论文摘要集,2017.

　　[240]朱勇.乡村旅游市场营销的创新路径及模式研究[A].江苏省旅游学会.江苏省旅游发展30年学术论坛暨江苏省旅游学会2008年年会论文集[C].江苏省旅游学会:江苏省旅游学会,2008.

　　[241]"美丽广西·幸福乡村"活动指导意见[N].广西日报,2019-01-21(006).

　　[242]白江宏.呵护"山水林田湖草"生命共同体[N].内蒙古日报,2018-09-11.

　　[243]陈宝玖,方家喜,谭彦,等.恭城何以"功成"？[N].经济参考报,2018-12-07(A06).

　　[244]陈婧,李胜福.广西被列为2018年全国整省推进示范省区[N].广西日报,2018-05-11(005).

　　[245]陈静,贺亮军.广西产业精准扶贫规划成全国典范[N].广西日报,2018-10-25(005).

　　[246]政府工作报告（摘要）——2019年1月26日在广西壮族自治区第十三届人民代表大会第二次会议上[N].广西日报,2019-01-28.

　　[247]单卫东.山水林田湖草综合整治亟待科技创新[N].中国自然资源报,2018-08-14.

　　[248]窦清华.生态宜居乡村建设值得关注的几个问题[N].宜宾日报,2019-07-05(003).

[249]耿学昌.广西财政坚持五大发展理念打造全区首个田园综合体[N].广西财政网,2017-10-09.

[250]中共广西壮族自治区委员会关于制定国民经济和社会发展第十三个五年规划的建议[N].广西日报,2015-12-07(001).

[251]广西环境保护局公布2001年环境状况公报[N].广西日报,2002-06-05.

[252]广西三江推广稻田综合种养[N].广西日报,2017-11-03.

[253]广西壮族自治区自然资源厅网.自治区自然资源厅调研崇左市"旱改水"土地整治项目开展情况[N/OL].(2019-03-11).http://www.gxfsx.gov.cn/gtxxgk/gzdt/20190312-1610923.shtml.

[254]财政部.山水林田湖建设广西农发普新篇[N/OL].(2017-11-16)[2019-08-04].http://www.mof.gov.cn/mofhome/mof/xinwenlianbo/guangxicaizhengxinxilianbo/201711/t20171116_2751447.htm.

[255]国务院办公厅关于支持返乡下乡人员创业创新促进农村一二三产业融合发展的意见[N].农民日报,2016-12-10(005).

[256]蒋宽,黄开均,凌吉荣.呵护生态六十年铸就绿色"金饭碗"——巴马瑶族自治县60周年县庆系列报道之生态保护[N].河池日报,2016-11-10(01).

[257]胡瑞阳.江州区全力打造"山水甜园"田园综合体[N].左江日报,2019-03-12.

[258]江东洲.以五大发展理念引领"五彩田园"建设打造"中国-东盟"现代特色农业示范区[N].科技日报,2016-03-08(011).

[259]江帆.钱塘江源头区域山水林田湖草生态保护修复工程入选全国试点[N].浙江日报,2018-10-30.

[260]孔凡斌.统筹山水林田湖草系统治理[N].江西日报,2017-11-20(B3).

[261]黄鹏欢.都安生态移民"移"出幸福新生活[N].河池日报,2014-10-29(05).

[262]李纵.中央十亿资金保护广西生态[N].人民日报,2018-01-19(15).

[263]梁绍恩.汇聚改革活力缔造幸福寿乡-巴马瑶族自治县改革开放40周

年回眸[N].河池日报,2018-10-18(05).

[264]陆金学.让生态文明思想在兴业落地生根[N].玉林日报,2018-12-28(B1).

[265]罗文斌.乡村旅游高质量发展的背景、内涵及路径[N].中国旅游报,2019-05-14(003).

[266]庞慧敏.第十二届园博会开幕[N].工人日报,2018-12-07(03).

[267]彭清华.把八桂大地建设得更加和谐美丽[N].光明日报,2017-11-23(12).

[268]彭盛仲,杨征祥.恭城水果产业带富一方百姓[N].桂林日报,2006-12-07.

[269]彭忠平.贫困地区的精准扶贫与绿色守望[N].广西日报,2016-2-25.

[270]秦岭.如何推动民俗文化与乡村旅游、生态农业并驾健康发展[N].咸阳日报,2018-04-09(A03).

[271]阮晓莹,罗小夏.上半年广西引进农业项目投资超227亿[EB/OL].(2018-07-25)[2019-11-02].http://www.nanning.china.com.cn/2018-07/25/content_40433967.htm.

[272]生态环境部.生态环境部关于生态环境领域进一步深化"放管服"改革,推动经济高质量发展的指导意见[N].国务院公报,2018-8-30.

[273]苏望月.中央财政推进山水林田湖草生态保护修复[N].中央财经报,2018-03-09.

[274]谢生杰."乡约·藕遇"再次升级,被列入自治区级田园综合体5个试点项目[EB/OL].(2018-06-12)[2019-11-29].https://mp.weixin.qq.com/s/yedqXudsRMTz3w7M1C8TnA.

[275]谭熙.龙胜:依托生态资源和民族文化实现"景区旅游"向"全域旅游"转变[N].桂林晚报,2018-08-01(02).

[276]唐广生.让生态和山水一起甲天下[N].广西日报,2019-03-30(004).

[277]王海霞,刘蓉娜."山水林田湖草是生命共同体"西双版纳倡议发布[N].国际在线网,2019-01-16.

[278]王宏泽.石漠山区长出"绿色银行"[N].人民日报,2018-12-09(10).

[279]王立彬."山水林田湖草"迎来历史性时刻[N].中国国土资源报,2018-03-20(003).

[280]王媛媛.山水林田湖草生态保护修复还有哪些路要走？[N].中国环境报,2019-02-19(03).

[281]吴丽萍,李志雄,梁艺.助力乡村振兴广西乡村旅游火起来[N].广西日报,2019-02-22(002).

[282]吴丽萍,李志雄.广西旅游业:扛起产业责任决胜脱贫攻坚[N].广西日报,2019-04-19(009).

[283]谢彩文,黄启健.稻田养殖勃兴鱼米之乡复兴[N].广西日报,2016-11-23(027).

[284]徐恒杰.发展现代农业必须树立生态农业观念[N].农民日报,2013-07-30(1).

[285]许丹婷.自治区人大就乡村清洁条例开展立法调研[N].广西日报,2015-09-05(002).

[286]余锋,昌苗苗.重现人与自然和谐-九洲江流域综合治理见闻[N].广西日报,2017-07-17(010).

[287]余锋,梁玉桥.广西整治重点流域增添发展活力[N].广西日报,2019-04-12(004).

[288]余锋.《广西环境保护和生态建设"十三五"规划》印发实施[EB/OL].(2016-12-21)[2019-11-02].http://www.gxzf.gov.cn/sytt/20161221-556065.shtml.

[289]余锋.广西左右江流域筑牢生态屏障[N].广西日报,2017-12-31.

[290]袁琳,杨晓佼. 一水两用 一田多收——广西稻渔生态综合种养立体效益凸显[N].广西日报,2017-08-25(011).

[291]张修玉.加快修复山水林田湖草生态系统[N].中国环境报,2018-04-30(3).

[292]赵光辉.构建人与自然的生命共同体[N].中国社会科学报,2018-04-03(008).

[293]赵忠洪.鲁家新村昨日开村[N].桂林日报,2012-03-25(01).

[294]中共广西壮族自治区委员会.关于实施乡村振兴战略的决定[N].广西日报,2018-05-17(006).

[295]周红梅.我区投入16.6亿元实施水生态治理[N].广西日报,2018-05-31(006).

[296]周明艳.关于习近平生态文明思想的理论思考[N].中国环境报,2018-05-29(03).

[297]周世通.恭城:打造中国月柿特色小镇带动乡村三产新发展[N].广西民族报,2018-04-12.

[298]高飞,李国龙.广西产业脱贫纪实:产业精准到户脱贫不落一人[N].农民日报,2018-05-14.

[299]广西壮族自治区生态环境厅.广西花坪自然保护区简介[EB/OL].(2012-09-28)[2019-11-23].http://sthjt.gxzf.gov.cn/xxgkml/ztfl/sthj/201309/t20130930_16738.html.

[300]周仕兴."家在青山绿水间,人行诗情画意中"——广西实施"美丽广西"乡村建设活动探寻乡村振兴新路径[N].光明日报,2017-11-23(07).

[301]韦捷.容县拟投14.5亿元提升乡村风貌[N].广西日报,2019-04-15(005).

[302]凌剑伊.园博园:格桑花海绽美颜田园风光慢生活[N].南宁日报,2018-03-29.

[303]卢贵敏.以农业综合开发为平台建设田园综合体试点[N].农民日报,2017-06-19.

[304]王新蕾.田园综合体两年实现"三级跳"[N].大众日报,2018-05-30.

[305]陈露露,庞冠华.广西文化交流"那山、那水、那人"迷醉羊城观众[EB/OL].(2016-02-21)[2019-07-23].http://gx.people.com.cn/n2/2016/0221/c179430-27776149.html.

[306]仙居发布.党代会解读全面实施乡村振兴战略打造绿色生态农业高地[EB/OL].(2018-01-16)[2019-07-16].http://mp.163.com/v2/article/detail/D87KGPGL0514BUAD.html.

[307]地质环境司.国土资源部关于发布《国家地质公园规划编制技术要

求》的通知(国土资发〔2010〕89号)[EB/OL].(2010-06-12)[2019-07-19].
http://www.mnr.gov.cn/gk/tzgg/201006/t20100630_1990343.html.

[308]人民网.关于田园综合体建设的思考与建议[EB/OL].(2018-02-05)
[2019-07-17].http://www.agriplan.cn/experts/2019-05/zy-3839_21.htm.

[309]杜立柱.田园生态圈构想下的田园综合体规划对策[EB/OL].(2018-
10-31)[2019-09-13].http://www.sohu.com/a/272243898_155324.

[310]耿学昌.稻花乡里说"水稻渠城"[EB/OL].(2017-10-27)[2019-08-
07].http://czt.gxzf.gov.cn/xwdt/jgdt/20171027-69247.shtml.

[311]耿学昌.广西财政大力支持田园综合体项目建设取得阶段性成果
[EB/OL].(2018-12-14)[2019-08-26].http://czt.gxzf.gov.cn/xwdt/jgdt/
20181214-1301025.shtml.

[312]耿学昌.广西建立田园综合体创建工作厅际联席会议制度[EB/OL].
(2018-03-05)[2019-07-26].http://czt.gxzf.gov.cn:8080/? sids=0&c
=so&token.

[313]耿学昌.广西农业综合开发工作早谋划、早布局[EB/OL].(2018-02-
14)[2019-08-26].http://czt.gxzf.gov.cn/xwdt/jgdt/20180214-73516.shtml.

[314]耿学昌.广西启动自治区田园综合体申报工作着力打造乡村振兴平台
载体[EB/OL].(2018-02-25)[2019-07-23].http://czt.gxzf.gov.cn/xwdt/jgdt/
20180225-73618.shtml.

[315]耿学昌.广西实施乡村振兴战略启动田园综合体创建工作[EB/OL].
(2018-01-24)[2019-08-26].http://czt.gxzf.gov.cn/xwdt/dfdt/20181225-
1301250.shtml.

[316]耿学昌.国家农业综合开发办公室在广西南宁召开土地治理项目政策
完善和创新座谈会[EB/OL].(2018-01-25)[2019-08-23].http://czt.gxzf.gov.
cn:8080/? sids=0&c=so&token=&q.

[317]广西日报.广西壮族自治区环境保护条例[EB/OL].(2016-07-07)
[2019-08-17].http://www.gxzf.gov.Cn/zwgk/flfg/dfxfg/20160707-634640.html.

[318]广西壮族自治区工业化"十一五"发展规划[EB/OL].(2007-07-12)
[2019-09-16].http://www.gxzf.gov.cn/zwgk/fzgh/zxgh/20070712-287852.shtml.

［319］广西壮族自治区生态环境厅.1997 年广西壮族自治区环境保护公报
［EB/OL］.（2001 - 09 - 03）［2019 - 09 - 13］.http：//sthjt.gxzf.gov.cn/xxgkml/ztfl/
hjzljc/hjzkgb/200109/t20010903_912300.html.

［320］广西壮族自治区生态环境厅.1999 年广西壮族自治区环境状况公报
［EB/OL］.（2001 - 09 - 03）［2019 - 10 - 23］.http：//sthjt.gxzf.gov.cn/xxgkml/ztfl/
hjzljc/hjzkgb/200109/t20010903_912302.html.

［321］广西壮族自治区生态环境厅.2001 年广西壮族自治区环境保护公报
［EB/OL］.（2002 - 06 - 05）［2019 - 11 - 23］.http：//sthjt.gxzf.gov.cn/xxgkml/ztfl/
hjzljc/hjzkgb/200206/t20020605_912305.html.

［322］广西壮族自治区生态环境厅.2004 年广西壮族自治区环境保护公报
［EB/OL］.（2005 - 06 - 03）［2019 - 09 - 14］.http：//sthjt.gxzf.gov.cn/xxgkml/ztfl/
hjzljc/hjzkgb/200506/t20050603_912314.html.

［323］广西壮族自治区生态环境厅.2006 年广西壮族自治区环境保护公报
［EB/OL］.（2007 - 06 - 05）［2019 - 11 - 18］.http：//sthjt.gxzf.gov.cn/xxgkml/ztfl/
hjzljc/hjzkgb/200706/t20070605_919482.html.

［324］广西壮族自治区生态环境厅.2007 年广西壮族自治区环境保护公报
［EB/OL］.（2008 - 06 - 05）［2019 - 09 - 13］.http：//sthjt.gxzf.gov.cn/xxgkml/ztfl/
hjzljc/hjzkgb/200806/t20080605_920819.html.

［325］广西壮族自治区生态环境厅.2008 年广西壮族自治区环境保护公报
［EB/OL］.（2009 - 06 - 03）［2019 - 11 - 24］.http：//sthjt.gxzf.gov.cn/xxgkml/ztfl/
hjzljc/hjzkgb/200907/t20090709_926170.html.

［326］广西壮族自治区生态环境厅.2011 年广西壮族自治区环境保护公报
［EB/OL］.（2012 - 06 - 04）［2019 - 11 - 01］.http：//sthjt.gxzf.gov.cn/xxgkml/ztfl/
hjzljc/hjzkgb/201206/t20120604_11042.html.

［327］广西壮族自治区生态环境厅.2012 年广西壮族自治区环境保护公报
［EB/OL］.（2013 - 06 - 04）［2019 - 12 - 01］.http：//sthjt.gxzf.gov.cn/xxgkml/ztfl/
hjzljc/hjzkgb/201306/t20130605_15684.html.

［328］广西壮族自治区农业厅.自治区农业厅关于加快推进广西农业品牌建
设的指导意见(桂农业发〔2018〕69 号)［EB/OL］.（2018-04-27）［2019-07-09］.

http://www.gxny.gov.cn/xxgk/jcxxgk/wjzl/gnyf/201805/t20180503_496497.html.

[329]广西壮族自治区人民政府.广西壮族自治区人民政府关于认定第五批广西现代特色农业(核心)示范区和第二批广西现代特色农业县级示范区、乡级示范园的决定[EB/OL].(2017-12-08)[2019-07-09].http://www.gxzf.gov.cn/zwgk/zfgb/2016nzfgb/d5q/zzqrmzfbgtwj/20160330-486040.shtml.

[330]胡然然.莫说青山多障碍:广西林业生态扶贫见闻[EB/OL].(2019-03-19)[2019-07-30].http://www.forestry.gov.cn/main/5383/20181119/165623637776222.html.

[331]花玮蔚.钦州市财政局"四个抓好"推进田园综合体建设[EB/OL].(2018-10-11)[2019-07-15].http://zwgk.qinzhou.gov.cn/auto2529/gzdt_2994/201810/t20181011_1482717.html.

[332]黄磊.国家农业综合开发美丽南方田园综合体建设试点项目2018年项目全面顺利开工建设[EB/OL].(2018-12-25)[2019-09-13].http://czt.gxzf.gov.cn/xwdt/dfdt/20181225-1301250.shtml.

[333]黄磊.钦州市财政局扎实推进2018年农业综合开发工作[EB/OL].(2018-11-27)[2019-08-19].http://czt.gxzf.gov.cn/xwdt/dfdt/20181127-1300762.shtml.

[334]黄艳梅,韦如代.广西仫佬山乡念好"三字经"探路石山地区产业发展[EB/OL].(2018-12-15)[2019-08-26].http://www.forestry.gov.cn/main/72/20181224/170052170299043.Html.

[335]贾琦.河南省田园综合体景观建设现状及问题、模式全面分析[EB/OL].(2018-11-16)[2019-11-15].https://www.reportway.org/guandian/3010201821585.html.

[336]贾兆恒.统计局:截止2018年末全国农村贫困人口供计1660万人[EB/OL].(2019-02-15)[2019-06-28].http://finance.sina.com.cn/china/gncj/2019-02-15/doc-ihrfqzka6051150.shtml?from=wap.

[337]姜露.乡村新型产业发展——"田园综合体"[EB/OL].(2018-07-07)[2019-11-27].http://www.sohu.com/a/23.

[338]雷丽娜.财政部印发开展农村综合性改革试点试验实施方案[EB/

OL].(2017-06-12)[2019-09-12].http://www.gov.cn/xinwen/2017-06/12/content_5201874.htm.

[339]李姣梦.南宁"田园青秀":茶香果甜稻花香,山青水秀见牧场[EB/OL].(2018-11-09)[2019-06-17].http://www.yidianzixun.com/article/0KU85OcM? s=&appid=oppobrowser.

[340]李坤.北流民乐镇高标准推进小城镇建设[EB/OL].(2009-09-13)[2019-10-26].http://www.yldt.com/details/6041.aspx.

[341]林增其.自治区考察组到我县考察稻花乡里田园综合体申报试点项目[EB/OL].(2018-05-15)[2019-07-25].http://www.gxbyw.com/index.php? m=content&c=index&a=show&cat.

[342]卢贵敏.财政部国家农业综合开发办公室主任解读:田园综合体该如何建设[EB/OL].(2017-07-17)[2019-07-23].http://www.sohu.com/a/157925653_681176.

[343]陆川官海屯:村屯美如画,宜居又宜游[EB/OL].(2018-11-15)[2019-08-09].http://www.gxylnews.com/.

[344]蒙灵.邕宁区:打造顶蛳山文化旅游品牌[EB/OL].(2017-02-27)[2019-08-29].http://www.gxnews.com.cn/staticpages/20170227/newgx58b4298e-15980021.shtml.

[345]农业部,国家旅游局.农业部、国家旅游局关于公布全国休闲农业与乡村旅游示范县和示范点的通知[EB/OL].(2014-12-24)[2019-07-06].http://www.moa.gov.cn/nybgb/2015/yi/201711/t20171129_5922689.htm.

[346]农业部农产品加工局.全国休闲农业与乡村旅游示范创建工作取得明显成效[EB/OL].(2015-12-28)[2019-07-16].http://www.moa.gov.cn/xw/zwdt/201512/t20151228_4968050.htm.

[347]农业部渔业局.农业部发布《水产种质资源保护区管理暂行办法》[EB/OL].(2011-01-10)[2019-07-20].http://www.gov.cn/gzdt/2011-01/10/content_1781549.htm.

[348]农业农村部,国家发展改革委,科技部,财政部,自然资源部,生态环境部,水利部,国家林业和草原局.关于启动第一批国家农业可持续发展试验示范

区建设开展农业绿色发展先行先试工作的通知［EB/OL］.（2017-12-03）［2019-07-20］. http：//www. moa. gov. cn/nybgb/2018/201801/201801/t20180129_6135921.htm.

［349］农业农村部办公厅.农业农村部办公厅关于公布2018年中国美丽休闲乡村的通知［EB/OL］.（2018-10-24）［2019-06-24］.http：//www.moa.gov.cn/nybgb/2018/201811/201901/t20190102_6165931.htm.

［350］潘华,韩庆.聚焦田园综合体绿地博大绿泽中标南宁园博园田园风光区项目［EB/OL］.（2017-07-24）［2019-09-14］.http：//sh.people.com.cn/n2/2017/0724/c134768-30520789.html.

［351］南宁发布.美丽南方入选国家田园综合体试点将打造示范窗口［EB/OL］.（2017-07-16）［2019-11-21］.http：//www.sohu.com/a/157581111394134.

［352］钦州市住房和城乡建设局.钦州市住房和城乡建设委员会对政协钦州市第五届委员会第三次会议第27号提案的答复［EB/OL］.（2018-08-13）［2019-07-23］.http：//www.qzjgw.gov.cn/zwgk_12788/wjtz/201808/t20180813_1217892.html.

［353］秦衫.恭城县红岩生态新村［EB/OL］.（2008-12-09）［2019-09-28］.http：//www.cnr.cn/2008zt/gxhh50n/hhcj/200812/t20081209_505172005.Html.

［354］孙璐.马山：弄拉模式让绿意重归生态搬迁为全国首创［EB/OL］.（2014-08-25）［2019-09-21］.http：//epmap.zjol.com.cn/system/2014/08/25/020219204.shtml.

［355］覃科棵.浦北县：发展扶贫产业新模式绿水青山变成了"聚宝盆"［EB/OL］.（2019-03-19）［2019-08-06］.http：//www.gxxczx.com/fzdt/201903/3323.html.

［356］王辉.2018年全国及各省市山水林田湖草政策汇总及解读［EB/OL］.（2018-11-15）［2019-07-11］.https：//t.qianzhan.com/caijing/detail/312181114-c7fe5eb9.html.

［357］王家林.加快新型城镇化步伐　推动泸西跨越式发展［EB/OL］.（2016-05-31）［2010-09-02］.http：//dangjian.people.com.cn.

［358］王黎黎.园博园田园风光区着力打造都市农业创新实践先行区［EB/

OL].(2018－03－29)[2019－11－14].http://m.xinhuanet.com/gx/2018－03/29/c_
1122607338.htm.

[359]王永飞.龙胜"党建,生态"酿造群众幸福之蜜[N].桂林日报,2019－05
－19(01).

[360]吴小康.广西玉林:依托"五彩田园"打造美丽乡村[EB/OL].(2015－
01－16)[2019－07－13].https://m.hexun.com/news/2015－01－01/171982121.html.

[361]新华社.习近平出席全国生态环境保护大会并发表重要讲话[EB/
OL].(2018－05－19)[2018－10－20].http://www.gov.cn/xinwen/2018－05/19/
content_5292116.htm.

[362]都是知书.烟墩妙庄村基础设施实现整体大改善[EB/OL].(2017－01
－09)[2019－07－26].https://www.ai03.cn/forum.php? mod ＝viewthread&tid
＝177214.

[363]张文娣.我国田园综合体发展模式解析[EB/OL].(2017－10－19)
[2019－08－27].http://www.sohu.com/a/198828496_561855.

[364]张修玉,施晨逸.西部地区山水林田湖草生态保护与修复思路———以
澜沧江流域西双版纳为例[EB/OL].(2019－04－09)[2019－08－26].http://www.
cecrpa.org.cn/llzh/201904/t20190409_699056.shtml

[365]赵琳,刘丹.回顾扶贫开发工作历程[EB/OL].(2019－05－22)[2019－
06－28].http://dy.163.com/v2/article/detail/EFP782A8051691FK.html.

[366]住房和城乡建设部,国家旅游局.关于开展全国特色景观旅游名镇
(村)示范工作的通知[EB/OL].(2009－01－04)[2019－07－06].http://www.
mohurd.gov.cn/wjfb/200901/t20090115_184958.html

[367]住房和城乡建设部办公厅.住房城乡建设部办公厅关于开展第一批农
村生活垃圾分类和资源化利用示范工作的通知[EB/OL].(2017－06－06)[2019－
07－15].http://www.mohurd.gov.cn/wjfb/201706/t20170609_232148.html.

[368]周锦秀.江西安远携手中国华宇共同打造田园综合体[EB/OL].(2018
－01－11)[2019－03－18].http://www.sohu.com/a/216007383_100050986.

[369]资源县宣传部.资源县精准识别贫困户贫困村"100问"[EB/OL].
(2015－10－23)[2019－07－12].http://www.sohu.com/a/37302634_195923.

[370]广西壮族自治区人民政府.方春明出席全国生态扶贫工作会议[EB/OL].(2019-10-09)[2019-11-12].http://www.gxzf.gov.cn/zwhd/20191009-771597.shtml.

[371]迟诚,康勇军,张玉娇.全国生态扶贫工作会议在广西罗城召开[EB/OL].(2019-09-30)[2019-11-12].http://www.greentimes.com/green/news/yaowen/szyw/content/2019-09/30/content_436121.htm.

[372]吕火明.田园综合体的内涵与实践[EB/OL].(2018-08-27)[2019-08-02].http://www.sc.gov.cn/10462/c100033/2018/8/27/e737dcc4583e472ba303339f2c697171.shtml.

[373]洪越.韩长赋:"保护"与"治理"并重坚定地走农业可持续发展道路[EB/OL].(2015-05-29)[2019-11-24].http://country.cnr.cn/gundong/20150529/t20150529_518682885_2.shtml.

[374]广西南宁市发展和改革委员会规划科.广西壮族自治区人民政府办公厅关于印发广西农业和农村经济发展"十三五"规划的通知.[EB/OL].(2017-10-30)[2019-11-08].http://fgw.nanning.gov.cn/fggz/fzgh/t109962.html.

[375]新华社.中共中央、国务院印发《乡村振兴战略规划(2018-2022年)》[EB/OL].(2018-09-26)[2019-11-15].http://www.gov.cn/zhengce/2018-09/26/content_5325534.htm.

[376]朱传戈、杨虞波罗.养殖污染之"痛"如何治:生猪禁养、建污水处理厂[EB/OL].(2017-07-30)[2019-11-02].http://env.people.com.cn/n1/2017/0730/c1010-29437299.html.

[377]王珂园,程宏毅.人民日报评论员:建设新时代美丽乡村.[EB/OL].(2019-09-15)[2019-11-08].http://theory.people.com.cn/n1/2018/1229/c40531-30494279.html.

[378]农业先驱者.这才是真正的田园综合体![EB/OL].(2019-09-15)[2019-11-08].http://www.sohu.com/a/341063062_772581.

[379]农业农村部办公厅.农业农村部办公厅关于公布2019年中国美丽休闲乡村的通知[EB/OL].(2019-11-11)[2019-11-30].http://www.moa.gov.cn/govpublic/XZQYJ/201912/t20191220_6333696.htm.

［380］农业农村部、财政部.农业农村部、财政部关于认定首批国家现代农业产业园的通知［EB/OL］.（2019－01－20）［2019－06－29］.http：//www.moa.gov.cn/gk/tzgg_1/tz/201901/t20190103_6166086.htm.

［381］农业部.农业部关于认定第三批国家现代农业示范区的通知［EB/OL］.（2015－01－22）［2019－07－06］.http：//www.moa.gov.cn/nybgb/2015/er/201711/t20171129_5922894.htm.

［382］中共广西壮族自治区委员会办公厅.广西乡村振兴战略规划（2018－2022年）［EB/OL］.（2018－07－20）［2019－09－15］.http：//czt.gxzf.gov.cn/zwgk/czxx/qzbmyjsxxgk/20190902－1372543.shtml.

［383］明辛.山水林田湖草是生命共同体［EB/OL］.（2019－01－18）［2019－12－01］.http：//www.cfej.net/jizhe/jzsl/201901/t20190118_690085.shtml.

［384］农产品加工局.关于政协十三届全国委员会第一次会议第2714号（农业水利类261号）提案答复的函［DB/CD］.农业农村部农产品加工局,2018.

［385］国务院.广西：高铁旅游助力乡村振兴［DB/CD］.中国产业经济信息网,2018.

［386］国务院.国务院关于印发"十三五"国家战略性新兴产业发展规划的通知［DB/CD］.中华人民共和国政府,2016.

［387］农林部.全国农业环境保护工作座谈会纪要（1977年7月21日）［G］.安徽省档案馆藏：71－2－长期－866.

［388］国家发展与改革委员会.中国高技术产业发展年鉴［Z］.北京：北京理工大学出版社,2003.

［389］李平.农业综述［Z］.广西年鉴,1999.

［390］刘效中,刘启扬.生态农业试点［Z］.广西年鉴,1992.

［391］肖超,李遐.生态农业［Z］.广西年鉴,1995.

［392］许家康.广西年鉴［Z］.南宁：广西年鉴社,1998.

［393］杨天锦,刘学军.生态农业建设［Z］.广西年鉴,2006.

［394］中共中央国务院.乡村振兴战略规划（2018－2022年）［Z］.2018－09－26.

后　记

在学校党委和行政部门的大力支持下,在学校社科处、科技处以及各单位领导和老师的大力支持和共同努力下,历经近两年的时间,《广西乡村振兴战略与实践》即将正式出版。《广西乡村振兴战略与实践》由六卷组成,包括教育卷、文化卷、政治卷、经济卷、社会卷、生态卷,由贺祖斌、林春逸、肖富群、汤志华、张海丰、马姜明著。

《广西乡村振兴战略与实践·生态卷》是对学校科研育人工作理论和经验的一次总结和凝练提升,并凝聚了各学院、各部门教师和工作人员大量的时间和心血,希望本卷的出版能够为学校以及社会各界对科研育人感兴趣的工作者和研究人员提供一些经验借鉴和理论参考。

《广西乡村振兴战略与实践·生态卷》在党中央乡村振兴的战略布局下,紧紧围绕广西乡村振兴"三步走"的战略目标,立足区情农情,在"创新、协调、绿色、开放、共享"新发展理念的指引下,全面梳理广西改革开放40周年和自治区成立60周年发展历程中不同阶段乡村生态建设的历史与现状,用生态学原理解释并分析广西乡村振兴生态建设过程中存在的棘手问题,从生态宜居、生态农业、生态旅游和生态扶贫四个"生态"身上找出路,举例论证生态学在乡村振兴中的作用,结合广西特色生态条件,宜农则农,宜林则林,提出广西乡村振兴生态建设的目标和对策。由此推进乡村绿色发展,打造人与自然和谐共生发展新格局,为美丽广西乡村生态建设提供实施路径,进而为广西政府部门制定乡村振兴生态建设的方针和政策等提供一定的科学依据。

生态卷的撰写和出版得到了学校和各单位领导、老师的关心和支持,在此表示衷心的感谢;同时也对关心、帮助和支持本卷撰写和出版的人员表示诚挚的谢意。广西人文社会科学发展研究中心为本卷的撰写提供了基础设施和研究人员支持,在此表示特别的感谢。广西师范大学出版社为本卷的出版提供了大量的人力和物力支持,在此表示特别感谢。

生态卷是广西师范大学珠江—西江经济带发展研究院的研究成果,由广西师范大学可持续发展创新研究院常务副院长马姜明教授负责总体设计和全面统筹,初稿经马姜明全面修改,最后由马姜明全面统稿、校稿。张惠琴、莫燕华、黄秋玲、王永琪、黄丽霞、张惠、黄柳欣、曹意、李倩、亢绍卿、林叶、辛文杰、李宇婷、李玉凤、孟影、周俊妞、王肖恒、冯静怡、莫彩霞、庞甘连、郑钦等师生对本卷的撰写给予了大力支持和帮助,在此一并表示感谢。

由于作者的水平有限,书中难免存在不足或疏漏之处,恳请专家、同行、读者提出宝贵的意见和建议,以便我们进一步改进和提高。

作者
2019 年 9 月